THEORY AND PRACTICE
OF CRIMINAL PROCEDURE LAW

刑事诉讼法理论与实务

（第二版）

主　编　姚建涛
副主编　牟显凝　路国正　徐　乐　崔红霞

WUHAN UNIVERSITY PRESS
武汉大学出版社

图书在版编目(CIP)数据

刑事诉讼法理论与实务:第二版/姚建涛主编.—武汉: 武汉大学出版社,2021.4

ISBN 978-7-307-21578-8

Ⅰ.刑… Ⅱ.姚… Ⅲ.刑事诉讼法—中国—教材 Ⅳ.D925.2

中国版本图书馆 CIP 数据核字(2020)第 096931 号

责任编辑:沈岑砚　　责任校对:李孟潇　　整体设计:马　佳

出版发行: **武汉大学出版社** (430072 武昌 珞珈山)

(电子邮箱: cbs22@ whu.edu.cn 网址: www.wdp. com.cn)

印刷: 武汉图物印刷有限公司

开本:787×1092 1/16 印张:21 字数:495 千字 插页:1

版次:2021 年 4 月第 1 版 2021 年 4 月第 1 次印刷

ISBN 978-7-307-21578-8 定价:58.00 元

前　言

刑事诉讼法是国家基本法律之一，是国家制定的司法机关在当事人和其他诉讼参与人参加下进行刑事诉讼活动所必须遵守的法律规范的总称，是我国一部重要的程序法，它对于保证刑法的正确实施，惩罚犯罪，保障人权，保障国家安全和社会公共安全，维护社会秩序具有重要作用。本书严格按照教学大纲的总体要求编写而成，力求阐明刑事诉讼的基本概念、基本理论和基础知识，适当反映我国刑事诉讼的立法和司法实践的最新发展及研究的最新成果，目的在于指导读者掌握刑事诉讼法的基本内容，提高运用刑事诉讼基本原理分析问题和解决问题的能力。

本书在编写上着重体现以下特色：一是注重读者学习的便利性。每章都有知识结构图、内容导读、考研要点、法考要点、热点思考、经典案例、知识链接、思考题等内容，便于读者把握重点内容和学习要求。二是注重理论联系实际，精选案例，注重培养读者理解问题、分析问题、解决问题的实务操作能力。三是适当反映最前沿的学术动态、立法动态和司法实践动态，注重内容扩展性，涵盖了必要的基础知识和新知识，开阔读者视野。

希望本书能为学生在较短的时间里，以课堂教学和自学相结合的方式，迅速有效地掌握刑事诉讼的基本概念、基本理论和基础知识提供有效帮助。

本书由姚建涛任主编，牟昱凝、路国正、徐乐、崔红霞任副主编，参与编写的有姚建涛、牟昱凝、路国正、徐乐、崔红霞、杜庆贵、闫朝东、李金。全书完稿后由姚建涛统稿定稿。

尽管我们做了很大努力，但由于水平有限，书中疏忽甚至错误之处在所难免，敬请广大读者批评指正。

编者

2020 年 4 月

目　　录

第一编　刑事诉讼基本理论

第一章 概 述

【知识结构图】

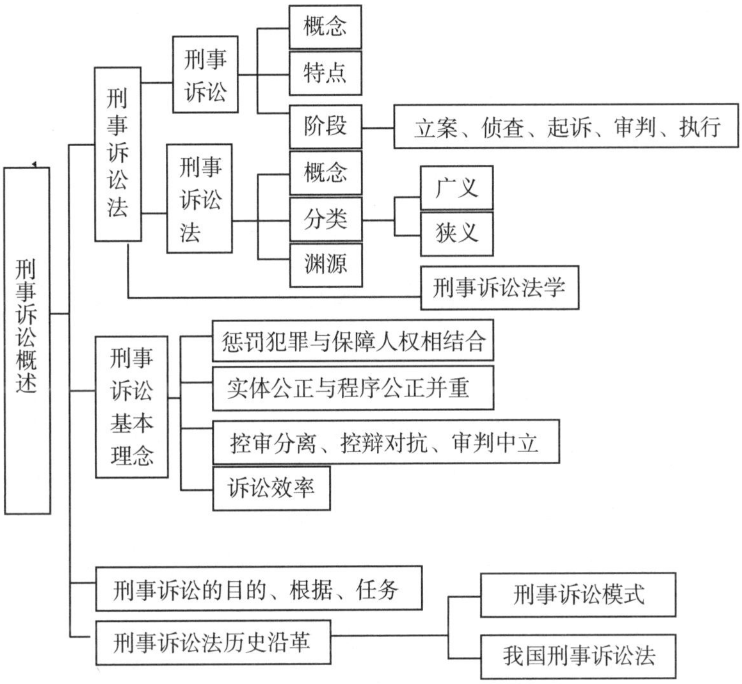

【内容导读】

诉讼是国家解决冲突的最终的手段，是阶级社会特有的现象，分为刑事诉讼、民事诉讼和行政诉讼三大类型。我国的刑事诉讼是指国家专门机关在当事人及其他诉讼参与人的参加下，依法解决被追诉者刑事责任问题的活动。广义上的刑事诉讼包括立案、侦查、起诉、审判、执行活动，狭义上的刑事诉讼仅指审判活动。刑事诉讼法是国家基本法律之一，是国家制定的司法机关在当事人和其他诉讼参与人参加下进行刑事诉讼活动所必须遵守的法律规范的总称。刑事诉讼法的立法根据是宪法，其目的是保证刑法的正确实施，惩罚犯罪，保障人权，保障国家安全和社会公共安全，维护社会秩序。刑事诉讼模式有早期弹劾式诉讼、传统的纠问式诉讼和近现代辩论式诉讼。

【法考要点】

刑事诉讼法与刑法关系；刑事诉讼法的目的与任务；刑事诉讼的基本理念；程序公正

的含义。

【考研要点】

刑事诉讼的基本理念；刑事诉讼法与刑法的关系；法定证据制度、自由心证证据制度概念；我国《刑事诉讼法》的修订内容。

【热点思考】

1. 你认为纠纷的解决方式有哪些？诉讼是最好的解决途径吗？
2. 惩罚犯罪与保障人权的诉讼理念发生冲突时该如何选择？
3. 实体公正与程序公正关系如何？怎样看待辛普森案件？

第一节　刑事诉讼法

一、刑事诉讼

（一）概念

诉讼即打官司，原告对被告提出诉讼，由裁判机关解决双方的争议的活动。诉讼可分为刑事诉讼、民事诉讼和行政诉讼三大类型。

刑事诉讼法、民事诉讼法、行政诉讼法都属于程序法，它们共同构成国家司法程序的基本体系，由于三者均为法院审判案件遵循的程序，在原则、制度、审判程序等方面有许多共同之处，如以事实为根据以法律为准绳原则、回避和辩护制度、两审终审等。

但毕竟三者属于三种不同的诉讼，其区别也是明显的。具体区别如表 1-1 所示。

我国的刑事诉讼是指国家专门机关在当事人及其他诉讼参与人的参加下，依照法律规定的程序，追诉犯罪，解决被追诉人刑事责任的活动。

刑事诉讼分广义和狭义两种类型，广义的刑事诉讼是指国家实现刑罚权的全部诉讼行为，包括立案、侦查、审查起诉、审判、执行活动。狭义的刑事诉讼专指人民法院的审判活动。

（二）特征

（1）刑事诉讼由国家专门机关主持进行，其他国家机关无权进行。
（2）刑事诉讼是公安司法机关行使国家刑罚权的活动。
（3）刑事诉讼是严格依照法律规定的程序进行的活动。
（4）刑事诉讼是在当事人和其他诉讼参与人的参加下进行的活动。

（三）阶段

我国的刑事诉讼（公诉案件）划分为立案、侦查、起诉、审判和执行五个阶段。其中，审判为核心阶段。

表 1-1　　　　　　　　　**三大诉讼的相同点与不同点**

<table>
<tr><th colspan="2">比较点</th><th>刑事诉讼</th><th>民事诉讼</th><th>行政诉讼</th></tr>
<tr><td>相同点</td><td colspan="4">都有可通过诉讼加以解决的某种事实存在；都须有当事人和其他诉讼参与人参加；都须有国家司法机关参加、主持并作出裁决；应当依法进行</td></tr>
<tr><td rowspan="5">不同点</td><td>诉讼主体</td><td>专门机关为人民检察院和公安机关，当事人为犯罪嫌疑人、被告人及附带民诉原告、被告人</td><td colspan="2">专门机关为人民法院，当事人为原告、被告以及第三人</td></tr>
<tr><td>诉讼原则</td><td>特有原则为未经人民法院依法判决对任何人都不得确定有罪，犯罪嫌疑人、被告人有权获得辩护等</td><td>特有原则为当事人平等、辩论、调解、处分原则等</td><td>对具体行政行为进行合法性审查原则，不适用调解原则等</td></tr>
<tr><td>证据制度</td><td>举证责任实行控诉方负举证责任，被告方不负举证责任；证明标准是犯罪事实清楚，证据确实充分</td><td>谁主张谁举证，原告、被告都负有举证责任；证明标准是合法证据优势</td><td>举证责任是被告负举证责任；证明标准是事实清楚，证据确凿</td></tr>
<tr><td>强制措施</td><td>强制措施有拘传、取保候审、监视居住、拘留和逮捕</td><td colspan="2">对诉讼参与人和其他人可采取训诫、罚款、拘留，行政诉讼还有责令具结悔过</td></tr>
<tr><td>诉讼程序</td><td>程序复杂，审判前有立案、侦查和起诉程序，审判程序中另有死刑复核程序</td><td colspan="2">第一审、第二审、审判监督程序和执行程序</td></tr>
</table>

二、刑事诉讼法

（一）概念

刑事诉讼法是规范刑事诉讼的法律。我国的刑事诉讼法是国家制定的规范人民法院、人民检察院和公安机关进行刑事诉讼，当事人和其他诉讼参与人参加刑事诉讼的法律。

刑事诉讼法有狭义和广义之分。狭义的刑事诉讼法仅指中华人民共和国刑事诉讼法典。广义的刑事诉讼法指一切有关刑事诉讼的法律规范，具体包括：宪法，刑事诉讼法典，国家立法机关制定的有关刑事诉讼程序的规定（如《警察法》《法官法》《检察官法》《律师法》《法院组织法》《检察院组织法》等法律中有关刑事诉讼程序的法律规范）、司法解释、我国缔结和参加的国际条约。

（二）刑事诉讼法的属性

按照法从不同角度的分类，刑事诉讼法分别属于程序法、公法和基本法。

(三)刑事诉讼法的渊源

刑事诉讼法的渊源是指刑事诉讼法律规范的存在形式。我国刑事诉讼法的渊源有:

(1)宪法。宪法是我国根本大法,是制定一切法律的依据。

(2)刑事诉讼法典。现行的《中华人民共和国刑事诉讼法》于1979年7月1日通过,1996年3月17日、2012年3月14日、2018年10月26日进行了三次修正,是主要的法律渊源。

(3)有关法律规定。全国人大及其常委会制定的有关刑事诉讼的法律规定。如刑法、人民检察院组织法、人民法院组织法、律师法、监狱法、国家赔偿法等。

(4)有关法律解释。

(5)行政法规。

(6)地方性法规。指地方人民代表大会及其常务委员会颁布的地方性法规中关于刑事诉讼程序的规定。

(7)国际条约。中华人民共和国缔结或者参加的国际条约中有关于刑事诉讼程序具体规定的,适用该国际条约的规定,但是我国声明保留的条款除外。

◎ **注意** 宪法、国际条约也是刑事诉讼法的渊源。

(四)刑事诉讼法与刑法关系

刑事诉讼法与刑法是形式与内容的关系,二者相互依存,密不可分,都是进行刑事诉讼的法律依据。

(1)刑法是实体法,刑诉法是程序法。

(2)程序法为实现实体法而存在,程序法本身又具有独立的品格。

(3)刑法与刑诉法都以惩罚犯罪、保障人权、维护社会秩序、限制国家公权为目的。刑法是从静态上对国家刑罚权的限制;刑诉法是从动态上对国家刑罚权进行程序上的限制。

(4)刑法与刑诉法相辅相成、相得益彰,构成了刑事法的整体内容。

三、刑事诉讼法学

(一)刑事诉讼法学的研究对象

刑事诉讼法学,是研究刑事诉讼现象和刑事诉讼客观规律的一门法学学科。

刑事诉讼法学的研究对象包括刑事诉讼法律规范、刑事诉讼实践和刑事诉讼理论。

(1)刑事诉讼法律规范,刑事诉讼法学将广义的刑事诉讼法作为自己的研究对象,其中《中华人民共和国刑事诉讼法》是刑事诉讼法学的首要研究对象。

(2)刑事诉讼实践,是我们研究的出发点和落脚点,也是诉讼法学理论的生长点,具体包括:①刑事司法实践中出现的法律漏洞;②刑事诉讼法律的准确性和合理性;③司法实践中执行刑事诉讼法律出现的新问题。

(3)刑事诉讼理论,具体包括:①研究刑事诉讼法的发展趋势;②国外先进、成熟的刑事诉讼理论的学习和借鉴；③深化、完善刑事诉讼理论，为实践提供可供选择的方案。

(二)刑事诉讼法学的学习方法

(1)实证分析的方法。理论从实践中来，又为实践服务，接受实践的检验。只有联系刑事诉讼立法和司法实践来思考问题，才能不断地研究和解决司法实践中出现的新情况和新问题：①理论研究应当在实践中寻找课题；②理论的合理性需要实践的检验；③通过对典型案例的分析促进理论的发展。充分运用实证分析和个案分析方法，这是学习研究理论的基本途径。

(2)辩证思维的方法。①运用对立统一规律分析刑事诉讼中的对立规范关系；②运用归纳与演绎、分析与综合、抽象与具体、现象与本质等方法观察问题、分析问题和思考问题以解决刑事诉讼中的问题。

(3)价值分析方法。要分析刑事诉讼目的和利益的价值，不同诉讼模式的价值，刑事诉讼的当代价值取向，多元性利益的平衡，我国刑事诉讼的价值理念及调整，刑事诉讼原则、制度的调整、改革的价值要求。在具体分析研究中，注意运用利益衡量、价值权衡方法，因为刑事诉讼中涉及的利益是多元的，存在多重矛盾和冲突。并要善于权衡利弊，以有限的资源投入获得最大的效益。

(4)比较研究方法。我国刑事诉讼法许多诉讼方式、基本原理、律师提前介入等均有借鉴国外经验。对国外立法、实践、理论进行研究比较，有利于提高诉讼理论水平。

(5)综合研究方法。不能限于部门学科，应拓展视野，涉猎有关部门法学及其他学科，综合利用各学科知识和研究方法，使刑事诉讼理论研究向广度、深度发展。

第二节 刑事诉讼法的基本理念

一、惩罚犯罪与保障人权相结合

惩罚犯罪即通过刑事诉讼，查明案件事实，对构成犯罪的人准确、及时地适用刑法予以打击，以实现国家刑罚权。追究犯罪、惩罚犯罪是刑事诉讼目的的一个方面，刑事诉讼目的的另一个方面则是保障人权。保障人权即通过刑事诉讼，保障包括犯罪人在内的公民的实体权利和诉讼权利不受非法侵害。包括：(1)保证犯罪嫌疑人、被告人和被害人等当事人以及其他诉讼参与人的诉讼权利得到充分的尊重和行使；(2)保证无罪的人不受到刑事追究和惩罚；(3)保证有罪的人得到公正的惩罚。

◎ **注意** 保障人权是广义的，其中含犯罪嫌疑人、被告人的合法权利。

惩罚犯罪和保障人权关系既是统一的，又是对立的。从理论上看，惩罚犯罪与保障人权应当并重，任何一方都没有优越于对方的理论根据。片面强调惩罚犯罪，轻视或者忽视人权保障，必然导致政府权力恶性膨胀、任意拘捕、无理追诉和不公正的审判，甚至不经任何程序非法剥夺个人的自由、财产乃至生命。反之，片面强调保障人权，轻视惩罚犯罪，势必导致过分地限制政府的权力，致使犯罪活动猖獗，社会不得安宁，个人的权利最终还是得不到保障。只有把惩罚犯罪与保障人权紧密结合起来，对二者同等看待，才能在政府权力与个人权利之间达到平衡，使刑事诉讼的过程和结果既符合政府所代表的公共利益需要，又能满足个人作为社会生活的主体所应该受到宪法和法律保护的基本权利需求，使立足于个人自由、平等地追求幸福权利的民主法治社会能够和平、持久地存在和发展下去。

正如李心鉴所说："作为刑事诉讼主要矛盾的惩罚犯罪与保障人权是对立统一的两方面。二者相互对立，又相互依存，刑事诉讼必须追求两者的统一。"①刑事诉讼法应当把惩罚犯罪和保障人权两者妥善地加以协调，有机地结合在一起。

◎ **思考** 惩罚犯罪与保障人权二者发生矛盾时怎么办？

在目前，保障人权已成为世界各国共识。在国际人权体系当中，《公民权利和政治权利国际公约》(以下简称《公约》)是迄今最为集中和全面规定国际公认的刑事司法准则的国际文件，我国于1998年签署了该公约，正在等待立法机关的批准。《公约》所确立的刑事诉讼准则有：(1)权利平等原则；(2)司法补救保证权利或自由被侵犯的人，能得到有效的补救；(3)生命权的程序保障；(4)禁止酷刑或施以残忍的、不人道的或侮辱性的待遇或刑罚；(5)人身自由和安全程序的保障；(6)对所有被剥夺自由的人应给予人道或尊重人格尊严的待遇；(7)审判独立、公正、公开；(8)无罪推定；(9)辩护权、获得法律援助权；(10)反对强迫自证其罪；(11)复审权；(12)对未成年人的特别保障；(13)刑事赔偿；(14)一事不再理。②《公约》为世界各国确立了共同的人权保障标准。

二、程序公正与实体公正并重

公正(正义)是人类社会所追求的首要价值目标。司法公正则在社会公正中占有十分重要的地位，它是维护社会正义的最后一道屏障，是司法机关的灵魂和生命线。

所谓司法公正，又称诉讼公正，是指在司法的过程和结果中体现公平和正义，包括程序公正和实体公正两个方面：

1. 程序公正

程序公正即过程公正，指诉讼程序方面体现的公正。

(1)程序公正的具体要求。①严格遵守刑事诉讼法的规定。②认真保障当事人和其他诉讼参与人、特别是犯罪嫌疑人、被告人和被害人的诉讼权利。③严禁刑讯逼供和以其他非法手段取证。④真正实现司法机关独立行使职权。⑤前审判程序的尽量透明，审判程序的公开和中立。⑥按法定期限办案、结案。以上六点，第一点是形式上的程序公正，后五点是程序上的实质公正。

(2)程序的价值。①首先在于保证实体价值的实现。如果程序的设计和实施是公正的，那么大多数情况下得出的实体结论会是公正的。当然，不论程序设计得多么完善，执行程序多么严格，实体公正也未必能完全实现，美国学者罗尔斯说："关键的是有一个决定什么结果是正义的独立标准，和一种保证达到这一结果的程序。""审判程序是为探求和

① 李心鉴：《刑事诉讼构造论》，中国政法大学出版社1992年版，第137~139页。

② 《公民权利和政治权利国际公约》，1966年12月16日。

确定这方面的真实情况而设计的，但看来不可能把法规设计得使它们总是达到正确的结果。”①因此，司法工作人员在诉讼过程中不能只满足于追求程序公正，而是要进一步认真实现实体公正的目标。②程序价值的第二个方面在于它的独立价值，即程序公正本身直接体现出来的民主、法治、人权和文明的精神，它不依附于实现实体公正而存在，本身就是社会正义的一种重要内容。犹如球赛的规则不仅是为了保证较有实力的球队获胜——实体价值，而且要使球赛本身进行得更文明更精彩，观赏性更大——程序价值。公正的刑事诉讼程序，例如文明取证、公开审理、保障辩护权等，一方面直接体现司法活动的民主和人权精神，体现看得见的正义，同时会使案件的处理客观公正，因此，程序公正既是手段，又是目的。

2. 实体公正

实体公正指诉讼结果方面体现的公正。其具体要求主要是：①据以定罪量刑的犯罪事实必须准确无误地认定，做到证据确实充分；②正确适用刑法准确认定犯罪嫌疑人、被告人是否有罪及其罪名；③按照罪刑相适应原则，依法适度判定刑罚；④对于错误处理的案件，采取救济方法及时纠正、及时补偿。

程序公正和实体公正的关系在总体上来说是统一的，但有时不可避免地发生矛盾。当二者发生矛盾时，在一定的情况下，应当采取程序优先的原则，例如非法证据排除规则等。但在某种情况下，又必须采取实体优先的原则，例如由于错误地认定事实或适用法律，造成错判错杀，冤枉无辜，这种情况下，一旦发现，就必须提起审判监督程序，纠错平反，并且给予国家赔偿，而不受终局程序和任何诉讼时限的限制。总之，程序公正和实体公正如车之两轮、鸟之两翼，互相依存，互相联系，不能有先后轻重之分。[2] 但是，我国长期存在着“重实体、轻程序”的理念和做法，应当着重予以纠正。

◎ 思考

我国刑事诉讼是否存在司法不公问题？若存在有哪些具体表现？原因是什么？你认为该如何改革？

三、控审分离、控辩对抗和审判中立

刑事诉讼的基本职能分为控诉、辩护和审判三种。在现代民主法治国家的刑事诉讼中，这三种基本职能的互相关系可概括为：控审分离、控辩平等对抗和审判中立。

控诉是指向法院控告被告人的罪行并要求法院通过裁判确定被告人有罪并加以处罚。控诉职能主要由国家的公诉机关——检察机关承担，被害人或其他单位、个人也可以行使。辩护只能是指提出对犯罪嫌疑人、被告人有利的事实和理由，维护犯罪嫌疑人、被告人的合法权益。辩护职能由犯罪嫌疑人、被告人及其所委托的辩护人来行使。审判职能指通过审理确定被告人是否有罪和应否处以刑罚以及处以何种刑罚，这一职能由法院行使。

控审分离就是指控诉职能和审判职能必须分别由专门行使控诉权的机关或个人以及专

---

① ［美］罗尔斯：《正义论》，何怀宏、何包刚、廖申白译，中国社会科学出版社 1988 年版，第 86 页。

② 陈光中：《刑事诉讼法》（第三版），高等教育出版社 2010 年 3 月版，第 14 页。

门行使审判权的机关来承担，而不能把两种职能集中由一个机关或一个人来承担，如果没有法定控诉机关或个人的起诉，法院就不能主动审判任何刑事案件，被动性是审判的一个重要特点。这也就是所谓不告不理原则。在现代刑事诉讼中，不仅要设置辩护职能与控诉职能相对抗，而且双方应当诉讼地位平等地相对抗，这是辩护职能能否充分发挥作用的关键。审判中立是对审判的基本要求，也是审判职能的基本特征。刑事审判中立是指审判者不仅不能由控辩双方的主体或与案件有直接、间接利害关系的人来担任，而且审判者应当对控辩双方不偏不倚，保持等距离地位，即控辩审三者之间的关系应当保持等腰三角形的结构。审判只有中立才能公正，无中立即无公正。为了保证审判中立，控审必须分离，而且控辩双方主体在审判中的诉讼地位必须平等。

四、诉讼效率

诉讼效率是指诉讼中所投入的司法资源(包括人力、财力、设备等)与所取得的成果的比例。在司法资源有限甚至稀缺的情况下，如何才能以较小的人力、物力、财力的诉讼成本投入，最大限度地实现诉讼目的，获得较大的诉讼效益，这是诉讼效率关注的问题。诉讼效率已经成为世界各国共同追求的重要价值目标之一，同时，也是检验刑事诉讼制度是否科学、合理的重要指标。

要提高刑事诉讼效率，就必须科学配置有限的司法资源，合理设计刑事诉讼程序。如英美的“诉辩交易”，法德等国对轻微刑事案件的处刑命令程序，中国的不起诉制度、自诉程序、简易程序、集中审理原则、诉讼期限等规定体现了诉讼效率。

◎ **思考** *刑事诉讼中哪些规定体现了诉讼效率？*

在刑事诉讼中，公正与效率应当是统一的，当二者发生冲突时，应选择公正优先，兼顾效率。

第三节　刑事诉讼法的制定目的、根据和任务

一、刑事诉讼法的制定目的

我国《刑事诉讼法》规定，“为了保证刑法的正确实施，惩罚犯罪，保护人民，保障国家安全和社会公共安全，维护社会主义社会秩序，根据宪法，制定本法”①。具体包括：

(1)保证刑法的正确实施。

(2)惩罚犯罪，保护人民。

(3)保障国家安全和社会公共安全。

(4)维护社会主义社会秩序。

二、刑事诉讼法的根据

我国《刑事诉讼法》第1条规定：“根据宪法，制定本法。”这表明我国刑事诉讼法的根

---

① 《中华人民共和国刑事诉讼法》第1条。

据是《中华人民共和国宪法》。

◎ **注意**　刑事诉讼法的根据是宪法而不是刑法。

三、刑事诉讼法的任务

我国《刑事诉讼法》规定："中华人民共和国刑事诉讼法的任务，是保证准确、及时地查明犯罪事实，正确应用法律，惩罚犯罪分子，保障无罪的人不受刑事追究，教育公民自觉遵守法律，积极同犯罪行为作斗争，维护社会主义法制，尊重和保障人权，保护公民的人身权利、财产权利、民主权利和其他权利，保障社会主义建设事业的顺利进行。"①根据这条规定，我国刑事诉讼法具有三项具体任务，三项任务相互联系，缺一不可。

第四节　刑事诉讼法的历史沿革

一、外国刑事诉讼制度沿革

（一）古代弹劾式诉讼制度

1. 概念

弹劾式诉讼制度，就是个人享有控告犯罪的绝对权利，国家审判机关不主动追究犯罪，而是以居中仲裁者的身份处理刑事案件。

2. 特征

（1）国家设有专门的追诉犯罪的机关，对犯罪的控诉由公民个人承担。通常，被害人或其代理人作为原告向法院直接提起控诉，只有当原告起诉后，法院才受理并进行审判。没有原告，法院不主动追究。

（2）原告和被告的诉讼地位平等，享有同等权利，承担同等义务。案件审理程序通常是由原告提出控诉的理由和证据，再由被告提出反对的理由和证据，然后由法官作出判断。

（3）法院或其他裁判机构在诉讼中处于消极的仲裁地位。法官在接到被害人或其代理人的控诉后，不进行专门的调查，不主动收集证据，只是在开庭审理时听取原被告双方的陈述和辩论，以原被告双方提供的证据为依据作出裁判。

（4）与弹劾式的诉讼模式相适应的证据制度是神示证据制度。所谓神示证据制度，是指法官根据神的启示、借助神的力量来判断是非曲直，确定诉讼争议。神示证据制度的证明方式形形色色、多种多样，它与不同国家、不同地区的宗教信仰和图腾崇拜有密切的关系。诅誓、水审、火审等，是神示证据制度中经常采用的一些证明方法。

（二）传统的纠问式诉讼制度

纠问式诉讼制度，是指国家司法机关对犯罪行为，不论是否有被害人控告，均依职权

---

① 《中华人民共和国刑事诉讼法》第2条。

主动进行追究和审判的诉讼制度。

纠问式诉讼制度对刑事案件的追究不再取决于被害人的控告，而是由司法机关主动追究犯罪。对被告人实行有罪推定，被告人沦为诉讼客体，成为刑讯逼供的对象。法官主动依职权追究犯罪，审判采取书面审理主义或间接审理主义。纠问式诉讼在证据方面采用法定证据制度。法定证据制度是指不同种类的证据的证明力大小以及它们的取舍和运用，由法律预先加以规定。法律对证据证明力和运用规则的规定，主要是根据证据的形式，而不是证据的内容。法官无权按照自己的判断来分析评价证据，运用证据认定案情需要符合法律规定的各种形式性的规则。

法定证据制度对消除各地在诉讼中运用证据的混乱状况具有积极意义。同时法定证据制度中的一些规则，在一定程度上总结和反映了当时运用证据的某些经验，与神示证据制度相比，是证据制度发展史上的一大进步。但是，法定证据制度将证据的内容与形式割裂，把审理个案中运用证据的局部经验当作适用于一切案件的普遍规律，把某些证据形式上的一些特征作为评价这类证明力的绝对标准。操作中要求法官根据法律预先规定的每一种证据证明力大小的死板规则，机械地计算和评价各证据，束缚了法官的手脚，使他们无法主动从实际情况出发，充分地运用证据查明案件事实真相。

（三）近现代辩论式诉讼制度

近现代辩论式诉讼制度在批判、继承弹劾式诉讼和纠问式诉讼的基础上产生，是两种诉讼模式的结合，在审判前吸收了纠问式诉讼制度的长处，而在审判阶段则吸收了弹劾式诉讼制度的一些优点。当今资本主义国家如英美和大陆法系都采用这种诉讼模式。其特征是司法独立，控审职能分离，实行不告不理的诉讼原则。赋予被告人包括辩护权在内的广泛的诉讼权利。实行公开审判制度，确立直接言词原则。

1. 大陆法系职权主义诉讼程序

法国、德国等大陆法系的职权主义诉讼，又称非对抗式或审问式诉讼。这种诉讼比较注重发挥司法机关在刑事诉讼中的职权作用，特别强调法官在庭审中的主导地位，用一句话来概括就是“主动的法官，消极的当事人”。这是大陆法系国家特别强调国家本位的必然结果。这种诉讼形式的主要特点包括：

（1）侦查机关享有较广泛的权力，被告人的权利受到一定程度的限制。

（2）在起诉程序上，检察官对是否起诉一般无自由裁量权。

（3）在起诉活动中实行卷宗移送主义。

（4）在庭审过程中，法官是整个活动的中心，当事人处于受支配的地位。

（5）确定的上诉和法律救济程序。

2. 英美法系当事人主义诉讼程序

英美法系当事人主义诉讼，又称对抗制诉讼、辩论式诉讼。这种诉讼模式强调双方当事人在诉讼中的主体地位，使他们在诉讼中对抗争辩，法官只起居中公断的作用。用一句话概括就是“沉默的法官，争斗的当事人”。这是英美法系国家特别强调个人本位的必然结果。这种诉讼形式的主要特点是：

（1）在侦查程序中，当事人主义强调对被告人权利的保护。

(2)在起诉形式上，当事人主义赋予检察机关较大的自由裁量权。

(3)在案卷材料的移送上当事人主义实行“起诉状一本主义”。

(4)当事人主义的对抗性质集中体现在审判程序中。

(5)对上诉程序和再审程序限制较多。

总之，英美法系当事人主义诉讼程序强调通过当事人间的平等对抗发现“真实”，解决争议。而大陆法系职权主义诉讼程序强调运用国家权力查明事实真相，惩治犯罪。这两种诉讼结构的特征在庭审阶段最为明显。第二次世界大战以后，随着世界形势的变化和人权运动的高涨，英美与大陆两大法系之间出现互相接近、互相吸收、互相借鉴的趋向，两大法系之间的差距正日益缩小，出现了混合辩论式诉讼，如日本和意大利。这种混合辩论式诉讼具有以下特点：

(1)吸收了当事人主义的对抗制诉讼的特点，在诉讼中注重发挥控辩双方的积极性，注重控辩双方的平等对抗。在法庭审判中，实行交叉询问等制度。

(2)保留了职权主义的某些特点，肯定了法官主动依职权进行调查证据的权力，注重发挥法官在调查案件事实方面的主观能动性。

另外，在证据制度方面，资产阶级废除了纠问式诉讼时期的法定证据制度，代之以自由心证制度。自由心证制度是指法律不预先规定各种证据的证明力和判断运用证据的规则，证据的取舍和证明力的大小，争议事实的认定，由法官包括陪审员自由判断。法官或陪审员通过对证据的审查判断所形成的内心信念称作“心证”，“心证”达到深信不疑的程度，叫作“确信”。法官或陪审员只根据自己的内心确信来判断证据和认定事实。

最早提出在立法上废除法定证据并建立自由心证制度的是法国的资产阶级代表杜波尔。1791 年 1 月，法国制宪会议通过杜波尔提出的法案，发布训令，明确宣布：法官必须以自己的自由心证作为裁判的唯一根据。自由心证制度使审判人员在办案中可以按照自己的理性自由地判断证据，不受法定条条框框的束缚，有可能从案件实际情况出发运用证据认定事实真相。这与法定证据相比是历史的进步。但是，资产阶级学者认为，确信就是法官主观上相信自己判决的正确，法官对案件事实的认定没有而且不可能达到绝对真实，只能满足于最大限度的盖然性。这种理论否认了认识案件客观真实的必要性和可能性，必然导致为司法上的错判提供理论根据。

二、中国刑事诉讼法

(一)中国刑事诉讼法的历史发展

中国自奴隶制到封建社会历经四千余年的历史，其刑事诉讼法律制度的特点是：儒家思想成为古代刑事诉讼的思想基础；皇权至上，司法隶属行政；控诉和审判职能合一；诸法合体；刑讯逼供普遍化、合法化等。清末时期的法律改革，向封建专制的法体中注入了资产阶级的平等、民主和人权思想，从其所确立的诉讼制度和原则上看，基本上沿用了大陆法系的职权主义模式。之后的北洋政府和国民党政府基本上沿袭了清末的刑事诉讼法律。

（二）中华人民共和国刑事诉讼法

中华人民共和国刑事诉讼法的制定是一个艰难曲折的过程，直到1979年7月1日我国才制定了第一部刑事诉讼法法典，该法于1980年1月1日起施行。这部法典是与当时的政治、经济、文化状况相适应的。随着我国改革开放和社会主义事业的不断发展，1979年制定刑事诉讼法在实施过程中出现的问题越来越多，需要对其进行补充修改。

根据第八届全国人民代表大会常务委员会的立法规划，全国人民代表大会常务委员会法制工作委员会从1993年起，开始对《刑事诉讼法》实施情况和存在的问题展开调查研究，广泛征求意见，并委托专家提出《刑事诉讼法修改建议稿》供立法部门参考。1995年12月全国人民代表大会常务委员会法制工作委员会拟订了《中华人民共和国刑事诉讼法修正案（草案）》，提交全国人民代表大会常务委员会第十七次会议进行了初步审议。1996年2月，全国人民代表大会法律委员会召开会议对再度修改的修正案草案进行了审议，并提交第八届全国人民代表大会常务委员会第八次会议进行了第二次审议。1996年3月5日召开的第八届全国人民代表大会第四次会议审议了中华人民共和国刑事诉讼法修正案（草案）》，1996年3月17日第八届全国人民代表大会第四次会议《关于修改〈中华人民共和国刑事诉讼法〉的决定》通过，为《中华人民共和国刑事诉讼法》的第一次修正。2012年3月14日第十一届全国人民代表大会第五次会议《关于修改〈中华人民共和国刑事诉讼法〉的决定》，为第二次修正。2018年10月26日第十三届全国人民代表大会常务委员会第六次会议《关于修改〈中华人民共和国刑事诉讼法〉的决定》，是第三次修正，也是最新的《中华人民共和国刑事诉讼法》。这是中国刑事诉讼法制的重大改革，意义重大，影响深远。

我国相关司法机关又针对《刑事诉讼法》的具体适用规定了相关的司法解释，主要包括：1998年1月19日《最高人民法院最高人民检察院 公安部 国家安全部 司法部 全国人大常委会法制工作委员会关于刑事诉讼法实施中若干问题的规定》（以下简称六机关《规定》）；1998年5月14日施行的《公安机关办理刑事案件程序规定》（以下简称公安部《规定》），2012年又作了修订；1998年9月8日施行的《最高人民法院关于执行〈中华人民共和国刑事诉讼法〉若干问题的解释》（以下简称最高法《解释》），2012年11月5日公布的《最高人民法院关于适用〈中华人民共和国刑事诉讼法〉的解释》；1999年9月21日修正发布的《人民检察院刑事诉讼规则》（以下简称最高检《规则》），2012年10月16日、2019年12月2日两次修订；其他有关某项专门问题的司法解释等，都对刑事诉讼的司法实践起到了非常重要的指导作用。

【法律谚语】

法律应该是稳定的，但不能停止不前（Law must be stable, and yet it cannot stand still）。

——【美】庞德

【阅读书目】

1. 刘磊：《刑事正当程序的功能研究》，法律出版社2018年版。
2. 陈泽宪、熊秋红：《刑事诉讼法修改建议稿与论证》，中国社会科学出版社2012年版。

3. 邓子滨：《刑事诉讼原理》，北京大学出版社2019年版。

4. 卞建林、陈卫东，等：《新刑事诉讼法实施问题研究》，中国法制出版社2018年版。

5. 陈卫东：《中国刑事诉讼权能的变革与发展》，中国人民大学出版社2018年版。

6. 左卫民、周长军：《刑事诉讼的理念》，北京大学出版社2014年版。

7. 马丽丽、傅君佳：《刑事诉讼法案例教程》，中国民主法制出版社2016年版。

【思考题】

1. 什么是刑事诉讼？刑事诉讼解决的主要问题是什么？
2. 什么是刑事诉讼法？刑事诉讼法渊源有哪些？
3. 刑事诉讼法与民事诉讼法、行政诉讼法有何异同？
4. 刑事诉讼法的基本理念有哪些？

第二章　刑事诉讼中的专门机关与诉讼参与人

【知识结构图】

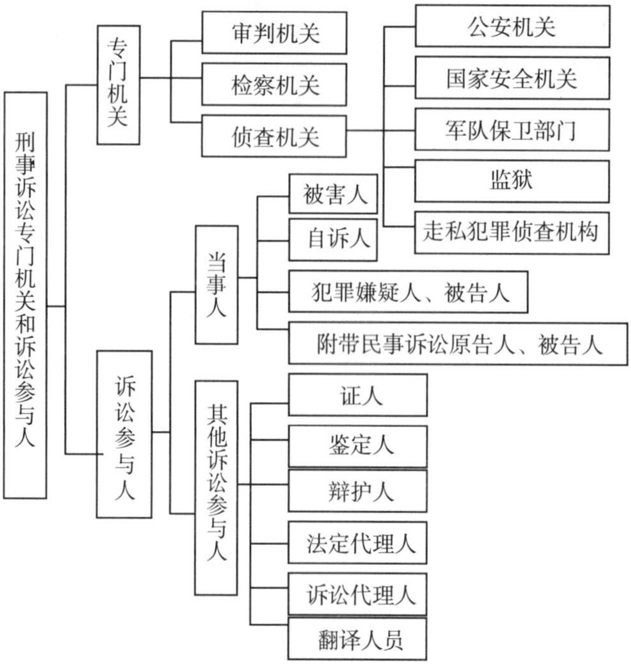

【内容导读】

刑事诉讼离不开相应的司法机关和诉讼参与人。刑事诉讼中的专门机关包括人民法院、人民检察院和公安机关、国家安全机关以及行使侦查权的军队保卫部门、监狱和海关侦查部门。诉讼参与人包括当事人和其他诉讼参与人。

【法考要点】

国家专门机关要重点掌握组成、性质、组织体系、职权等内容；诉讼参与人要重点掌握当事人的范围，法定代理人范围、权利，自诉人、被害人控诉职能，证人权利、义务、特征。

【考研要点】

犯罪嫌疑人、被告人诉讼地位及权利，被害人诉讼地位及权利，审判组织构成，人民法院和人民检察院的领导体制以及二者的区别，公安机关的性质。

【热点思考】

1. 佘祥林杀妻冤案说明了什么问题？该如何来解决？

2. 如何保障被害人的权利？国外在保障被害人权利方面有哪些可借鉴之处？

3. 目前我国的人民陪审制度出现了哪些新问题？你认为应该如何完善？

第一节　刑事诉讼中的专门机关

一、专门机关

刑事诉讼中的专门机关是指依照法定职权进行刑事诉讼活动的国家机关。刑事诉讼中的专门机关包括人民法院、人民检察院和公安机关、国家安全机关以及行使侦查权的军队保卫部门、中国海警局、监狱和海关侦查部门。

二、人民法院

(一)人民法院的性质、任务和职权

1. 性质

人民法院是国家的审判机关，代表国家独立行使审判权。

2. 任务

人民法院的任务是审判刑事案件、民事案件和行政案件，并且通过审判活动，惩办一切犯罪分子。解决民事、行政纠纷，以保卫人民民主专政制度，维护社会主义法制和社会秩序，保护社会主义的全民所有的财产、劳动群众集体所有的财产，保护公民私人所有的财产，保护公民的人身权利、民主权利和其他权利，保障社会主义建设事业的顺利进行，并教育公民忠于社会主义祖国，自觉地遵守宪法和法律。

3. 职权

①有权对犯罪嫌疑人、被告人决定逮捕、拘传、取保候审和监视居住；②在必要的时候，可以进行勘验、检查、扣押、鉴定和查询、冻结，以调查核实证据，查明案件的事实真相，保证判决的顺利执行；③收缴和处理赃款、赃物及其利息；④行使某些判决和裁定的执行权；⑤向有关单位提出司法建议。

(二)人民法院的组织体系及领导体制

1. 组织体系

中华人民共和国人民法院是一个完整的组织体系。它由最高人民法院、地方各级人民法院和专门法院构成(见图 2-1)。

最高人民法院的职责如图 2-2 所示。

高级人民法院包括省、自治区和直辖市高级人民法院。高级人民法院审判的案件如图 2-3 所示。

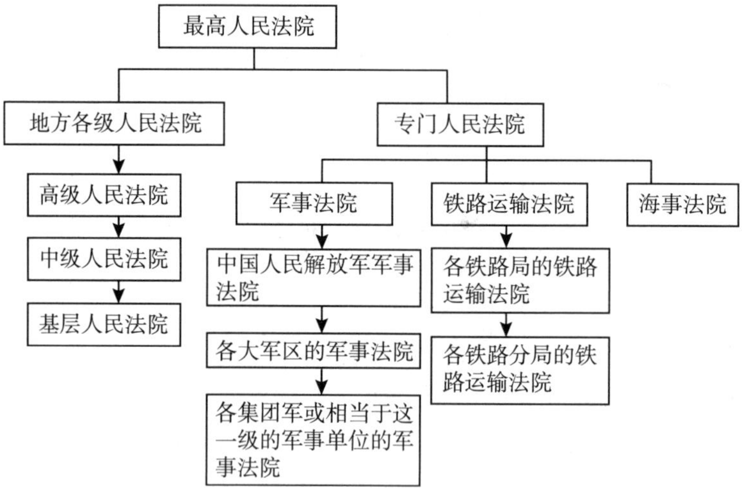

图 2-1　人民法院的组织体系

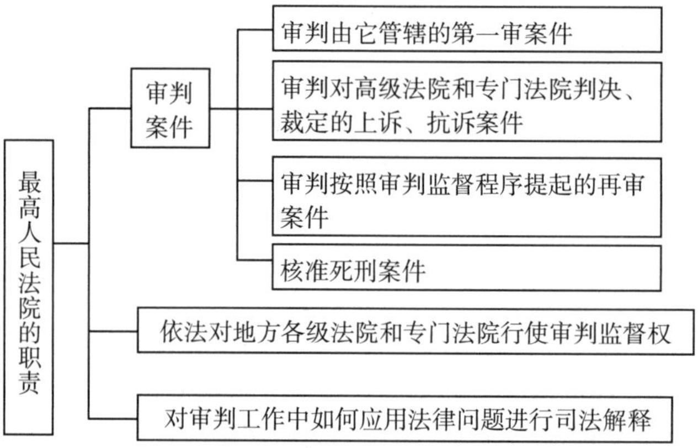

图 2-2　最高人民法院的职责

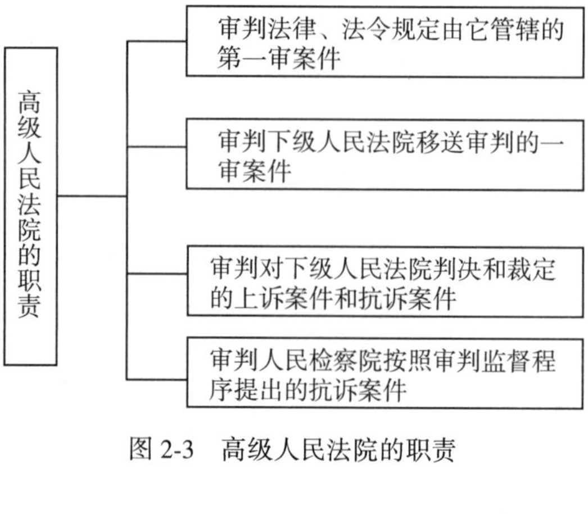

图 2-3　高级人民法院的职责

中级人民法院包括在省、自治区内按地区设立的中级人民法院，在直辖市内设立的中级人民法院，省、自治区和直辖市的中级人民法院，以及自治州中级人民法院。其职责如图 2-4 所示。

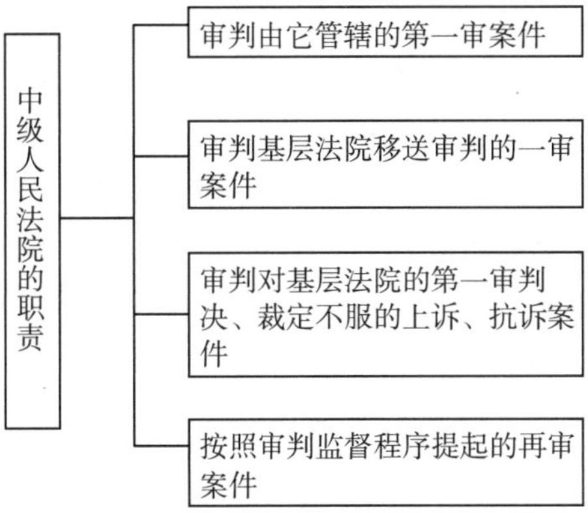

图 2-4　中级人民法院的职责

基层人民法院包括县人民法院和市人民法院、自治县人民法院、市辖区人民法院。基层人民法院根据地区、人口和案件情况可以设立若干人民法庭，行使部分审判权，人民法庭是基层人民法院组成部分，它的判决和裁定就是基层人民法院的判决和裁定。基层人民法院审判第一审案件，但是法律法规另有规定的除外。

我国目前已经建立的专门人民法院有军事法院、铁路运输法院和海事法院。

◎ **注意**　海事法院没有刑事案件的管辖权。军事法院的最高级别是高级军事法院，对该法院判决的上诉审由最高人民法院负责。铁路运输法院最高级别是中级军事法院，对该法院判决的上诉审由高级人民法院负责。

2. 领导体制

人民法院上下级之间是监督关系。上级人民法院监督下级人民法院的审判工作，最高人民法院监督地方各级人民法院和专门人民法院的审判工作。这种监督通过二审程序、死刑复核程序、审判监督程序来实现。

◎ **注意**　公检法三机关领导体制的区别

区别	上下级之间
人民法院	监督与被监督关系
人民检察院	领导与被领导关系
公安机关	领导与被领导关系

（三）审判组织

审判组织是指人民法院审判案件的具体组织形式。主要有独任庭、合议庭、审判委员会三种：

(1)独任庭：是由审判员一人独任审判案件的审判组织。它适用于基层法院、一审程序、简易程序。

(2)合议庭：是由审判人员数人根据合议原则建立的审判组织。合议庭是人民法院审判案件的基本组织形式。其具体组成为：①

①基层人民法院和中级人民法院审判第一审案件，应当由审判员 3 人或者由审判员和人民陪审员共 3 人或 7 人组成合议庭进行。

②高级人民法院、最高人民法院审判第一审案件，应当由审判员 3 人至 7 人或者由审判员和人民陪审员 3 人或 7 人组成合议庭进行。

③人民法院审理上诉和抗诉案件，由审判员 3 人或 5 人组成合议庭进行。

④复核死刑案件，应当由审判员 3 人组成合议庭进行。

⑤按照审判监督程序重新审判的案件的审判组织，应当分别依照第一审程序或第二审程序的有关规定另行组成相应的合议庭。

◎ **注意** ①合议庭人数必须是单数；②只有一审有人民陪审员；③审判长必须是审判员；④秘密评议；⑤评议原则是少数服从多数。

(3)审判委员会：是人民法院内部对审判实行集体领导的组织形式。对于疑难、复杂、重大的案件，合议庭认为难以作出决定的，由合议庭提请院长决定提交审判委员会讨论决定。而且审判委员会的决定，合议庭应当执行。

(四)人民陪审员制度

人民陪审制度是指由在公民中选举产生的人民陪审员参加合议庭，审理第一审案件的审判制度。人民陪审员参加案件审理对于实现司法民主，制约国家权力具有重要意义。但目前实践中，这一制度名存实亡、流于形式，人民陪审员陪而不审、陪而不议的现象仍然存在。

2018 年 4 月 27 日，《中华人民共和国人民陪审员法》由中华人民共和国第十三届全国人民代表大会常务委员会第二次会议通过，自公布之日起施行。对陪审员的任职条件、任免程序、审理案件范围、陪审员的挑选、权利与义务等做了较为明确规定。②

(1)适用案件。人民法院审判下列第一审刑事、民事、行政案件，由人民陪审员和法官组成合议庭进行，适用简易程序、速裁程序审理的案件和法律另有规定的案件除外：

①涉及群体利益、公共利益的；

②人民群众广泛关注或者其他社会影响较大的；

③案情复杂或者有其他情形，需要由人民陪审员参加审判的。

(2)人数。人民陪审员和法官组成合议庭审判案件时，由法官担任审判长，组成 3 人合议庭，也可以由法官 3 人和人民陪审员 4 人组成 7 人合议庭。

(3)任职条件：①拥护中华人民共和国宪法；②年满 23 周岁；③品行良好、公道正

---

① 《中华人民共和国刑事诉讼法》第 183 条。

② 《中华人民共和国人民陪审员法》。

派；④身体健康。

担任人民陪审员，一般应当具有大学专科以上文化程度。人民代表大会常务委员会的组成人员，监察委员会、人民法院、人民检察院、公安机关、国家安全机关、司法行政机关的工作人员和律师、公证员、仲裁员、基层法律服务工作者等人员，不得担任人民陪审员。

另外，下列人员不得担任人民陪审员：①因犯罪受过刑事处罚的；②被开除公职的，受过刑事处罚的；③被吊销律师、公证员执业证书的；④被纳入失信被执行人名单的；⑤因受惩戒被免除人民陪审员职务的；⑥其他有严重违法违纪行为，可能影响司法公信的。

(4)陪审员的任期、产生程序与培训。人民陪审员的任期为五年，一般不得连任。人民陪审员的名额，由基层人民法院根据审判案件的需要，提请同级人民代表大会常务委员会确定。符合担任人民陪审员条件的公民，可以由其所在单位或者户籍所在地的基层组织向基层人民法院推荐，或者本人提出申请，由基层人民法院会同同级人民政府司法行政机关进行审查，并由基层人民法院院长提出人民陪审员人选，提请同级人民代表大会常务委员会任命。依法参加审判活动是人民陪审员的权利和义务。人民陪审员依法参加审判活动，受法律保护。人民法院应当依法保障人民陪审员参加审判活动。人民陪审员所在单位或者户籍所在地的基层组织应当保障人民陪审员依法参加审判活动。基层人民法院会同同级人民政府司法行政部门对陪审员进行培训，提高其素质。

(5)陪审员的职责。人民陪审员参加合议庭审判案件，在 3 人合议庭中对事实认定、法律适用独立发表意见，行使表决权；在 7 人合议庭中对事实认定独立发表意见，并与法官共同表决，可以对法律适用发表意见，但不参与表决。合议庭评议案件时，实行少数服从多数的原则。人民陪审员同合议庭其他组成人员意见分歧的，应当将其意见写入笔录，必要时，人民陪审员可以要求合议庭将案件提请院长决定是否提交审判委员会讨论决定。人民陪审员的回避，参照有关法官回避的法律规定执行。

(6)陪审员的费用。人民陪审员因参加审判活动而支出的交通、就餐等费用，由人民法院给予补助。有工作单位的人民陪审员参加审判活动期间，所在单位不得克扣或者变相克扣其工资、奖金及其他福利待遇。无固定收入的人民陪审员参加审判活动期间，由人民法院参照当地职工上年度平均货币工资水平，按实际工作日给予补助。人民陪审员因参加审判活动应当享受的补助，人民法院和司法行政机关为实施陪审制度所必需的开支，列入人民法院和司法行政机关业务经费，由同级政府财政予以保障。

三、人民检察院

(一)人民检察院的性质、任务和组织体系

1. 性质

人民检察院是国家的法律监督机关，是代表国家行使法律监督权的国家机关。在我国的国家机构体制中，人民检察院是由全国和地方各级人民代表大会及其常委会产生并对其负责和报告工作，依法独立行使检察权的机关，属于国家的司法机关。

2. 组织体系

人民检察院的组织体系包括最高人民检察院、地方各级人民检察院和专门人民检察院（见图 2-5）。

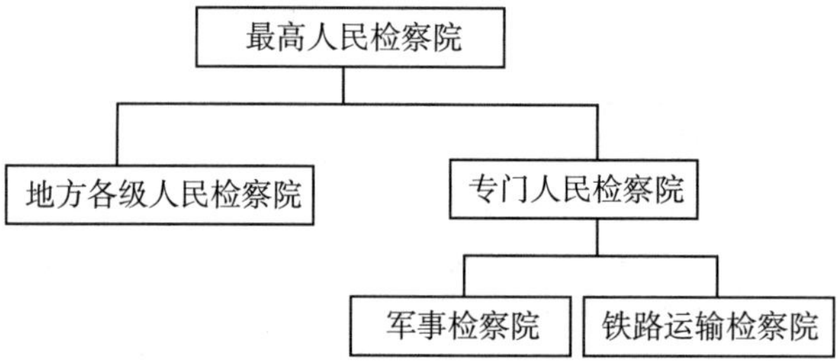

图 2-5　人民检察院的组织体系

注：军事检察院与军事法院对应设置。铁路运输检察院与铁路运输法院对应设置。

最高人民检察院是全国检察院的领导机关，领导地方各级人民检察院和专门人民检察院的工作。地方各级人民检察院分为省、自治区、直辖市人民检察院；省、自治区、直辖市人民检察院分院，自治州和省辖市人民检察院；县、市、自治县和市辖区人民检察院。专门人民检察院设置在特定的行业部门内。我国的专门人民检察院主要有中国人民解放军军事检察院和铁路运输检察院。

◎ **注意**　人民检察院的称呼不同于人民法院，分别为最高人民检察院、省人民检察院、市人民检察院和县人民检察院。

（二）人民检察院的领导体制

人民检察院上下级之间是领导关系。最高人民检察院领导地方各级人民检察院和专门人民检察院的工作，上级人民检察院领导下级人民检察院的工作。

（三）人民检察院的职权

1. 侦查权

人民检察院在对诉讼活动实行法律监督中发现司法工作人员利用职权实施的非法拘禁、刑讯逼供、非法搜查等侵犯公民权利、损害司法公正的犯罪，可以由人民检察院立案侦查。对于公安机关管辖的国家机关工作人员利用职权实施的其他重大的犯罪案件，需要由人民检察院直接受理的时候，经省级以上人民检察院决定，可以由人民检察院立案侦查。①

2. 提起公诉权

人民检察院是唯一的公诉机关。

3. 法律监督权

①对公安机关的立案、侦查活动，依法实行监督，并对公安机关提请批捕的案件，决

① 《中华人民共和国刑事诉讼法》第 19 条。

定是否批准逮捕。②审判监督权。包括出庭支持公诉；二审抗诉和再审抗诉，对法院已生效的和未生效的判决如认为确有错误，可要求法院重审；接收公民的控告、检举。③执行监督权。对执行的内容、程序等方面进行监督。

(四)检察委员会

检察委员会实行民主集中制，在检察长的主持下，讨论决定重大案件和其他重大问题。

四、公安机关

(一)性质

公安机关是国家的治安保卫机关，是武装性质的国家行政力量和刑事司法力量，是各级人民政府的组成部分，负责社会治安和国内安全保卫工作。

(二)职权

(1)对自己管辖范围内的案件依法决定立案侦查和预审。

(2)实施侦查行为。包括讯问犯罪嫌疑人、询问证人、被害人、勘验检查、搜查、扣押、鉴定、通缉。

(3)采取强制措施。

(4)有申请批捕权和对不应追究刑事责任的犯罪嫌疑人撤销案件的权力。

(5)侦查终结后，认为需要起诉的案件，有权移交人民检察院进行审查起诉。

(6)对人民检察院不起诉的决定有不同意见的有权提请复议和复核。

(7)有权对某些刑事案件的判决和裁定负责执行。

【案例分析】

李某在被拘留期间与被拘留人王某殴斗，造成王某左眼失明。问该案应该由哪个机关进行侦查?

A. 公安机关 B. 监狱 C. 人民检察院 D. 国家安全机关

【答案】 A

(三)组织体系

公安机关的组织体系如图 2-6 所示。

(四)领导体制

公安机关实行双重领导体制。各级公安机关在同级政府的领导下工作，同时也受上级公安机关的指挥和领导。

◎ **注意** 公安派出所是县、自治县、县级市公安局、市辖区公安分局的派出工作机构，

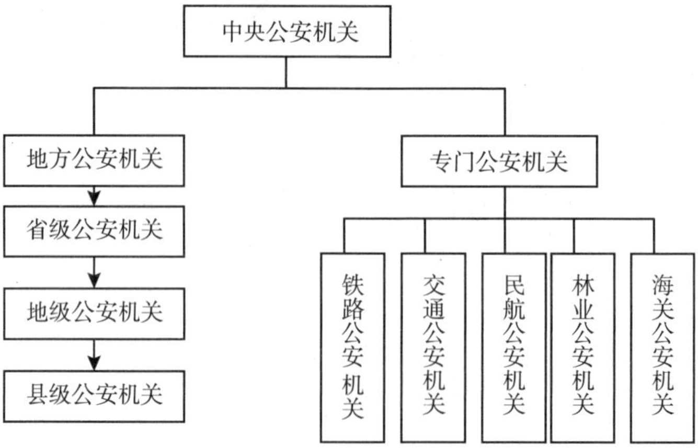

图 2-6　公安机关的组织体系

不是一级公安机关。

五、其他专门机关

在刑事诉讼中，绝大部分刑事案件由公安机关进行侦查，除此之外，国家安全机关、军队保卫部门、监狱等部门也行使侦查权。国家安全机关依法办理危害国家安全的刑事案件，行使与公安机关相同的职权。军队保卫部门对军队内部发生的刑事案件行使侦查权。监狱对罪犯在狱内犯罪的案件享有侦查权，设有狱侦科，专门处理监狱里的犯罪。另外，海关设立专门机构负责对走私案件的侦查，中国海警局对海上发生的刑事案件行使管辖权。

第二节　诉讼参与人

一、诉讼参与人的概念、种类①

诉讼参与人指在刑事诉讼中享有一定诉讼权利、负有一定诉讼义务的除国家专门机关工作人员以外的人。包括当事人和其他诉讼参与人（见图 2-7）。

◎ **注意**　诉讼参与人是除国家专门机关工作人员以外的人。

（一）当事人概念、范围、条件

（1）当事人：指与案件的结局有着直接利害关系，对刑事诉讼进程发挥着较大影响作用的诉讼参与人。

（2）当事人应具备的条件：一是实体条件，与案件的最终结局有直接的利害关系。二

① 《中华人民共和国刑事诉讼法》第 108 条。

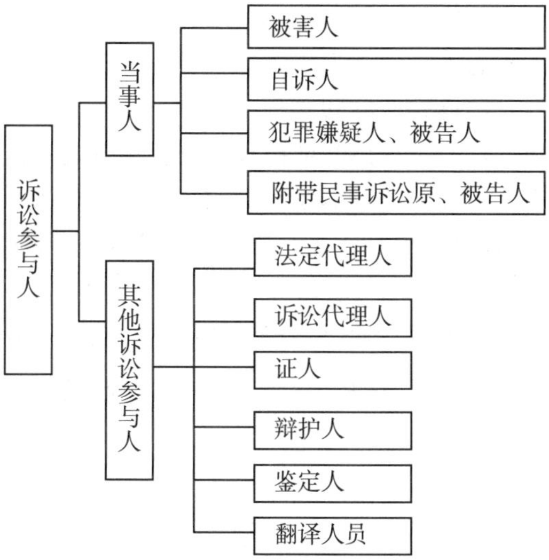

图 2-7　诉讼参与人

是程序条件：当事人必须在诉讼中具有较广泛的诉讼权利，并能对诉讼过程和诉讼结局发挥比其他诉讼参与人更大的影响。

(3)种类：被害人；自诉人；犯罪嫌疑人、被告人；附带民事诉讼的原告人和被告人。

◎ **注意**　近亲属不属于诉讼参与人，但享有一些诉讼权利，如非独立上诉权、申诉权。近亲属包括夫妻、父母、子女、同胞兄弟姊妹。

(二)当事人诉讼权利

1. 当事人共同诉讼权利

(1)有权使用本民族语言文字进行诉讼。

(2)有权申请回避。

(3)有权参与法庭调查和辩论。

(4)有权申诉。

(5)有权上诉(被害人除外)。

(6)有权对司法人员侵犯其诉讼权利和人身侮辱行为提出控告。

2. 当事人特殊诉讼权利

(1)犯罪嫌疑人和被告人

犯罪嫌疑人指侦查起诉阶段被怀疑犯有某种罪行，并被依法追究刑事责任的当事人。被告人指被有起诉权的公民个人或机关指控犯有某种罪行，并被起诉到人民法院的当事人。在刑事公诉案件中，因涉嫌犯罪而受到刑事追诉的人在人民检察院向人民法院提起公诉以前，是犯罪嫌疑人，在人民检察院向人民法院提起公诉以后，是被告人。

①犯罪嫌疑人、被告人的诉讼地位如下：

第一，居于当事人的地位。

第二，居于被追诉者的地位。

第三，其本身还可以成为重要的证据来源。

②犯罪嫌疑人、被告人的诉讼权利和义务。

权利包括：犯罪嫌疑人自第一次讯问或被采取强制措施之日起有权聘请律师提供法律帮助，有权拒绝回答侦查人员提出的与本案无关的问题；被告人享有辩护权，有权在开庭前 10 日收到起诉书副本，有权向法庭作最后陈述，自诉案件的被告人有权对自诉人提出反诉。

义务包括：符合法定条件的情况下承受强制措施；对侦查人员的讯问，应当如实回答；接受检察机关的起诉，依法按时出席并接受法庭审判；对于生效的裁定和判决，有义务执行或协助执行。

③单位犯罪嫌疑人、被告人。

在单位犯罪的情况下，单位可以独立成为犯罪嫌疑人、被告人，与作为自然人的直接负责的主管人员和其他直接责任人员一起参与刑事诉讼。

代表涉嫌单位参加刑事诉讼的诉讼代表人，应当是单位的法定代表人或者主要负责人；法定代表人或者主要负责人被指控为单位犯罪直接负责的主管人员的，应当由单位的其他负责人作为被告单位的诉讼代表人出庭。在审判阶段，被告单位的诉讼代表人与被指控为单位犯罪直接负责的主管人员是同一人的，人民法院应当要求人民检察院另行确定被告单位的诉讼代表人出庭。

单位犯罪嫌疑人、被告人的诉讼权利和诉讼义务，与自然人大致相同。

(2)被害人

被害人是指人身、财产、民主权利或其他权利遭受犯罪行为直接侵害的当事人。被害人可以是自然人，也可以是单位(包括具有法人资格和不具有法人资格的社会组织)。

被害人有狭义、广义之分。狭义的被害人仅指公诉案件的被害人。广义的被害人泛指其合法权益遭受犯罪行为直接侵害的人。

◎ **注意** 被害人在不同的诉讼中有不同的诉讼身份：

①在自诉案件中，被害人参加诉讼，他的诉讼身份是自诉人。

②在公诉案件中，如果被害人没有提起附带民事诉讼，被害人的诉讼身份是公诉被害人。

③在公诉案件中，如果犯罪嫌疑人、被告人的犯罪行为给被害人造成了经济损失，且被害人提起了附带民事诉讼，被害人的诉讼身份是附带民事诉讼的原告人。

第一，公诉案件中被害人的诉讼权利：

肯定性权利：有权委托诉讼代理人；有权报案或者控告；对于人民检察院所作的不起诉决定，有权获得不起诉决定书，并向上一级人民检察院申诉；被害人有证据证明对被告人侵犯自己人身、财产权利的行为应当依法追究刑事责任，而公安机关或者人民检察院不予追究被告人刑事责任的案件，被害人有权向人民法院提起自诉；对地方各级人民法院第一审的判决不服的，有权请求人民检察院抗诉。

否定性权利：被害人无直接起诉权，只能由检察院代表国家提起公诉。无上诉权，对于一审判决被害人不服的只能于5日内请求检察院抗诉。

◎ **注意** 被害人不享有直接起诉权、撤回起诉权、变更起诉权、与被告人进行和解权以及对一审未生效判决提出上诉权。

第二，被害人的诉讼义务：如实向公安机关、人民检察院、人民法院及其工作人员做出陈述，如果故意捏造事实，提供虚假陈述，情节严重的，应当承担法律责任；接受传唤，按时出席法庭参加审判；遵守法庭纪律，回答提问并接受询问和调查。

第三，单位被害人。单位被害人参与刑事诉讼时，应由其法定代表人作为代表参加刑事诉讼，法定代表人也可以委托诉讼代理人参加刑事诉讼。单位被害人在刑事诉讼中的诉讼权利和诉讼义务，与自然人大体相同。

(3)自诉人

①自诉人指在自诉案件中直接向法院起诉的人，其诉讼地位是原告，履行控诉职能，享有起诉权、撤诉权、与被告人和解权、上诉权等。

②自诉人通常是被害人，当被害人死亡，其法定代理人、近亲属有权作为自诉人向法院起诉。

(4)附带民事诉讼的原告人、被告人

①附带民事诉讼的原告人是指因被告人的犯罪行为而遭受物质损失，并在刑事诉讼中提出赔偿请求的人。

附带民事诉讼的原告人与被害人的关系是：通常是被害人。但也有例外，如果是国家财产、集体财产遭受损失，人民检察院可以提起附带民事诉讼；如果被害人死亡，他们的法定代理人、近亲属可以成为附带民事诉讼的原告人。

②附带民事诉讼的被告人是指在刑事诉讼中因刑事被告人的犯罪行为所造成的损失，被起诉承担民事赔偿责任的人。根据最高人民法院的司法解释，负有赔偿责任的被告人有以下五种：刑事被告人以及没有被追究刑事责任的共同致害人；未成年刑事被告人的监护人；已被执行死刑的罪犯的遗产继承人；共同犯罪案件中案件审结前已死亡的被告人的遗产继承人；其他对刑事被告人的犯罪行依法应承担民事责任的单位和个人。

(三)其他诉讼参与人

1. 其他诉讼参与人

其他诉讼参与人指除当事人之外，参与诉讼活动并在诉讼中享有一定诉讼权利、承担一定诉讼义务的参与人。包括法定代理人、诉讼代理人、辩护人、证人、鉴定人和翻译人员。

◎ **注意** 证人、鉴定人和翻译人员没有控诉职能，也没有辩护职能，是中立人员。

2. 其他诉讼参与人的权利

(1)法定代理人：法定代理人是由法律所规定的对被代理人负有专门保护义务的并代理其进行诉讼活动的人。包括父母、养父母、监护人和负有保护职责的机关、团体的代表。

法定代理人的诉讼行为与被代理人的诉讼行为有相同的效果。但是法定代理人不得为被代理人承担与人身有关的特定诉讼义务，如不得代理被代理人进行服刑、供述、辩解或陈述。

(2)辩护人：辩护人是指接受犯罪嫌疑人、被告人的委托或者被人民法院指定参加诉讼，帮助犯罪嫌疑人、被告人行使辩护权，依法维护他们的合法权益的人。包括律师，人民团体，犯罪嫌疑人、被告人所在单位推荐的人，其监护人、亲友。

(3)诉讼代理人：诉讼代理人是基于委托关系而代表被代理人参与刑事诉讼的人。诉讼代理人的范围同辩护人，即律师，人民团体，被害人、自诉人、附带民事诉讼当事人单位推荐的人，其监护人、亲友。

(4)证人：证人指了解案件事实，并被要求作证，参与到刑事诉讼中的人。证人只能是自然人，且能辨别是非、能正确表达。

◎ **注意** ①证人具有不可替代性。

②证人必须是自然人，单位不能作证。单位或组织出具的材料属于书证，不是证人证言。

③身份具有优先性。当证人角色与刑事诉讼其他角色发生冲突时，应当优先将其作为证人考虑。

④在我国，当事人不能作为证人。

⑤证人作证是向国家尽义务，而不是向当事人尽义务。

⑥证人与刑事诉讼中见证人不同。见证人的证明行为并不针对案件事实，只针对诉讼程序行为是否合法。

(5)鉴定人：鉴定人是指接受司法机关指派或聘请，运用自己的专门知识或技能，对案件中专门性问题进行分析判断并提出科学意见的人。案件的当事人无权聘请鉴定人。

(6)翻译人员：翻译人员是受公安司法机关的指派或聘请，为参与诉讼的外国人、少数民族的人、盲聋哑人进行语言、文字、手势翻译的诉讼参与人。

翻译人员应具备以下条件：①能胜任语言文字翻译工作。②与案件或案件当事人没有利害关系。

【知识链接】三大诉讼中近亲属的区别

	范围区别
刑事诉讼	夫妻、父母、子女、同胞兄弟姐妹
民事诉讼	配偶、父母、子女、兄弟姐妹、祖父母、外祖父母、孙子女、外孙子女
行政诉讼	配偶、父母、子女、兄弟姐妹、祖父母、外祖父母、孙子女、外孙子女和其他具有抚养赡养关系的亲属

【法律名言】

要想在与法律有关的职业中取得成功，你必须尽力培养自己掌握语言的能力。

——【英】丹宁勋爵

【阅读书目】

1. 陈卫东：《转型与变革：中国检察的理论与实践》，中国人民大学出版社 2015

年版。

2. 胡云腾：《法院改革与民商事审判问题研究》，人民法院出版社 2018 年版。

3. 李玉华、张思尧、杨亮：《中国特色陪审制度的新发展》，中国政法大学出版社 2014 年版。

4. 胡祖平、马卫国：《中国专家证人制度构建》，浙江大学出版社 2019 年版。

5. 郑瑞平：《刑事被害人之权利新论》，北京交通大学出版社 2017 年版。

【思考题】

1. 人民法院在刑事诉讼中处于什么地位？其性质、职能是什么？
2. 什么是审判组织？有哪些种类？
3. 人民检察院的地位、性质、职能是什么？
4. 公安机关性质、地位如何？
5. 什么是诉讼参与人？分哪些类型？
6. 什么是当事人？
7. 被害人有哪些权利、义务？

第三章　刑事诉讼的基本原则

【知识结构图】

- 刑事诉讼的基本原则
  - 侦查权、检察权、审判权由专门机关依法行使原则
  - 人民法院、人民检察院依法独立行使职权原则
  - 分工负责、互相配合、互相制约原则
  - 人民检察院依法对刑事诉讼实行法律监督原则
  - 未经人民法院依法判决不得确定有罪原则
  - 以事实为根据，以法律为准绳原则
  - 对一切公民在适用法律上一律平等原则
  - 依靠群众原则
  - 审判公开原则
  - 保障诉讼参与人的诉讼权利原则
  - 使用民族语言文字进行诉讼原则
  - 犯罪嫌疑人、被告人有权获得辩护原则
  - 依法不追究刑事责任原则
  - 追究外国人刑事责任适用我国刑事诉讼法原则

【内容导读】

刑事诉讼的基本原则对我国的立法、司法都具有非常重要的指导作用。它是对我国刑事诉讼当中的重大问题的总结，是对具体制度和程序的概括。本章主要介绍我国刑事诉讼的基本原则体系。

【法考要点】

刑事诉讼基本原则体系是法律职业资格考试重点，应着重掌握刑事诉讼的特有原则，已考知识点有侦查权、检察权、审判权由专门机关行使（尤其是对审判权理解）；具有法定情形不予追究刑事责任（特别是不同诉讼阶段具有法定情形不予追究刑事责任的处理方式）。

【考研要点】

侦查权、检察权、审判权由专门机关行使原则；人民法院、人民检察院依法独立行使职权原则；分工负责、互相配合、互相制约原则；审判公开原则；未经人民法院依法判决，不得确定有罪原则；具有法定情形不予追究刑事责任原则；保障诉讼参与人的诉讼权利原则。

【热点思考】

1. 什么是沉默权？我国现行法律是否规定了沉默权？

2. 司法独立有何意义？如何保障司法独立？我国的司法独立与西方国家司法独立是否相同？

第一节　刑事诉讼基本原则概述

一、刑事诉讼基本原则与特点

(一)刑事诉讼基本原则

刑事诉讼基本原则是由刑事诉讼法规定的，贯穿于刑事诉讼的全过程或主要诉讼阶段，公安机关、人民检察院、人民法院和诉讼参与人进行刑事诉讼活动所必须遵循的基本准则。

(二)特点

(1)在内容上，刑事诉讼基本原则具有根本性，是刑事诉讼立法精神的基本体现。

(2)在效力上，刑事诉讼基本原则具有较高的法律效力，基本原则高于一般程序规则的法律效力。

(3)在适用上，刑事诉讼基本原则具有广泛的适用性。

二、我国刑事诉讼法的规定

我国《刑事诉讼法》在第一编第一章“任务和基本原则”第3条至第18条规定了以下内容：侦查权、检察权、审判权由专门机关行使；严格遵守法律程序；人民法院、人民检察院依法独立行使职权；依靠群众；以事实为根据，以法律为准绳；对一切公民在适用法律上一律平等；公检法分工负责、互相配合、互相制约；人民检察院依法对刑事诉讼实行法律监督；使用民族语言文字进行诉讼；两审终审；审判公开；犯罪嫌疑人、被告人有权获得辩护；未经人民法院依法判决不得确定有罪；保障诉讼参与人的诉讼权利；实行人民陪审；具有法定情形不予追究刑事责任；追究外国人刑事责任适用我国刑事诉讼法。

第二节　我国刑事诉讼基本原则的内容

一、侦查权、检察权、审判权由专门机关依法行使原则

（一）法律依据

《刑事诉讼法》规定："对刑事案件的侦查、拘留、执行逮捕、预审，由公安机关负责。检察、批准逮捕、检察机关直接受理的案件的侦查、提起公诉，由人民检察院负责。审判由人民法院负责。除法律特别规定的以外，其他任何机关、团体和个人都无权行使这些权力。"①这一规定是侦查权、检察权、审判权由专门机关行使原则的基本法律依据，该原则简称为"职权原则"。

（二）主要内容

（1）办理刑事案件的职权具有专属性和排他性。侦查权、检察权、审判权只能由公安机关、检察机关、审判机关等专门机关行使，其他任何机关、团体和个人都无权行使这些权力。

（2）专门机关在办理刑事案件时有明确的职权分工。

（3）专门机关必须依法行使侦查权、检察权、审判权。即三级关必须按照各自的权限和职责分工去进行刑事诉讼活动，不得推诿或延误。

（4）原则中所谓"除法律特别规定的以外"的情况，具体是指《刑事诉讼法》第 4 条规定："国家安全机关依照法律规定，办理危害国家安全的刑事案件，行使与公安机关相同的职权。"第 308 条规定："军队保卫部门对军队内部发生的刑事案件行使侦查权。中国海警局履行海上维权执法职责，对海上发生的刑事案件行使侦查权。对罪犯在监狱内犯罪的案件由监狱进行侦查。军队保卫部门、中国海警局、监狱办理刑事案件，适用本法的有关规定。"

（三）意义

侦查权、检察权、审判权由专门机关依法使用原则，是我国刑事诉讼法科学化、民主化的重要表现之一，该原则不仅有利于提高刑事诉讼的效率，而且有利于防止三机关滥用职权造成冤假错案，是打击犯罪与保障人权的要求。

二、人民法院、人民检察院依法独立行使职权原则

【案例讨论】

在德国，曾经发生过这么一件事件，"一位法院院长出于好心在一位法官的判决书上修改了一个应改的字，而后者认为院长的这种做法损害了他的独立性，于是将院长起诉到专门处理法官与行使监督权的院长之间争议的法律法院。因为《德国法官法》第 26 条第 3

---

① 《中华人民共和国刑事诉讼法》第 3 条第 1 款。

款就规定，每个法官有权针对一项监督措施向纪律法院起诉，以判定其独立性是否受到侵害。结果是纪律法院判该院长违纪，院长辞职。

【问题】如何理解德国法院院长的行为？

（一）法律依据

《刑事诉讼法》第5条规定：“人民法院依照法律规定独立行使审判权，人民检察院依照法律规定独立行使检察权，不受行政机关、社会团体和个人的干涉。”该原则又可以简称为“司法独立原则”。①

该原则主要具有以下含义：

（1）人民法院、人民检察院独立行使职权是指只独立于行政机关、社会团体和个人，不独立于立法机关和权力机关。各级司法机关产生于各级人民代表大会，并对其负责并报告工作，要接受它的监督。各级人民代表大会对人民法院、人民检察院办理的案件有权提出批评和纠正意见，司法机关对此应当尊重和接受。不应把这种监督视为非法干涉。

（2）人民法院、人民检察院独立行使职权作为整体独立，非个人独立。独立行使检察权是指整个检察系统作为一个整体独立行使检察权。独立行使审判权是指一个个特定的人民法院独立行使审判权。

◎ **注意**　该原则与西方国家的司法独立有明显的区别。西方国家的司法独立是指法官个人的独立，法官行使职权只服从宪法和法律。而我国独立行使职权的主体是人民法院和人民检察院，他们集体行使审判权和检察权，而不是法官个人和检察官个人独立行使职权。

（3）审判权不独立于党的领导。中国共产党是执政党，人民的意志、党的政策和国家的法律是一致的。党的领导与人民法院、人民检察院依法独立行使职权原则并不矛盾。宪法和中国共产党章程规定，党必须在宪法和法律范围内活动。党对司法工作的领导主要是政治领导和组织领导，党的领导不是包揽司法工作，更不是对具体案件发号施令。

（4）人民法院、人民检察院应当自觉接受社会舆论的监督。

（5）人民法院、人民检察院独立行使职权必须严格遵守宪法和法律各项规定。

（二）意义

（1）这一原则为人民法院、人民检察院正确行使审判权、检察权创造了必要的条件，排除了来自于社会的其他不正当干涉，保障了司法行为的纯洁性、权威性和公正性。

（2）人民法院、人民检察院审判权、检察权的独立行使还是公、检、法三机关之间的制约关系得以形成的根本前提，从而为准确惩罚犯罪，充分保障人权奠定了坚实的基础。

【知识链接】

司法独立的理论基础

司法独立原则源于法国启蒙思想家孟德斯鸠的三权分立学说。他认为，立法、行政、

① 《中华人民共和国刑事诉讼法》第5条。

司法三权应当分立，“当立法权和行政权集中在同一个人或同一个机关之手，自由便不复存在了；因为人们将要害怕这个国王或议会制定暴虐的法律，并暴虐地执行这些法律”。“如果司法权不同立法权和行政权分立，自由也就不存在了，如果司法权同立法权合而为一，则将对公民的生命和自由施行专断的权力，因为法官就是立法者。如果司法权同行政权合而为一，法官便将握有压迫者的力量”。“同一个机关，既是法律执行者，又享有立法者的全部权力，它可以用它的‘一般的意志’去蹂躏全国；因为它还有司法权，它又可以用它的‘个别意志’去毁灭每一个公民”。① 马克思认为，法官除了法律就没有别的上司，法官有义务在把法律运用于个别事件时，根据他在认真考察后的理解来解释法律。……独立的法官既不属于我，也不属于政府。

孟德斯鸠的三权分立学说奠定了司法独立原则的理论基础。此后，司法独立原则为许多国家的立法所确认。1787 年，美国宪法规定：司法权属于各级法院。1791 年的法国宪法规定：司法权只能由法院行使。1946 年的日本宪法规定：一切司法权属于法院，法官依良心独立行使职权，只受宪法与法律的约束。1947 年的意大利宪法规定：法官只服从法律。

联合国确立了司法独立的国际准则：(1)1948 年联合国大会通过的《世界人权宣言》第 10 条规定：“人人完全平等地有权由一个独立而无偏袒的法庭进行公正和公开的审讯，以确定他的权利和义务并判定对他提出的任何刑事指控。”(2)1966 年联合国大会通过的《公民权利与政治权利国际公约》第 14 条规定：“在判定对任何人提出的任何刑事指控或确定他在一件诉讼案件中的权利和义务时，人人有资格由一个依法设立的合格的、独立的和无偏倚的法庭进行公正和公开的审讯。”(3)1982 年国际律师协会在其第 19 届年会上通过《关于司法独立最低标准的规则》；(4)1983 年，世界司法独立第一次会议在蒙特利尔通过《世界司法独立宣言》；(5)1985 年 8 月第 7 届联合国犯罪和犯罪待遇大会通过《关于司法机关独立的基本原则》；(6)1989 年 5 月 24 日联合国经社理事会通过《关于司法机关独立的基本原则》的有效执行程序；(7)1994 年 1 月 20 日在西班牙马德里举行的国际法学家委员会通过《关于新闻媒体与司法独立关系的基本原则》；(8)1995 年 8 月 19 日在北京举行的亚太地区首席大法官会议通过《司法机关独立原则的声明》。

◎ **思考** 司法独立的价值是什么？如何保障司法独立？

三、分工负责、互相配合、互相制约原则

(一)法律依据

《刑事诉讼法》第 7 条规定：“人民法院、人民检察院和公安机关进行刑事诉讼，应当分工负责，互相配合，互相制约，以保证准确有效地执行法律。”②

① [法]孟德斯鸠：《论法的精神》，人民日报出版社 2008 年版，第 154 页。

② 《中华人民共和国刑事诉讼法》第 7 条。

(二)原则理解

(1)分工负责：是指人民法院、人民检察院和公安机关在刑事诉讼中应当根据法律规定的职权分工，在各自的职权范围内进行活动，各司其职，各负其责，既不能互相代替，也不能互相推诿。包括诉讼职能与职权的分工和管辖的分工。

(2)互相配合：是指人民法院、人民检察院和公安机关进行刑事诉讼，应当在分工负责的基础上，互相支持，通力合作，使案件的处理能够前后衔接，协调一致，共同完成查明案件事实，揭露、证实、惩罚犯罪的任务。

(3)互相制约：是指人民法院、人民检察院和公安机关在刑事诉讼过程中，应当按照职能的分工和程序的设置，互相制衡，互相约束，以防止发生错误或及时纠正错误，做到不错不漏，不枉不纵。

(4)三者关系：密切相关，缺一不可。分工负责是互相配合、互相制约的前提和基础，没有分工，配合与制约就无从谈起。互相配合、互相制约是分工负责的结果和必然要求。

(三)意义

分工负责、互相配合、互相制约原则是由刑事诉讼法本身的程序设计所决定的正确处理公、检、法三机关关系的原则。贯彻这一原则，对于保证法律的正确实施，正确处理案件，杜绝司法腐败都具有重要的意义。

四、人民检察院依法对刑事诉讼实行法律监督原则

(一)法律依据及理解

《刑事诉讼法》规定：“人民检察院依法对刑事诉讼实行法律监督。”①该原则包含以下含义：

(1)刑事诉讼中的诉讼监督机关是人民检察院。

(2)人民检察院对刑事诉讼实行法律监督，是依照法律规定的职权、范围和程序进行的。

(二)监督内容

(1)立案监督。人民检察院认为公安机关应当立案的案件而不立案侦查的，人民检察院有权要求公安机关说明不立案的理由；人民检察院认为公安机关不立案的理由不能成立的，应当通知公安机关立案，公安机关接到通知后应当立案。

(2)侦查监督。一是通过审查逮捕、审查起诉监督公安机关的侦查工作；二是对侦查活动中的违法情况提出纠正意见；三是根据需要可以派员参加公安机关对于重大案件的讨论和其他侦查活动。

(3)审判监督。一是对人民法院确有错误的判决和裁定提出抗诉，提起第二审程序或审判监督程序；二是对审判活动是否合法进行监督，对违反法律规定的诉讼程序，有权向

① 《中华人民共和国刑事诉讼法》第8条。

人民法院提出纠正意见。

(4)执行监督。一是派员临场监督死刑立即执行的案件；二是对刑罚执行机关的活动是否合法进行监督；三是对刑罚执行的变更情况进行监督。

(三)意义

人民检察院依法对刑事诉讼实行法律监督，对于防止或减少刑事诉讼中的违法行为，正确适用法律，惩罚犯罪分子，保障无罪的人不受刑事追究，保护当事人的诉讼权利，都具有重要意义。

五、未经人民法院依法判决不得确定有罪原则

(一)法律依据

《刑事诉讼法》第 12 条①规定："未经人民法院依法判决，对任何人都不得确定有罪。"

这一原则的基本含义包括六个方面：

第一，刑事案件的定罪权统一由人民法院行使。

第二，未经人民法院依法判决，对任何人都不得确定有罪。即在人民法院发生法律效力的判决作出之前，不能在法律上确定任何人有罪，或者说，不能在法律上将任何人作为有罪的人或罪犯看待。

第三，法院的一切判决都必须是依法作出的。只能以判决形式，制作判决书。

第四，犯罪嫌疑人、被告人不负举证责任。证明被告人有罪的责任由起诉一方承担，这一责任是不可转移的。

第五，犯罪嫌疑人、被告人享有与控方对等的诉讼权利。

第六，实行疑罪从无。凡是证据不足，事实不清的案件，在审查起诉阶段，人民检察院可以作出不起诉决定，在审判阶段，人民法院应当作出指控罪名不能成立、被告人无罪的判决。

(二)原则意义

首先，保障了人民法院统一行使审判权，赋予了人民法院对疑难案件解决的权力，使人民法院从大量疑案、悬案中解脱出来，集中力量抓好手头案件的审理。

其次，它有效地保障了人权，尤其是犯罪嫌疑人、被告人的合法权益。

最后，实行这一原则，有利于增强群众的法制观念，促进司法公正、民主和文明。

六、以事实为根据，以法律为准绳原则

(一)法律依据及理解

《刑事诉讼法》规定："人民法院、人民检察院和公安机关进行刑事诉讼，必须以事实

① 《中华人民共和国刑事诉讼法》第 12 条。

为根据，以法律为准绳。”①

“以事实为根据”，就是指必须以已经查证属实的证据为根据。它所禁止的是以主观想象和怀疑猜测等为根据对案件作出判断。“以法律为准绳”，就是以刑事诉讼法和刑法等法律规定为标准，指导刑事诉讼的进行。这一原则，从根本上说是用来约束公安机关、人民检察院和人民法院，从而维护当事人合法权益的。

（二）正确贯彻这一原则的基本要求

（1）司法机关在办理刑事案件过程中，必须坚持辩证唯物主义认识论的要求，深入实际调查研究，客观、全面地收集证据，按照案件的本来面貌去认识案件，查清案件的客观真相，忠于案件的事实真相。

（2）要坚持重证据，不轻信口供，严禁刑讯逼供和以威胁、引诱、欺骗以及其他非法方法收集证据。只有被告人口供，没有其他证据，不能对被告人定罪量刑。

（3）要坚持依法独立行使职权，尤其对于人民法院、人民检察院而言，只有依法独立行使职权，才能在办案中为以法律为准绳创造条件。

（4）司法人员要增强社会主义法制观念，做到有法必依，执法必严，公正司法；要忠于事实真相，忠于法律，忠实于国家和人民利益，以保证法律的准确实施。

因此，以事实为根据，以法律为准绳，二者互为条件，互相联系，不可或缺，是正确处理刑事案件最为关键的两项要求。

七、对一切公民在适用法律上一律平等原则

（一）法律依据及理解

《刑事诉讼法》规定，人民法院、人民检察院和公安机关在刑事诉讼中，“对于一切公民，在适用法律上一律平等，在法律面前，不允许有任何特权”。这一原则的含义有：

（1）对一切公民，只要其行为构成犯罪，都应平等地予以追究。

（2）对一切公民，只要其行为不构成犯罪，都不得加以罪名予以追究。

（3）在刑事诉讼中，凡是处于同等诉讼地位的人，都依法享有同等的诉讼权利，都应同等地履行诉讼义务。

（二）正确贯彻这一原则的基本要求

（1）司法机关在进行刑事诉讼中，必须严肃执法，公正司法，对于任何犯了罪的公民，都必须严格依法追究其刑事责任，不能以党纪行政处分代替刑事处罚，也不能“以罚代刑”，以经济制裁代替刑事处罚。

（2）对所有诉讼参与人都应当平等对待，保障一切诉讼参与人充分行使其诉讼权利，平等履行诉讼义务。

（3）贯彻这一原则，必须同各种特权思想、特权人物、特权行为进行坚持不懈地斗

---

① 《中华人民共和国刑事诉讼法》第6条。

争，坚持原则，排除各种阻力和干扰。绝不允许有不受法律约束的特殊公民，绝不允许有凌驾于法律之上的特殊人物。在刑事诉讼中要执法如山，不畏权势，只有服从法律，才能使这一原则得以实施和贯彻。

八、依靠群众原则

《刑事诉讼法》规定："人民法院、人民检察院和公安机关进行刑事诉讼，必须依靠群众。"①这是依靠群众原则的直接规定。

依靠群众原则要求司法人员在进行刑事诉讼活动的时候，要走群众路线，注意发动群众、组织群众与犯罪做斗争；要相信群众和依靠群众，发挥群众的智慧和积极性；要向群众做调查研究，听取群众的意见，反对孤立办案，反对神秘主义。但依靠群众，并不是说将司法职权交由群众去行使，或者将大量的调查取证工作交给群众去完成，而是要求司法机关办理刑事案件，不能搞"关门主义""神秘主义"，要依靠群众，走群众路线，听取群众意见，接受群众监督。

九、审判公开原则

◎ **思考**

1. 未成年被告人年龄计算是指开庭审理时的年龄还是指犯罪时的年龄？
2. 法庭审理案件时证人、鉴定人是否可以旁听？

（一）法律依据

审判公开是我国宪法规定的一项基本原则。《宪法》规定："人民法院审理案件，除法律规定的特别情况外，一律公开进行。"②刑事诉讼法重述了上述宪法要求并明确了审判公开的例外情形、确立了一系列保障性制度。

（二）主要内容

（1）审判公开，是指人民法院的审理案件和宣告判决应当向社会公开，允许人民群众旁听，允许新闻记者采访报道。审判公开具体包含以下两层含义：一是向当事人公开、向社会公开；二是包括法庭审理活动的公开与法庭宣判活动的公开。

（2）审判公开的例外。根据我国刑事诉讼法及司法解释的规定，审判公开的例外仅限于以下案件：

①有关国家秘密或者个人隐私的案件，不公开审理。

②审判的时候被告人未满 18 周岁的，不公开审理。这里的年龄是指审理时被告人的实际年龄。

③对于当事人提出申请的确属涉及商业秘密的案件，法庭应当决定不公开审理。

---

① 《中华人民共和国刑事诉讼法》第 6 条。

② 《中华人民共和国宪法》第 130 条。

(三)意义

(1)法院通过审判公开，将审判过程置于社会监督之下，增加诉讼的透明度，加强群众监督，防止法院执法不公。

(2)审判公开体现了诉讼的科学性，可以促使侦查、起诉、审判机关严格依法办案和保证诉讼质量，防止片面性，客观公正地查明案件情况，正确地适用刑法。

(3)审判公开也是法制宣传和教育的有效途径。

(四)违反公开审理原则的处理

(1)当事人提起上诉或检察院提出抗诉的，第二审人民法院应当裁定撤销原判、发回重审。

(2)当事人申请再审的，人民法院可以决定再审，人民检察院按照审判监督程序提起抗诉的，人民法院应当决定再审。

【知识链接】三大诉讼审判公开的比较

	应当不公开	可以不公开
刑事诉讼	1. 有关国家秘密或者个人隐私的案件 2. 开庭时被告人未满 18 周岁的案件 3. 对于当事人提出申请的确属涉及商业秘密的案件	
民事诉讼	1. 涉及国家秘密案件 2. 涉及个人隐私的案件 3. 法律另有规定的案件	1. 经当事人申请的离婚案件 2. 经当事人申请的涉及商业秘密的案件
行政诉讼	1. 国家秘密案件 2. 涉及个人隐私的案件 3. 法律另有规定的案件	

十、保障诉讼参与人的诉讼权利原则

(1)人民法院、人民检察院和公安机关应当保障诉讼参与人依法享有的诉讼权利。

(2)不满 18 周岁的未成年人犯罪的案件，在讯问和审判时，可以通知犯罪嫌疑人、被告人的法定代理人到场。

(3)询问不满 18 岁的证人，可以通知其法定代理人到场。

(4)讯问聋哑犯罪嫌疑人应当有通晓聋哑手势的人参加，并记明笔录。

(5)诉讼参与人对于审判人员、检察人员和侦查人员侵犯公民诉讼权利和人身侮辱的行为，有权提出控告。

十一、使用民族语言文字进行诉讼原则

(一)法律依据及理解

《宪法》规定："各民族公民都有用本民族语言文字进行诉讼的权利。人民法院和人民检察院对于不通晓当地通用的语言文字的诉讼参与人，应当为他们翻译。在少数民族聚居或者多民族共同居住的地区，应当用当地通用的语言进行审理；起诉书、判决书、布告和其他文书应根据实际需要使用当地通用的一种或几种文字。"①这一原则包含以下含义：

(1)各民族公民都有用本民族语言文字进行诉讼的权利。

(2)对不通晓当地通用的语言文字的诉讼参与人，司法机关应当为他们提供翻译。

(3)在少数民族聚居或者多民族杂居的地区，应当用当地通用的语言进行审讯，用当地通用的文字发布判决书、布告和其他文件。

(二)用民族语言文字进行诉讼原则的意义

贯彻用民族语言文字进行诉讼原则，有利于贯彻国家主张民族平等，维护民族团结的方针；有利于各民族公民参加刑事诉讼时能够排除语言文字的障碍，平等地享有和行使各项诉讼权利；有利于司法机关讯问或者询问诉讼参与人，准确、及时地查明案件事实；有利于人民群众对刑事诉讼活动实施监督；有利于发挥刑事诉讼本身的教育作用。

十二、犯罪嫌疑人、被告人有权获得辩护原则

(一)法律依据

《宪法》第130条规定："被告人有权获得辩护。"《刑事诉讼法》规定："被告人有权获得辩护，人民法院有义务保证被告人获得辩护。"②

(二)主要内容

(1)犯罪嫌疑人、被告人在整个刑事诉讼过程中都有权为自己辩护。

(2)犯罪嫌疑人在侦查阶段只能自行辩护，犯罪嫌疑人在审查起诉阶段、被告人在审判阶段既可以自行辩护，也可委托律师或法律允许的其他人为自己辩护。

(3)犯罪嫌疑人在侦查阶段有权得到律师的法律帮助。

(4)公安机关、人民检察院有义务保证犯罪嫌疑人在侦查阶段获得律师的法律帮助，人民检察院有义务保证犯罪嫌疑人在审查起诉阶段获得辩护；人民法院有义务保证被告人在审判阶段获得辩护。

该原则的确立是诉讼进步的体现，它反映了人权保障的理念，是追求诉讼公正的必然要求，该原则与刑事诉讼程序的控、辩、审三方诉讼构造相互依存、相互作用。

---

① 《中华人民共和国宪法》第139条。

② 《中华人民共和国刑事诉讼法》第11条。

十三、依法不追究刑事责任原则

(一)依法不追究刑事责任原则的含义

《刑事诉讼法》确立了依法不追究刑事责任①原则。根据该规定，具有下列情形之一的，不予追究刑事责任，已经追究的，应当撤销案件，或者不起诉，或者终止审理，或者宣告无罪：

(1)情节显著轻微、危害不大，不认为是犯罪的。

◎ **注意**　情节显著轻微是指什么？轻微伤是否属于第一款？

(2)犯罪已过追诉时效期限的。

(3)经特赦令免除刑罚处罚的。

(4)依照刑法告诉才处理的案件，没有告诉或撤回告诉的。

(5)犯罪嫌疑人、被告人死亡的。

(6)其他法律规定免予追究刑事责任的。

(二)对依法不追究刑事责任情形的处理

(1)立案阶段，应当作出不立案的决定。

(2)侦查阶段，应当撤销案件。

(3)如果在审查起诉阶段，应当作出不起诉的决定。

(4)如果在审判阶段，对于情节显著轻微、危害不大，不认为是犯罪的，人民法院应当作出判决，宣告无罪，对于其他几种情况，人民法院应当根据情况不同，或者裁定终止审理，或者宣告无罪(被告人死亡的)。

(三)意义

贯彻依法不追究刑事责任原则，不仅为公、检、法三机关正确立案提供了依据，而且为国家正确行使追诉权、防止扩大追诉范围、实现刑事诉讼的任务提供了可靠的保障。

十四、追究外国人刑事责任适用我国刑事诉讼法原则

(一)法律依据

《刑事诉讼法》规定："对于外国人犯罪应当追究刑事责任的，适用本法的规定。对于享有外交特权和豁免权的外国人犯罪应当追究刑事责任的，通过外交途径解决。"②

(二)意义

在刑事诉讼中贯彻这一原则，有利于维护国家主权，有利于我国在和平共处五项原则

① 《中华人民共和国刑事诉讼法》第 16 条。

② 《中华人民共和国刑事诉讼法》第 17 条。

基础上发展同各国的关系，有利于我国改革开放和社会主义建设事业。同时，采用外交途径来解决享有外交特权和豁免权的外国人犯罪的问题，符合国际惯例和国与国之间的平等互惠的原则，有利于开展和保持国家间的正常交往和和睦。

◎ **注意** ①外国人包括具有外国国籍的人、无国籍人、国籍不明人。

②国籍确认：外国人国籍以其入境时的有效证件予以确认；国籍不明的，以公安机关会同外事部门查明为准；国籍确实无法查明的，以无国籍人对待，适用涉外刑事案件审理程序。

【法律名言】

法律是一种远离激情的理智。

——【古希腊】亚里士多德

【阅读书目】

1. [英]丹宁勋爵：《法律的正当程序》，法律出版社 2015 年版。
2. 李迎春：《司法与传媒关系临界点：采访权的法理与实践》，中国民主法制出版社 2017 年版。
3. 李忠诚、王建林：《新刑事诉讼法实施中的人权保障机制建设》，中国检察出版社 2013 年版。

【思考题】

1. 什么是我国刑事诉讼法的基本原则？包括哪些内容？
2. 侦查权、检察权和审判权由专门机关行使原则的内容和意义是什么？
3. 怎样正确理解和贯彻公检法三机关分工负责、互相配合、互相制约的原则？
4. 有权使用本民族语言文字进行诉讼的要求和意义是什么？
5. 什么是审判公开？具体要求是什么？
6. 被告人、犯罪嫌疑人有权获取辩护原则的要求和意义是什么？
7. 怎样正确理解和贯彻人民法院、人民检察院依法独立行使审判权、检察权原则？
8. 不追究刑事责任有哪些法定情形？
9. 未经人民法院依法判决不得确定任何人有罪原则的含义和要求是什么？

第二编　刑事诉讼制度

第四章 管辖制度

【知识结构图】

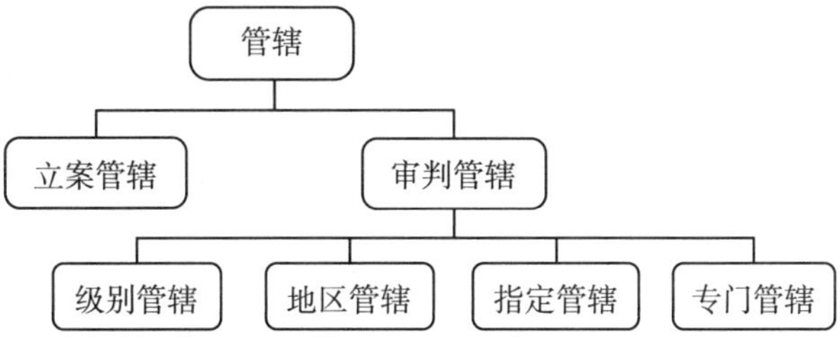

【内容导读】

刑事诉讼中的管辖是指公安机关、人民检察院和人民法院在直接受理刑事案件范围上的权限划分以及人民法院系统内部在审理第一审刑事案件上的权限划分。管辖分为立案管辖和审判管辖，立案管辖解决的是公安机关、人民检察院和人民法院、国家安全机关、监狱、军队保卫部门等不同部门的分工问题；审判管辖解决的是法院系统内部分工问题，分为级别管辖、地域管辖、指定管辖、专门管辖和特殊管辖。

【法考要点】

立案管辖中侦查权划分，级别管辖中中级人民法院管辖的刑事案件范围，检察院受理案件范围，法院受理的自诉案件范围，地区管辖原则，指定管辖的情形，军地互涉案件的管辖，特殊管辖的确定和军事法院管辖案件。

【考研要点】

确定管辖原则，刑事诉讼中侦查权的划分，法院受理的自诉案件范围，检察院受理案件范围，地区管辖原则，指定管辖情形。

【热点思考】

刑事诉讼管辖存在哪些冲突？原因何在？该如何解决？

第一节 管辖制度概述

一、管辖制度的概念

刑事诉讼中的管辖是指公安机关、人民检察院和人民法院之间立案受理刑事案件以及人民法院内部在审判第一审刑事案件上的权限划分。

二、确定管辖制度的原则

确定管辖制度的原则有依法管辖、准确及时、便利诉讼、维护合法权益、原则性与灵活性相结合。

第二节　立 案 管 辖

立案管辖，又称职能管辖或部门管辖，解决的是哪类刑事案件由公、检、法机关中的哪一个机关受理的问题。立案管辖主要是根据下列因素划分的：第一，各专门机关的性质与职能；第二，刑事案件的性质、案情的轻重、复杂程度等。立案管辖的划分如图 4-1 所示。

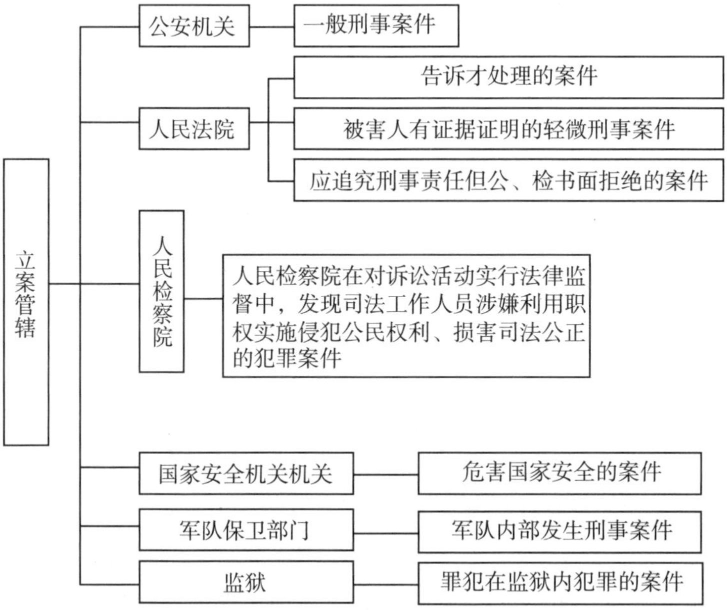

图 4-1　立案管辖的划分

一、人民法院直接受理的刑事案件

人民法院直接受理的刑事案件为自诉案件。自诉案件是指被害人或其法定代理人、近亲属等对于法律规定的刑事案件直接向人民法院提起刑事诉讼，要求追究被告人的刑事责任，并由人民法院直接受理的刑事案件。自诉案件包括①：

(1)告诉才处理的案件这类案件，包括侮辱案、诽谤案、暴力干涉婚姻自由案、虐待

① 《最高人民法院关于适用〈中华人民共和国刑事诉讼法〉的解释》第 1 条。

案、侵占案。

◎ **注意** ①告诉才处理的案件是自诉案件，但自诉案件未必都是告诉才处理的案件。

②告诉才处理的案件由被害人及其法定代理人告诉，只有在被害人受到惊吓、强制等原因无法告诉的，才可以由被害人近亲属起诉或由人民检察院公诉。

③对于侮辱诽谤案、暴力干涉婚姻自由案，如果情节严重，则转化为公诉案件，由公安机关立案侦查。

(2)被害人有证据证明的轻微刑事案件，这类自诉案件必须符合两个条件：第一，必须是轻微的刑事案件；第二，被害人必须有相应的证据证明被告人有罪。这类案件包括 8 种：故意伤害案(轻伤)；重婚案；遗弃案；妨害通信自由案；非法侵入他人住宅案；生产、销售伪劣商品案件(严重危害社会秩序和国家利益的除外)；侵犯知识产权案件(严重危害社会秩序和国家利益的除外)；属于刑法分则第四章、第五章规定的，对被告人可以判处 3 年有期徒刑以下刑罚的其他轻微刑事案件。①

(3)被害人有证据证明对被告人侵犯自己人身、财产权利的行为应当追究刑事责任，而公安机关或者人民检察院不予追究被告人刑事责任的案件。这类自诉案件，简称公诉转自诉的案件。因为这类案件，本来是公诉案件，只是由于公安机关、人民检察院和被害人一方的认识不同，刑事诉讼法为了保护被害人一方的利益，才赋予被害人一方的自诉权。

二、人民检察院直接受理的刑事案件

人民检察院在对诉讼活动实行法律监督中发现的司法工作人员利用职权实施的非法拘禁、刑讯逼供、非法搜查等侵犯公民权利、损害司法公正的犯罪，可以由人民检察院立案侦查。对于公安机关管辖的国家机关工作人员利用职权实施的重大犯罪案件，需要由人民检察院直接受理的，经省级以上人民检察院决定，可以由人民检察院立案侦查。人民检察院办理直接受理侦查的案件，由设区的市级人民检察院立案侦查。基层人民检察院发现犯罪线索的，应当报设区的市级人民检察院决定立案侦查。设区的市级人民检察院根据案件情况也可以将案件交由基层人民检察院立案侦查，或者要求基层人民检察院协助侦查。对于刑事执行派出检察院辖区内与刑事执行活动有关的犯罪线索，可以交由刑事执行派出检察院立案侦查。最高人民检察院、省级人民检察院发现犯罪线索的，可以自行立案侦查，也可以将犯罪线索交由指定的省级人民检察院或者设区的市级人民检察院立案侦查。②

三、公安机关直接受理的刑事案件

除人民法院直接受理、人民检察院自行侦查及监察委调查的刑事案件以外的其他绝大多数案件。

四、关于立案管辖执行中的几个问题

(1)《刑事诉讼法》第 110 条规定，公安机关、人民检察院或者人民法院对于报案、控

---

① 六机关《规定》第 4 条。

② 《人民检察院刑事诉讼规则》第 13 条。

告、举报，都应当接受。对于不属于自己管辖的，应当移送主管机关处理，并且通知报案人、控告人、举报人；对于不属于自己管辖而又必须采取紧急措施的，应当先采取紧急措施，然后移送主管机关。

(2)在职能管辖问题上，还可能出现管辖交叉的问题。对此，应当按照六机关《规定》第6条的规定办理，即公安机关侦查刑事案件涉及人民检察院管辖的国家机关工作人员利用职权之便侵害他人的人身权利、民主权利案件时，应当将案件移送人民检察院；人民检察院侦查利用职权侵害人身权利、民主权利案件涉及公安机关管辖的刑事案件时，应当将属于公安机关管辖的刑事案件移送公安机关。在上述情况中，如果涉嫌主罪属于公安机关管辖的，应当由公安机关为主进行侦查，人民检察院予以配合；如果涉嫌主罪属于人民检察院管辖，由人民检察院为主侦查，公安机关予以配合。主罪与次罪的划分，应当以犯罪嫌疑人涉嫌的犯罪可能判处的刑罚轻重为标准。

(3)公安机关或人民检察院在侦查过程中，如果发现犯罪嫌疑人还犯有属于人民法院直接受理的罪行时，应先接受控告人的控告，并进行必要的调查，然后在人民检察院提起公诉时，随同公诉案件移送人民法院，由人民法院合并审理。侦查终结后不提起公诉的，则应直接移送人民法院处理。

(4)人民法院在审理自诉案件的过程中，如果发现被告人犯有必须由人民检察院提起公诉的罪行时，则应将新发现的罪行另案移送有管辖权的机关。

◎ **注意**　立案管辖是刑事诉讼特有的。对于自诉案件，人民法院的立案管辖和审判管辖是重合的；对于公诉案件，这两种关系是侦查权、起诉权和审判权相互配合的反映。一是公安机关和人民检察院的立案管辖和法院的审判管辖不是同时发生的，而是一先一后；二是立案管辖并不必然引起审判管辖。有的案件不进入审判程序就不会发生审判管辖问题。

第三节　审判管辖

审判管辖是指各级人民法院之间，普通人民法院同专门人民法院之间，以及同级人民法院之间，在审判第一审刑事案件上的分工。审判管辖解决的是人民法院内部在受理案件方面的分工，包括级别管辖、地区管辖和专门管辖(见图4-2)。

一、级别管辖

级别管辖是指各级人民法院在审判第一审刑事案件的权限上的分工。① 具体情况是：

(1)基层人民法院管辖第一审普通刑事案件，但是依照本法由上级人民法院管辖的除外。普通刑事案件是指危害国家安全案件和恐怖活动案件之外案件。

(2)中级以上人民法院管辖下列第一审刑事案件：①危害国家安全案件；②恐怖活动案件；③可能判处无期徒刑、死刑的普通刑事案件。

◎ **注意**　这三类案件最低由中级人民法院管辖。

① 《中华人民共和国刑事诉讼法》第19~28条。

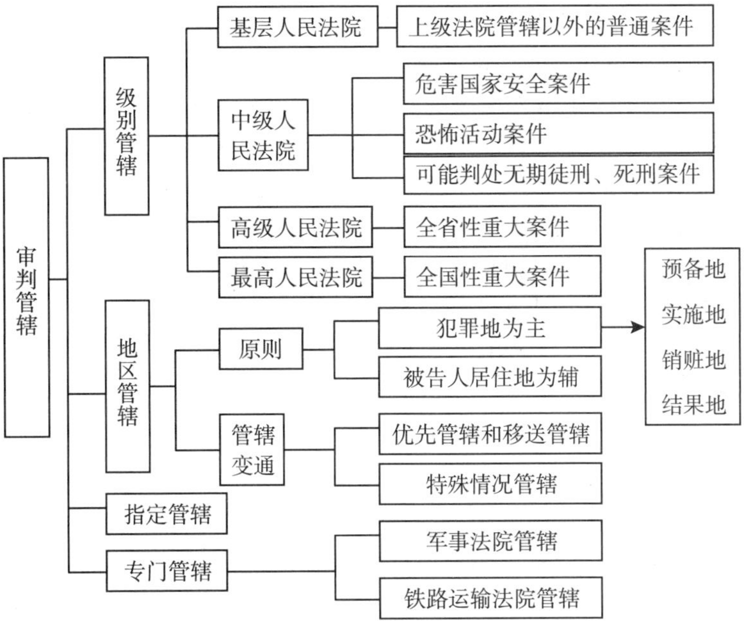

图 4-2 审判管辖的划分

【案例分析】

下列第一审刑事案件，哪些由中级人民法院管辖？（ ）

A. 张某玩忽职守案　　　　B. 陈某组织武装叛乱案

C. 钱某故意杀人案　　　　D. 岳某抢夺某国公民财物案

【答案】B C

(3)高级人民法院管辖的第一审刑事案件，是全省(自治区、直辖市)性的重大刑事案件。

(4)最高人民法院管辖的第一审刑事案件是全国性的重大刑事案件。

除上述级别管辖的法定情形外，人民法院在级别管辖方面，还应遵守下列规定：

(1)提审与移送。

提审。上级人民法院在必要的时候，可以审判下级人民法院管辖的第一审刑事案件。①提审以“必要”为前提；②提审无须经下级人民法院同意；③在下级法院一审宣判之前提审；④提审主体可以是上一级法院，也可以是其他上级法院。

移送。《最高人民法院关于执行〈中华人民共和国刑事诉讼法〉若干问题的解释》规定①：基层人民法院对于认为案情重大、复杂或者可能判处无期徒刑、死刑的第一审刑事案件，请求移送中级人民法院审判，应当经合议庭报请院长决定后，在案件审理期限届满十五日以前书面请求移送。中级人民法院应当在接到移送申请十日内作出决定。中级人民法院不同意移送的，应当向该基层人民法院下达不同意移送决定书，由该基层人民法院依法审判；同意移送的，应当向该基层人民法院下达同意移送决定书，并书面通知同级人民

① 《最高人民法院关于执行〈中华人民共和国刑事诉讼法〉若干问题的解释》第16条。

检察院。基层人民法院接到上级人民法院同意移送决定书后，应当通知同级人民检察院和当事人，并将起诉材料退回同级人民检察院。移送以“案情重大、复杂需要由上级人民法院审判”为前提；移送需经上级人民法院同意接受；移送对象只能是上一级人民法院。

（2）人民检察院认为可能判处无期徒刑、死刑而向中级人民法院提起公诉的普通刑事案件，中级人民法院受理后，认为不需要判处无期徒刑以上刑罚的，可以依法审理，不再交基层人民法院审理。

（3）一人犯数罪、共同犯罪和其他需要并案审理的案件，只要其中一人或者一罪属于上级人民法院管辖的，全案由上级人民法院管辖。

（4）基层人民法院对已经受理的公诉案件，认为可能判处死刑、无期徒刑的，应当请求移送中级人民法院。

二、地区管辖

1. 概念

地区管辖是指同级人民法院之间在审理第一审刑事案件权限上的划分。

2. 划分地区管辖的原则

（1）以犯罪地的法院管辖为主，以被告人居住地的法院管辖为辅原则。犯罪地包括犯罪预备地、犯罪行为实施地、犯罪结果地以及销赃地等。被告人居住地，包括被告人的户籍所在地、居所地。

【案例分析】

张三把李四拘禁在甲地，后转移到乙地，再转移到丙地，哪里的法院有管辖权？

【解析】甲、乙、丙地的法院都有管辖权。

（2）以最初受理的人民法院管辖为主，主要犯罪地人民法院管辖为辅原则。主要犯罪地，一般是指，在一人犯数罪时，重罪发生地或多数犯罪行为发生地，多人犯罪时，主犯所在地。

【知识链接】三大诉讼地区管辖原则的区别

	三大诉讼地区管辖原则的区别
刑事诉讼	1. 以犯罪地的法院管辖为主，以被告人居住地的法院管辖为辅原则 2. 以最初受理的人民法院管辖为主，主要犯罪地人民法院管辖为辅原则
民事诉讼	1. 被告所在地法院管辖为一般原则，原告所在地法院管辖为例外 2. 民诉中有大量特殊地区管辖规定
行政诉讼	1. 作出具体行政行为的行政机关所在地法院管辖为一般原则 2. 对限制人身自由的行政强制措施提起的诉讼也可以由原告所在地或被告所在地法院管辖 3. 因不动产提起的诉讼，有不动产所在地法院管辖

三、指定管辖

指定管辖是指当管辖不明或者有管辖权的法院不宜行使管辖权时，由上级人民法院以指定的方式确定案件的管辖。《刑事诉讼法》第 27 条规定：上级人民法院可以指定下级人民法院审判管辖不明的案件，也可以指定下级人民法院将案件移送其他人民法院审判。可见，指定管辖分为两种情况：

(1)由上级人民法院以指定的方式确定管辖不明的案件的管辖权。

(2)由上级人民法院以指定的方式改变管辖权。

四、优先管辖和移送管辖

几个同级人民法院都有权管辖的案件，由最初受理的人民法院审判。在必要的时候可以移送主要犯罪地的人民法院审判。

五、专门管辖

专门管辖是指专门人民法院之间，专门人民法院与普通人民法院之间以及各专门机关内部在第一审刑事案件受理范围上的分工。

1. 军事法院

军事法院管辖的是现役军人和军内在编职工的刑事犯罪案件。

(1)现役军人(含军内在编职工，下同)和非军人共同犯罪的，分别由军事法院和地方人民法院或者其他专门法院管辖。涉及国家军事秘密的，全案由军事法院管辖。

(2)下列案件由地方人民法院或者军事法院以外的其他专门法院管辖：

①非军人、随军家属在部队营区内犯罪的；

②军人在办理退役手续后犯罪的；

③现役军人入伍前犯罪的(需与服役期内犯罪一并审判的除外)；

④退役军人在服役期内犯罪的(犯军人违反职责罪的除外)。

2. 铁路运输法院

铁路运输法院所管辖的刑事案件主要是危害和破坏铁路运输和生产，严重破坏火车和交通设施，在火车上实施的犯罪，违反铁路运输的规章制度造成重大事故或严重后果的案件。铁路运输法院与地方法院对案件管辖发生争执的，可暂由地方法院受理。

3. 海事法院

海事法院无刑事案件管辖权。

六、特殊情况的审判管辖

(1)对于中华人民共和国缔结或者参加的国际条约所规定的罪行，中华人民共和国在所承担条约义务的范围内，行使刑事管辖权。这类案件，由被告人被抓获地的中级人民法院管辖。

(2)在中华人民共和国领域外的中国船舶内的犯罪，由犯罪发生后该船舶最初停泊的中国口岸所在地的人民法院管辖。

(3)在中华人民共和国领域外的中国航空器的犯罪，由犯罪发生后该航空器在中国最初降落地的人民法院管辖。

(4)在国际列车上的犯罪，按照我国与相关国家签订的有关管辖协定确定管辖。没有协定的，由犯罪发生后该列车最初停靠的中国车站所在地或者目的地的铁路运输法院管辖。

(5)中国公民在驻外的中国使(领)馆内的犯罪，由该公民主管单位所在地或者他的原户籍所在地的人民法院管辖。

(6)中国公民在中华人民共和国领域外的犯罪，由该公民离境前的居住地或者原户籍所在地的人民法院管辖。

(7)外国人在中华人民共和国领域外对中华人民共和国国家或者公民犯罪，依照刑法应受处罚的，由该外国人入境地的中级人民法院管辖。

(8)发现正在服刑的罪犯在判决宣告前还有其他犯罪没有受到审判的，由原审人民法院管辖；如果罪犯服刑地或者新发现罪的主要犯罪地的人民法院管辖更为适宜的，可以由服刑地或者新发现罪的主要犯罪地的人民法院管辖。正在服刑的罪犯在服刑期间由犯罪的，由服刑地的人民法院管辖。正在服刑的罪犯在脱逃期间的犯罪，如果是在犯罪地捕获并发现的，由犯罪地的人民法院管辖；如果是被缉捕押解回监狱后发现的，由罪犯服刑地的人民法院管辖。

【法律谚语】

我不同意你说的话，但是我愿意誓死捍卫你说话的权利。

——【法】伏尔泰

【阅读书目】

1. 陈卫东：《涉外程序和刑事司法协助》，中国检察出版社2017年版。
2. 周登谅：《中国刑事诉讼：理论与实践》，华东理工大学出版社2015年版。

【思考题】

1. 什么是刑事诉讼管辖？分为哪些类型？
2. 何谓立案管辖？划分依据是什么？公、检、法各直接受理哪些刑事案件？
3. 什么叫审判管辖？分哪些种类？
4. 划分地区管辖所依据的原则是什么？
5. 什么是级别管辖？中级人民法院管辖的第一审刑事案件有哪些？
6. 什么是专门管辖？军事法院管辖哪些刑事案件？

第五章 回避制度

【知识结构图】

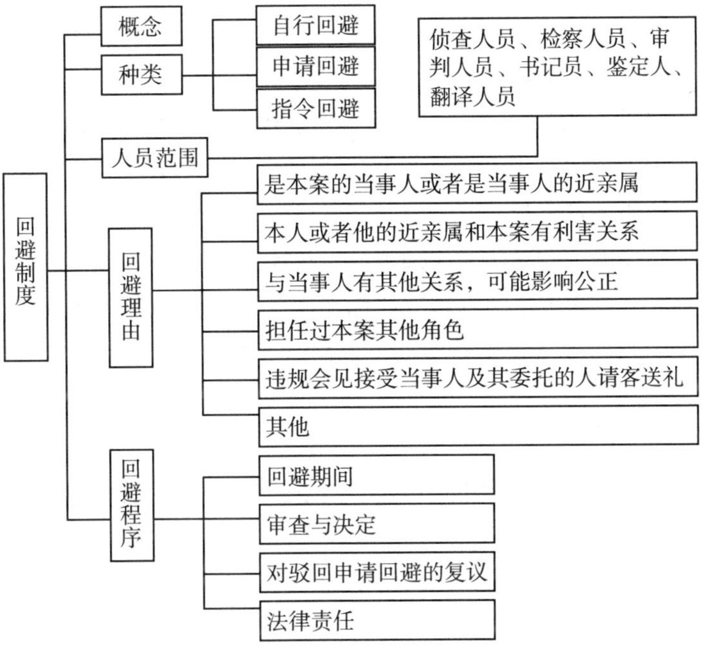

【内容导读】

回避制度是一项重要的诉讼制度，是实现司法公正的重要保障，也是当事人享有的基本诉讼权利。我国刑事诉讼法对回避的种类、事由、提起的主体、回避人员的范围及适用程序等，均作了明确的规定。

【法考要点】

回避的适用对象、回避决定权以及回避对证据和诉讼行为效力的影响。

【考研要点】

回避的概念、回避的理由和回避的程序。

【热点思考】

1. 回避的人员范围是否应当扩大？
2. 审委会委员、检委会委员是否应该回避？该如何回避？

第一节　回避制度的概念、意义

一、回避制度的概念和意义

（一）回避制度的概念

回避制度是指侦查人员、检察人员、审判人员等同案件有法定的利害关系或者其他关系可能影响案件公正处理，不得参与该案件诉讼活动的一种诉讼制度。

（二）回避制度的意义

任何人不得成为自己案件的法官。实行回避制度的根本目的，是为了保证客观、公正地处理案件，维护司法公正，在刑事诉讼中实行回避制度具有重大意义：

（1）有利于案件的公正审理。

（2）有利于消除当事人及其法定代理人的思想顾虑。

（3）有利于提高公民积极参与刑事诉讼的法律意识，维护其合法权利，也有利于提高办案工作的透明度，加强了人民群众及有关部门对办案人员的监督，体现了我国刑事诉讼的民主性。

第二节　回避种类、人员范围、理由

一、回避种类

根据其实施方式的不同进行分类的方法，将回避分为自行回避、申请回避和指令回避三种。

（1）自行回避指具有法定回避理由之一的审判人员、检察人员、侦查人员等自行主动地提出退出刑事诉讼活动的制度。

（2）申请回避指案件的当事人及其法定代理人，认为审判人员、检察人员、侦查人员等具有法定回避理由而向公安司法机关提出申请，要求他们回避。

◎ **注意**　申请回避权利仅属于当事人及其法定代理人。

（3）指令回避是指审判人员、检察人员、侦查人员、书记员、翻译人员、鉴定人有法定应当回避的情形而未自行回避，当事人及其法定代理人也没有提出申请要求他们回避的，由有决定权的办案机关负责人或组织作出决定，指令有关人员回避。

二、回避的适用情形和适用范围

（一）回避的理由

根据《刑事诉讼法》的规定，回避适用情形包括①：

（1）是本案的当事人或者是当事人的近亲属的。

（2）本人或者他的近亲属和本案有利害关系的。

（3）担任过本案的证人、鉴定人、辩护人、诉讼代理人的。

◎ **注意**　同一个鉴定人只能做一次鉴定，同一个鉴定意见可以在不同阶段适用。

（4）与本案当事人有其他关系，可能影响公正处理案件的。

◎ **注意**　本条的存在或出现，只有达到"可能影响案件的公正处理"时，才构成回避的理由。

（5）审判人员、检察人员、侦查人员等接受当事人及其委托的人的请客送礼，违反规定会见当事人及其委托的人的。（注意：当事人及其法定代理人要提供证据）

（6）参加过本案侦查、起诉、审判的有关司法人员以及在一个审判程序中参与过本案审判工作的合议庭组成人员应当回避。

另外，《最高人民法院关于审判人员严格执行回避制度的若干规定》②，审判人员及法院其他工作人员离任两年内，担任诉讼代理人或者辩护人的，人民法院不予准许；审判人员及法院其他工作人员离任两年后，担任原任职法院审理案件的诉讼代理人或辩护人，对方当事人认为可能影响公正审判而提出异议的，人民法院应当支持，不予准许本院离任人员担任诉讼代理人或者辩护人。但是作为当事人的近亲属或者监护人代理诉讼或者进行辩护的除外。

审判人员及法院其他工作人员的配偶、子女或者父母，担任其所在法院审理案件的诉讼代理人或者辩护人的，人民法院不予准许。

（二）回避的适用范围

适用回避的人员为六种人，即审判人员、检察人员、侦查人员以及在侦查、起诉、审判活动中的书记员、翻译人员和鉴定人。

（1）审判人员。审判人员应当包括助理审判员、审判员、副庭长、庭长、审判委员会委员、副院长、院长以及参加合议庭的人民陪审员。

（2）检察人员。检察人员应当包括助理检察员、检察员、检察委员会委员、副检察长和检察长。

（3）侦查人员。侦查人员既包括所有侦查机关从事侦查工作的侦查人员，又包括对侦查工作进行组织指挥的负责人，即有权参与讨论和作出决定的检察长、检察委员会委员和公安机关负责人。

---

① 《刑事诉讼法》第29条、第30条。

② 《最高人民法院关于审判人员严格执行回避制度的若干规定》第1条。

（4）书记员。书记员既包括公、检、法三机关的书记员，也包括出现在侦查、起诉、审判阶段的书记员。

（5）翻译人员。翻译人员既包括公、检、法三机关各自指派或聘请的，也包括在侦查、起诉、审判各个阶段指派或聘请的翻译人员（即法庭审判阶段担任翻译工作的人员，以及在侦查、起诉阶段讯问被告人和询问证人、被害人时担任翻译工作的人员）。

（6）鉴定人。鉴定人既包括公、检、法三机关各自指派或聘请的，也包括在侦查、起诉、审判各个阶段指派或聘请的人员。

◎ **注意** 人民陪审员也属于回避范围。

至于审判委员会、检察委员会成员是否属于回避的范围，法律未作直接规定。但从理论上讲，检察委员会成员和审判委员会成员也应当被列入回避人员之列。

根据《刑事诉讼法》第239条、第256条的规定，原审人民法院对于二审发回重新审判的案件以及人民法院按照审判监督程序重新审判的案件，有关案件一审或二审合议庭的全体成员，都属于回避的范围。

【特别说明】

（1）在法定回避范围内的6种人员均不得在同一诉讼阶段担任不同的角色。

（2）参加过本案侦查的侦查人员若调到检察院工作，不得办理本案的检查人员，同样，参加过本案侦查起诉的侦查、检察人员若调到法院工作，不得担任本案的审判人员。

（3）凡在一个审判程序中参加过本案审理的合议庭人员不得再参与本案其他程序的审判。

（4）审判、检察、侦查人员与犯罪嫌疑人，被告人同名同姓的，应尽量回避。

（5）基于证人的不可替代性，证人不适用回避制度。

三、回避的程序

（一）回避期间

回避期间是指回避适用的诉讼阶段范围，具体指侦查、检察、审判人员及其他适用回避的人员自行回避、当事人及其法定代理人申请回避以及有权指令回避的组织和人员指令回避的时间期限。回避适用于侦查、起诉和审判等各个诉讼阶段。

◎ **注意** ①审判阶段的回避适用于一审程序、二审程序、死刑复核程序和审判监督程序。②侦查阶段应以自行回避、指令回避为主，同时兼采申请回避。

（二）回避的审查与决定

《刑事诉讼法》规定："审判人员、检察人员、侦查人员的回避，应当分别由院长、检察长、公安机关负责人决定；院长的回避，由本院审判委员会决定；检察长和公安机关负责人的回避，由同级人民检察院检察委员会决定。”①

◎ **注意**　①刑事诉讼中，书记员、鉴定人、翻译人员的回避，分别由院长、检察长、公安机关负责人决定，而民事诉讼和行政诉讼是由审判长决定。

②检察委员会讨论检察长回避问题时，由副检察长主持会议，检察长不得参加。

一般情况下，副职的回避由正职决定。

回避的要求上报以后，诉讼程序一般应暂停进行，以保证诉讼程序的合法性。但是如果回避的要求在侦查阶段提出，侦查工作不停止进行。

◎ **注意**　①对回避决定作出前包括复议期间。

②侦查人员包括依法享有侦查权机关的办案人员含参与补充侦查的人员。

③申请回避方式既可以书面，也可以口头提出。

【案例分析】

王某是某公安机关的法医，在一起刑事案件的法庭审理过程中，人民法院聘请王某担任该案鉴定人。本案的被告人提出王某与本案有利害关系，申请回避。按照刑事诉讼法的有关规定，谁有权对王某是否回避作出决定？

【解析】　该人民法院的院长。因为王某为法院聘请。

（三）对驳回申请回避的复议

《刑事诉讼法》规定：“对驳回申请回避的决定，当事人及其法定代理人可以申请复议一次。”②这是有关回避的复议程序。

◎ **注意**　提出回避申请的主体仅限于当事人及其法定代理人。翻译人员和鉴定人员的回避是谁聘请，谁决定（负责人）。

有关回避的决定一经作出，一般即具有法律效力。其中，对于驳回申请回避的决定，当事人及其法定代理人如果不服，可以申请复议一次。

四、关于回避决定作出前所取得的证据和进行的诉讼行为是否有效的问题

（1）被决定回避的公安机关负责人、侦查人员、鉴定人、书记员和翻译人员，在回避决定作出前所进行的诉讼活动是否有效，由作出决定的机关根据案情决定；在作出回避决定前或者复议期间，公安机关负责人、侦查人员不得停止对案件的侦查。

（2）因符合《刑事诉讼法》第 29 条或 30 条规定的回避情形之一而回避的检察人员，在回避决定作出以前所取得的证据和进行的诉讼行为是否有效由检委会或检察长根据案情决定。

（3）在法庭审判过程中，由于当事人申请回避而不能进行审判的，可以延期审理。

有管辖权的人民法院因案件涉及本院院长需要回避等原因，不宜行使管辖权的，可以

---

① 《刑事诉讼法》第 31 条第 1 款。

② 《刑事诉讼法》第 31 条第 3 款规定。

请求上一级人民法院管辖；上一级人民法院也可以指定与提出请求的人民法院同级的其他人民法院管辖。人民法庭审理案件，因法官回避或者其他情况无法组成合议庭时，由院长指定本院其他法官审理。

五、违反回避制度的后果

（一）程序性法律后果

《人民检察院办理未成年人刑事案件的规定》规定，公诉人出庭支持公诉时，发现法庭未详细告知未成年被告人及其法定代理人依法享有的申请回避的诉讼权利的，履行职务的检察人员可以及时向法庭提出纠正意见。①

第二审人民法院发现或者根据当事人、诉讼代理人、辩护人的举报，认为第一审人民法院的审理违反回避制度的，经核查属实，应当裁定撤销原判，发回原审人民法院重新审判。

（二）违反回避制度的纪律处分

各级人民检察院的监察和人事管理部门负责检察人员回避工作的监督检查。当事人、诉讼代理人，辩护人或者其他知情人认为检察人员有违反法律、法规有关回避规定行为的，可以向检察人员所在人民检察院监察部门举报。受理举报的部门应当及时处理，并将有关意见反馈举报人。检察人员在检察活动中具有以下情形的，视情予以批评教育、组织调整或者给予相应的纪律处分：(1)明知具有《刑事诉讼法》第 29 条、第 30 条规定的情形，故意不依法自行回避或者对符合回避条件的申请故意不作出回避决定的；(2)明知诉讼代理人、辩护人是离任不满两年的检察人员，故意隐瞒的；(3)拒不服从回避决定，继续参与办案或者干预办案的。②

当事人、诉讼代理人、辩护人认为审判人员有违反回避规定行为的，可以向法院纪检、监察部门或者其他有关部门举报。受理举报的部门应当及时处理，并将有关意见反馈举报人。审判人员明知具有法定回避情形，故意不依法自行回避，或者对符合法定回避条件的申请，故意不作出回避决定，影响案件公正审理的，给予警告至记大过处分。审判人员明知诉讼代理人、辩护人具有不得担任诉讼代理人、辩护人的情形之一，故意不作出正确决定的，即给予警告至记大过处分。

【案例讨论】

杰克，美国人，系北京一高校留学生。一日，在北京一饭店吃饭，酗酒后将饭店一顾客打伤。在审查起诉期间，因为杰克汉语水平不足以进行庭审，于是人民检察院为其聘请了一名翻译。承办此案的人是本案的主诉检察官小王。该案最后被起诉到人民法院。

【问题】本案中，如果杰克申请人民检察院为其聘请的那位翻译人员回避，谁有权对

① 《人民检察院办理未成年人刑事案件的规定》第 37 条。

② 《人民法院审判纪律处分办法(试行)》第 24 条。

此作出决定？本案在开庭审判时，如果该被告人认为审判长态度粗暴，因而申请其回避，对此应当如何处理？

【法律谚语】

与其将一个无辜的人判罪，不如错救一个有罪的人。

——西方法谚

【阅读书目】

1. 卞建林、陈卫东：《新刑事诉讼法实施问题研究》，中国法制出版社2018年版。

2. 最高人民法院《关于审判人员严格执行回避制度的若干规定》。

【思考题】

1. 什么是回避？回避制度有何意义？

2. 回避有哪些种类？回避的理由、人员包括哪些？

3. 回避的程序如何？

第六章　辩护制度与代理制度

【知识结构图】

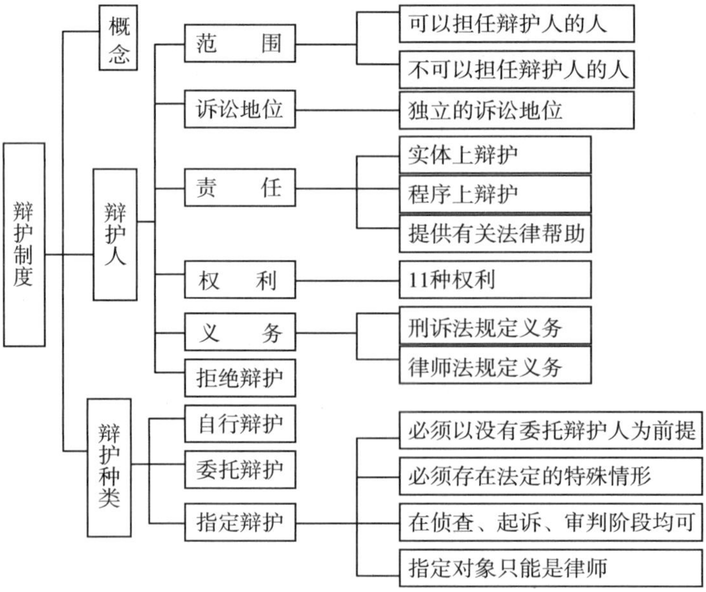

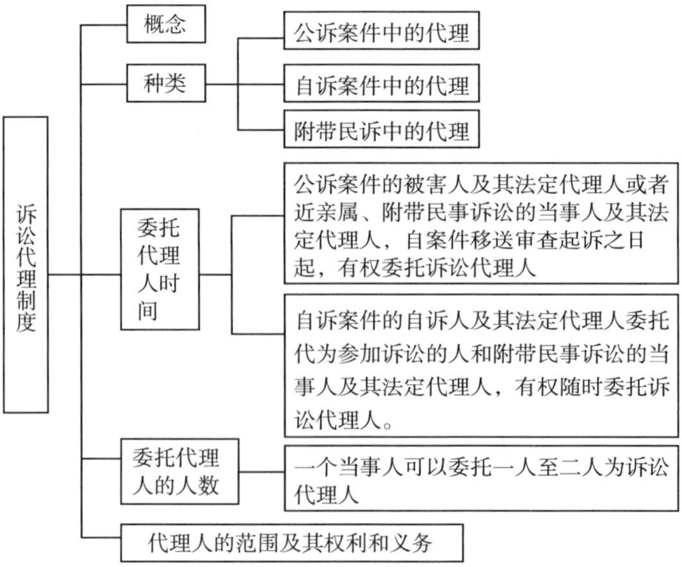

【内容导读】

我国的刑事辩护制度具体包括犯罪嫌疑人的辩护权和被告人的辩护权、辩护的种类、辩护人的范围、辩护人的权利与义务、辩护人的诉讼地位和责任等。刑事诉讼中的代理，包括公诉案件中被害人及其法定代理人、近亲属的代理，自诉案件中自诉人及其法定代理人的代理，以及附带民事诉讼中当事人及其法定代理人的代理。

【法考要点】

辩护制度的重点有辩护人的范围、权利义务、指定辩护的适用情形、可以指定辩护的情形和拒绝辩护的处理。代理制度的重点有有权委托诉讼代理人的主体。

【考研要点】

辩护制度的重点有辩护人的诉讼地位、权利、义务，检察机关与辩护律师的法律关系、指定辩护的条件。代理制度的重点有刑事诉讼中代理情形。

【热点思考】

1. 开庭审理时，被告人拒绝辩护人辩护的，法院如何处理？

2. 指定辩护中，未成年人的年龄是指犯罪时的年龄还是审判时的年龄？

3. 辩护人是被告人的代言人吗？辩护人是否可以充当第二控告人？一个被告人最多可以委托几名辩护人？同案被告人是否可以委托同一个辩护人？

4. 你认为我国的辩护制度存在什么问题？该如何解决？

第一节 辩护制度

一、辩护制度概述

（一）辩护、辩护权、辩护制度

辩护是指刑事案件的犯罪嫌疑人、被告人及其辩护人反驳对犯罪嫌疑人、被告人的指控，从实体上和程序上提出有利于犯罪嫌疑人、被告人的事实和理由，以证明犯罪嫌疑人、被告人无罪、罪轻或者应当减轻、免除处罚，维护犯罪嫌疑人、被告人合法权益的诉讼活动。

辩护权是指犯罪嫌疑人、被告人针对指控进行辩解，以维护自己合法权益的一种诉讼权利，它在犯罪嫌疑人、被告人各项诉讼权利中，居于核心地位。

辩护制度，是法律规定的关于辩护权、辩护种类、辩护方式、辩护人的范围、辩护人的责任、辩护人的权利与义务等一系列规则制度的总称。

辩护、辩护权和辩护制度三者之间的关系是：辩护权是辩护制度产生的基础；辩护制度是辩护权的保障；辩护是辩护权的外在表现形式。

辩护制度最早产生于古罗马，由保护人发展而来。1679 年，英国《人身保护法》明文规定诉讼中的辩论原则；1791 年《美利坚合众国宪法》，1808 年《法国刑事诉讼法》规定了辩护制度。刑事辩护制度的理论基础是：（1）无罪推定原则；（2）程序主体理论；（3）对立统一规律。

(二)刑事辩护制度的意义

(1)有利于司法机关准确、及时地查明案情和正确适用法律，提高办案质量。

(2)有利于维护犯罪嫌疑人、被告人的合法权益。

(3)有利于对公民进行法制宣传教育，使广大群众增强法制观念，使犯罪分子认罪伏法和接受改造。

二、辩护人的概念和范围

辩护人，是指接受犯罪嫌疑人、被告人的委托或人民法院的指定，帮助犯罪嫌疑人、被告人行使辩护权，以维护其合法权益的诉讼参与人。

(一)可以担任辩护人的人①

(1)律师。律师是依照法定程序取得律师资格，并经过登记注册，为社会提供法律服务的执业人员。

◎ **注意** 虽然取得律师资格但没有登记注册的，不得以律师身份担任辩护人。

(2)人民团体或者犯罪嫌疑人、被告人所在单位推荐的人。

(3)犯罪嫌疑人、被告人的监护人、亲友。

(二)不能担任辩护人的人

(1)正在被执行刑罚的人。

◎ **注意** 包括尚未执行完主刑和附加刑的人、正在缓刑考验期内的人、被剥夺政治权利的人。

(2)依法被剥夺、限制人身自由的人。

◎ **注意** 包括被采取强制措施的人、被监外执行的人、被劳动教养的人。

(3)无行为能力或者限制行为能力的人。

(4)人民法院、人民检察院、公安机关、国家安全机关、监狱的现职人员。

(5)本法院的人民陪审员。

(6)与本案审理结果有利害关系的人。

(7)外国人或者无国籍人。

(8)被开除公职和被吊销律师、公证员执业证书的人。

以上第4、5、6、7、8项规定的人员，如果是被告人的近亲属或者监护人，由被告人委托担任辩护人的，人民法院可以准许。

另外，《律师法》规定：“公务员不得兼任执业律师。律师担任各级人民代表大会常务委员会组成人员的，任职期间不得从事诉讼代理或者辩护业务。”该法第41条规定：“曾经担任法官、检察官的律师，从人民法院、人民检察院离任后两年内，不得担任诉讼代理

① 《中华人民共和国刑事诉讼法》第33条。

人或者辩护人。"①

◎ **注意** 在我国进行的刑事诉讼中，外国人、无国籍人委托律师为其进行辩护的，依法只能委托中国律师。如果委托外国律师，则该外国律师不能以律师身份做辩护人(且该外国律师必须是该外国被告人的近亲属或监护人)。

三、辩护人的诉讼地位和责任

(一)诉讼地位

(1)辩护人在诉讼中具有独立的诉讼地位。

(2)辩护人是犯罪嫌疑人、被告人合法权益的维护者。

(3)辩护人与公诉人之间是一种对立统一的关系。

(4)辩护人和审判人员的关系在本质上是一种协作关系。

◎ **注意** 律师在侦查阶段的诉讼地位不是辩护人，而是法律帮助者。

(二)辩护人的责任

(1)为犯罪嫌疑人、被告人辩护，这是辩护人的首要任务。即根据事实和法律，提出证明犯罪嫌疑人、被告人无罪、罪轻或者减轻、免除其刑事责任的材料和意见，反驳对犯罪嫌疑人、被告人提出的不正确的指控，帮助司法机关全面了解案情，正确适用法律，依法公正处理案件。

(2)维护犯罪嫌疑人、被告人的合法权益。即帮助犯罪嫌疑人、被告人依法正确行使自己的诉讼权利，并在发现犯罪嫌疑人、被告人的诉讼权利受到侵犯或剥夺时，向司法机关提出意见，要求依法制止，或者向有关单位提出控告。

(3)为犯罪嫌疑人、被告人提供其他有关法律帮助。如为犯罪嫌疑人、被告人解答其提出的法律问题，讲解其在刑事诉讼中的权利、义务，为被告人代写法律文书等，给犯罪嫌疑人、被告人以法律上的帮助。

◎ **注意** 辩护人应贯彻"职务秘密"原则，不要充当第二控告人。但涉及严重危害国家安全、社会公共安全和公民人身、财产权利的事实，在动员其坦白无效后，应告知公安司法机关。

四、辩护人的权利和义务

辩护人依法享有的诉讼权利和履行的诉讼义务是正确开展辩护活动的重要保障。根据《刑事诉讼法》和《律师法》的有关规定，辩护人的权利主要有：

(1)公诉案件自案件移送人民检察院审查起诉之日起，律师、人民团体或者犯罪嫌疑人所在单位推荐的人以及犯罪嫌疑人的监护人、亲友有权接受委托担任辩护人。自诉案件中，律师及其他辩护人有权随时接受委托担任被告人的辩护人。

(2)自人民检察院对案件审查起诉之日起，辩护律师有权查阅、摘抄、复制本案的诉

---

① 《中华人民共和国律师法》第11条。

讼文书、技术性鉴定材料，可以同在押犯罪嫌疑人会见和通信。其他辩护人经人民检察院许可，也可以查阅、摘抄、复制上述材料，同在押的犯罪嫌疑人会见和通信。

◎ **注意** 诉讼文书一般应包括立案决定、采取强制措施的法律文书、通缉令、起诉意见书等；技术性鉴定材料指书面鉴定意见。

非律师辩护人可以阅卷与会见，必须经过批准。

(3)自人民法院受理案件之日起，辩护律师有权查阅、摘抄、复制除人民法院审判委员会和合议庭的讨论记录及有关其他案件的线索材料以外的本案所指控的犯罪事实的材料，可以同在押的被告人会见和通信。其他辩护人经人民法院许可，也可以查阅、摘抄、复制上述材料，同在押的被告人会见和通信。辩护律师和其他辩护人有权要求人民法院为其查阅、摘抄、复制本案所指控的犯罪事实的材料提供方便，并保证必要的时间。

◎ **注意** 辩护律师和其他辩护人查阅的区别，辩护律师查阅不需要经人民检察院、人民法院的许可，其他辩护人查阅需经检察院、法院的许可。

(4)辩护律师经证人或者其他有关单位和个人同意，可以向他们收集与本案有关的材料，也可以申请人民检察院、人民法院收集、调取证据，或者申请人民法院通知证人出庭作证。对于辩护律师申请人民检察院、人民法院收集、调取证据。

辩护律师经人民检察院或者人民法院许可，并且经被害人或者其近亲属、被害人提供的证人同意，可以向他们收集与本案有关的材料。(没有经过法院或检察院的许可，即使被害人同意律师取证，这个证据也无效)

◎ **注意** 这项权利仅仅是赋予辩护律师的，其他辩护人无此权利。

(5)在案件的审判阶段，辩护人有权至迟在开庭 3 日以前接到人民法院的出庭通知书。

(6)在法庭审理过程中，辩护人经审判长许可，可以对证据和案件情况发表意见并且可以与公诉人、被害人及其诉讼代理人进行辩论，可以向被告人、证人、鉴定人等发问。有权申请通知新的证人到庭，调取新的物证，申请重新鉴定或者勘验。辩护律师在提供被告人无罪或者罪轻的证据时，认为在侦查、审查起诉过程中侦查机关、人民检察院收集的证明被告人无罪或者罪轻的证据需要在法庭上出示的，可以申请人民法院向人民检察院调取该证据材料，并可以到人民法院查阅、摘抄、复制该证据材料。

(7)在法庭审判中，经审判长许可，辩护人可以同公诉人、被害人等就案件事实、证据和法律的适用进行辩论。

(8)经被告人同意，辩护人可以对第一审尚未发生法律效力的判决或者裁定提出上诉。

(9)对于人民法院、人民检察院或者公安机关采取强制措施超过法定期限的，辩护人有权要求解除强制措施。

(10)辩护人有权代理犯罪嫌疑人、被告人提出申诉。

(11)依法担任辩护人，其依法执行职务的行为受到法律保护，任何单位、个人都不得非法干涉。辩护人在合法执业活动中的人身权利不受侵犯。

(12)辩护律师发现委托事项违法，委托人利用律师提供的服务从事违法活动或者委托人隐瞒事实的，有权拒绝辩护。

【案例讨论】

李某，男，55 岁；吴某，男，33 岁。两人因涉嫌非法持有毒品于某年 10 月 24 日被逮捕。人民检察院为共同犯罪的主犯李某指定了一名律师甲。12 月 26 日，律师甲提出会见犯罪嫌疑人。经过侦查机关批准，公安机关于第二年 1 月 5 日安排了会见。律师甲要求查阅公安机关移送检察院的起诉意见书，被人民检察院拒绝。同时人民检察院为防止律师甲帮助李某伪造证据，在律师甲会见李某时派员在场。第二年 2 月初，人民检察院以非法持有毒品罪向中级人民法院提公诉。法院在审理过程中为犯罪嫌疑人吴某也指定了辩护律师。在庭审中，由于李某当庭翻供，隐瞒自己有罪的事实，声明自己无罪，律师甲只好拒绝继续为其辩护。李某要求另行委托辩护人，合议庭表示同意，由律师乙充当李某的辩护人，不中断该案的审理。

【问题】

1. 本案中，检察机关是否有权为犯罪嫌疑人指定律师，为什么？
2. 法院为犯罪嫌疑人吴某指定辩护律师是否符合法律规定，请说明理由。
3. 庭审过程中，律师甲、合议庭的做法是否符合法律规定，为什么？

◎ **注意**　律师不是犯罪嫌疑人、被告人的代言人，他享有独立的意志自由，只对事实和法律负责。

◎ **注意**　律师和非律师权利的区别

非律师不能调查取证，不能申请取保候审(除非超期羁押)，阅卷、会见、通讯权需批准。

辩护律师或其他辩护人的主要义务是①：

(1)辩护人特别是辩护律师，在接受委托或者指定后，就有义务为犯罪嫌疑人、被告人辩护，并负责到底，除有法定情形外，不得拒绝辩护。

(2)辩护律师和其他辩护人不得帮助犯罪嫌疑人、被告人串供、隐匿、毁灭或伪造证据，不得威胁、引诱证人改变证言或者作伪证及进行其他干扰司法机关诉讼活动的行为，否则应当依法追究法律责任。

(3)保密的义务。

(4)辩护人在辩护中应严格遵守法庭规则和秩序，应准时出庭辩护，服从法院指挥，不得有侮辱、谩骂等损害司法机关形象的行为。

五、辩护的种类②

根据《刑事诉讼法》规定，我国辩护制度中辩护的种类有三种：

① 《中华人民共和国刑事诉讼法》第 37 条。

② 《中华人民共和国刑事诉讼法》第 33 条、第 35 条。

（一）自行辩护

自行辩护指犯罪嫌疑人、被告人自己针对指控进行反驳、申辩和辩解的行为。自行辩护贯穿于整个刑事诉讼的全过程，是犯罪嫌疑人、被告人实现辩护权的基本形式。

（二）委托辩护

（1）委托辩护：是指犯罪嫌疑人或者被告人为了维护其合法权益，依法委托律师或者其他公民协助其进行辩护。

（2）委托时间：公诉案件第一次讯问或者采取强制措施之日起，犯罪嫌疑人有权委托辩护人。自诉案件的被告人有权随时委托辩护人。人民检察院自收到移送审查起诉的案件材料之日起3日以内，应当告知犯罪嫌疑人有权委托辩护人。人民法院自受理自诉案件之日起3日以内，应当告知被告人有权委托辩护人（如果没有告知，属于程序违法）。

（3）委托方式：可以自己委托，也可以由其法定代理人、家属或所在单位为其委托辩护人。

（三）指定辩护

1. 概念

指定辩护是指公检法为因经济困难或者其他原因而无力聘请辩护人的被告人指定承担法律援助义务的律师进行辩护。

2. 指定辩护必须符合的条件

（1）必须以没有委托辩护人为前提。

（2）必须存在法定的特殊情形：

①应当指定辩护人的情形：A. 盲、聋、哑人；B. 尚未完全丧失辨认或者控制自己行为能力的人；C. 未成年人犯罪案件；D. 可能被判处无期、死刑的人；E. 缺席审判的案件。

【案例分析】在下列哪种情形下，人民法院应当为被告人指定辩护人？

A. 在一起团伙盗窃案件中，被告人陈某、萧某委托了辩护人，而李某没有委托辩护人

B. 王某涉嫌故意杀人，犯罪时未满18周岁，没有委托辩护人

C. 张某涉嫌故意伤害，被人民检察院提起公诉，而人民法院认为起诉意见和移送的案件证据材料可能影响正确定罪量刑

D. 外国人约翰涉嫌诈骗，被人民检察院提起公诉时没有委托辩护人

【解析】《刑事诉讼法》第35条规定，公诉人出庭公诉的案件，被告人因经济困难或者其他原因没有委托辩护人的，人民法院可以指定承担法律援助义务的律师为其提供辩护。被告人是盲、聋、哑或者未成年人而没有委托辩护人的，人民法院应当指定承担法律援助义务的律师为其提供辩护。被告人可能被判处死刑而没有委托辩护人的，人民法院应当指定承担法律援助义务的律师为其提供辩护。可见，在被告人是盲、聋、哑人，未成年

人或者是可能判处死刑而没有委托辩护人时，才是“应当”指定辩护人，其他情况下都属于“可以”指定的情形。所以，正确答案为 B。

②可以指定辩护人的情形：A. 有符合当地政府规定的经济困难标准的；B. 本人确无经济来源，其家庭经济状况无法查明的；C. 本人确无经济来源，其家属经多次劝说仍不愿为其承担辩护律师费用的；D. 共同犯罪案件中，其他被告人已委托辩护人的；E. 外国国籍的；F. 案件有重大社会影响的；G. 人民法院认为起诉意见和移送的案件证据材料可能影响正确定罪量刑的。

(3)指定辩护的时间，侦查、起诉、审判三阶段均可。

(4)指定辩护的对象，只能是承担法律援助义务的律师。

【相关链接】委托辩护与指定辩护的区别

区别	辩护人范围不同
委托辩护	1. 律师 2. 人民团体或者犯罪嫌疑人、被告人所在单位推荐的人 3. 犯罪嫌疑人、被告人的监护人、亲友
指定辩护	律师

【相关链接】关于拒绝辩护问题

(1)对于不属于应当指定辩护人的被告人坚持自己辩护，拒绝人民法院为其指定的辩护人辩护的，人民法院应当准许并记录在案。

(2)对于不属于应当指定辩护人的被告人当庭拒绝辩护人为其辩护，要求另行委托，人民法院同意的，在重新开庭后，如果被告人再次当庭拒绝重新委托的辩护人或者法院指定的辩护律师为其辩护的，合议庭可以准许，但被告人不得再另行委托的辩护人，人民法院也不再另行委托辩护律师，被告人可以自行辩护。

(3)对于属于应当指定辩护人的被告人拒绝人民法院为其指定的辩护律师辩护的，有正当理由的人民法院应当准许，但被告人需另行委托的辩护人或人民法院应当为其另行指定辩护律师。

(4)应当被指定辩护人的被告人当庭拒绝辩护人为其辩护，人民法院同意的，在重新开庭后，如果被告人再次当庭拒绝重新委托的辩护人或人民法院指定的辩护律师为其辩护的，合议庭应当不予准许。

【案例分析】

人民法院审理一起刑事案件，被告人可能被判处死刑，人民法院依法为其指定了辩护人，但是被告人拒绝人民法院指定的辩护人为其辩护。对此，下列哪些说法是正确的？

A. 人民法院不应当准许

B. 被告人无权拒绝人民法院为其指定的辩护人

C. 人民法院应当先审查，被告人有正当理由的应当准许

D. 人民法院准许后，被告人需另行委托辩护人或者人民法院应当为其另行指定辩护人

【解析】《最高人民法院关于适用〈中华人民共和国刑事诉讼法〉的解释》第 42 条和第 45 条的规定，本案中的被告人是可能被判处死刑的人，属于该解释第 42 条规定的情形之一，因此其拒绝辩护人继续为他辩护时，人民法院应当先审查理由，而且在准许后，还应当要求被告人另行委托辩护人，或者另行为其指定辩护人。所以，正确答案为 C、D。

六、侦查阶段犯罪嫌疑人聘请律师

《刑事诉讼法》规定："犯罪嫌疑人自被侦查机关第一次讯问或者采取强制措施之日起，有权委托辩护人；在侦查期间，只能委托律师作为辩护人。被告人有权随时委托辩护人。侦查机关在第一次讯问犯罪嫌疑人或者对犯罪嫌疑人采取强制措施的时候，应当告知犯罪嫌疑人有权委托辩护人。人民检察院自收到移送审查起诉的案件材料之日起三日以内，应当告知犯罪嫌疑人有权委托辩护人。人民法院自受理案件之日起三日以内，应当告知被告人有权委托辩护人。犯罪嫌疑人、被告人在押期间要求委托辩护人的，人民法院、人民检察院和公安机关应当及时转达其要求。犯罪嫌疑人、被告人在押的，也可以由其监护人、近亲属代为委托辩护人。犯罪嫌疑人、被告人在押的，也可以由其监护人、近亲属代为委托辩护人。"①

新修订的《律师法》第 33 条规定："律师担任辩护人的，有权持律师执业证书、律师事务所证明和委托书或者法律援助公函，依照刑事诉讼法的规定会见在押或者被监视居住的犯罪嫌疑人、被告人。辩护律师会见犯罪嫌疑人、被告人时不被监听。"②

《刑事诉讼法》还规定："受委托的律师有权向侦查机关了解犯罪嫌疑人涉嫌的罪名，可以会见在押的犯罪嫌疑人，向犯罪嫌疑人了解有关案件情况。律师会见在押的犯罪嫌疑人，侦查机关根据案件情况和需要可以派员在场。涉及国家秘密的案件，律师会见在押的犯罪嫌疑人，应当经侦查机关批准。"根据这一规定，律师在侦查阶段享有以下诉讼权利并进行相应的诉讼活动：

(1)向侦查机关了解犯罪嫌疑人涉嫌的罪名(罪名必须告知律师)。

(2)会见犯罪嫌疑人，向其了解有关案件的情况。

(3)为犯罪嫌疑人提供法律咨询。

(4)代理犯罪嫌疑人提出申诉和控告。

(5)为犯罪嫌疑人申请取保候审。

---

① 《中华人民共和国刑事诉讼法》第 34 条。

② 《中华人民共和国律师法》第 33 条。

【热点思考】

你认为目前我国辩护制度存在什么问题？原因是什么？该如何解决？

第二节　刑事诉讼代理制度

一、刑事诉讼代理制度概述

（1）刑事诉讼代理制度。刑事诉讼代理制度是指代理人接受公诉案件的被害人及其法定代理人或者近亲属、自诉案件的自诉人及其法定代理人以及附带民事诉讼的当事人及其法定代理人的委托，以被代理人的名义参加诉讼，进行活动，由被代理人承担代理行为法律后果的一项法律制度。

（2）种类：自诉案件自诉人的代理、公诉案件被害人的代理和附带民事诉讼当事人的代理。

二、刑事诉讼代理制度种类

（1）自诉案件自诉人的代理。自诉案件的自诉人及其法定代理人，有权随时委托诉讼代理人。人民法院自受理自诉案件之日起 3 日以内，应当告知自诉人及其法定代理人有权委托诉讼代理人。①

（2）公诉案件被害人的代理。公诉案件的被害人及其法定代理人或者近亲属，自案件移送审查起诉之日起，有权委托诉讼代理人。人民检察院自收到移送审查起诉的案件材料之日起 3 日以内，应当告知被害人及其法定代理人或者其近亲属有权委托诉讼代理人。②

（3）附带民事诉讼当事人的代理。公诉案件附带民事诉讼的当事人及其法定代理人，自案件移送审查起诉之日起，有权委托诉讼代理人。自诉案件附带民事诉讼的当事人及其法定代理人，有权随时委托诉讼代理人。人民检察院自收到移送审查起诉的案件材料之日起 3 日以内，应当告知附带民事诉讼当事人及其法定代理人有权委托诉讼代理人。人民法院自受理自诉案件之日起 3 日以内，应当告知附带民事诉讼的当事人及其法定代理人有权委托诉讼代理人。

◎ **注意**　诉讼代理人只有被害人委托，法定代理人基于无行为能力和限制行为能力产生，被害人、被告人都可以。附带民诉双方都可以委托诉讼代理人。

【相关链接】刑事辩护与刑事代理的区别

比较点	刑事代理	刑事辩护
针对的对象	被害人、自诉人、附带民事诉讼当事人	犯罪嫌疑人、被告人

① 《中华人民共和国刑事诉讼法》第 46 条。

② 《中华人民共和国刑事诉讼法》第 46 条。

续表

比较点	刑事代理	刑事辩护
介入方式	是受被代理人委托	除犯罪嫌疑人、被告人委托外，还包括法院指定
诉讼地位	诉讼代理人必须在委托人依法授权的范围内活动	辩护人在刑事诉讼中具有独立的诉讼地位
诉讼职能	诉讼代理人均是协助被代理人行使控诉职能	辩护人行使辩护职能
活动名义	以被代理人名义	以自己名义

【案例讨论】

某县公安局对一起共同抢劫案件立案侦查，以公安局长韩麟为首组成侦破小组，查获犯罪嫌疑人赵某、钱某、孙某涉嫌结伙拦路抢劫。在侦查过程中，孙某聘请的律师李某未与孙某商量，独立提出本案的侦查员张权与被害人是同住一个小区的邻居，关系密切，申请其回避。侦查科的科长立即停止了张权的侦查工作，张权为了避免别人的闲话也立即退出了侦查活动，侦查科长经审查认为不属于法定回避的理由，驳回了回避申请。接着钱某提出申请公安局长回避，理由是公安局长与犯罪嫌疑人的父亲是老战友，关系密切。经上级公安机关作出了回避决定。本案经县检察院起诉至县法院，在审理期间，赵某提出书记员李丽原是本案侦查人员，后工作调动至法院，不应担任本案书记员；钱某提出出庭支持公诉的书记员陈明在案件审查起诉过程中曾经和被害人一起吃饭，应当回避；孙某提出陪审员王丹相貌凶恶，语气严厉，不应参与案件的审判。审判长武韬当庭决定准许陈明回避，驳回赵某、孙某的回避申请。

【问题】本案回避程序有何违法之处？并说明理由。

【法律谚语】

倘若世上没有坏人，也就不会有好的律师。

——【英】狄更斯

【阅读书目】

1. 陈瑞华：《刑事辩护的理念》，北京大学出版社 2017 年版。
2. 刘仁琦：《中国刑事辩护》，社会科学文献出版社 2019 年版。
3. 张军、姜伟、田文昌：《新控辩审三人谈》，北京大学出版社 2014 年版。
4. 张进德：《司法文明与程序正义》，中国政法大学出版社 2015 年版。

【思考题】

1. 我国辩护制度包括哪些基本内容？
2. 哪些人可以充当辩护人？哪些人不能充当辩护人？
3. 辩护人的任务是什么？
4. 辩护人在诉讼中处于什么样的地位？
5. 辩护律师有哪些权利、义务？
6. 什么是刑事代理制度？有哪些种类？

第七章　证据制度

【知识结构图】

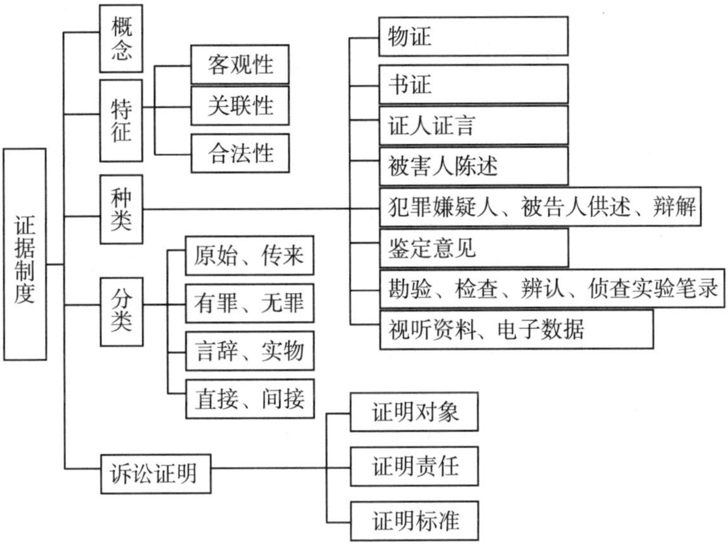

【内容导读】

证据是刑事诉讼程序的灵魂，整个刑事诉讼程序就是运用证据证明案件事实的过程。证据具有客观性、相关性、合法性三大基本特征。根据证据的不同特征，刑事诉讼法规定了物证，书证，证人证言，被害人陈述，犯罪嫌疑人、被告人供述、辩解，鉴定意见，勘验、检查、搜查、侦查实验笔录，视听资料、电子数据八种不同的证据形式。同时，学理上又按一定的标准将各种证据具体划分为言词证据和实物证据、有罪证据和无罪证据、原始证据和传来证据、直接证据和间接证据等。运用证据来证明案件事实意义重大，刑事诉讼证明的基本内容包括证明对象、证明责任和证明标准，其中核心问题是证明责任。

【法考要点】

证据的基本特征，非法收集的言词证据的排除规则，证据种类与分类，证明对象，证明责任的分担。

【考研要点】

刑讯逼供及各类证据概念与特点，证据分类标准，鉴定意见与证人证言区别，刑事证明概念、对象、标准、责任，证据的审查判断。

【热点思考】

1. 测谎结论是否可以作为证据使用？为什么？

2. 如何确立我国的非法证据排除规则？

3. 明知刑讯逼供违法，为何屡禁不止？

4. 口供在证据中的地位如何？为什么要千方百计获取的口供？口供究竟能起什么作用？仅凭口供能否定罪？“零口供”可以定案吗？

5. 未成年人可否作为证人？见证人是否为证人？单位是否可以作证？

6. 病情诊断书是否可以作为鉴定意见适用？为什么？

第一节　刑事证据的概念

一、刑事证据的概念

刑事证据，是指以法律规定的形式表现出来的，能够证明刑事案件真实情况的一切事实。《刑事诉讼法》规定：“可以用于证明案件事实的材料，都是证据。证据包括：(一)物证；(二)书证；(三)证人证言；(四)被害人陈述；(五)犯罪嫌疑人、被告人供述和辩解；(六)鉴定意见；(七)勘验、检查、辨认、侦查实验等笔录；(八)视听资料、电子数据。证据必须经过查证属实，才能作为定案的根据。”①凡是未经查证属实的物证、书证、证人证言等各种证据形式，应当称为证据资料，不能作为定案的根据。

二、证据的特征

1. 客观性

客观性是指作为案件证据的客观物质痕迹和主观知觉痕迹都是已经发生的案件事实的客观遗留和客观反映，是不以人们的主观意志为转移的客观存在。具体体现在：其一，作为证据的事实本身应该是客观存在的，而不是主观想象、猜测或杜撰的；其二，作为证据事实与案件的待证事实之间的联系也是客观的。客观性是证据的本质属性。

2. 相关性

相关性是指证据必须与案件事实有实质性联系并对案件事实有证明作用。其一，相关性是证据的一种客观属性。即证据事实同案件事实之间的联系是客观联系而不是办案人员的主观想象和强加的联系。其二，相关性即与案件的基本事实相关。其三，相关的形式或渠道是多种多样的，有直接联系和间接联系，必然相关与偶然相关等。其四，相关性的实质意义在于证明力，即有助于证明案件事实。可以说考察分析证据的相关性的落脚点应该在证据的证明力。

◎ **注意**　下列情形应当排除其相关性：

①类似行为，即其他案件中与本案相似的情况不得作为认定本案的证据；

① 《中华人民共和国刑事诉讼法》第50条。

②品格事实，即行为人的一贯表现不能作为定罪依据，量刑时可以考虑；

③表情，如语无伦次、面色苍白等。

3. 合法性

合法性又叫可采性，是指一定的事实材料符合法律规定的采证标准，可以被采纳为诉讼证据。采证标准包括：一是由法定的主体提出和收集。在我国刑事诉讼法中，生理上、精神上有缺陷或者年幼，不能辨别是非不能正确表达的人，不能为证人。鉴定意见只能由具有特定资格和有鉴定权的人员出具才可以被采纳为证据。收集证据也是如此，有的证据或采取某种特定方法收集证据只能由特定主体实施；二是符合法定程序。我国刑事诉讼法规定，办案人员必须依照法定程序收集能够证实犯罪嫌疑人、被告人有罪或无罪、犯罪情节轻重的各种证据，严禁刑讯逼供和引诱、欺骗、威胁以及其他非法方法收集证据。2017年6月27日起实行的最高人民法院、最高人民检察院、公安部、国家安全部、司法部《关于办理刑事案件严格排除非法证据若干问题的规定》明确界定了非法证据的范围。非法证据包括非法言词证据和非法实物证据。采用刑讯逼供等非法手段取得的犯罪嫌疑人、被告人供述和采用暴力、威胁等非法手段取得的证人证言、被害人陈述，属于非法言词证据。经依法确认的非法言词证据，应当予以排除，不能作为定案的根据。物证、书证的取得明显违反法律规定，可能影响公正审判的，应当予以补正或者作出合理解释，否则，该物证、书证不能作为定案的根据；三是具备法定形式。

◎ **思考**　警犬辨认和测谎结论是否可以作为证据使用?

三、刑事证据的意义

证据是诉讼活动的核心，是查明案件事实的基础。从立案、侦查、起诉、审判，每一个诉讼阶段和诉讼程序，都离不开运用证据。因此，证据是公安司法机关以及诉讼参加人进行诉讼活动的依据，是揭露犯罪、证实犯罪、依法追究犯罪人刑事责任的必备手段，是实现司法公正的基础。

(1)证据是进行刑事诉讼活动的依据。诉讼过程是运用证据查明案件事实的过程，刑事诉讼必须有证据方面的依据。立案，需要有证据证明犯罪事实已经发生；逮捕，必须是有证据证明案件是犯罪嫌疑人所为，且采取其他手段不足以防止社会危害性的发生；公诉和判刑，证据必须是达到确实充分的程度。特别是现代诉讼是以审判为中心，证据裁判原则是诉讼的核心，它排斥了神灵启示、主观臆断等非理性因素，使裁判建立在客观的理性的基础之上，其裁判基础必须依据证据。

(2)证据是证明犯罪事实的唯一手段。犯罪事实是发生在过去且难以再现的客观事实，公安司法人员查明案情、证实犯罪的唯一途径是客观全面地收集证据、运用证据证明案件事实，从而发现案件事实真相，正确定罪量刑。确实充分的证据，也能够促使犯罪人认罪伏法，消除其侥幸心理。

(3)证据是实现司法公正的基础。首先，通过证据，证明犯罪事实，惩罚犯罪人，安抚被害人，从而恢复已被破坏社会秩序。其次，通过对证据和证据规则的运用，可以限制公安司法机关滥用公权力，保障诉讼参加人的权利，实现程序的公正。

(4)证据是保障无罪的人不受刑事追究的重要手段。刑事诉讼的目的是惩罚犯罪，保障无辜，实现这一目的的重要手段必须依靠证据。因此，刑事诉讼法规定，公安司法机关在收集证据时，必须全面收集有罪和无罪的各种证据，才能防止冤假错案的发生。

第二节　刑事证据的种类

刑事证据的种类是指在刑事诉讼中用以证明案件事实的各种证据的外部表现形式。我国刑事诉讼法规定的法定的刑事证据包括物证，书证，证人证言，被害人陈述，犯罪嫌疑人、被告人的供述和辩解，鉴定意见，勘验、检查、搜查、侦查实验等笔录和视听资料、电子数据①。

一、物证

(一) 物证的概念

物证是指以其外部特征、存在状况、物质属性来证明案件真实情况的一切物品和痕迹。这些物品和痕迹包括作案的工具、行为所侵害的客体物、行为过程中所遗留的痕迹和物品，以及其他能揭露和证明案件发生的物品和痕迹等。

(二) 物证的特点和作用

物证的特点有：(1) 客观实在，自然性强。(2) 量大、面宽、较易收集。(3) 物证是“哑巴证据”，它不能自明其义的特点。物证是防止被告人翻证、翻供的有力武器。由于物证具有客观性和直观性，因而同各种言词证据相比，特别是同可变性较大的嫌疑人、被告人的口供相比，或者同双方当事人的陈述相比，其证明力往往更强。当今社会，我们要确立物证是“证据之王”的观念。但是物证是一种“哑巴”证据，它的证明意义必须通过办案人员的分析和判断才能在诉讼证明中加以利用。而且物证对案件主要事实只能起到间接证明的作用，通过与其他证据结合才能案件事实作间接推论。

二、书证

(一) 书证的概念

书证是指能够根据其表达的思想和种记载的内容查明案件事实情况的一切物品。

◎ **注意**　①不是所有的文字材料都是书证，符号和图形也可以；

②书证不一定只能记在纸上，只要它是以所记载的内容或表达的思想对案件起证明作用就是书证；

③同时兼具物证和书证双重属性的，以书证优先。

---

① 《中华人民共和国刑事诉讼法》第 50 条。

（二）书证的特点

诉讼中的书证具有以下特征：

（1）表现形式及制作方法的多样性，这是其外部特征。

（2）书证所记载的内容和反映的思想必须同案件相关联，即能够证明案件事实的全部或一部分。

（3）书证所记载的内容和表达的思想能够为人们认识和了解，在通常情况下书证所记载的内容或表达思想的方式，是文字方式，或者符号、图形的方式。

（三）书证与物证的联系与区别

1. 书证与物证的联系

书证是广义的物证，因为它也是实物证据。同时，有的书证还具备物证和书证的两种特征，既可以作书证，又可以作物证，这在理论上称为物证书证同体。例如在犯罪现场收集到一封书信，内容与被害人死亡原因有关，如果用该书信的内容证明被害人的死亡原因，则属于书证；同时，如果需要判明该书信是否为被害人所写，需要作笔迹鉴定，这是用物的特征证明案件事实，这时该书信又是物证。如走私淫秽物品中的淫秽书刊既是物证又是书证。书证与物证证明力的共同特点是客观真实性比言词证据强。

2. 书证与物证的区别

书证是以其内容来证明案情的，物证则是以其物质属性和外观特征证明案件事实。

由于书证都有明确的意思表示，而且大多是在诉讼开始前就已形成，所以一经收集并查证属实，就可以比较直观地证明案件中的一定事实，在诉讼证明中具有重要意义，特别是有些书证可以直接证明案件的性质，被告人等的作案动机和目的；可以揭穿犯罪分子的狡辩和虚假的供述；可以鉴别其他证据的真伪。在处理涉及经济类犯罪的诉讼中，可以说，书证是不可缺少的证据。

◎ **思考**　侦查人员在杀人案件现场收集到一封信和一张字条，信的内容与案件无关，但根据通信对方的姓名和地址查出了犯罪分子。字条的内容也与案件无关，但根据笔迹鉴定找到了字条的书写人，从而发现了犯罪分子。问本案中的信件和字条属于何种证据种类？

三、证人证言

（一）证人证言的概念

证人证言是指知道案件真相的当事人以外的第三人，向办案人员所作的有关案件部分或全部事实真相的陈述。

（二）证人证言的特定要求

《刑事诉讼法》规定：“凡是知道案件情况的人，都有作证的义务。生理上、精神上有缺陷或者年幼，不能辨别是非、不能正确表达的人，不能作证人。”①

（1）证人只能是自然人，单位或者组织出具的材料，只能以书证的形式出现，而不能以证人证言的形式出现。

【知识链接】民事诉讼与刑事诉讼不能作为证人情形的区别

区别	不能作为证人的情形
刑事诉讼	1. 生理上、精神上有缺陷或者年幼，不能辨别是非、不能正确表达的人 2. 单位不能作为证人
民事诉讼	1. 不能正确表达的人 2. 单位可以作为证人

（2）证人证言必须坚持个别化原则，即一人一证，利用座谈会形式形成的材料不能作为证人证言使用。

（3）证人必须有作证能力，生理上、精神上有缺陷或者年幼，不能辨别是非、不能正确表达的人，不能做证人。但需要注意的是，单纯的生理上或精神上的缺陷以及年幼，都不会导致一个人不能作证，只有这些因素严重到影响一个人辨别是非和正确表达的时候，才会导致其不能作证。在诉讼过程中，对于证人能否辨别是非，能否正确表达，必要时可以进行审查或者鉴定。

（4）证人具有不可替代性，不能由办案人员随意指定和更换。审判、检察、侦查人员如果在非执行职务中了解案情，就不应当担任本案的工作，而应当作为证人参加诉讼。

【案例分析】

某公安机关法医鉴定室的法医王某一天下班途中，亲眼目睹了李某故意伤害案的经过。下列说法哪些是正确的？

A. 王某既不能作鉴定人，又不能作证人

B. 王某既可以作鉴定人，又可以作证人

C. 王某应当作证人，但不能作鉴定人

D. 王某是本案的诉讼参与人

【解析】《刑事诉讼法》第 62 条第 1 款规定：“凡是知道案件情况的人，都有作证的义务”，因此证人较其他参与人具有优先性，此时的王某就只能作证人而不能再成为鉴定人，据此 A、B 可以排除，C 项正确。依该法第 108 条规定，诉讼参与人指当事人、法定代理人、诉讼代理人、辩护人、证人、鉴定人和翻译人员，据此 D 项正确。所以，正确答案为 C、D。

① 《中华人民共和国刑事诉讼法》第 62 条。

【思考】证人是否需要回避？

无论证人与案件当事人有无利害关系，都不需要回避，因为证人具有不可替代性。只不过，与本案有利害关系的证人证言比与本案无利害关系的证人证言一般来说证明力相对弱一些。

【思考】见证人是否为证人？

见证人是指根据刑事诉讼法的规定，应办案人员要求对诉讼中的某些法律行为进行见证的人。例如，以勘验、检查、搜查、扣押物证、书证的诉讼程序行为是否合法所进行的见证，由于这些证明行为不是针对案件事实而作，所以，见证人不是证人。

（三）证人证言的特点

（1）证人证言是指证人关于案件事实所做的陈述。在我国，证言的内容仅指证人关于案件事实的陈述，而不包括证人的判断意见。

（2）证言应当以口头形式提出。刑事诉讼法明确提出，证人证言必须接受法庭上控、辩双方的询问、质证，才能作为定案依据。

（3）证言的真实性比较大。证人由于一般是了解案情的第三人，其参与诉讼的目的，仅仅是为了履行作证的义务，并不涉及个人利益，同诉讼结果没有直接利害关系，因此，往往能够如实提供证言，但由于某些原因，证人证言也有发生错误。

证人证言在刑事诉讼中具有重要证明作用，它可以帮助司法工作人员发现和收集其他证据；可以鉴别其他证据的真伪；可以作为认定案件事实甚至是主要事实的根据；可以揭露犯罪嫌疑人、被告人或被害人的虚假陈述。

（四）对证人安全的保护①

（1）保护主体：公检法三机关都有保护证人及其近亲属的义务。

（2）保护对象：证人及其近亲属。

（3）保护期间：在侦查期间为证人保守秘密，但证人无权要求自己的姓名在整个诉讼过程中保密。

【案例分析】

公安机关在一盗窃案现场收集到犯罪嫌疑人张某书写的一张字条，收缴了被盗电视剧录像带、DVD 光盘、书籍等，被盗超市提供了被盗物品清单。下列哪一选项是正确的？

A. 该字条是书证　　　　　B. 电视剧录像带和 DVD 光盘是物证

C. 收缴的被盗书籍是书证　D. 被盗物品清单属于证人证言

【解析】物证是指证明案件真实情况的一切物品和痕迹。书证是指以其记载的内容和反映的思想来证明案件真实情况的书面材料或者其他物质材料。证人证言是指证人就其所了解的案件情况向公安司法机关所作的陈述。本题中，关于字条，因为没有明确说明以其

① 《中华人民共和国刑事诉讼法》第 63 条。

记载的内容和反映的思想来证明案件真实情况，因此不能笼统地认为是书证，如果是以字条上的笔迹来证明案件真实情况的话，则字条本身就是物证，而不是书证。因此，A 项说法错误。

被盗的电视剧录像带、DVD 光盘、书籍是以其外在特征来证明盗窃事实的，是物证。因此，B 项说法正确，C 项说法错误。

被盗的物品清单是以其记载的内容(盗窃了多少东西)来证明盗窃事实的，因此是书证，而不是证人证言。故，D 项说法错误。本题的正确是 B 项。

四、被害人陈述

(一)被害人陈述的概念

(1)被害人陈述，是指犯罪行为的直接受害者就其了解的案件情况，向公安司法机关所作的陈述。

(2)被害人有以下特征：①被害人应当是遭受犯罪行为直接侵害的人。②被害人既可以是自然人，也可以是法人。③受到侵害的合法权益，包括人身权利、财产权利、民主权利和其他合法权利。④被害人应当是特定的人，具有不可替代性。⑤作为自然人被害人，可能是成年人，也可能是未成年人，可能是精神正常的人，也可能是无行为能力或限制行为能力的人，如精神病患者或者痴呆者。

(二)被害人陈述的特点和作用

被害人直接受到犯罪行为侵害，特别是有的被害人同犯罪人有过接触，因此，被害人陈述一般来说比较客观真实，而且有直接、生动、形象、具体的特点。其陈述对于揭露犯罪、查获犯罪人、认定案情有重要作用。有许多案件被害人的控告陈述是立案侦查、追究犯罪的根据和起点；被害人陈述还是确定侦查方向，查获犯罪人的材料；被害人陈述本身经查证属实后可以作为定案的重要根据；被害人陈述还是鉴别其他证据的有利手段。

◎ **注意**　被害人陈述中包括三部分内容：一是案件事实的陈述；二是对案件事实的分析判断；三是诉讼请求。只有第一部分才有证据价值。

五、犯罪嫌疑人、被告人口供

(一)犯罪嫌疑人、被告人口供的概念

口供，又称为犯罪嫌疑人、被告人供述和辩解，是指犯罪嫌疑人、被告人在刑事诉讼中就其被指控的犯罪事实以及其他案件事实向公安司法机关所作的陈述。其内容，主要包括犯罪嫌疑人、被告人承认自己有罪的供述，说明自己无罪、罪轻的辩解和检举揭发他人犯罪的攀供。

攀供的种类：一是对同案犯，同案犯罪事实的揭发。如甲乙两个人一起共同盗窃，

后来甲被抓获了，甲供述这起犯罪事实，他在供述时说，他是如何和乙共谋的，如何一起实施盗窃的，对赃物是如何处理的以及对乙的参与、乙的犯罪事实，甲都作了供述。

二是对同案犯非同案犯罪事实的揭发。比如说甲在供述完和乙如何共同盗窃之后，又供述乙又有一起抢劫犯罪，而甲没有参与。这就是对同案犯其他犯罪事实的揭发。

三是对非同案犯的揭发。比如甲揭发了乙的抢劫犯罪又揭发了丙有一起诈骗犯罪事实，因为甲和丙之间没有共同的犯罪关系，这就叫做非同案犯的揭发。

（二）犯罪嫌疑人、被告人口供的特点和作用

1. 犯罪嫌疑人、被告人口供的特点

（1）如果犯罪嫌疑人、被告人如实供述，可以全面、详尽地反映出作案的动机、目的、手段、过程。供述经查证属实，一般可以成为认定案件事实的直接证据。如果犯罪嫌疑人、被告人如实辩解，可以提供证实其无罪或者罪轻的证据和证据线索。

（2）犯罪嫌疑人、被告人陈述虚假的可能性很大。

（3）犯罪嫌疑人、被告人的供述和辩解易有反复性，随时可能翻供，甚至时供时翻。

2. 犯罪嫌疑人、被告人口供的作用

犯罪嫌疑人、被告人的供述和辩解，对于全面分析研究案情，正确认定案件事实，公正处理案件，具有重要意义。犯罪嫌疑人、被告人的口供，经查证属实可以作为定案的一种根据，特别是对认定犯罪的动机和目的有重要作用；犯罪嫌疑人、被告人的口供可以为发现和收集其他证据提供线索，也是审查核实其他证据真伪的一种手段；犯罪嫌疑人、被告人的口供是衡量其犯罪后态度的重要材料，对正确量刑有一定作用；犯罪嫌疑人、被告人的辩解是犯罪嫌疑人、被告人行使辩护权的一种方式，保障犯罪嫌疑人、被告人的辩护权，即要求认真听取犯罪嫌疑人、被告人的辩解。

由于犯罪嫌疑人、被告人的供述和辩解具有上述特点，司法机关在诉讼中就要正确对待这一诉讼证据，既不能对其一概不信，也不能盲目相信，一定要同其他证据互相对照，互相印证，经过查证后实，才能作为定案的根据。当前，在如何对待犯罪嫌疑人、被告人的供述和辩解的问题上，个别地方出现了两种倾向，一是为了承认和确立沉默权而主张“零口供”，二是与“零口供”相反，无限夸大口供的作用，甚至“惟口供”，只要被告人承认，即予定案。我们认为这两种观点都与我国一贯奉行的“重证据，重调查研究，不轻信口供”的原则是相悖的。在刑事诉讼中，特别是在侦查阶段是否赋予犯罪嫌疑人、被告人以沉默权的问题，已经成为我国诉讼法学界和司法工作人员关心的热点问题。沉默权是指犯罪嫌疑人、被告人所享有的不得被迫自证其罪的权利。它来源于英国“任何人无义控告自己”的法谚。在17世纪，英国以利尔伯思案件为转机，确立了被告人的沉默权，美国法继承了此项原则。之后，这一原则作为刑事诉讼的国际标准之一，被规定在联合国的一些国际性法律文件之中。确立沉默权对防止司法专横、遏制刑讯逼供有重要意义，我们要转变观念，从立法上修改《刑事诉讼法》关于“如实陈述”的规定，结合国情，积极创造条件，适时地确立这一制度。

六、鉴定意见

（一）鉴定意见

1. 鉴定意见的概念

鉴定意见是指公安司法机关为了解决案件中某些专门性问题，指派或聘请具有这方面专门知识和技能的人，进行鉴定后所作的书面意见。

2. 鉴定意见的特点

（1）具有特定的书面形式《司法鉴定意见书》，鉴定人本人签名，单位公章只能用于证明鉴定人身份，不能代替鉴定人本人签字。

（2）是鉴定人对专门性问题从科学、技术的角度提出的分析判断意见。

（3）它仅限于解决案件所涉及的科学技术问题，而不是就法律问题提供意见。

（4）鉴定意见是由鉴定人从科学的角度提供的分析研究意见，客观性较强。

（5）鉴定意见不能因其所具有的科技性而获得预定的证明效力，鉴定非裁决。

【案例分析】

某男死亡，其姐怀疑是被其弟媳所杀，就偷偷提取了其弟的呕吐物，用过的碗筷，找了一个朋友进行化验，并请朋友出具了书面的化验结果。请问，这种书面的化验结果是鉴定意见吗？

【解析】这种书面的化验结果不是鉴定意见，但是证据。

鉴定意见的种类：

法医鉴定（确定死者死亡的原因、时间，死者或伤者的伤害情况）、司法精神病鉴定（确定当事人、证人是否有精神病、属何种精神病）、刑事科学技术鉴定（主要是对指纹、脚印、枪弹等进行认定）、一般技术鉴定（对案件中涉及的工业、农业、交通运输业、建筑业等方面的专门技术问题进行鉴定）和会计鉴定（确定账目、报表等是否真实地反映了有关的经济活动，是否符合会计制度）等。

【案例分析】

被告人王某因农田界线问题与李某发生争吵，继而斗殴，王某将李某打成重伤。经县人民医院诊断为：颅底骨折；外伤性右侧面神经周围性瘫痪，一审法院依据县医院的病情诊断书，认定王某的行为造成李某重伤，判处王某有期徒刑5年，王某不服提起上诉，认为县医院的病情诊断书不能作为鉴定意见使用，要求重新鉴定李某的伤势。

【问题】本案中医院的病情诊断是否是侦查中鉴定行为？病情诊断书能否作为鉴定意见使用？

【解析】医院的病情诊断当然不是侦查中的鉴定。如果受司法机关指派或聘请的医生的“诊断”则是鉴定行为。《刑事诉讼法》第146条规定：“为了查明案情，需要解决案件中某些专门性问题的时候，应当指派、聘请有专门知识的人进行鉴定。”第147条第1款：

“鉴定人进行鉴定后，应当写出书面结论，并且签名。”因此，鉴定是一种侦查行为。而鉴定意见是鉴定人根据司法机关的要求，对案件中某一专门性问题进行鉴定的所提出的书面报告。鉴定人是诉讼参与人，依法享有诉讼权利并承担诉讼义务。而医生实施的病情诊断行为只是单纯的医疗行为，并非诉讼行为。所以一般的病情诊断书是不能作为鉴定意见使用的。

4. 鉴定意见的作用

(1)鉴定意见是揭示某些物品、痕迹证明力的至关重要的甚至唯一的手段。只有经过鉴定，某些物品和痕迹才能发挥证明作用。

(2)鉴定意见是确定死亡原因、伤害的轻重程度、事故原由、当事人的生理和精神状态等专门性问题的主要依据。

(3)鉴定意见具有科学性和定量分析的特点，是审查和鉴别其他证据的重要手段。

5. 鉴定意见与证人证言的区别

鉴定意见与证人证言虽同属人证，但二者各有特点，其区别是：(1)鉴定意见是鉴定人对于与案件事实有关的某些专门性问题进行鉴别、判断后作出的结论，鉴定意见是一种具有科学根据的意见。而证人证言是证人就其所知道的案件事实情况所作的陈述，是对案件事实的如实反映，而不是对案件事实的评断。(2)鉴定意见是司法机关为解决案件中的专门性问题，指派或聘请鉴定人而作出的书面结论，鉴定人具有可代替性，因而鉴定意见也具有可代替性。证人证言则因证人的不可代替性而具有不可代替性。(3)鉴定意见的内容是鉴定人对案件中某些专门性问题所作的判断意见，而不是对有关事实作出的法律评价，并且是在案件发生后形成的。而证人证言是证人对案件事实所作的陈述，是在案件发生过程中形成的。

◎ **注意**　鉴定意见需鉴定人签字并加盖部门公章。

(二)关于司法鉴定管理

为了加强对鉴定人和鉴定机构的管理，适应司法机关和公民、组织进行诉讼的需要，保障诉讼活动的顺利进行，2005 年 2 月 28 日第十届全国人民代表大会常务委员会第十四次会议通过了《关于司法鉴定管理问题的决定》，该决定对司法鉴定问题新增加了以下内容：

1. 登记管理制度

国家对从事下列司法鉴定业务的鉴定人和鉴定机构实行登记管理制度：

(1)法医类鉴定，包括法医病理鉴定、法医临床鉴定、法医精神病鉴定、法医物证鉴定和法医毒物鉴定。

(2)物证类鉴定，包括文书鉴定、痕迹鉴定和微量鉴定。

(3)声像资料鉴定，包括对录音带、录像带、磁盘、光盘、图片等载体上记录的声音、图像信息的真实性、完整性及其所反映的情况过程进行的鉴定和对记录的声音、图像中的语言、人体、物体作出种类或者同一认定。

(4)根据诉讼需要由国务院司法行政部门会商最高人民法院、最高人民检察院确定的其他应当对鉴定人和鉴定机构实行登记管理的鉴定事项。

2. 主管机构

国务院司法行政部门主管全国鉴定人和鉴定机构的登记管理工作。省级人民政府司法行政部门依照本决定的规定，负责对鉴定人和鉴定机构的登记、名册编制和公告。

3. 鉴定机构的条件

法人或者其他组织申请从事司法鉴定业务的，应当具备下列条件：

(1)有明确的业务范围；

(2)有在业务范围内进行司法鉴定所必需的仪器、设备；

(3)有在业务范围内进行司法鉴定所必需的依法通过计量认证或者实验室认可的检测实验室；

(4)每项司法鉴定业务有三名以上鉴定人。

4. 鉴定机构的设立

(1)侦查机关根据侦查工作的需要设立的鉴定机构，不得面向社会接受委托从事司法鉴定业务。

(2)人民法院和司法行政部门不得设立鉴定机构。

(3)申请从事司法鉴定业务的个人、法人或者其他组织，由省级人民政府司法行政部门审核，对符合条件的予以登记，编入鉴定人和鉴定机构名册并公告。省级人民政府司法行政部门应当根据鉴定人或者鉴定机构的增加和撤销登记情况，定期更新所编制的鉴定人和鉴定机构名册并公告。

(4)各鉴定机构之间没有隶属关系。鉴定机构接受委托从事司法鉴定业务，不受地域范围的限制。

(5)鉴定人应当在一个鉴定机构中从事司法鉴定业务。

5. 鉴定程序

(1)鉴定人和鉴定机构应当在鉴定人和鉴定机构名册注明的业务范围内从事司法鉴定业务。

(2)鉴定人应当依照诉讼法律规定实行回避。

(3)司法鉴定实行鉴定人负责制度。鉴定人应当独立进行鉴定，对鉴定意见负责并在鉴定书上签名或者盖章。多人参加的鉴定，对鉴定意见有不同意见的，应当注明。

(4)在诉讼中，当事人对鉴定意见有异议的，经人民法院依法通知，鉴定人应当出庭作证。

6. 处罚规则

鉴定人或者鉴定机构有违反本决定规定行为的，由省级人民政府司法行政部门予以警告，责令改正。鉴定人或者鉴定机构有下列情形之一的，由省级人民政府司法行政部门给予停止从事司法鉴定业务三个月以上一年以下的处罚；情节严重的，撤销登记：

(1)因严重不负责任给当事人合法权益造成重大损失的；

(2)提供虚假证明文件或者采取其他欺诈手段，骗取登记的；

(3)经人民法院依法通知，拒绝出庭作证的；

(4)法律、行政法规规定的其他情形。

鉴定人故意作虚假鉴定，构成犯罪的，依法追究刑事责任；尚不构成犯罪的，依照前款规定处罚。

七、勘验、检查、辨认、侦查实验等笔录

(一)勘验、检查笔录的概念

勘验、检查笔录是指办案人员对与案件有关的场所、物品、人身、尸体进行勘验、检查后所作的客观记载。形成的方式主要包括文字记录、现场绘图和现场照相、摄像等。

根据勘验、检查的对象不同，勘验、检查笔录可以分为现场勘验笔录、尸体勘验笔录、物证检验笔录、人身检查笔录和侦查实验笔录。

◎ **注意**　①主体是侦查人员；②内容有勘验笔录、检查笔录，方式方法多种多样。

勘验，是指司法工作人员对同案件有关的场所、物品、尸体等“死”的物体所进行观察、测量、拍照、绘图等活动。其目的是为了直接了解案件的有关场所、物品、尸体，发现和收集证据。

检查，是指司法工作人员针对与案件有关的“活”着的人所进行的观察、检验等活动。其目的在于确定犯罪嫌疑人、被害人的某些特征、伤害情况或者生理状态。

◎ **思考**　张三在山脚下抢劫李四东西，被山顶的一个摄像爱好者记录了下来，这个资料是什么证据?

此外，侦查实验是为验证在某种条件下某一事件或现象是否发生和后果如何，而实验性地重演该事件的侦查行为。由于其目的、方式和参加人员与勘验、检查基本相同，且常与勘验、检查同时进行，因此，侦查实验笔录也应归于勘验、检查笔录。

(二)勘验检查笔录与鉴定意见的区别

勘验、检查笔录与鉴定意见是两种不同的证据。主要区别是：(1)前者由办案人员制作，后者是由办案机关指派或聘请的鉴定人制作；(2)前者是对所见情况的客观记载，后者主要内容是科学的分析意见；(3)前者大多是解决一般性问题，后者则是解决专门性问题。

勘验、检查笔录就其实质而言，是一种固定、保全证据的方法和手段，其证明作用在于它固定和保全的内容同案件事实具有关联性。因此，收集这种证据的基本要求，就是要客观、全面、准确地加以固定，不能有任何疏漏。

(三)辨认笔录

辨认是在侦查人员的主持下由被害人、证人、犯罪嫌疑人对犯罪嫌疑人、与案件有关或疑与案件有关的物品、尸体、场所进行识别认定的一项侦查措施。辨认笔录是以笔录的方式全面、客观地记录辨认的全过程和辨认结果，并由在场人员签名的笔录。

最高院规定辨认笔录具有下列情形之一的，不得作为定案的根据：(1)辨认不是在侦查人员的主持下进行的；(2)辨认前使辨认人见到辨认对象的；(3)辨认活动没有个别进行的；(4)辨认对象没有混杂在具有类似特征的其他对象中，或者供辨认的对象数量不符

合规定的；(5)辨认中给辨认人明显暗示或者明显有指认嫌疑的；(6)违反有关规定、不能确定辨认笔录真实性的其他情形。

(四)侦查实验笔录

侦查实验是指为了确定与案件有关的某一事件或者事实在某种条件下能否发生或者怎样发生而按照原来的条件，将该事件或者事实加以重演或者进行试验的一种证据调查活动。侦查实验笔录是侦查机关对进行侦查实验的时间、地点、实验条件以及试验经过和结果等所做的客观记录，并由进行试验的侦查人员、其他参加人员和见证人签名或者盖章。

八、视听资料

(一)视听资料的概念

视听资料是指以录音、录像、电子计算机以及其他高科技设备以其所载的声音、活动影像和图形来证明案件情况的资料。

【案例分析】

某县公安机关在侦破一起敲诈勒索案的过程中，依法收集到犯罪嫌疑人通过电话进行敲诈的录音磁带一盘。请问，该录音带属于下列选项所列证据种类和证据分类中的什么证据?

A. 犯罪嫌疑人、被告人供述和辩解　　B. 视听资料

C. 直接证据　　D. 间接证据

【解析】(1)犯罪嫌疑人、被告人供述和辩解，又称犯罪嫌疑人、被告人口供，是指犯罪嫌疑人、被告人在刑事诉讼中就其被指控的犯罪事实以及其他案件事实向公安司法机关所作的陈述。因此选项 A 是错误的。

(2)视听资料是指以录音、录像、电子计算机以及其他高科技设备以其所载的声音、活动影像和图形来证明案件情况的资料。因此选项 B 是正确的。

(3)根据证据与案件主要事实的关系，将证据划分为直接证据与间接证据。直接证据指能够单独地直接证明案件主要事实的证据。间接证据是不能单独地直接证明刑事案件主要事实，需要与其他证据相结合才能证明的证据。而敲诈勒索罪是行为犯，只要有以非法占有为目的，对被害人实施威胁或要挟的方法，强索公私财物，数额较大的行为就构成犯罪。所以本题中的录音带能够直接单独地证明案件的主要事实。故选项 C 是正确的，选项 D 是错误的。因此，正确答案为 B、C。

(二)视听资料的特点

(1)视听资料的形成、储存和再现，具有高度的准确性和逼真性。

(2)有各种言词证据不具备的直感性，可以将与案件有关的形象和音响，甚至案件发生的实际状况直观地再现在人们面前。

(3)具有物证、书证不具备的动态连续性。视听资料具有客观性强，能动态连续地再现案情、信息量丰富等优点，在刑事诉讼中发挥着重要的证明作用，尤其是在再现案件发生时的某些情况、核实其他证据等方面，作用更为突出。

由于视听资料对高科技的依赖性，使其存在一些弱点，主要表现在：(1)易被伪造。(2)其被篡改、伪造后，凭人的感官往往难以发现。因此，运用视听资料时，应附有制作者、制作时间、地点、对象、制作过程及设备有关情况的书面说明。

◎ **注意**　①以多媒体出示证据非全部为视听资料；

②医院诊断证明是书证；

③精神病诊断证明若在诉讼外是书证，在诉讼内为鉴定意见；

④病历：医生接诊记录为书证，医生所做的回忆为证人证言。

【书证与视听资料区别】

书证载体一般为纸件，视听资料载体为高科技产品。如张三杀了人后在电脑里做了记录，这是视听资料。银行的监控记录为视听资料。

(三)电子数据

电子数据，是指以电子形式存在的、用作证据使用的一切材料及其派生物。它既包括反映法律关系产生、变更或消灭的电子信息正文本身，又包括反映电子信息生成、存储、传递、修改、增删等过程的电子记录，还包括电子信息所处的硬件和软件环境。电子数据具体包括，电子邮件、电子数据交换、网上聊天记录、网络博客、手机短信、电子签名、域名、电子公告牌记录、电子资金划拨记录、网页等文件。

这些电子数据具有如下特点：一是电子数据的存在需要借助一定的电子介质；二是电子数据可以通过互联网快速传播；三是人对电子数据的感知必须借助电子设备。

第三节　刑事证据的分类

一、刑事证据分类的概念和意义

刑事证据的分类，是指在理论上按照不同的标准将刑事证据划分为不同的类别。

证据分类与证据种类不同，证据分类是在理论上所做的划分，不具有法律效力；证据种类则由法律加以规定，具有法律效力，不属于法定证据种类内的证据，属于形式不合法的证据。二者是相互交叉的关系。

二、原始证据与传来证据

(一)原始证据与传来证据的概念

按照证据的来源不同，可将证据划分为划分原始证据与传来证据。

(1)原始证据：原始证据是指直接来源于案件事实的证据，即通常所说的第一手材料。刑事诉讼中常见的原始证据有：亲眼目睹犯罪活动的证人证言，被害人陈述，被告人供述和辩解，物证的原物，书证的原件，勘验笔录等。

(2)传来证据：又称派生证据、第二手证据，指不是直接来源于案件的事实，而是通过原始证据派生出来的证据。刑事诉讼中常见的传来证据有：物证的复制品，文件的副本、影印件，抄件，非亲自感受案件事实的证人所作的证言等。

(二)原始证据与传来证据划分的意义

传来证据的特点与原始证据相比，在于其可靠性较差。但传来证据在查明案情中的作用也不容忽视。其作用有以下几方面：(1)可以作为发现原始证据的线索；(2)在特定情形下，可以作为审查原始证据是否真实的手段；(3)在无法取得原始证据或取得原始证据确有困难时，代替原始证据；(4)可以强化原始证据的证明作用。

传来证据的运用，应当遵循以下规则：(1)没有正确的来源或者来源不明的传说、文字材料，不能作为定案的根据；(2)只有在原始证据不能取得或者确有困难时，才能用传来证据代替；(3)应当收集和运用距原始证据最近的传来证据；(4)如果案内只有传来证据而没有原始证据，不能认定犯罪嫌疑人、被告人有罪。

应当注意，传来证据不等同于传闻证据。原始证据与传来证据，是我国的证据法理论根据我国诉讼制度和证据制度的实际情况所作的划分。而在国外，通常将传来证据限定为传闻证据，在划分原始与传闻证据的基础上确立了“传闻证据规则”。我国证据法理论中的传来证据与国外(尤其英美等国)证据法中的传闻证据有三点主要的区别：其一，外延大小不同。传来证据包括“第二手”以上的人证、书证、物证、视听资料，而传闻证据仅指传闻陈述，不含书证、物证等。其二，划分的标准不同。在我国，在侦查、起诉和审判过程中收集的证据都可能作为诉讼证据，因此侦查、起诉、审判以及辩论活动中收集的“第一手”证据均为原始证据，如被告人、被害人、证人就案件事实的亲自所为、亲身感受、亲眼所见所作的陈述，无论是在侦查、起诉阶段，还是在审判过程中作出，无论是书面证言还是言词陈述，都属于原始证据。只有转述从他人处得知的案件真实，才是传来证据。可见划分原始和传来的基本标准是陈述人是否对案件事实直接感知。

三、有罪证据与无罪证据

(一)有罪证据与无罪证据的概念

根据证据对案件事实的证明作用，可以将证据分为有罪证据和无罪证据。

(1)有罪证据：凡是能够证明犯罪事实存在和犯罪行为系犯罪嫌疑人、被告人所为的证据，是有罪证据。

(2)无罪证据：指能够证明犯罪事实不存在，或者犯罪嫌疑人、被告人没有实施犯罪行为的证据，是无罪证据。

(二)有罪证据与无罪证据划分的意义

(1)划分有罪证据与无罪证据，有利于司法工作人员注意全面收集犯罪嫌疑人、被告人有罪、罪重的证据和无罪或者从轻、减轻、免除处罚的证据，避免片面性。

(2)有利于在认定有罪时排除无罪的可能性，做到有罪证据确实、充分，防止造成冤假错案。

在运用有罪证据和无罪证据时，除遵循运用证据的共同规则外，应当特别注意以下几点：(1)注意收集有罪证据，也要注意收集无罪证据，要防止片面性；(2)在对被告人作出有罪的确定性认定时，要做到有罪证据确实、充分，排除无罪的可能性；(3)形成疑难案件时，应当作出无罪处理。

四、言证据与实物证据

(一)言词证据与实物证据的概念

根据证据的表现形式、存在状况、提供方式，可以把证据分为言词证据和实物证据。

(1)言词证据：凡是表现为人的陈述，即以言词作为表现形式的证据，是言词证据。证人证言、被害人陈述、被告人供述和辩解鉴定意见、视听资料属于言词证据。

(2)实物证据：凡是表现为物品和痕迹和以其内容具有证据价值的书面文件，即以实物作为表现形式的证据，是实物证据。物证、书证、勘验检查笔录属于实物证据。

将证据划分为言词证据与实物证据，有助于便司法工作人员把握其各自的特点，有针对性地对其加以收集、固定和运用，并据此正确判断案件事实。

(二)言词证据与实物证据的特点

言词证据的优点是能够比较形象、生动地反映客观事物。但是，由于言词证据经过人的感知、判断、记忆、陈述阶段，其陈述受感受力、记忆力、判断力、表达能力、利害关系和思想感情等因素的影响，不能如实反映案件客观情况的可能性较大，甚至有的还会歪曲、伪造、隐瞒事实。根据言词证据的特点，在收集和运用时，应当特别注意以下几点：(1)在收集言词证据的过程中，严禁采用刑讯逼供、利诱以及其他非法方法，应当保障一切与案件有关或了解案情的公民有客观充分地提供证据的条件。(2)应当及时收集言词证据，特别是对于年老、重病、重伤等人员，更应如此。(3)针对言词证据易变性、可塑性较大的特点，应当十分注意其固定程序，对陈述要全面、如实地进行记录，并依法核对和签名，予以固定。(4)审查、判断言词证据，应当特别注意陈述主体的个人情况，与案件的关系，感知、记忆、陈述的能力和条件，以及有无外界社会因素的影响，分析哪些因素可能影响言词证据的真实性。(5)应当尽可能收集到实物证据，对言词证据予以印证。(6)作为定案根据的言词证据必须在法庭上查证属实，法庭审查言词证据的方式主要是询问和质证。

实物证据的特点是：相对于言词证据来说，更为客观、固定、可靠。但是，除视听资料外，其所反映的案件事实不仅远不如言词证据形象、生动和具体，而且所含信息量较小，通常只能证明案件事实的某个片段，对案件主要事实的证明，则多是间接的。此外，实物证据的证明力在许多情况下要运用科学技术手段才能揭示出来，对科学技术手段的依赖性较强。针对上述特点，在收集和运用实物证据时，应当特别注意以下方面：(1)在发现、提取、固定实物证据的过程中，应当及时、客观、细致、全面，注意充分运用现代化科技手段，避免遗漏或在收集中破坏实物证据的证明价值。(2)凡是需要鉴定或者检验的实物证据，都必须进行鉴定或检验，不能仅凭办案人员的经验判断或想当然认定。(3)对收集到的实物证据应开列清单，妥善保管，不能保存的应通过拍照、制作模型、绘图等手段加以保全和固定。(4)审查实物证据，应当注意其是否被伪造，是否受环境影响而发生变化，收集实物证据的司法工作人员的业务素质如何，所使用的技术设备的质量怎样等。

【案例分析】

被害人在临死前向抢救他的医生魏某讲述了遭受犯罪分子侵害的事实，在诉讼过程中医生魏某就该情况向司法机关作证。根据刑事诉讼证据的分类理论，医生魏某的证言属于什么类型的证据?

A. 言词证据、原始证据、直接证据、有罪证据

B. 言词证据、传来证据、直接证据、有罪证据

C. 言词证据、原始证据、间接证据、无罪证据

D. 实物证据、传来证据、直接证据、有罪证据

【解析】证据在理论上可以分为四大类：(1)按照证据的来源可以分为原始证据和派生证据(传来证据)；(2)按照证据与案件主要待证实施的关系可以分为直接证据和间接证据；(3)按照证据的表现形式可以分为言词证据和实物证据；(4)按照证据与证明被告人有罪的关系可以分为控诉证据(有罪证据)和辩护证据(无罪、罪轻证据)。本案中，医生魏某的证言是以言语形式表达的，属于是言词证据，所以首先把答案D排除，它又是能够直接证明案件的主要事实存在还是不存在的，所以属于直接证据，这样就把C排除，同时是不利于被告人，能证明他有罪的，所以是有罪证据，由于是转述别人的话，所以是传来证据。因此本题答案为B。

(三)非法证据的排除问题

为规范司法行为，促进司法公正，根据《刑事诉讼法》和相关司法解释，最高人民法院、最高人民检察院、公安部、国家安全部、司法部颁布了《关于办理刑事案件排除非法证据若干问题的规定》，该规定于2010年7月1日起施行。

《非法证据排除规定》主要包括两个方面的内容：一是实体性规则，主要是对非法证据特别是非法言词证据的内涵和外延进行界定。二是程序性规则，主要是对排除非法证据问题规定了具体的操作规程。包括具体审查、排除非法证据的程序和对证据合法性的证明责任、证明标准及侦查人员出庭作证问题。

1. 非法证据范围

(1)非法言词证据。包括证人证言，被害人陈述，犯罪嫌疑人、被告人供述。《关于办理刑事案件排除非法证据若干问题的规定》规定：采用刑讯逼供等非法手段取得的犯罪嫌疑人、被告人供述和采用暴力、威胁等非法手段取得的证人证言、被害人陈述，属于非法言词证据。经依法确认的非法言词证据，应当予以排除，不能作为定案的根据。人民检察院在审查批准逮捕、审查起诉中，对于非法言词证据应当依法予以排除，不能作为批准

逮捕、提起公诉的根据。起诉书副本送达后开庭审判前，被告人提出其审判前供述是非法取得的，应当向人民法院提交书面意见。被告人书写确有困难的，可以口头告诉，由人民法院工作人员或者其辩护人作出笔录，并由被告人签名或者捺指印。被告人及其辩护人在开庭审理前或者庭审中，提出被告人审判前供述是非法取得的，法庭在公诉人宣读起诉书之后，应当先行当庭调查。法庭辩论结束前，被告人及其辩护人提出被告人审判前供述是非法取得的，法庭也应当进行调查。被告人及其辩护人提出被告人审判前供述是非法取得的，法庭应当要求其提供涉嫌非法取证的人员、时间、地点、方式、内容等相关线索或者证据。

(2)非法实物证据。物证、书证的取得明显违反法律规定，可能影响公正审判的，应当予以补正或者作出合理解释，否则，该物证、书证不能作为定案的根据。

2. 非法证据排除的具体程序

《非法证据排除规定》对如何排除非法证据规定了具体的操作规程，这也是本规定的主要内容，对于避免因为采纳非法证据而导致冤假错案的发生将起到非常重要的作用。具体说来，该程序主要包括以下五个步骤：

(1)程序启动。在法庭调查过程中，被告人有权提出其审判前供述是非法取得的意见，并提供相关线索或者证据。

(2)法庭初步审查。程序启动后，法庭应当进行审查。合议庭对被告人审判前供述取得的合法性没有疑问的，可以直接对起诉指控的犯罪事实进行调查；对供述取得的合法性有疑问的，则由公诉人对取证的合法性举证。

(3)控方证明。公诉人应当向法庭提供讯问笔录、原始的讯问过程录音录像或者其他证据，提请法庭通知讯问时其他在场人员或者其他证人出庭作证。仍不能排除刑讯逼供嫌疑的，提请法庭通知讯问人员出庭作证，对该供述取得的合法性予以证明。

(4)双方质证。公诉人举证后，控辩双方可以就被告人审判前供述的取得是否合法的问题进行质证、辩论。

(5)法庭处理。法庭对被告人审判前供述的合法性问题作出裁定：如公诉人的证明达到确实、充分的程度，能够排除被告人审判前供述属非法取得的，法庭确认该供述的合法性，准许当庭宣读、质证；否则，法庭对该供述予以排除，不作为定案的根据。

【案例分析】

某公司被盗手提电脑一台，侦查人员怀疑是王某所为，王某一开始不承认，但后来经过刑讯承认了盗窃事实，并供述已将电脑卖给刘某，同时还说他之所以拿公司的电脑是因为公司拖欠了6个月的工资。侦查人员找到刘某后，刘某说电脑又倒卖给了秦某。秦某起初不承认，侦查人员威胁他："如果不承认就按共同盗窃论罪！"秦某害怕，承认了购买电脑一事，并交出了电脑。此案中下列哪些证据不能作为定案的根据？

A. 王某承认盗窃事实的供述　　　B. 王某有关公司拖欠他工资的辩解

C. 秦某的证言　　　D. 手提电脑

【解析】根据《刑事诉讼法》第56条规定："采用刑讯逼供等非法方法收集的犯罪嫌疑人、被告人供述和采用暴力、威胁等非法方法收集的证人证言、被害人陈述，应当予以排除。收集物证、书证不符合法定程序，可能严重影响司法公正的，应当予以补正或者作出合理解释；不能补正或者作出合理解释的，对该证据应当予以排除。在侦查、审查起诉、审判时发现有应当排除的证据的，应当依法予以排除，不得作为起诉意见、起诉决定和判决的依据。”A、C 两项不能作为定案的根据，故选。B 是辩解，D 是实物证据，因而可以作为定案的根据。因此，正确答案为 A、C。

◎ **注意** 民事诉讼中以侵害他人合法权益或违反法律禁止性规定的方法取得的证据，不能作为认定案件事实的依据。

五、直接证据与间接证据

（一）直接证据与间接证据的概念

根据证据与案件主要事实的证明关系的不同，可以将证据划分为直接证据与间接证据。

直接证据是能够单独地直接指明案件主要事实的证据。间接证据是不能单独地直接指明刑事案件主要事实，而只能间接证明某些相关事实的证据。

◎ **注意** 被害人陈述、证人证言并非均为直接证据，要结合案件判断。如盗窃案件中的被害人陈述为间接证据，强奸案件中的被害人陈述是直接证据。供述是直接证据。

插在被害人胸部的一把刀是直接证据还是间接证据？是间接证据，因为刀是物证。

将证据划分为直接证据与间接证据，有助于司法工作人员正确认识证据在证明案件主要事实中的不同作用，防止把一些只能证明案件事实的一个片断或者一个情节的证据误认为可以证明案件主要事实的证据。

（二）直接证据与间接证据的特点

直接证据的最大优点，是能单独指明犯罪是否为犯罪嫌疑人、被告人所为，而无需经过推理过程。但是，也应当看到，直接证据多表现为言词证据，具有多变性、不固定性的特点。因此，直接证据的收集和运用应当注意以下方面：(1)收集、审查和运用直接证据应注意严格依照法定程序进行，严禁采用刑讯逼供和以威胁、利诱、欺骗等非法方法。审查时切忌先入为主，应全面分析，查证属实。(2)虽然直接证据能够单独地、直接地指明案件主要事实，但应坚持孤证不能定案的原则。因为如果仅有一个直接证据，而无其他证据，其本身的真实性就得不到其他证据印证。

间接证据的特点是；其与案件主要事实的联系是间接的，一个间接证据只能证明案件主要事实的某个片段。因此，任何一个间接证据都需要与其他证据相结合，才能证明案件主要事实；由于间接证据关联方式的间接性，运用间接证据证明案件主要事实，必须经过推理过程。间接证据虽然不能单独地直接指明案件主要事实，但其在诉讼证明中的作用是不容忽视的，主要表现在：(1)在侦破案件中，往往是发现犯罪嫌疑人的先导。(2)是获得直接证据的手段。(3)是鉴别直接证据真伪的手段。在许多情况下可以加强直接证据的证明力。(4)在有些案件中，没有直接证据，可以只根据充分、确实的间接证据认定犯罪嫌疑人、被告人有罪。

【案例分析】

在一起抢劫杀人案件中，公安人员收集到如下证据：

1. 被害人陈某度过危险期苏醒后，说是原来的邻居吕某在她身上砍了一刀，并抢走其肩上的手提包。

2. 现场留有吕某的鞋印两个。

3. 在吕某家搜出陈某的手提包、沾血的菜刀一把。

4. 菜刀上的血的血型与陈某的血型一致。

5. 审问中吕某承认是因为赌博输了，所以去抢劫陈某。

【问题】以上证据哪些是直接证据？哪些是间接证据？

【解析】第 1、5 项是直接证据，第 2、3、4 项是间接证据。

根据诉讼证明理论和司法实践经验，在完全运用间接证据认定有罪的情况下，必须遵守以下规则：(1)应审查间接证据的客观性、相关性和法律性；(2)间接证据必须形成一个完整的证明体系，即有关犯罪时间、地点、过程、手段、工具、后果、目的、动机、犯罪嫌疑人、被告人的个人情况等，都有相应的证据证明；(3)间接证据与案件事实之间，间接证据与间接证据之间必须协调一致，没有矛盾；(4)间接证据的证明体系必须足以他可能性，得出的结论必须是唯一的，确凿无疑的。

在司法实践中，单凭直接证据或者单凭间接证据定案的情况是少见的，绝大多数案件都是直接证据与间接证据并存，互相补充，互相印证，共同证明案件的真实情况。因此，司法工作人员应当充分认识并掌握直接证据和间接证据各自的特点与作用，自觉运用有关定案规则，以保证正确认定案件事实。

第四节　证据的收集、固定和保全

一、收集证据

收集证据，是指公安司法机关为了查明案件事实真相，客观公正地处理案件，而对能够证明案件事实的证据，依照法定程序予以发现、获取和确认的诉讼行为。收集证据要明确目的、迅速及时、客观全面、深入细致、科学可靠、严格依法。

二、证据的固定和保全

证据的固定和保全，就是把证据用一定的形式固定下来，加以提取、妥善保管，以便公安司法人员分析并认定案件事实。

(1)采用照相、绘图、复制的方法保全证据时，应附文字说明，详细写明证据材料的性质、形状、特征，准确的面积、体积及发现时间、地点、经过情形、拍摄和制作人姓名等。

(2)扣押、提取的有证据意义的物品、文件，应开列清单，详细登记，并由预审人员、见证人和持有人签名或盖章。

(3)制作笔录需按笔录的格式和要求进行。

(4)案件结束后，对提取或查封的证物要妥善处理。

第五节　审查、判断证据

一、审查、判断证据概念

刑事诉讼中的审查判断证据，是指办案人员对已经收集的证据材料进行分析、比较、鉴别，以判明其真伪，确定其证明力，并对案件事实作出结论的活动。

二、审查判断证据的基本方法

(一)对单个证据的审查判断

(1)从证据的来源审查。

(2)审查判断证据的内容。

(3)审查判断证据与案件有无联系。

(二)对全案证据的综合审查判断

(1)案件中的每一个事实情节，都要有相应的证据一一加以证明。

(2)审查判断证据与证据之间、证据与案件事实之间是否一致，有无矛盾。

(3)全案证据与案件事实之间相互印证。

(4)将全案证据联系起来，互相印证，综合分析，得出对案件事实的结论。

三、对几种证据的审查判断

(一)对物证、书证的审查判断①

(1)审查物证、书证的来源。

(2)审查物证、书证与案件事实的关联性，确定物证、书证能够证明案件事实中的什么问题。

(3)综合审查，审查物证、书证同案内其他证据是否一致、有无矛盾。

《关于办理死刑案件审查判断证据若干问题的规定》第6条规定，对物证、书证应当着重审查以下内容：(1)物证、书证是否为原物、原件，物证的照片、录像或者复制品及书证的副本、复制件与原物、原件是否相符；物证、书证是否经过辨认、鉴定；物证的照片、录像或者复制品和书证的副本、复制件是否由二人以上制作，有无制作人关于制作过

① 《最高人民法院关于适用〈中华人民共和国刑事诉讼法〉的解释》第69条。

程及原件、原物存放于何处的文字说明及签名。(2)物证、书证的收集程序、方式是否符合法律及有关规定；经勘验、检查、搜查提取、扣押的物证、书证，是否附有相关笔录或者清单；笔录或者清单是否有侦查人员、物品持有人、见证人签名，没有物品持有人签名的，是否注明原因；对物品的特征、数量、质量、名称等注明是否清楚。(3)物证、书证在收集、保管及鉴定过程中是否受到破坏或者改变。(4)物证、书证与案件事实有无关联。对现场遗留与犯罪有关的具备检验鉴定条件的血迹、指纹、毛发、体液等生物物证、痕迹、物品，是否通过DNA鉴定、指纹鉴定等鉴定方式与被告人或者被害人的相应生物检材、生物特征、物品等作同一认定。(5)与案件事实有关联的物证、书证是否全面收集。

物证、书证的收集程序、方式存在下列瑕疵，通过有关办案人员的补正或者作出合理解释的，可以采用：(1)收集调取的物证、书证，在勘验、检查笔录，搜查笔录，提取笔录，扣押清单上没有侦查人员、物品持有人、见证人签名或者物品特征、数量、质量、名称等注明不详的；(2)收集调取物证照片、录像或者复制品，书证的副本、复制件未注明与原件核对无异，无复制时间、无被收集、调取人(单位)签名(盖章)的；(3)物证照片、录像或者复制品，书证的副本、复制件没有制作人关于制作过程及原物、原件存放于何处的说明或者说明中无签名的；(4)物证、书证的收集程序、方式存在其他瑕疵的。

对物证、书证的来源及收集过程有疑问，不能作出合理解释的，该物证、书证不能作为定案的根据。具备辨认条件的物证、书证应当交由当事人或者证人进行辨认，必要时应当进行鉴定。

(二)对证人证言的审查判断[①]

(1)审查证人是否如实提供证言。

(2)查证证人证言形成的主、客观因素，是否影响其提供证言的客观性。

(3)查证证人证言的来源。

(4)查证证人证言的收集方法是否合法、合乎科学。

(5)查证证人证言的内容是否具体、明确、合理，与案内其他证据有无矛盾，发现矛盾要予以合理排除。

《关于办理死刑案件审查判断证据若干问题的规定》规定：对证人证言应当着重审查以下内容：(1)证言的内容是否为证人直接感知。(2)证人作证时的年龄、认知水平、记忆能力和表达能力，生理上和精神上的状态是否影响作证。(3)证人与案件当事人、案件处理结果有无利害关系。(4)证言的取得程序、方式是否符合法律及有关规定：有无使用暴力、威胁、引诱、欺骗以及其他非法手段取证的情形；有无违反询问证人应当个别进行的规定；笔录是否经证人核对确认并签名(盖章)、捺指印；询问未成年证人，是否通知了其法定代理人到场，其法定代理人是否在场等。(5)证人证言之间以及与其他证据之间能否相互印证，有无矛盾。

以暴力、威胁等非法手段取得的证人证言，不能作为定案的根据。处于明显醉酒、麻

① 《最高人民法院关于适用〈中华人民共和国刑事诉讼法〉的解释》第74条。

醉品中毒或者精神药物麻醉状态，以致不能正确表达的证人所提供的证言，不能作为定案的根据。证人的猜测性、评论性、推断性的证言，不能作为证据使用，但根据一般生活经验判断符合事实的除外。

具有下列情形之一的证人证言，不能作为定案的根据：(1)询问证人没有个别进行而取得的证言；(2)没有经证人核对确认并签名(盖章)、捺指印的书面证言；(3)询问聋哑人或者不通晓当地通用语言、文字的少数民族人员、外国人，应当提供翻译而未提供的。

证人证言的收集程序和方式有下列瑕疵，通过有关办案人员的补正或者作出合理解释的，可以采用：(1)没有填写询问人、记录人、法定代理人姓名或者询问的起止时间、地点的；(2)询问证人的地点不符合规定的；(3)询问笔录没有记录告知证人应当如实提供证言和有意作伪证或者隐匿罪证要负法律责任内容的；(4)询问笔录反映出在同一时间段内，同一询问人员询问不同证人的。

具有下列情形的证人，人民法院应当通知出庭作证；经依法通知不出庭作证证人的书面证言经质证无法确认的，不能作为定案的根据：(1)人民检察院、被告人及其辩护人对证人证言有异议，该证人证言对定罪量刑有重大影响的；(2)人民法院认为其他应当出庭作证的。

证人在法庭上的证言与其庭前证言相互矛盾，如果证人当庭能够对其翻证作出合理解释，并有相关证据印证的，应当采信庭审证言。

对未出庭作证证人的书面证言，应当听取出庭检察人员、被告人及其辩护人的意见，并结合其他证据综合判断。未出庭作证证人的书面证言出现矛盾，不能排除矛盾且无证据印证的，不能作为定案的根据。

(三)对被害人陈述的审查判断①

(1)审查被害人的思想品德与平时表现。

(2)审查被害人与犯罪嫌疑人、被告人的关系。

(3)审查被害人陈述的来源。

(4)审查被害人陈述的形成过程。

(5)审查被害人陈述的内容与其他证据是否一致，有无矛盾。

(6)审查幼年被害人的陈述时，要注意幼年人的特点。

《关于办理死刑案件审查判断证据若干问题的规定》规定，对被害人陈述的审查与认定适用前述关于证人证言的有关规定。

(四)犯罪嫌疑人供述和辩解的审查判断②

(1)从犯罪嫌疑人、被告人供述和辩解的动机方面，审查其真实性。

(2)审查口供是在什么情况下取得的。

(3)审查口供是否符合情理，有无反复和矛盾。

---

① 《最高人民法院关于适用〈中华人民共和国刑事诉讼法〉的解释》第74条。

② 《最高人民法院关于适用〈中华人民共和国刑事诉讼法〉的解释》第80条。

(4)对于共犯口供，要考虑两个因素，抓住两个矛盾，认真分析研究，确定其真实性。

(5)审查口供和案内其他证据是否一致，有无矛盾。

《关于办理死刑案件审查判断证据若干问题的规定》规定：对被告人供述和辩解应当着重审查以下内容：(1)讯问的时间、地点、讯问人的身份等是否符合法律及有关规定，讯问被告人的侦查人员是否不少于二人，讯问被告人是否个别进行等。(2)讯问笔录的制作、修改是否符合法律及有关规定，讯问笔录是否注明讯问的起止时间和讯问地点，首次讯问时是否告知被告人申请回避、聘请律师等诉讼权利，被告人是否核对确认并签名(盖章)、捺指印，是否有不少于二人的讯问人签名等。(3)讯问聋哑人、少数民族人员、外国人时是否提供了通晓聋、哑手势的人员或者翻译人员，讯问未成年同案犯时，是否通知了其法定代理人到场，其法定代理人是否在场。(4)被告人的供述有无以刑讯逼供等非法手段获取的情形，必要时可以调取被告人进出看守所的健康检查记录、笔录。(5)被告人的供述是否前后一致，有无反复以及出现反复的原因；被告人的所有供述和辩解是否均已收集入卷；应当入卷的供述和辩解没有入卷的，是否出具了相关说明。(6)被告人的辩解内容是否符合案情和常理，有无矛盾。(7)被告人的供述和辩解与同案犯的供述和辩解以及其他证据能否相互印证，有无矛盾。

对于上述内容，侦查机关随案移送有录音录像资料的，应当结合相关录音录像资料进行审查。

具有下列情形之一的被告人供述，不能作为定案的根据：

(1)讯问笔录没有经被告人核对确认并签名(盖章)、捺指印的；

(2)讯问聋哑人、不通晓当地通用语言、文字的人员时，应当提供通晓聋、哑手势的人员或者翻译人员而未提供的。

讯问笔录有下列瑕疵，通过有关办案人员的补正或者作出合理解释的，可以采用：

(1)笔录填写的讯问时间、讯问人、记录人、法定代理人等有误或者存在矛盾的；

(2)讯问人没有签名的；

(3)首次讯问笔录没有记录告知被讯问人诉讼权利内容的。

对被告人供述和辩解的审查，应当结合控辩双方提供的所有证据以及被告人本人的全部供述和辩解进行。被告人庭前供述一致，庭审中翻供，但被告人不能合理说明翻供理由或者其辩解与全案证据相矛盾，而庭前供述与其他证据能够相互印证的，可以采信被告人庭前供述。被告人庭前供述和辩解出现反复，但庭审中供认的，且庭审中的供述与其他证据能够印证的，可以采信庭审中的供述；被告人庭前供述和辩解出现反复，庭审中不供认，且无其他证据与庭前供述印证的，不能采信庭前供述。

(五)对勘验、检查笔录的审查判断[①]

(1)审查勘验、检查笔录的制作是否符合法律要求。

(2)审查勘验的现场和检查的对象是否被破坏、伪造。

---

① 《最高人民法院关于适用〈中华人民共和国刑事诉讼法〉的解释》第 88 条。

(3)审查勘验、检查人员的工作责任心和业务水平。

(4)审查勘验、检查笔录和案件内其他证据是否一致，有无矛盾。

《关于办理死刑案件审查判断证据若干问题的规定》规定：对勘验、检查笔录应当着重审查以下内容：(1)勘验、检查是否依法进行，笔录的制作是否符合法律及有关规定的要求，勘验、检查人员和见证人是否签名或者盖章等。(2)勘验、检查笔录的内容是否全面、详细、准确、规范；是否准确记录了提起勘验、检查的事由，勘验、检查的时间、地点，在场人员、现场方位、周围环境等情况；是否准确记载了现场、物品、人身、尸体等的位置、特征等详细情况以及勘验、检查、搜查的过程；文字记载与实物或者绘图、录像、照片是否相符；固定证据的形式、方法是否科学、规范；现场、物品、痕迹等是否被破坏或者伪造，是否是原始现场；人身特征、伤害情况、生理状况有无伪装或者变化等。(3)补充进行勘验、检查的，前后勘验、检查的情况是否有矛盾，是否说明了再次勘验、检查的缘由。(4)勘验、检查笔录中记载的情况与被告人供述、被害人陈述、鉴定意见等其他证据能否印证，有无矛盾。

勘验、检查笔录存在明显不符合法律及有关规定的情形，并且不能作出合理解释或者说明的，不能作为证据使用。勘验、检查笔录存在勘验、检查没有见证人的，勘验、检查人员和见证人没有签名、盖章的，勘验、检查人员违反回避规定的等情形，应当结合案件其他证据，审查其真实性和关联性。

(六)对鉴定意见的审查判断①

(1)审查鉴定人的主体资格。

(2)审查送交的鉴定材料是否确实、充分。

(3)审查鉴定所使用的鉴定方法是否科学，技术设备是否先进和完善。

(4)审查鉴定意见和案内其他证据有无矛盾。

(5)审查鉴定人是否受到外界的干扰、影响，有无徇私、受贿而故意做出虚假鉴定的情况。

《关于办理死刑案件审查判断证据若干问题的规定》规定，对鉴定意见应当着重审查以下内容：(1)鉴定人是否存在应当回避而未回避的情形。(2)鉴定机构和鉴定人是否具有合法的资质。(3)鉴定程序是否符合法律及有关规定。(4)检材的来源、取得、保管、送检是否符合法律及有关规定，与相关提取笔录、扣押物品清单等记载的内容是否相符，检材是否充足、可靠。(5)鉴定的程序、方法、分析过程是否符合本专业的检验鉴定规程和技术方法要求。(6)鉴定意见的形式要件是否完备，是否注明提起鉴定的事由、鉴定委托人、鉴定机构、鉴定要求、鉴定过程、检验方法、鉴定文书的日期等相关内容，是否由鉴定机构加盖鉴定专用章并由鉴定人签名盖章。(7)鉴定意见是否明确。(8)鉴定意见与案件待证事实有无关联。(9)鉴定意见与其他证据之间是否有矛盾，鉴定意见与检验笔录及相关照片是否有矛盾。(10)鉴定意见是否依法及时告知相关人员，当事人对鉴定意见是否有异议。

---

① 《最高人民法院关于适用〈中华人民共和国刑事诉讼法〉的解释》第 84 条。

鉴定意见具有下列情形之一的，不能作为定案的根据：(1)鉴定机构不具备法定的资格和条件，或者鉴定事项超出本鉴定机构项目范围或者鉴定能力的；(2)鉴定人不具备法定的资格和条件、鉴定人不具有相关专业技术或者职称、鉴定人违反回避规定的；(3)鉴定程序、方法有错误的；(4)鉴定意见与证明对象没有关联的；(5)鉴定对象与送检材料、样本不一致的；(6)送检材料、样本来源不明或者确实被污染且不具备鉴定条件的；(7)违反有关鉴定特定标准的；(8)鉴定文书缺少签名、盖章的；(9)其他违反有关规定的情形。

对鉴定意见有疑问的，人民法院应当依法通知鉴定人出庭作证或者由其出具相关说明，也可以依法补充鉴定或者重新鉴定。

(七)对视听资料的审查判断①

(1)审查视听资料的来源。

(2)审查视听资料的制作过程。

(3)运用科学技术手段审查视听资料是否被伪造、篡改。

(4)审查制作视听资料的设备是否完善，制作时的客观环境和条件。

(5)视听资料与案内其他证据相互印证。

《关于办理死刑案件审查判断证据若干问题的规定》规定：对视听资料应当着重审查以下内容：(1)视听资料的来源是否合法，制作过程中当事人有无受到威胁、引诱等违反法律及有关规定的情形；(2)是否载明制作人或者持有人的身份，制作的时间、地点和条件以及制作方法；(3)是否为原件，有无复制及复制份数；调取的视听资料是复制件的，是否附有无法调取原件的原因、制作过程和原件存放地点的说明，是否有制作人和原视听资料持有人签名或者盖章；(4)内容和制作过程是否真实，有无经过剪辑、增加、删改、编辑等伪造、编造情形；(5)内容与案件事实有无关联性。

对视听资料有疑问的，应当进行鉴定对视听资料，应当结合案件其他证据，审查其真实性和关联性。

具有下列情形之一的视听资料，不能作为定案的根据：(1)视听资料经审查或者鉴定无法确定真伪的；(2)对视听资料的制作和取得的时间、地点、方式等有异议，不能作出合理解释或者提供必要证明的。

第六节　刑事诉讼证明

一、刑事诉讼中的证明

刑事诉讼中的证明是指公安司法人员或当事人在刑事诉讼中，依法运用证据揭露犯罪、证实犯罪或排除犯罪嫌疑人的诉讼活动。

◎ **注意**　刑事诉讼证明主体包括司法机关、当事人、诉讼代理人和辩护人，证明对象是

---

① 《最高人民法院关于适用〈中华人民共和国刑事诉讼法〉的解释》第92条。

诉讼客体或案件事实，证明必须按照法定的范围、程序和标准进行。

二、证明对象

诉讼中的证明对象是指司法人员和诉讼当事人及其律师在诉讼中必须用证据加以证明的各种案件事实。

刑事诉讼证明对象包括实体法方面的事实和程序法方面的事实两大类。

(一)实体法方面的事实

(1)有关犯罪构成要件方面的事实，可以分为：①犯罪事实是否发生；②犯罪行为是否为犯罪嫌疑人、被告人所实施；③犯罪行为的实施过程，包括犯罪的时间、地点、手段、方法等；④犯罪造成的危害后果，包括危害后果与犯罪行为之间有无因果关系；⑤犯罪嫌疑人、被告人是否达到刑事责任年龄，有无刑事责任能力；⑥犯罪嫌疑人、被告人犯罪的主观罪过，包括故意和过失以及犯罪动机和目的等；⑦犯罪嫌疑人、被告人的犯罪行为依法应否追究刑事责任。诉讼理论界为指导司法实践，将上述需要证明的犯罪构成要件的事实概括为“七何”要素，即何人、何事、何时、何地、何方(法)、何因、何果。

(2)作为从重、加重或者从轻、减轻、免除刑事处罚理由的事实。

(3)犯罪嫌疑人、被告人的个人情况和犯罪后的表现。

(二)程序法方面的事实

(1)关于回避的事实。

(2)影响采取某种强制措施的事实。

(3)关于耽误期限是否有不能抗拒的原因等事实。

(4)违反法定程序的事实。

【案例分析】

小刚是一名17岁的职业高中学生，在2000年10月5日国庆节放假期间，他潜入某单位办公室，窃得手提电话3部。在公安机关对此案进行侦查时，下列哪些内容属于刑事诉讼的证明对象？

A. 小刚盗窃的事实　　B. 小刚的年龄

C. 2000年国庆节期间放长假的事实　　D. 小刚犯罪后的表现

【解析】证明对象必须与犯罪嫌疑人、被告人定罪量刑及保证程序公正有关。A项是犯罪事实，B项是小刚的身份，D项与量刑有重要关系，而C项放假的事实，既不是实施犯罪行为的时间，也与定罪量刑无关。因此，本题答案是A、B、D。如果C项改成“2000年国庆节”，那么就属于犯罪时间，就属于证明对象。

三、证明责任

◎ **思考**　公诉案件的举证责任由谁承担？被告人有没有证明自己有罪的义务？若有是何

种情形？

（一）证明责任

证明责任是指公安司法机关收集或者提供证据证明主张的案件事实或者有利于自己的主张的责任，否则，将承担法律上其主张不能成立的危险。

（二）我国刑事诉讼证明责任的分担

（1）在公诉案件中，证明犯罪嫌疑人、被告人有罪的责任，由人民检察院和公安机关等承担。①

◎ **注意**　法院不承担证明责任。按照刑事诉讼法学理论，法院在诉讼中处于居中裁判的地位，法院只对诉讼双方提出的证据依照法定程序进行审查判断，从而裁定（认定）诉讼双方的主张是否成立。法院在诉讼中没有自己的主张，因而也就无所谓证明责任。

（2）自诉案件的自诉人应当对其控诉承担证明责任。

（3）犯罪嫌疑人、被告人一般情况下不承担证明自己无罪的责任，在例外情况下，犯罪嫌疑人、被告人也承担一定的证明责任。

①在自诉案件中，被告人如果提出了反诉，则应当就反诉的事实和主张，承担证明责任。

②依照《刑法》第 395 条的规定，如果国家工作人员被指控为巨额财产来源不明罪的犯罪嫌疑人、被告人，那么其对明显超出自己合法收入的来源，应当承担证明其财产来源合法的责任。

（4）《刑法》规定："非法持有属于国家绝密、机密的文件、资料或其他物品，拒不说明来源与用途的，处三年以下有期徒刑、拘役或管制。"②

【案例分析】

关于我国刑事诉讼中证明责任的分担，下列说法正确的是：

A. 犯罪嫌疑人应当如实回答侦查人员的提问，承担证明自己无罪的责任

B. 自诉人对其控诉承担提供证据予以证明的责任

C. 律师进行无罪辩护时必须承担提供证据证明其主张成立的责任

D. 在巨额财产来源不明案中，检察机关应当证明国家工作人员的财产明显超过合法收入且差额巨大这一事实的存在

【解析】在巨额财产来源不明案中，实行举证责任倒置，即由被告人对其巨额财产来源的合法性承担举证责任。但是，并不是说被告人要对所有的待证事项负举证责任，被告人仅对巨额财产来源的合法性承担举证责任；其他待证事项如被告人是国家工作人员等仍然由检察机关承担举证责任。因此，正确答案为 B、D。

---

① 《中华人民共和国刑事诉讼法》第 51 条。

② 《中华人民共和国刑法》第 282 条第 2 款。

四、证明标准

证明标准，又称证明要求、证明任务，是指承担证明责任的人提供证据对案件事实加以证明所要达到的程度。

（一）犯罪嫌疑人、被告人有罪的证明标准

我国刑事诉讼的证明标准是案件事实清楚，证据确实、充分。① 所谓案件事实清楚，是指凡与定罪量刑有关的事实和情节，都必须是清楚的、真实的。证据确实是对定案证据在质量上的要求，即据以定案的单个证据必须经查证属实；单个证据与案件事实之间，必须存在客观联系。证据充分是对定案证据在数量上的要求，是指经查证属实的证据在数量上必须符合法律关于定罪的要求。即案件事实均有相应的证据予以证明；证据之间、证据与案件事实之间的矛盾得到合理排除；全案证据得出的结论是唯一的，排除了其他可能性。

◎ **注意** 证据充分不等于证据齐全。

（二）不同诉讼阶段的证明要求

（1）立案的标准是"具有犯罪事实，需要追究刑事责任"②。

（2）逮捕的标准是"有证据证明有犯罪事实，可能判处徒刑以上刑罚的犯罪嫌疑人、被告人，采取取保候审尚不足以防止发生下列社会危险性的"③。

（3）侦查终结的标准是"犯罪事实清楚、证据确实充分"④。

（4）审查起诉的标准是"（1）犯罪事实、情节是否清楚，证据是否确实、充分，犯罪性质和罪名的认定是否正确；（2）有无遗漏罪行和其他应当追究刑事责任的人；（3）是否属于不应追究刑事责任的；（4）有无附带民事诉讼；（5）侦查活动是否合法"⑤。

（5）判决阶段进行有罪判决的标准是"案件事实清楚，证据确实充分"。

（三）"疑罪"从无的处理原则

《刑事诉讼法》规定："对于二次补充侦查的案件，人民检察院仍然认为证据不足，不符合起诉条件的，应当作出不起诉的决定。"⑥这就是我国刑事诉讼中"疑罪从无"的原则。

（四）西方国家证明标准

一般认为，英美法系认定犯罪采用排除合理怀疑的证明标准，大陆法系以法国为代

---

① 《中华人民共和国刑事诉讼法》第 55 条。

② 《中华人民共和国刑事诉讼法》第 112 条。

③ 《中华人民共和国刑事诉讼法》第 81 条。

④ 《中华人民共和国刑事诉讼法》第 162 条。

⑤ 《中华人民共和国刑事诉讼法》第 171 条。

⑥ 《中华人民共和国刑事诉讼法》第 175 条。

表，采用自由心证的证明标准。

【法律谚语】

举证之所在，败诉之所在。

——古罗马法谚

【阅读书目】

1. 陈瑞华：《刑事证据法》，北京大学出版社2018年版。
2. 樊学勇：《刑事证据运用专题研究》，中国政法大学出版社2019年版。
3. 陈一天：《刑事证据程序控制论》，中国政法大学出版社2016年版。
4. 谭培文：《刑事证据开示制度研究》，人民出版社2018年版。
5. 刘玉民：《刑事证据收集、审查、排除》，中国民主法制出版社2014年版。

【思考题】

1. 刑事诉讼证据有哪些特点？
2. 物证与书证有什么区别？
3. 简述传来证据的作用。
4. 简述间接证据的特点和运用规则。
5. 什么是言辞证据，审查判断时应注意哪些事项？
6. 证据法理分类的意义何在？
7. 鉴定意见与证人证言有什么区别？

第八章　强制措施制度

【知识结构图】

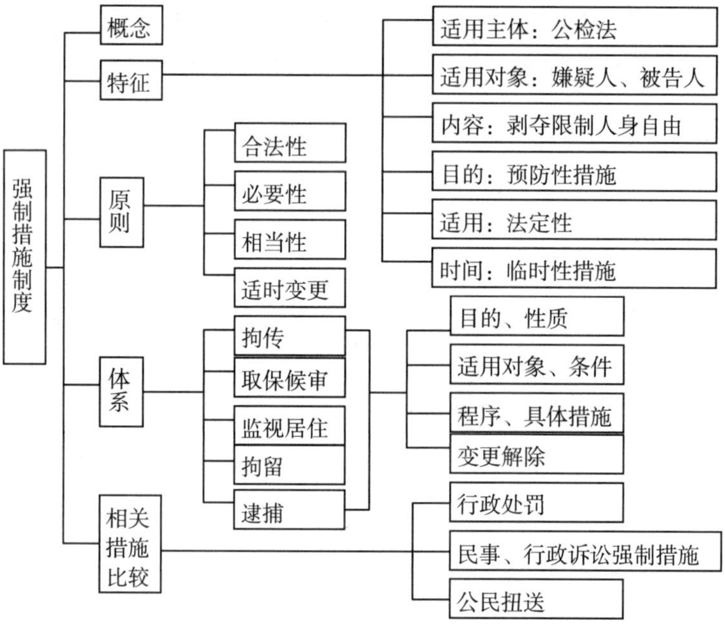

【内容导读】

强制措施是指公安机关、人民检察院和人民法院为了保证刑事诉讼的顺利进行，依法对刑事案件的犯罪嫌疑人、被告人的人身自由进行限制或者剥夺的各种强制性方法。我国刑事诉讼法规定了拘传、取保候审、监视居住、拘留和逮捕五种强制措施。

【法考要点】

拘传的对象、时间、地点，取保候审和监视居住的适用机关、适用对象和执行机关。取保候审的申请人、方式、保证人的条件和义务，被取保候审和监视居住人应遵守的规定、期限，逮捕的条件和程序，拘留的条件和程序。

【考研要点】

强制措施概念与适用原则，拘传的程序，取保候审与监视居住程序以及被取保候审与监视居住人应遵守的规定，拘留的概念、程序，逮捕的概念、条件、程序，强制措施体系的完善。

【热点思考】

1. 你认为指定居所监视居住该如何执行？
2. 你认为我国的强制措施存在哪些问题？应该如何完善？

【强制措施一览表】

区别	决定机关	执行机关	期限
拘传	公、检、法	公、检、法	12 小时、24 小时
取保候审	公、检、法	公	12 个月
监视居住	公、检、法	公	6 个月
拘留	公、检	公	14 日、37 日，14 日、17 日
逮捕	检、法	公	24 小时

第一节　概　　述

一、强制措施的概念及特征

(一)强制措施

强制措施是指公安机关、人民检察院和人民法院为了保证刑事诉讼的顺利进行，依法对刑事案件的犯罪嫌疑人、被告人的人身自由进行限制或者剥夺的各种强制性方法。

(二)特征

(1)主体特定性。有权适用强制措施的主体只能是刑事诉讼中的专门机关，即公检法。
(2)适用对象特定性。强制措施适用对象是犯罪嫌疑人、被告人。

【案例分析】

关于刑事诉讼强制措施的适用对象，下列哪一选项是正确的？
A. 只适用于公诉案件的犯罪嫌疑人、被告人
B. 可以适用于自诉案件的被告人
C. 可以适用于自诉人
D. 可以适用于单位犯罪案件的诉讼代表人
【答案】 B

(3)处分内容人身性。强制措施的内容是限制或者剥夺犯罪嫌疑人、被告人的人身自由，不包括对物的强制。

(4)目的的预防性。强制措施的性质是预防性措施，而不是惩戒性措施。

(5)适用的法定性。强制措施必须依照法定程序实施。

(6)时间上的临时性。强制措施是一种临时性措施，可根据案件的进展情况而予以变更或者解除。

二、强制措施的意义

(1)可以防止犯罪嫌疑人、被告人逃避侦查、起诉和审判。

(2)可以防止犯罪嫌疑人、被告人继续犯罪，危害社会，避免给国家，集体和公民造成不应有地损失。

(3)可以警戒和威慑不法人员和不安定分子，有效地预防犯罪，减少犯罪，维护社会秩序的稳定。

三、强制措施适用时应遵循的原则

(一)合法性原则

强制措施只能由特定的司法机关适用，任何其他机关、团体和个人都无权采取强制措施；同时，司法机关在采取强制措施时，必须严格遵守法定的条件、程序和期限。

(二)必要性原则

强制措施只是为了防止妨碍诉讼的行为发生，并非在每一案件中都必须采取，对于一个具体的案件，是否需要采取强制措施，或者采取何种强制措施，应当充分考虑以下情况：(1)行为人行为的性质、对社会或诉讼造成的危害大小；(2)行为人的人身危险程度；(3)行为人妨碍诉讼、审判活动或发生意外情况的可能等。

(三)相当性原则

相当性原则即采取强制措施的种类、力度要与行为人的人身危险性程度相适应。各种强制措施是按照强制力度的大小依次排列的，各自有共适用的对象、条件和方法。在诉讼过程中，能够采取强制程度低的措施，就不要采取强制程度高的措施；所采取的强制措施，即要能够保证诉讼的顺利进行，又不侵犯公民的人身权利。

(四)适时变更或解除原则

在诉讼中采取某种强制措施后，并不是一成不变的。随着诉讼的发展，案情的变化，所采取的强制措施也适时地发生变化。

四、强制措施体系

我国刑事诉讼中的强制措施由拘传、取保候审、监视居住、拘留、逮捕构成。这是一个由轻到重、层次分明、结构合理、互相衔接的体系，形成了一个有机联系的整体，能够适应刑事诉讼的各种不同情况。

五、强制措施与相关的处罚、措施的区别

（一）强制措施与刑罚

刑罚是国家为惩罚犯罪而制定的、由专门的机关对犯罪分子适用的处罚方法。刑罚与强制措施都必须由法定机关的法定人员依照法定程序进行；都以国家强制力为后盾；都使适用对象的人身自由受到限制或被剥夺。但同时，这两者却具有重大差别(见表 8-1)。

表 8-1　**强制措施与刑罚的区别**

区别	强制措施	刑罚
性质	诉讼保障措施	刑事责任的体现
对象	嫌疑人、被告人	罪犯
法律依据	刑事诉讼法	刑法
适用机关	公安司法机关	人民法院
适用的时间	诉讼过程中	审判后
稳定程度	临时性	终审判决产生既判力
法律后果	无前科效力	产生前科的效力

（二）强制措施与行政处罚

行政处罚是国家行政管理机关对具有行政违法行为的公民、法人或其他组织依法给予的行政制裁。强制措施与行政处罚的区别如表 8-2 所示。

表 8-2　**强制措施与行政处罚的区别**

区别	强制措施	行政处罚
性质	诉讼保障措施	行政制裁
对象	嫌疑人、被告人	违反行政法律的公民、法人和其他组织
法律依据	刑事诉讼法	行政处罚法
适用机关	公安司法机关	国家行政机关
稳定性	临时性	行政处罚通常不能变更

（三）强制措施与扭送①

1. 扭送的概念

① 《中华人民共和国刑事诉讼法》第 83 条。

扭送指公民依法将有法定紧急情形的违法犯罪分子押送公安司法机关处理的活动。

2. 扭送对象

(1)正在实行犯罪或者在犯罪后即时被发觉的；(2)通缉在案的；(3)越狱逃跑的；(4)正在被追捕的。

3. 扭送处理

公检法对公民扭送来的人都必须接受，并立即进行讯问。对不属于自己管辖的，应当移送有管辖权的机关处理。对不属于自己管辖但有必须采取紧急措施的，应先采取紧急措施，然后再移送。如果发现不够拘留或逮捕条件的，应向移送公民说明情况，然后将被扭送人释放。同时还要告诫被扭送人不得对扭送的群众打击报复，否则，应当承担法律责任。

4. 公民扭送与强制措施区别

(1)性质不同。刑事诉讼强制措施是司法机关的诉讼行为，但公民扭送不具有诉讼性质，而是我国法律赋予公民同犯罪分子作斗争的一种权利。

(2)主体不同。刑事诉讼强制措施只能由法定的公、检、法机关适用；而扭送行为，任何公民都可以实行，在行为主体上没有任何限制。

(3)立法目的不同。刑事诉讼强制措施的目的在于保障刑事诉讼的顺利进行；而扭送是立法上赋予公民的一种同犯罪行为作斗争的权利，目的在于鼓励和调动公民同犯罪作斗争的积极性，促进社会治安状况的根本好转。

(四)收容审查的取消与强制措施的完善

收容审查原是一种行政强制手段，其适用对象是具有流窜作案嫌疑或有犯罪行为又不讲真实姓名、住址且来历不明的人。修正后的刑事诉讼法将收容审查的一些内容吸收到强制措施中，修改和完善了拘留的条件

第二节　拘　　传

一、拘传的概念和特征

1. 拘传的概念

拘传是指公安机关、人民检察院和人民法院强制未被羁押的犯罪嫌疑人、被告人到案接受讯问的强制方法。拘传是法定五种刑事强制措施中最轻微的一种。

2. 拘传的特征

(1)拘传的适用对象是未被羁押的犯罪嫌疑人、被告人。对已经在押的犯罪嫌疑人、被告人进行讯问，可随时进行，不需要拘传。

◎ **注意**　拘传对象只针对被追诉人，若自诉人起诉后不来或中途退庭，按撤诉处理。

(2)拘传的目的是强制犯罪嫌疑人、被告人到案接受讯问，而不是强制待侦、待审，因此拘传没有羁押的效力，在讯问完毕以后，应当立即释放。

(3)拘传具有强制性。强制犯罪嫌疑人、被告人到案接受讯问的强制方法。

二、拘传与传唤

拘传是强制措施的一种，具有强制性。传唤是指司法机关使用传票通知刑事诉讼的当事人在指定的时间到指定的地点接受讯问的诉讼活动。传唤不是强制措施，不具有强制性。

拘传只适用犯罪嫌疑人、被告人。传唤不仅适用犯罪嫌疑人、被告人，还适用其他当事人。

二者区别见如表 8-3 所示。

表 8-3　　**拘传与传唤的区别**

名称	是否具有强制性	适用人员
拘传	是	犯罪嫌疑人、被告人
传唤	否	所有当事人

传唤不是拘传的必要条件，可以直接使用并不违法。

三、拘传的决定机关与执行机关

(1)拘传的决定权：公检法三机关都有权决定。

(2)拘传的执行机关：谁决定谁执行。

◎ **注意**　拘传是五种强制措施中唯一三机关都有权决定、都有权执行的强制措施。另外，公安机关还对拘留、取保候审和监视居住同时享有决定和执行权。

四、拘传的程序①

(1)填写《拘传证》，并报公检法的负责人审批。

(2)拘传的执行。拘传应当由两人以上的执行人员执行。拘传时，应当向被拘传人出示拘传证，对抗拒拘传的，可以使用械具。

(3)拘传的次数与时间。对犯罪嫌疑人、被告人的拘传次数，法律没有明确规定，但不得以连续拘传的方式变相拘禁被拘传人。两次拘传的间隔时间至少不低于 24 小时。拘传持续的期间最长不得超过 12 小时。需要拘留、逮捕的不超过 24 小时。

(4)拘传的地点。应在犯罪嫌疑人、被告人所在的市、县以内。

(5)要保证犯罪嫌疑人、被告人的饮食、休息。

(6)拘传的结果。公、检、法机关将犯罪嫌疑人、被告人拘传到案后，应当立即讯问。讯问结束后，应根据案件的情况作出不同的处理：①认为依法应当限制或剥夺其人身自由的，可以采用其他相应的强制措施；②认为不宜适用其他强制措施的，应立即释放，不得变相扣押。

---

① 《最高人民法院关于适用〈中华人民共和国刑事诉讼法〉的解释》第 114~115 条。

五、刑事诉讼中的拘传与民事诉讼中的拘传的区别

刑事拘传与民事拘传的区别如表 8-4 所示。

表 8-4 刑事拘传与民事拘传的区别

名称	是否以传唤为前提	适用对象
刑事拘传	以传唤的适用为前提	未被羁押的犯罪嫌疑人、被告人
民事拘传	必须是经过两次传票传唤，被传唤人无正当理由拒不到庭的，才可以适用民事拘传	必须到庭的被告人，或者是必须到庭的，给国家、集体或他人造成损害的未成年人的法定代理人

【案例分析】

王某是一起盗窃案的犯罪嫌疑人，公安机关侦查终结后将案件移送人民检察院审查起诉，人民检察院为了审查案件，将王某拘传到人民检察院接受了一日的讯问，然后让其回家。王某对此提出了申诉，他可以对人民检察院以何种理由提出申诉？(　　)

A. 未经传唤，直接拘传　　B. 应由公安机关决定

C. 应由公安机关执行　　D. 时间长至一日

【解析】对犯罪嫌疑人、被告人的拘传次数，法律没有规定，由公、检、法机关根据具体情况掌握。但不得以连续拘传的方式变相拘禁被拘传人。两次拘传之间的间隔时间法律通常应当不少于 24 小时。正确答案为 D。

第三节　取保候审和监视居住

一、取保候审

(一)取保候审的概念

刑事诉讼中的取保候审，是指公安机关、人民检察院和人民法院责令犯罪嫌疑人、被告人提出保证人或者交纳保证金并出具保证书，以保证其随传随到的一种强制方法。

(二)取保候审适用对象①

(1)可能判处管制、拘役或者独立适用附加刑的。

(2)可能判处有期徒刑以上刑罚，采取取保候审不致发生社会危险性的。

(3)患有严重疾病、生活不能自理，怀孕或者正在哺乳自己婴儿的妇女，采取取保候

① 《中华人民共和国刑事诉讼法》第 67 条。

审不致发生社会危险性的；

(4)羁押期限届满，案件尚未办结，需要采取取保候审的。

另上述"社会危险性"是指刑事诉讼法规定的如下情形：(1)可能实施新的犯罪的；(2)有危害国家安全、公共安全或者社会秩序的现实危险的；(3)可能毁灭、伪造证据，干扰证人作证或者串供的；(4)可能对被害人、举报人、控告人实施打击报复的；(5)企图自杀或者逃跑的。①

(三)取保候审的方式

1. 保证人制度

保证人制度是指公安机关、人民检察院和人民法院责令犯罪嫌疑人、被告人提出保证人并出具保证书，由其以个人身份担保被保证人在取保候审期间不逃避和妨碍侦查、起诉和审判，并随传随到的保证方式。

保证人条件：(1)与本案无牵连；(2)有能力履行保证义务；(3)享有政治权利，人身自由未受到限制；(4)有固定的住处和收入。②

【案例分析】

华某因参与盗窃而被公安机关依法逮捕，由于华某家庭生活拮据且家庭负担全靠他一人支撑，父母和妻子均无任何收入。公安机关经审查认为，华某可以取保候审，那么可以作为华某的保证人的是：(　　)

A. 华某的已经成家立业的姐姐　　B. 华某的妻子

C. 华某的父母　　D. 华某无工作的儿子

【解析】保证人的条件之一有固定的住处和收入。华某父母和妻子均无任何收入应当排除，华某的儿子无工作也应当排除，所以，正确答案为A。

保证人义务③：(1)监督被取保候审的人履行取保候审期间应当遵守的规定；(2)发现被取保候审的人有违反规定的行为时，向执行机关报告。保证人发现被取保候审的人有违反规定的行为，未及时报案，经查证属实的，处以1000元以上20000元以下罚款。保证人同被保证人恶意串通，帮助被取保候审人逃跑的，依法追究刑事责任。保证人是否履行了保证义务，由公安机关认定，对保证人的罚款，也由公安机关决定。

2. 保证金制度

保证金制度是指公安机关、人民检察院和人民法院责令犯罪嫌疑人、被告人交纳保证金并出具保证书，保证其在取保候审期间，不逃避和妨碍侦查、起诉和审判，并随传随到的保证方式。财产保是以交纳保证金的形式担保。保证金的形式只能是人民币。

保证金数额的多少，由决定机关根据犯罪嫌疑人、被告人所涉案件的性质和情节、人

① 《中华人民共和国刑事诉讼法》第81条。

② 《中华人民共和国刑事诉讼法》第69条。

③ 《中华人民共和国刑事诉讼法》第70条。

身危险性、经济状况、涉嫌犯罪的数额、可能判处刑罚的轻重及认罪、悔罪表现等确定。保证金数额最低为1000元，由公安机关统一收取和保管。

3. 保证人保证和保证金保证的关系

保证人保证和保证金保证的关系是对同一犯罪嫌疑人、被告人决定取保候审的，不能同时使用保证人保证和保证金保证两种形式，只能择一而用之。对于未成年人只适用保证人保，不适用保证金保。

(四)被取保候审人在取保候审期间应遵守的规定①

(1)未经执行机关批准不得离开所居住的市、县。被取保候审的犯罪嫌疑人，被告人无正当理由不得离开所居住的市、县，有正当理由需离开所居住的市、县的，应当经执行机关批准。如果取保候审是由人民检察院、人民法院决定的，执行机关在批准犯罪嫌疑人、被告人离开所居住的市、县前，应当征得决定机关同意。

(2)住址、工作单位和联系方式发生变动的，在24小时以内向执行机关报告。

(3)在传讯的时候及时到案。取保只是手段，候审才是目的，因此被取保候审的犯罪嫌疑人、被告人有义务在接到传讯后及时到案。

(4)不得以任何形式干扰证人作证。

(5)不得毁灭、伪造证据或者串供。

人民法院、人民检察院和公安机关可以根据案件情况，责令被取保候审的犯罪嫌疑人、被告人遵守以下一项或者多项规定:②

(1)不得进入特定的场所;

(2)不得与特定的人员会见或者通信;

(3)不得从事特定的活动;

(4)将护照等出入境证件、驾驶证件交执行机关保存。

被取保候审的犯罪嫌疑人、被告人如果违反上述规定，根据《刑事诉讼法》第71条第3款规定，已交纳保证金的，没收部分或者全部保证金，并且区别情形，责令犯罪嫌疑人、被告人具结悔过，重新交纳保证金、提出保证人，或者监视居住、予以逮捕。第73条规定，犯罪嫌疑人、被告人在取保候审期间未违反本法第七十一条规定的，取保候审结束的时候，凭解除取保候审的通知或者有关法律文书到银行领取退还的保证金。

【案例讨论】

王某因盗窃罪被公安机关立案侦查并被逮捕羁押，在侦查期间，王某聘请了律师张某作为其辩护人。请回答下列问题：

1. 本案中有权为王某申请取保候审的人员有哪些？(　　)

A. 王某的父亲　　B. 王某的好友　　C. 王某自己　　D. 王某的律师张某

2. 本案中王某的妻子为其保证人，为其申请了取保候审，那么当王某未经批准而私

① 《中华人民共和国刑事诉讼法》第71条。

② 《中华人民共和国刑事诉讼法》第71条。

自离开所居住的市时，其妻子对此知情，但是没有报告执行机关，此时，执行机关可以做出哪些决定？（　　）

A. 责令王某具结悔过　　B. 责令王某另行提供保证人

C. 对王某的妻子处以罚款　　D. 提请人民检察院决定是否转为监视居住

（五）取保候审的程序

（1）取保候审的申请人：被羁押的犯罪嫌疑人、被告人及其法定代理人、近亲属以及犯罪嫌疑人聘请的律师有权申请取保候审。

（2）取保候审的决定。由县级以上公安局局长、人民检察院检察长或者人民法院院长审批。

（3）取保候审的执行。由公安机关执行。公、检、法三机关均可作出取保候审的决定，但是必须由公安机关执行，所以检察院和法院作出的取保候审的决定，也应当由公安机关执行。有关危害国家安全的案件，由国家安全机关执行。

（4）取保候审的期限。人民法院、人民检察院和公安机关对犯罪嫌疑人、被告人取保候审最长不得超过 12 个月。12 个月的期限是指公检法在侦查、审查起诉、审判阶段分别各不超过 12 个月。

（5）取保候审的解除、撤销及变更。解除的条件包括两个方面，一是取保候审期限届满；二是发现了有《刑事诉讼法》第 16 条规定的不应当追究犯罪嫌疑人、被告人的刑事责任。人民法院、人民检察院和公安机关如果发现对犯罪嫌疑人、被告人采取取保候审不当的，应当及时撤销或者变更。

二、监视居住

（一）监视居住的概念与适用条件

监视居住是指公安机关、人民检察院和人民法院责令犯罪嫌疑人、被告人不得擅自离开住处或指定居所，并对其活动予以监视和控制的强制方法。

符合逮捕条件，有下列情形之一的犯罪嫌疑人、被告人，可以监视居住：①

（1）患有严重疾病、生活不能自理的；

（2）怀孕或者正在哺乳自己婴儿的妇女；

（3）系生活不能自理的人的唯一扶养人；

（4）因为案件的特殊情况或者办理案件的需要，采取监视居住措施更为适宜的；

（5）羁押期限届满，案件尚未办结，需要采取监视居住措施的。

对符合取保候审条件，但犯罪嫌疑人、被告人不能提出保证人，也不交纳保证金的，可以监视居住。

监视居住是逮捕的替代性措施。

---

① 《中华人民共和国刑事诉讼法》第 74 条。

(二)被监视居住人应遵守的规定[①]

(1)未经执行机关批准不得离开执行监视居住的处所;

(2)未经执行机关批准不得会见他人或者通信;

(3)在传讯的时候及时到案;

(4)不得以任何形式干扰证人作证;

(5)不得毁灭、伪造证据或者串供;

(6)将护照等出入境证件、身份证件、驾驶证件交执行机关保存。

被监视居住的犯罪嫌疑人、被告人违反前述规定,情节严重的,可以予以逮捕;需要予以逮捕的,可以对犯罪嫌疑人、被告人先行拘留。

(三)监视居住的程序

(1)监视居住的决定。公安机关、人民检察院和人民法院都有权决定对犯罪嫌疑人、被告人采取监视居住措施。由公安局局长、人民检察院检察长、人民法院院长批准决定。

(2)监视居住的执行。监视居住由公安机关执行。

(3)监视居住的期限。公检法三机关采取监视居住的期限最长不得超过6个月。[②] 6个月的期限指的是公检法三机关在侦查、审查起诉、审判阶段分别各不超过6个月。

(4)监视居住的撤销。监视居住期限届满,或发现有《刑事诉讼法》第16条规定的不应当追究犯罪嫌疑人、被告人的刑事责任的情形的,应当撤销监视居住。

【案例分析】

犯罪嫌疑人陆某因玩忽职守被公安机关立案侦查,并于5月2日被监视居住。事隔不久,该地区发生系列抢劫杀人案,公安机关因警力不足,暂停陆某玩忽职守一案的侦查。直至11月7日,陆某委托的律师向公安机关提出监视居住已过法定期限,要求解除监视居住。公安机关审查后决定解除对陆某的监视居住,但未向他和所有单位说明。

【问题】公安机关的哪些做法是不符合法律规定的?

【解析】

1.《刑事诉讼法》第79条第1款规定:“人民法院、人民检察院和公安机关对犯罪嫌疑人,被告人取保候审最长不得超过十二个月,监视居住最长不得超过六个月。”本案中,陆某5月2日被监视居住,11月7日还未被解除,已经6个月零5日,超过了法定期限。

2.《刑事诉讼法》第79条第2款规定:“在取保候审、监视居住期间,不得中断对案件的侦查、起诉和审理。”本案中,公安机关以侦破系列抢劫杀人案警力不足为由,暂停对陆某玩忽职守一案的侦查是违反法律规定的。

3.《刑事诉讼法》第79条第2款还规定:“对于发现不应当追究刑事责任或者取保候审、监视居住期限届满的,应当及时解除取保候审、监视居住。解除取保候审、监视居住

---

① 《中华人民共和国刑事诉讼法》第77条。

② 《中华人民共和国刑事诉讼法》第79条。

应当及时通知被取保候审、监视居住人和有关单位。”公安机关虽解除了对陆某的监视居住，但未及时通知陆某和其所在单位是不符合法律规定的。

◎ **注意**　取保候审与监视居住的区别

	期限	义务	会见他人	重要区别
取保候审	12个月	被取保候审人未经执行机关在批准不得离开所居住的市、县	被取保候审人会见他人无限制	2012年3月14日修改刑诉法前，二者的适用条件完全一致，此后，监视居住变成逮捕的替代性措施，适用条件与取保候审有很大不同
监视居住	6个月	被监视居住人未经执行机关批准不得离开住处或指定居所	被监视居住人未经执行机关批准不得会见他人	

第四节　拘　　留

一、拘留的概念与特征

(一)刑事诉讼中的拘留

拘留是指公安机关、人民检察院对现行犯或者重大嫌疑分子，在遇到法定的紧急情况时，依法暂时剥夺其人身自由的强制方法。

(二)刑事拘留特征

(1)拘留是剥夺人身自由的强制措施。

(2)适用拘留的机关具有特定性。有权决定拘留的机关是公安机关、人民检察院等对刑事案件具有侦查权的机关。

◎ **注意**　①法院没有刑事拘留权。

②检察院有决定拘留的权力，但应当交由公安机关执行。

(3)适用对象的紧急性。①正在预备犯罪、实行犯罪或者在犯罪后即时被发觉的；②被害人或者在场亲眼看见的人指认他犯罪的；③在身边或者住处发现有犯罪证据的；④犯罪后企图自杀、逃跑或者在逃的；⑤有毁灭、伪造证据或者串供可能的；⑥不讲真实姓名、住址，身份不明的；⑦有流窜作案、多次作案、结伙作案重大嫌疑的。[1]

◎ **注意**　检察机关在直接受理的案件中，只能对具有④、⑤项法定情形的人适用拘留。

(4)期间的短暂性。刑事诉讼法对被拘留的犯罪嫌疑人员羁押期限作了严格的规定。

---

① 《中华人民共和国刑事诉讼法》第82条。

公安机关和人民检察院如果没有按照法律规定办理，被拘留的人及其法定代理人、近亲属或其委托的律师等有权要求释放，公安机关、人民检察院应当立即释放。

(三)拘留条件

(1)拘留的对象是现行犯或者是重大嫌疑分子。

(2)具有法定的紧急情形之一，即《刑事诉讼法》第 82 条规定的 7 种情形之一。两者应当同时具备。

二、拘留的程序①

(1)公安机关实行拘留必须出示县级以上公安机关负责人签发的拘留证，并向被拘留人宣布拘留。人民检察院不签发拘留证。

(2)执行拘留的人员不得少于两人。

(3)拘留后，除涉嫌危害国家安全犯罪、恐怖活动犯罪通知可能有碍侦查或者无法通知的情形以外，应当将拘留的原因和羁押的处所，在 24 小时以内，通知被拘留人的家属。

(4)拘留后，应当在 24 小时以内进行讯问，发现拘留不当的，立即释放。对需要逮捕而证据不足的，可以取保候审或监视居住。②

(5)拘留后，应当在 24 小时以内送看守所羁押。

(6)公安机关在异地执行拘留的时候，应当通知被拘留人所在地的公安机关，被拘留人所在地公安机关应当予以配合。③

三、拘留期限

1. 公安机关适用的拘留期限④

(1)一般情形下 10 日。报批期限(3 日)+批准期限(7 日)。公安机关对被拘留的人，认为需要逮捕的，应当在拘留后的 3 日以内，提请人民检察院审查批准。人民检察院应当自接到公安机关提请批准逮捕书后的 7 日以内，作出批准逮捕或者不批准逮捕的决定。

(2)特殊情况 14 日。报批期限(3 日+4 日)+批准期限(7 日)。特殊情况下，公安机关提请批捕时间可以延长 1~4 日，即报批期限为 7 日。

(3)最长羁押期限 37 日。报批期限(30 日)+批准期限(7 日)。对于流窜作案、多次作案、结伙作案的重大嫌疑分子，提请审查批准的时间可以延长至 30 日。(多结流案件)

【案例分析】

张三涉嫌盗窃被公安机关拘留，由于事实没查清楚，于是公安机关决定拘留其 30 天，在第 30 天报批检察机关批准逮捕，检察院在第四天做出了逮捕决定。问程序是否有错?

---

① 《中华人民共和国刑事诉讼法》第 85 条。
② 《中华人民共和国刑事诉讼法》第 86 条。
③ 《中华人民共和国刑事诉讼法》第 83 条。
④ 《中华人民共和国刑事诉讼法》第 91 条。

【解析】公安机关程序有错误。因为本案是盗窃案件，不适用37日的拘留期限。所以公安机关的做法是错误的。检察院做出是否批捕的期限是7日，本案在第4日作出批捕决定，程序合法。

2. 检察院适用的拘留期限①

(1)一般情形下14日。人民检察院对直接受理的案件的犯罪嫌疑人认为需要逮捕的，应当在10日以内作出决定。

(2)特殊情况17日。特殊情况下，决定逮捕的时间可以延长1~3日，即羁押的最长期限为17日。

◎ **注意**　人民检察院不适用37日的拘留期限。即检察院以拘留这种强制措施羁押犯罪嫌疑人的最长时间是17日。

若人民检察院不批准逮捕的，公安机关应当在接到通知后立即释放，并且将执行情况及时通知人民检察院。对于需要继续侦查，并且符合取保候审、监视居住条件的，依法取保候审或者监视居住。另外，根据公安部《规定》第126条的规定：犯罪嫌疑人不讲真实姓名、住址，身份不明的，应当对其身份进行调查。经县级以上公安机关负责人批准，拘留期限自查清其身份之日起计算，但不得停止对其犯罪行为的侦查取证。对符合逮捕条件的犯罪嫌疑人，也可以按其自报的姓名提请批准逮捕。

公安机关认为不批准逮捕决定有错误的，可以要求检察机关复议，但必须将被拘留的人立即释放。如果意见不被接受，可以向上一级人民检察院提请复核。上级人民检察院应当立即复核，作出是否变更的决定，通知下级人民检察院和公安机关执行。

根据《刑事诉讼法》规定，人民法院、人民检察院或者公安机关对被采取强制措施法定期限届满的犯罪嫌疑人、被告人，应当予以释放、解除取保候审、监视居住或者依法变更强制措施。犯罪嫌疑人、被告人及其法定代理人、近亲属或者辩护人对于人民法院、人民检察院或者公安机关采取强制措施法定期限届满的，有权要求解除强制措施。②

【案例分析】

某市公安局于10月9日上午10点在某市将犯罪嫌疑人王某拘留，下午2点将王某带回分局，有关机关的下述哪些做法不符合刑事诉讼法的有关规定？(　　)

A. 公安机关拘留王某后，在24小时内通知了其家属但没有通知其单位

B. 经讯问，公安机关认为犯罪嫌疑人具备依法逮捕的条件，于是写出提请批准逮捕决定书，连同案卷材料、证据，一并移送同级人民检察院审查批捕。检察院经审查作出了不批准逮捕的决定

C. 公安机关拘留王某后，一直到第二天上午11点才对王某进行了讯问

D. 公安机关对人民检察院不批准逮捕的决定认为是错误的，在继续拘留王某的同时，向上一级检察院提请了复核

---

① 《中华人民共和国刑事诉讼法》第91条。

② 《中华人民共和国刑事诉讼法》第99条。

【解析】公安机关对人民检察院不批准逮捕的决定，认为有错误的时候，可以要求复议，但是必须将被拘留的人立即释放。24 小时从带回分局时计算。所以正确答案为 D。

四、刑事拘留与行政拘留、司法拘留的区别

刑事拘留与行政拘留、司法拘留都是对人身自由的暂时剥夺，都具有强制性。但三者有本质的区别(见表 8-5)。

表 8-5　**刑事拘留、行政拘留、司法拘留的区别**

区别	刑事拘留	行政拘留	司法拘留
法律性质不同	刑事拘留是保障刑事诉讼顺利进行的一种刑事强制措施	行政拘留是一种行政处罚手段	司法拘留则是对妨害民事、行政诉讼以及刑事审判的行为的一种惩罚和制裁手段
适用的对象不同	刑事拘留的适用对象是触犯刑律，需要追究刑事责任的现行犯或者重大嫌疑分子	行政拘留的适用对象是违反治安管理处罚条例、尚未构成犯罪的违法者	司法拘留的适用对象则是妨碍民事诉讼、行政诉讼以及违反刑事审判秩序的人
适用目的不同	刑事拘留的目的在于防止现行犯、重大嫌疑分子逃避或妨碍刑事诉讼的顺利进行	行政拘留的目的是惩罚和教育不构成犯罪的违法者	司法拘留的目的则是保障民事诉讼、行政诉讼以及刑事审判顺利进行
适用的机关不同	有权适用刑事拘留的机关是公安机关、国家安全机关、监狱、军队保卫部门和人民检察院	有权适用行政拘留的只能是公安机关	有权适用司法拘留的只能是人民法院
羁押期限不同	对一般案件，刑事拘留的最长期限为 14 日，对流窜作案、多次作案、结伙作案的重大嫌疑分子的拘留期限最长为 37 日	行政拘留的最长期限都是 15 日	司法拘留的最长期限都是 15 日

第五节　逮　　捕

一、逮捕的概念及条件

逮捕是指公安机关、人民检察院和人民法院在一定期限内依法剥夺犯罪嫌疑人、被告人的人身自由并进行审查的强制措施，是刑事诉讼强制措施中最为严厉的方法。逮

捕的条件①有三：

（一）证据条件

有证据证明有犯罪事实，这是逮捕的前提条件。根据司法解释，这一条件包括如下内容：其一，有证据证明发生了犯罪事实，即犯罪事实已经发生，并有证据能够证明。其二，有证据证明犯罪事实是犯罪嫌疑人、被告人实施的。其三，证明犯罪嫌疑人、被告人实施犯罪行为的证据已经查证属实。

◎ **注意**　我国的逮捕不仅指逮捕行为，还包括逮捕后的羁押状态。因此必须从严掌握有证据证明有犯罪事实这一条件。

（二）罪责条件

可能判处徒刑以上刑罚。这是采用逮捕时在刑事实体法方面的要求，是根据已经证明的犯罪事实，依照刑法的规定所作的一种判断，逮捕只能适用于那些可能判处的最低刑罚为有期徒刑以上刑罚的犯罪嫌疑人、被告人。

（三）社会危险性条件

采取取保候审、监视居住等方法尚不足以防止社会危险性，而有逮捕必要的。

以上三个条件，必须同时具备，缺一不可。

根据《刑事诉讼法》第 74 条的规定，对符合上述条件，应当逮捕的犯罪嫌疑人、被告人，如果患有严重疾病，或者是正在怀孕、哺乳自己婴儿的妇女，可以采取监视居住方法。

此外，根据最高人民检察院、公安部《关于依法适用逮捕措施有关问题的规定》和《关于适用刑事强制措施有关问题的规定》，对符合下列条件之一的犯罪嫌疑人应当予以逮捕：

（1）对有组织犯罪、黑社会性质组织犯罪、暴力犯罪和多发性犯罪等严重危害社会治安和社会秩序以及可能有碍侦查的犯罪嫌疑人，一般应予逮捕。

（2）对实施多个犯罪行为或者共同犯罪案件的犯罪嫌疑人，符合“有证据证明有犯罪事实”和“有逮捕必要”的规定条件，具有下列情形之一的，应当予以逮捕：①有证据证明有数罪中的一罪的；②有证据证明有多次犯罪中的一次犯罪的；③共同犯罪中，已有证据证明有犯罪行为的。

（3）根据《刑事诉讼法》②的规定，对有证据证明有犯罪事实，可能判处徒刑以上刑罚的犯罪嫌疑人、被告人，采取取保候审尚不足以防止发生下列社会危险性的，应当予以逮捕：①可能实施新的犯罪的；②有危害国家安全、公共安全或者社会秩序的现实危险的；③可能毁灭、伪造证据，干扰证人作证或者串供的；④可能对被害人、举报人、控告人实施打击报复的；⑤企图自杀或者逃跑的。

（4）根据《刑事诉讼法》的规定③，被监视居住的犯罪嫌疑人、被告人应当遵守以下规

① 《中华人民共和国刑事诉讼法》第 81 条。
② 《中华人民共和国刑事诉讼法》第 80 条。
③ 《中华人民共和国刑事诉讼法》第 77 条。

定：①未经执行机关批准不得离开执行监视居住的处所；②未经执行机关批准不得会见他人或者通信；③在传讯的时候及时到案；④不得以任何形式干扰证人作证；⑤不得毁灭、伪造证据或者串供；⑥将护照等出入境证件、身份证件、驾驶证件交执行机关保存。被监视居住的犯罪嫌疑人、被告人违反前款规定，情节严重的，可以予以逮捕；需要予以逮捕的，可以对犯罪嫌疑人、被告人先行拘留。

(5)对于犯罪嫌疑人不讲真实姓名、住址，身份不明，符合逮捕条件的，应当按其自报姓名批准或者决定逮捕。

二、逮捕的权限划分

《刑事诉讼法》①规定："逮捕犯罪嫌疑人、被告人，必须经过人民检察院批准或者人民法院决定，由公安机关执行。"

(1)逮捕的决定权：由人民检察院、人民法院享有。

(2)逮捕的批准权：由人民检察院享有。

◎ **注意**

公安机关对于自己侦查的案件，无权自行决定逮捕，应提请人民检察院批准逮捕。

(3)逮捕的执行权：由公安机关享有。

◎ **注意**

不论是人民检察院、人民法院自己决定逮捕的案件，还是公安机关提请批捕的案件，都由公安机关执行。①罪犯在监狱内犯罪的，不必办理逮捕手续；②军人犯罪案件，由军队保卫部门提请军事检察院批准逮捕，由军队保卫部门执行；③危害国家安全案件，由国家安全机关提请检察院批准逮捕，由国家安全机关执行；④走私犯罪案件，由海关走私侦查部门报检察院批准逮捕，由海关走私犯罪侦查部门执行。

【案例分析】

被告王英，某县工商局局长。2005 年 7 月 2 日因涉嫌贪污被人民检察院批准逮捕，并被人民检察院的侦查人员逮捕。7 月 8 日犯罪嫌疑人聘请的律师向人民检察院提出取保候审的申请，人民检察院提出需缴纳 4 万元保证金，并提供保证人。7 月 9 日律师向人民检察院缴纳了 4 万元的保证金，并且提供了保证人，王英被取保候审。2006 年 8 月 1 日，人民检察院向人民法院提起公诉。经过法庭审理，人民法院判处被告人王英有期徒刑 3 年。问：该案中人民检察院哪些程序不合法？

【解析】(1)人民检察院批准逮捕王英错误。贪污案应由人民检察院立案侦查，如果需要逮捕犯罪嫌疑人的，应当由其决定逮捕而非批准。(2)人民检察院派检察人员逮捕王英错误。逮捕应当由公安机关执行。(3)王英的律师申请取保候审时，人民检察院要求其缴纳保证金并提出保证人错误。不能要求同时缴纳保证金和提出保证人。(4)人民检察院收取律师的 4 万元保证金是错误的，应当由执行机关即公安机关统一收取和管理。(5)人民检察院于 2005 年 7 月 9 日对王英取保候审，到 2006 年 8 月 1 日才向法院提起公诉是错

① 《中华人民共和国刑事诉讼法》第 80 条。

误的。依照法律规定，取保候审的期限不得超过12个月。

三、逮捕的程序①

(一)提请、批准逮捕

公安机关要求逮捕犯罪嫌疑人的时候，应当写出提请批准逮捕书，连同案卷材料、证据，一并移送同级人民检察院审查批准。必要的时候，人民检察院可以派人参加公安机关对于重大案件的讨论。

(二)决定逮捕

人民检察院审查批准逮捕犯罪嫌疑人由检察长决定。重大案件应当提交检察委员会讨论决定。

(1)对于已经先行拘留犯罪嫌疑人的，人民检察院应当在7日内作出批准逮捕或者不批准逮捕的决定。

(2)对于没有拘留犯罪嫌疑人的，人民检察院应当在15日内作出批准逮捕或者不批准逮捕的决定，重大、复杂的最长不得超过20日。

人民检察院对于符合逮捕条件的，作出批准逮捕的决定，制作批准逮捕决定书。对于不符合逮捕条件的，作出不批准逮捕的决定，制作不批准逮捕决定书，说明不批准逮捕的理由。需要补充侦查的，应当同时通知公安机关。对于不批准逮捕的，公安机关在接到人民检察院不批准逮捕的通知后，对于被拘留的对象，应当立即释放。

◎ **注意**　审查后两种决定，即批准或者不批准逮捕的决定。

(三)逮捕的特别程序

(1)人民检察院对担任本级人民代表大会代表的犯罪嫌疑人批准或者决定逮捕，应当报请本级人民代表大会主席团或者常务委员会许可。被逮捕的犯罪嫌疑人、被告人是乡、镇一级人大代表时，应当向乡、镇人民代表大会报告。

(2)对无国籍和外籍犯罪嫌疑人逮捕时，如果犯危害国家安全罪，最高人民检察院报经外交部同意批捕。一般犯罪，则由省、自治区、直辖市人民检察院征求同级人民政府的外事部门意见后才能批准逮捕。

(四)逮捕的执行

(1)公安机关逮捕犯罪嫌疑人的时候，必须出示逮捕证。逮捕证一律由公安机关负责人签发。

(2)执行逮捕的侦查人员不得少于两人。

(3)逮捕后，除有碍侦查或者无法通知的情形以外，应当把逮捕的原因和羁押的处

---

① 《中华人民共和国刑事诉讼法》第93条。

所，在24小时以内通知被逮捕人的家属或者他的所在单位。

（4）人民法院、人民检察院对于各自决定逮捕的人，公安机关对于经人民检察院批准逮捕的人，都必须在逮捕后的24小时以内进行讯问。（谁决定逮捕的，谁通知、谁讯问）

（5）逮捕后，要立即送看守所羁押。

（6）讯问后的处理：在发现不应当逮捕的时候，必须立即释放，发给释放证明。

（7）公安机关在异地执行逮捕的时候，应当通知被逮捕人所在地的公安机关，被逮捕人所在地的公安机关应当予以配合。

不同阶段的逮捕程序见如表8-6所示。

表8-6　**不同阶段的逮捕程序**

	侦查阶段（公安机关负责侦查案件）	侦查阶段（检察院自侦案件）和审查起诉阶段	审判阶段
批准或决定机关	检察院批准	检察院决定	人民法院决定
执行机关	公安机关	公安机关	公安机关
讯问机关	公安机关	检察院	人民法院
通知机关	公安机关	检察院	人民法院

◎ **注意**　①人民检察院和人民法院决定逮捕的，也必须交由公安机关执行。②罪犯在监狱内犯罪的，不必办理逮捕手续。③军人犯罪案件，由军队保卫部门提请军事检察院批准逮捕，由军队保卫部门执行。④危害国家安全案件，由国家安全机关提请检察院批准逮捕，由国家安全机关执行。⑤走私犯罪案件，由海关走私侦查部门报检察院批准逮捕，由海关走私犯罪侦查部门执行。

四、公安机关对不批准逮捕的制约

（1）公安机关对人民检察院不批准逮捕的决定，认为有错误的时候，可以要求复议，但是必须将被拘留的人立即释放。

（2）如果意见不被接受，可以向上一级人民检察院提请复核。上级人民检察院应当立即复核，作出是否变更的决定。

（3）人民检察院作出不批准逮捕决定，并且通知公安机关补充侦查的案件，公安机关在补充侦查后又提请复议的，人民检察院应当建议公安机关重新提请批准逮捕。公安机关坚持复议的，人民检察院不予受理。

五、逮捕的变更与撤销

1. 可以变更或解除情形①

（1）被逮捕人患有严重疾病的；（2）被逮捕人是正在怀孕或哺乳自己不满一周岁婴儿

① 《最高人民法院关于适用〈中华人民共和国刑事诉讼法〉的解释》第133条。

的妇女；(3)案件不能在法定办案期限内办结，采用取保候审或监视居住的方法对社会没有危险性的；(4)犯罪嫌疑人、被告人被羁押的案件，不能在规定的侦查羁押、审查起诉、一审、二审期限内办结，需要继续查证、审理的，对犯罪嫌疑人、被告人可以取保候审或者监视居住。

2. 应当变更、撤销或解除逮捕的情形①

(1)对已经逮捕的被告人，符合下列情形之一的，人民法院应当变更强制措施或者释放：①第一审人民法院判处管制或者宣告缓刑以及单独适用附加刑，判决尚未发生法律效力的；②第二审人民法院审理期间，被告人被羁押的时间已到第一审人民法院对其判处的刑期期限的；③因进行司法鉴定而尚未审结的案件，法律规定的期限届满的。

(2)第一审人民法院判决被告人无罪、免除刑事处罚的，如果被告人在押，在宣判后应当立即释放。

(3)人民法院裁定准许自诉人撤诉或者当事人自行和解的案件，被告人被采取强制措施的，应当立即予以解除。

(4)人民法院、人民检察院和公安机关如果发现对犯罪嫌疑人、被告人采取强制措施不当的，应当及时撤销或者变更。公安机关释放被逮捕的人或者变更逮捕措施的，应当通知原批准的人民检察院。

3. 应当变更为逮捕的情形②

(1)对具有下列情形之一的被告人，应当变更强制措施，决定逮捕：①已取保候审或者监视居住的被告人，违反《刑事诉讼法》第 81 条、第 82 条的规定，不逮捕可能发生社会危险的。②应当逮捕但因为患有严重疾病，或者是正在怀孕、哺乳自己婴儿的妇女而未予逮捕的被告人，疾病痊愈或者哺乳期已满的。决定变更强制措施，予以逮捕的，应当通知负责执行取保候审或者监视居住的公安机关。

(2)有下列违反取保候审规定的犯罪嫌疑人，应当予以逮捕：①企图自杀、逃跑、逃避侦查、审查起诉的。②实施毁灭、伪造证据或者串供、干扰证人作证行为，足以影响侦查、审查起诉工作正常进行的。③未经批准，擅自离开所居住的市、县，造成严重后果，或者两次未经批准，擅自离开所居住的市县的。④经传讯不到案，造成严重后果，或者两次经传讯不到案的。⑤故意实施新的犯罪行为的。

(3)被监视居住的犯罪嫌疑人有下列情形之一的，应当予以逮捕：①故意实施新的犯罪行为的。②企图自杀、逃跑、逃避侦查、审查起诉的。③实施毁灭、伪造证据或者串供、干扰证人作证行为，足以影响侦查、审查起诉工作正常进行的。④未经批准，擅自离开住处或者指定的居所，造成严重后果，或者两次未经批准，擅自离开住处或者指定的居所的。⑤未经批准，擅自会见他人，造成严重后果，或者两次未经批准，擅自会见他人的。⑥经传讯不到案，造成严重后果，或者经两次传讯不到案的。

① 《最高人民法院关于适用〈中华人民共和国刑事诉讼法〉的解释》第 134 条。

② 《最高人民法院关于适用〈中华人民共和国刑事诉讼法〉的解释》第 130 条。

【案例分析】

甲因涉嫌盗窃罪被逮捕。经其辩护人申请，公安机关同意对甲取保候审。公安机关应当如何办理变更手续？

A. 报请原批准机关审批　　B. 报请原批准机关备案

C. 自主决定并通知原批准机关　　D. 要求原批准机关撤销逮捕决定

【解析】《刑事诉讼法》第 96 条规定："人民法院、人民检察院和公安机关如果发现对犯罪嫌疑人、被告人采取强制措施不当的，应当及时撤销或者变更。公安机关释放被逮捕的人或者变更逮捕措施的，应当通知原批准的人民检察院。"因此，正确答案为 C。

【案例讨论】

某工商局局长刘某，因涉嫌贪污、受贿罪而人民检察院立案侦查。在侦查期间，刘某被检察机关逮捕，刘某聘请了律师张某为其提供法律帮助。

(1) 本案中，在权为刘某申请取保候审的人员有哪些(　　)？

A. 刘某的妻子　B. 刘某　C. 刘某的父亲　D. 张某

(2) 在本案中，如果刘某的妻子作为保证人，为刘某申请取保候审，那么当刘某违反了被取保候审人应当遵守的法定义务而其妻子对此知情，但未报告执行机关时，执行机关可以作出以下哪些决定(　　)？

A. 责令刘某重新提出保证人　　B. 责令刘某具结悔过

C. 对刘某的妻子处以罚款　　D. 提请人民检察院决定是否转为监视居住

(3) 在本案中，如果人民检察院认为刘某在取保候审期间严重违反有关规定，需要变更为逮捕措施的，则下列说法正确的是(　　)。

A. 由人民检察院决定逮捕刘某　　B. 由公安机关执行逮捕刘某

C. 由公安机关决定逮捕刘某　　D. 由人民检察院执行逮捕刘某

【法律名言】

你有权保持沉默，但是你所说的一切都将成为呈堂证供。

——【美国】沃伦法官

【阅读书目】

1. 陈绍斌：《涉罪流动人员取保候审实务》，法律出版社 2014 年版。
2. 郭冰：《羁押必要性审查制度研究》，中国检察出版社 2016 年版。

【思考题】

1. 什么是强制措施？有何特点？
2. 强制措施同刑罚、行政处罚有何区别？
3. 强制措施的适用原则是什么？
4. 什么是拘传？有什么特点？
5. 什么是取保候审？适用对象是什么？被取保候审人依法应遵循什么规定？违反这些规定将导致什么后果？
6. 什么是监视居住？在什么情况下适用？被监视居住的人应遵循什么规定？违反这些规定将导致什么后果？
7. 保证人应具备什么条件？如果保证人没有履行法定义务将产生什么后果？

8. 什么是拘留？它与行政拘留、民事拘留有什么不同？拘留应怎样依法执行？
9. 什么是逮捕？逮捕必须具备哪些条件？
10. 人民检察院对于公安机关提请批捕的案件，应当如何审查处理？
11. 逮捕的执行程序如何？

第九章　附带民事诉讼

【知识结构图】

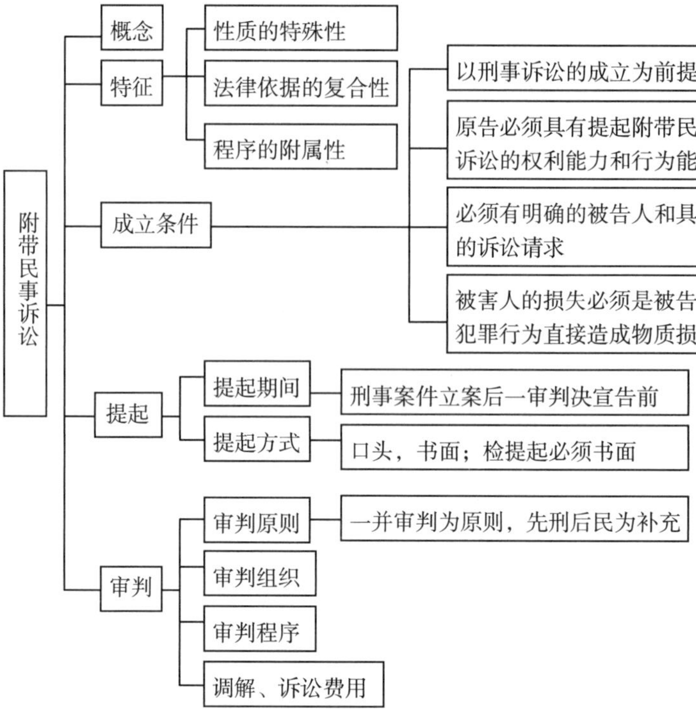

【内容导读】

附带民事诉讼是指公安司法机关在刑事诉讼过程中，在解决被告人刑事责任的同时，附带解决由遭受物质损失的被害人或者人民检察院所提起的、由于被告人的犯罪行为所引起的物质损失的赔偿而进行的诉讼。附带民事诉讼具有性质的特殊性、法律依据的复合性、处理程序的附属性特点。附带民事诉讼的成立必须具备一定的条件。附带民事诉讼制度有利于正确处理刑事案件；有利于保障公民和国家、集体的财产不受侵犯；有利于提高诉讼的效率和效益。

【法考要点】

可以提起附带民事诉讼的范围、附带民事诉讼的赔偿责任主体、审判程序。

【考研要点】

附带民事诉讼的概念、性质，附带民事诉讼的当事人、提起条件、方式。

【热点思考】

现行法律规定精神损害是否赔偿？民事案件是否包含精神损害赔偿？你认为刑事案件精神损害该不该赔偿？为什么？

第一节　附带民事诉讼概述

一、概念和特点

（一）附带民事诉讼的概念

附带民事诉讼是指司法机关在刑事诉讼过程中，在解决被告人刑事责任的同时，附带解决因被告人的犯罪行为所造成的物质损失的赔偿问题的诉讼活动。由于这种损害赔偿的诉讼请求是在刑事诉讼中提出的，又是在刑事诉讼中附带解决的，因此称作刑事附带民事诉讼。

（二）附带民事诉讼的特点

（1）附带民事诉讼性质的特殊性。附带民事诉讼就其解决问题性质而言，是经济赔偿问题，和民事诉讼中的损害赔偿是一样的，属于民事诉讼性质。但这种赔偿是由犯罪行为引起的，是在刑事诉讼过程中提起的，由审判刑事案件的审判组织审理，所以它又是刑事诉讼的一部分，是一种特殊的民事诉讼。

（2）附带民事诉讼法律依据的复合性。除适用刑法、刑事诉讼法外，还应当适用《民法通则》《民事诉讼法》有关规定。

（3）附带民事诉讼处理程序的附属性。附带民事诉讼以刑事案件的成立为前提，必须在刑事诉讼过程中提起，附带民事诉讼的判决不得同刑事部分的判决相抵触，附带民事诉讼的起诉时效、上诉期限、管辖法院等都取决于刑事案件，刑事诉讼不存在，附带民事诉讼就无从谈起。

二、附带民事诉讼的意义

（1）有利于维护被害人的经济利益。有利于及时有效地保障公民、国家和集体财产免遭犯罪侵害，或者将这种侵害造成的损失减少到最小的范围内。

（2）有利于打击和制裁犯罪。附带民事诉讼制度，从根本上否定了“打了不罚、罚了不打”的陈旧观念，它意味着给他人造成物质损害的犯罪分子不仅要承担刑事责任，而且要承担民事赔偿责任。

（3）有利于保证审判工作的统一性和严肃性。由于附带民事诉讼是由审理刑事案件的同一审判组织进行审理的，这就有利于保证案件事实的统一性，避免因不同审判组织分别进行审判可能对同一案件事实得出不同的结论，从而维护人民法院审判工作的严肃性。

（4）有利于提高诉讼效率和效益。

第二节　附带民事诉讼的成立条件[①]

一、以刑事诉讼的成立为前提条件

附带民事诉讼是在刑事诉讼过程中提起的，又是在刑事诉讼中附带解决的，因此，只有刑事诉讼已经进行，才有可能进行附带民事诉讼；如果刑事诉讼不成立，就谈不上附带民事诉讼。被害人直接向人民法院提起损害赔偿请求，则成为独立的民事诉讼。

◎ **思考**　某伤害案件在审查起诉过程中，被害人向人民检察院提出了附带民事诉讼要求，要求被告人赔偿医药费和误工费，但人民检察院经鉴定确定被告人为轻微伤，对刑事案件作出不起诉的处理决定，对被害人的赔偿要求应当如何处理？

二、原告必须具有提起附带民事诉讼的权利能力和行为能力[②]

根据刑刑事诉讼法和有关司法解释的规定，附带民事诉讼的原告包括：

(1)因为犯罪行为而遭受物质损失的公民。

(2)被犯罪分子侵害造成物质损害的企业、事业单位、机关、团体等。

(3)当被害人是未成年人或精神病患者等无诉讼行为能力人时，他们的法定代理人或监护人可以代为提起附带民事诉讼。

◎ **注意**　附带民事诉讼原告人是被害人本人。

(4)当被害人死亡时，其近亲属有权提起附带民事诉讼。

◎ **注意**　附带民事诉讼原告人是近亲属。

【案例分析】

某年6月2日，某市某中学学生邓某被人绑架，邓某家人没有报警，歹徒收钱后却杀人灭口。后来，邓某家人才报警，警方展开迅速和大范围的侦查，逮捕了绑架杀人的章某为首的犯罪集团成员。该案后来被依法提起公诉。该市中级人民法院依法开庭审理。邓某的父母提起附带民事诉讼，要求被告人赔偿自己的损失。邓某的父母是否可以提起附带民事诉讼？如果可以，他们在附带民事诉讼中的诉讼地位是什么？

(5)如果是国家财产、集体财产遭受损失的，人民检察院在提起公诉时，可以提起附带民事诉讼。[③] 人民检察院作为附带民事诉讼的提起人的条件必须同时具备以下四个方面：一是遭受损失的是国家财产或者集体财产；二是受损失的单位未提起附带民事诉讼的；三是检察院提起附带民事诉讼的时间与提起公诉的时间相同；四是检察院提起附带民事诉讼具有公诉性质，人民法院不能调解，被告人和被害人也不能和解，只能审判结案。

---

① 《最高人民法院关于适用〈中华人民共和国刑事诉讼法〉的解释》第145条。

② 《最高人民法院关于适用〈中华人民共和国刑事诉讼法〉的解释》第138条。

③ 《中华人民共和国刑事诉讼法》第138条。

三、附带民事诉讼必须有明确的被告人[①]和具体的诉讼请求

附带民事诉讼的被告人，是指在刑事诉讼中因刑事被告人的犯罪行为所造成的损失，被起诉承担民事赔偿责任的人。根据最高法院的司法解释，负有赔偿责任的被告人有以下六种：

(1)刑事被告人以及没有被追究刑事责任的共同致害人。

(2)未成年刑事被告人的监护人。

◎ **注意** 被告人仍是未成年人本人，监护人是补充责任。

(3)已被执行死刑的罪犯的遗产继承人。

◎ **注意** 遗产继承人声明放弃继承的，则不能将其列为被告人。如果继承人不放弃继承，附带民事诉讼的赔偿数额应当以其继承的遗产数额为限。

(4)共同犯罪案件中案件审结前已死亡的被告人的遗产继承人。

(5)其他对刑事被告人的犯罪行依法应承担民事责任的单位和个人。如交通肇事中，民事赔偿人除肇事司机外，肇事车辆的车主也是民事赔偿人也要成为附带民事诉讼的共同赔偿人。要注意一点，刑事被告人的近亲属没有义务对民事赔偿承担责任，我国实行罪责自负原则，如果刑事被告人的近亲属自愿代为承担民事赔偿责任的视为被告人的认罪态度比较好，在刑事部分处理时应当予以考虑，但不能强迫被告人的近亲属承担赔偿责任。

(6)特定情形下的保证人。根据《最高人民法院关于适用〈中华人民共和国刑事诉讼法〉的解释》第122条规定，根据案件事实和法律规定，认为已经构成犯罪的被告人在取保候审期间逃匿的，如果系保证人协助被告人逃匿，或者保证人明知被告人藏匿地点但拒绝向司法机关提供，对保证人应当依法追究刑事责任。

被害人的损失是被告人的犯罪行为造成的这里所指的被告人的犯罪行为，一般理解为被告人在刑事诉讼中被指控为犯罪的行为，而不是实际上确已构成犯罪的行为。只要被告人的行为被司法机关认为“构成犯罪需要追究刑事责任”予以立案，那么该行为所造成的损害赔偿便属于附带民事诉讼的范围。即使被告人的行为最终没有被人民法院以生效判决确定为刑法意义上的犯罪行为，也不影响附带民事诉讼的提起和进行。

原告人提起附带民事诉讼，不仅要求有明确的被告人，还必须有具体的诉讼请求，即提出应当赔偿的具体数额，同时对加害事实造成的物质损失，要有事实根据，并应承担举证责任。

四、被害人的损失必须是被告人犯罪行为直接造成的物质损失[②]

(1)被害人的损失必须是物质损失。能提起附带民事诉讼的只限于物质损失，而不包括精神损失。

(2)物质损失必须是被告人犯罪行为直接造成的。所谓直接造成是指犯罪行为和物质损失之间有着直接的因果关系。具体包括两种情况：一是被告人的犯罪行为已经给被害人

① 《最高人民法院关于适用〈中华人民共和国刑事诉讼法〉的解释》第134条。

② 《中华人民共和国刑事诉讼法》第103条。

造成的损失，又称之为积极损失，如被抢走的财物。二是被告人的犯罪行为使被害人将来必然遭受的损失，如被害人进行治疗的医疗费、因不能工作而必然减少的收入等，也称之为消极损失。但这种消极的损失应当是必然的、可期的、合理的，并且不包括今后可能得到或通过努力才能得到的物质利益。

此外，因民事上的债权债务纠纷而引起的刑事犯罪，也不能在刑事诉讼过程中就刑事犯罪之前的债权债务问题提起附带民事诉讼。

【案例分析】

王某借给张某3万元钱，张某不但不还。反而在王某要钱时，将王某打成重伤，并威胁王某如果再要钱就杀死其全家，王某精神受到很大伤害，后共花去医疗费用4万元。在刑事诉讼过程中，王某提起附带民事诉讼，提出以下请求，其中哪些是附带民事诉讼应当解决的(　　)?

A. 要求张某赔偿误工费6000元　　B. 要求张某赔偿医疗费4万元

C. 要求张某赔偿精神损失费5万元　　D. 要求张某归还借王某的3万元

【解析】《最高人民法院关于刑事附带民事诉讼范围问题的规定》第1条：因人身权利受到犯罪侵犯而遭受物质损失或者财物被犯罪分子毁坏而遭受物质损失的，可以提起附带民事诉讼。对于被害人因犯罪行为遭受精神损失而提起附带民事诉讼的，人民法院不予受理。第2条：被害人因犯罪行为遭受的物质损失，是指被害人因犯罪行为已经遭受的实际损失和必然遭受的损失。注意只能对物质损失提起诉讼，对精神损失不能提起诉讼。另外，必须是犯罪行为造成的损失，其他损失不包括在内。正确答案为A、B。

第三节　附带民事诉讼的程序

一、提起附带民事诉讼的期间和方式

(一)提起附带民事诉讼的期间①

附带民事诉讼，应当在刑事案件立案以后第一审判决宣告之前提起。如果有权提起附带民事诉讼的人在第一审判决宣告以前没有提起，不得再提起附带民事诉讼。但可以在刑事判决生效后另行提起民事诉讼。

被害人是公民个人的，直接向人民法院提起附带民事诉讼；公诉案件中，被害人可以在侦查、起诉阶段向公安机关、人民检察院提出赔偿要求。国家、集体财产遭受损失的，遭受损失的法人或其他组织既可以直接向人民法院提起附带民事诉讼，也可以在侦查、起诉阶段通过侦查、起诉机关提起：如果遭受损失的单位未提起诉讼的，人民检察院在提起公诉的时候，可以提起附带民事诉讼。

① 《最高人民法院关于适用〈中华人民共和国刑事诉讼法〉的解释》第141条。

(二)提起附带民事诉讼的方式

提起附带民事诉讼一般应当提交附带民事诉状；书写诉状确有困难的，可以口头起诉。

◎ **注意**　人民检察院在提起公诉时一并提起附带民事诉讼的，只能以书面方式制作附带民事起诉状。

二、附带民事诉讼的审理程序

(一)附带民事诉讼审判的一般原则

附带民事诉讼应当同刑事案件一并审判，只有为了防止刑事案件审判的过分迟延，才可以在刑事案件审判后，由同一审判组织继续审理附带民事诉讼。①

根据这一原则，一般情况下，附带民事诉讼应当同刑事诉讼一并审理并作出判决，这样便于全面查清案件事实，也节省人力、物力和时间，但由于刑事案件的审判是有时间限制的，如果附带民事部分同刑书部分一并审判，会影响刑事部分在法定时间内审结时，也可以先审判刑事部分，后审判附带民事部分。但是在分别审判时要注意：第一，只能先审刑事部分，后审附带民事部分；第二，必须由审理刑事案件的同一审判组织继续审理附带民事部分，不得另行组成合议庭；第三，附带民事部分判决对案件事实的认定不得同刑事判决相抵触；第四，附带民事诉讼部分的延期审理，一般不影响刑事判决的生效。

(二)附带民事诉讼的具体审理程序

(1)人民法院受理刑事案件后，应当告知遭受物质损失的被害人(包括公民、法人和其他组织)，或者其他依法有权提起附带民事诉讼的人，有权提起附带民事诉讼。

(2)在侦查、预审、审查起诉阶段，有权提起附带民事诉讼的人向公安机关、人民检察院提出赔偿要求，已经由公安机关、人民检察院记录在案的，刑事案件起诉，人民法院应当按附带民事诉讼案件受理；经公安机关、人民检察院调解，当事人双方达成协议并以给付，被害人又坚持向法院提起附带民事诉讼的，人民法院也可以受理。

(3)人民法院收到附带民事诉讼的起诉状，或者接受口头起诉以后，应当进行审查，并在 7 日以内决定是否立案。②

(4)人民法院受理附带民事诉讼后，应当在 5 日内向附带民事诉讼的被告人送达附带民事诉讼起诉状副本，或者将口头起诉的内容及时通知附带民事诉讼的被告人，并制作笔录。被告人是未成年人的，应当将附带民事起诉状副本送达他的法定代理人，或者通知他口头起诉的内容。人民法院在送达附带民事起诉状副本，或者通知口头起诉的内容时，应根据刑事案件审理的期限，确定被告人或者其法定代理人提交民事答辩状的时间。③

---

① 《中华人民共和国刑事诉讼法》第 104 条。

② 《最高人民法院关于适用〈中华人民共和国刑事诉讼法〉的解释》第 149 条。

③ 《最高人民法院关于适用〈中华人民共和国刑事诉讼法〉的解释》第 150 条。

(5)人民法院开庭审判案件前，要向附带民事诉讼的原告人和被告人送达传票，传唤他们出庭。这里的被告人，是指未被羁押的被告人以及与刑事案件被告人不同的被告。原告人无正当理由拒不到庭或者未经法庭许可中途退庭的，按撤诉处理；被告人无正当理由不到庭的，可以实行民事拘传。

(6)附带民事诉讼案件当事人在法庭上对自己提出的主张，有责任提出证据。①

(7)人民法院审理由公民个人或者企业、事业单位或其他组织提起的附带民事诉讼案件，可以进行调解，调解应当在自愿、合法的基础上进行。经调解达成协议的，审判人员应当及时制作调解书。②

(8)经调解无法达成协议或者调解书送达当事人前一方反悔的，附带民事诉讼应当同刑事诉讼一并开庭审理。③

(9)人民法院认定公诉案件被告人的行为不构成犯罪的，对已经提起的附带民事诉讼，经调解达不成协议的，应当一并作出刑事附带民事判决。

(10)未成年附带民事诉讼被告人应当承担赔偿责任的，如果他的亲属愿代为承担，应当许可。

(11)人民法院对附带民事案件作出判决以后，查明被告人确实没有财产可供执行的，应当裁定中止或终结执行。

(12)人民法院审理刑事附带民事诉讼案件，不收取诉讼费。④

(13)处理附带民事诉讼的情况，可以作为人民法院量刑时予以考虑的情节。

【法律谚语】

不言而喻，人人生而平等，他们都从造物主那里被赋予了某些不可转让的权利，其中包括生命权、自由权和追求幸福的权利。

——【美】1776年《独立宣言》

【阅读书目】

1. 杨良胜：《刑事附带民事诉讼理论与实践探索》，人民法院出版社2015年版。
2. 陈立斌：《刑事附带民事诉讼案件审理精要》，人民出版社2018年版。

【思考题】

1. 什么是附带民事诉讼？有何特点？
2. 附带民事诉讼的成立条件是什么？
3. 附带民事诉讼提起的期间是什么？审判的原则是什么？

---

① 《最高人民法院关于适用〈中华人民共和国刑事诉讼法〉的解释》第151条。

② 《最高人民法院关于适用〈中华人民共和国刑事诉讼法〉的解释》第153条。

③ 《最高人民法院关于适用〈中华人民共和国刑事诉讼法〉的解释》第153条。

④ 《最高人民法院关于适用〈中华人民共和国刑事诉讼法〉的解释》第162条。

第十章　期间、送达、刑事诉讼中止与终止

【知识结构图】

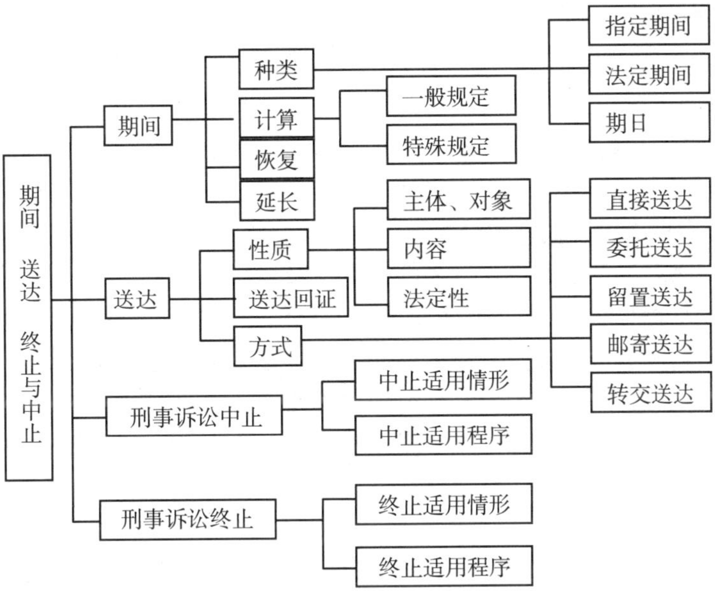

【内容导读】

刑事诉讼期间，是指公安机关、人民检察院、人民法院进行刑事际诉讼以及当事人和其他诉讼参与人参加刑事诉讼必须遵守的期限和时间。刑事诉讼期间分为法定期间和指定期间。送达是指公安司法机关按照法定程序和方式将诉讼文件送交诉讼参与人和有关单位的诉讼活动。送达方式有直接送达、留置送达、委托送达、转交送达、邮寄送达。刑事诉讼中止是指在刑事诉讼过程中，由于发生某种情况影响诉讼的正常进行而将诉讼暂时停止，待中止的情况消失后，再恢复诉讼的制度。刑事诉讼终止是指在立案后至判决生效前，因发生某种情况使得诉讼不应或不需要进行而中途结束的制度。

【法考要点】

期间的计算方法和期间恢复的条件。

【考研要点】

法定期间种类。

【热点思考】

刑事诉讼法规定了各种法定期间，为何还是出现超期羁押现象？如何解决？

第一节 期 间

一、期间的概念

期间是指公、检、法三机关和诉讼参与人完成某项刑事诉讼行为必须遵守的法定期限。刑事诉讼期间一般由法律明确规定，称作法定期间。个别情况下可以由公安司法机关指定，称作指定期间。

期日就是司法机关会同诉讼参与人在一定场所共同进行诉讼行为的日期。

期日和期间，虽然都是公安司法人员和诉讼参与人应当完成特定刑事诉讼行为的时间，但二者有很大区别：

(1)期间是指一段时间，是从某一时间起至另一时间止的时限，具有连续性，有起止点。而期日是指某个时间点，没有连续性。

(2)期间是对司法机关或者诉讼参与人单方面完成诉讼行为的时间要求。而期日则是司法机关和诉讼参与人共同为诉讼行为的时间要求。

(3)期间有法律明文规定，办案人员一般不能随意更改，如侦查羁押期限，上诉期限等。而期日则是司法机关办案人员根据案件处理的需要在法定期间内设定的，如法院指定开庭审判之日，遇有特定的情形，可以推迟和变更。

期间需要考虑以下因素：保证查明犯罪事实，正确处理案件；能够及时惩罚犯罪，尽快实现刑罚效应；保障公民依法行使诉讼权利；督促司法机关提高办案效率，保障公民的合法权利。

期间的意义有：(1)保证刑事诉讼活动的顺利进行。(2)刑事诉讼法关于期间的规定，尤其是对司法机关办案时间上的要求，能够促使司法机关尽快办结案件，及时惩罚犯罪。(3)有利于保障当事人等诉讼参与人的合法权益。

二、期间的计算

(一)期间的计算单位①

刑事诉讼期间的计算单位只有时、日、月三种，而民事诉讼期间的计算的单位则有时、日、月、年四类。

(二)期间的计算方法

一是起算，即期间从什么时候算起；二是届满，即期间到什么时候终止。

(1)以时为计算单位的期间，从期间开始的下一时起算，期间开始的时不计算在期间

① 《中华人民共和国刑事诉讼法》第105条。

以内。[1] 期间的届满以法定期间时数的最后一时完了为止。例如某犯罪嫌疑人在某日的9时被逮捕，那么通知其家属或所在单位的期间，从10时开始计算，到次日9时完了，即10时整届满。

(2)以日为计算单位的期间，从期间开始的次日起算，期间开始的日不计算在期间以内。它的届满以法定期间日数的最后一日完了为止。例如，某被告人是在4月16日10时接到一审判决书的，它的上诉期间从4月17日开始计算，向后数10日，到该月26日届满。

(3)以月为计算单位的期间，[2] 从什么时候起算，法律没有规定。我们认为，期间的开始月应计算在期间以内。那么，期间开始的月又从什么时候起算呢？我们认为，应从开始月的开始日次日起算。因为刑事诉讼法关于期间开始的时日不计算在期间内的规定，同样应当适用于以月为计算单位的期间开始日。这样能够保持期间的起算同一。所以，以月为计算单位的期间的起算，应从期间开始月的开始日之次日开始。以月为计算单位的期间届满有以下情况：①期间是整月的，以当月的最后一日为届满日，不管当月的实际天数。例如，公安机关于8月31日将案件移送起诉，人民检察院审查起诉的期间届满日为9月30日，如果是9月30日移送，审查起诉的期间届满日为10月31日。②期间是跨月的，那么一个月应为多少天，其届满日如何确定，理论界存在不同观点，实践中做法不一，因此，应当由最高司法机关作出统一的司法解释。我们认为：1个月的天数应按所跨月份的天数计算，如跨1996年2月，那么1个月为29天，跨1996年8月，1个月为30天。期间从开始月的开始日次日起算，向后数够月数所包括的天数，其最后一日即为届满日。例如，某犯罪嫌疑人于1996年2月16日被逮捕，其侦查羁押期限两个月跨2月、3月，从2月算起，第一个月按2月的29天计算，第二个月按3月的31天计算，其届满日为3月16日。半个月应当为15天。

(三)期间计算中的特别规定[3]

(1)期间的最后一日为节假日的，以节假日后的第一日为期间届满日期。节假日包括公休日(星期六、星期日)和法定假日(元旦、春节，五一节、国庆节)。如果节假日不是期间的最后一日，则在期间的开始或中间则均应计算在期间内。

◎ **思考**　刑事被告人在9月28日收到一审法院的刑事判决书，10月1—7日为法定假日，被告人的上诉期限到何时届满？

(2)上诉状或者其他文件在期满前已经交邮的，不算过期。

(3)法定期间不包括路途上的时间。

(4)犯罪嫌疑人不讲真实姓名、住址、身份不明的，侦查羁押期限自查清其身份之日起算，但是不得停止对其犯罪行为的侦查取证。

① 《中华人民共和国刑事诉讼法》第105条。

② 《最高人民法院关于适用〈中华人民共和国刑事诉讼法〉的解释》第165条。

③ 《中华人民共和国刑事诉讼法》第105条。

【案例分析】

某甲因抢劫他人财物被K县公安机关依法逮捕，在侦查期间，某甲不讲真实姓名、住址，身份不明。对于该案件，K县公安机关应当如何处理？

(5)对犯罪嫌疑人、被告人、被害人及案件事实作司法鉴定的时间超过3个月以上的，鉴定时间不计入办案期限。

(6)由简易程序转为普通程序的第一审刑事案件的期限，从决定转为普通程序之次日起重新计算。

◎ **注意** 与民事诉讼的区别。在民事诉讼中，由简易程序转为普通程序的第一审期限，从立案时计算，也就是连续计算。

(7)第二审人民法院发回原审人民法院重新审判的案件，原审人民法院从收到发回案件之日起，重新计算审理期限；对被羁押的犯罪嫌疑人作精神病鉴定的时间，不计入侦查羁押期限；延期审理的期限不计入审理期限；中止审理的期限不计入审理期限。

三、法定期间

法定期间，指由法律明确规定的诉讼时间期限。

(一)强制措施期间

刑事诉讼法规定对犯罪嫌疑人、被告人拘传持续的时间最长不得超过12小时，取保候审最长不得超过12个月，监视居住最长不得超过6个月。根据有关司法解释，上述期间理解为各机关分别适用。

拘留现行犯、重大嫌疑分子或者逮捕犯罪嫌疑人、被告人后，除有碍侦查或者无法通知的以外，办案主管机关应当在24小时以内将拘留或者逮捕的原因和羁押处所通知被拘留人或者被逮捕人的家属或者所在单位。同时，办案人员在这一时段内还必须对被拘留人或者被逮捕人进行讯问。公安机关对被拘留人认为需要逮捕的，应当在拘留后3日以内提请人民检察院批准，特殊情况下可以将提请审查批准的时间延长1日至4日；对于流窜作案，多次作案、结伙作案的重大嫌疑分子，提请审查批准的时间可以延长至30日。人民检察院应当在接到公安机关提请批准逮捕书的7日以内，作出批准或者不批准逮捕的决定。人民检察院直接受理的案件中对于被拘留的人认为需要逮捕的，应当在10日以内作出决定，在特殊情况下，决定逮捕的时间可以延长1日至4日。

(二)侦查羁押期间和侦查阶段其他有关期间

对犯罪嫌疑人逮捕后的侦查羁押期限不得超过2个月。案情复杂、期限届满不能终结的案件，可以经上一级人民检察院批准延长1个月。对于交通十分不便的边远地区的重大复杂案件、重大的犯罪集团案件、流窜作案的重大复杂案件以及犯罪涉及面广、取证困难的重大复杂案件(以下简称四类案件)，在上述的3个月侦查羁押期限内不能办结的，经省、自治区、直辖市人民检察院批准或者决定，可以延长2个月。对犯罪嫌疑人可能判处十年有期徒刑以上刑罚，在上述的5个月内仍不能侦查终结的，经省、自治区、直辖市人民检察院批准或者决定，可以再延长2个月。因为特殊原因，在较长时间内不宜交付审判的特别重大复杂的案件，由最高人民检察院报请全国人民代表大会常务委员会批准延期审理。

法律规定的侦查羁押期限，既适用于公安机关负责立案侦查的案件，也适用于人民检察院直接立案侦查的案件。

此外，最高人民法院、最高人民检察院、公安部、国家安全部、司法部、全国人大常委会法制工作委员会《关于刑事诉讼法实施中若干问题的规定》中侦查阶段有关的期间还有：

(1)公安机关在侦查期间，发现犯罪嫌疑人另有重要罪行，重新计算侦查羁押期限的，由公安机关决定，不再经人民检察院批准。但需报人民检察院备案，人民检察院可以进行监督。

(2)公安机关对案件报请延长羁押期限时，应当在羁押期限届满7日前提出，并书面呈报延长羁押期限案件的主要案情和延长羁押期限的具体理由，人民检察院应当在羁押期限届满前作出决定。

(3)最高人民检察院直接立案侦查的案件，符合上述条件，需要延长犯罪嫌疑人侦查羁押期限的，由最高人民检察院决定。

(4)《刑事诉讼法》第39条第3款规定："危害国家安全犯罪、恐怖活动犯罪案件，在侦查期间辩护律师会见在押的犯罪嫌疑人，应当经侦查机关许可。"对于不涉及危害国家安全犯罪、恐怖活动犯罪的案件，律师会见犯罪嫌疑人不需要经过批准。侦查机关不能以侦查过程需要保密，对于不涉及危害国家安全犯罪、恐怖活动犯罪的案件不予批准。律师提出会见犯罪嫌疑人的，应当及时安排会见，至迟不超过48小时安排会见。

(三)审查起诉期间

人民检察院自收到审查起诉的案件材料之日起3日以内，应当告知犯罪嫌疑人有权委托辩护人，被害人及其法定代理人或者近亲属、附带民事诉讼的当事人及其法定代理人有权委托诉讼代理人。人民检察院对于公安机关移送起诉的案件，应当在1个月以内作出提起公诉或者不起诉的决定，重大、复杂的案件，可以延长半个月。对于补充侦查的案件，应当在1个月以内补充侦查完毕。补充侦查以两次为限。

(四)申诉期间

被害人对于人民检察院作出的不起诉决定不服时，可以在收到决定书后7日以内向上一级人民检察院提出申诉；被不起诉人对于人民检察院因"犯罪情节轻微，依照刑法规定不需要判处刑罚或者免除刑罚"而做出的不起诉决定如果不服，可以在接到决定书后7日以内向人民检察院申诉。

(五)一审程序期间

人民法院对提起公诉的案件进行审查的期限计入审理期限。在对提起公诉的案件进行审查后，如果认为人民检察院移送的案件缺少开庭必需的材料时，可以通知人民检察院补充，人民检察院应当自收到通知之日起3日内补送。

人民法院应当在开庭10日以前将人民检察院的起诉书副本送达被告人；应当在开庭3日以前将开庭的时间、地点通知人民检察院；将传票、通知书至迟在开庭3日以前送达当事人、辩护人、诉讼代理人、证人、鉴定人和翻译人员。公开审判的案件，在开庭3日以前先期公布案由、被告人的姓名、开庭的时间和地点。检察人员在庭审中发现提请公诉的案件需要补充侦查并提出建议的，应当在1个月以内补充侦查完毕。人民法院当庭宣告判决的，应当在5日以内将判决书送达当事人和提请公诉的人民检察院；定期宣告判决的，应当在宣告判决后立即将判决书送达当事人和提请公诉的人民检察院。判决被告人无罪、免除刑事处罚的，如果被告人在押，在宣判后应当立即释放。人民法院审理公诉案件，应当在受理后2个月以内宣判，至迟不得超过3月。对于“四类案件”，经上一级人民法院批准或者决定，可以延长3个月。因特殊情况还需要延长的，报请最高人民法院批准。

人民法院在受理自诉案件之日起3日以内，应当告知自诉人及其法定代理人、附带民事诉讼的当事人及其法定代理人有权委托诉讼代理人。

适用简易程序审理的案件，人民法院应当在受理后20日以内审结，可能判处的有期徒刑超过3年的，可以延长至一个半月。

适用速裁程序审理案件，人民法院应当在受理后10日以内审结；对可能判处的有期徒刑超过1年的，可以延长至15日。

不服判决的上诉和抗诉的期限为10日，不服裁定的上诉和抗诉的期限为5日。被害人及其法定代理人不服地方各级人民法院一审判决，有权自收到判决书后5日以内请求人民检察院提出抗诉：人民检察院应当在收到被害人的请求后5日以内作出是否抗诉的决定并且答复请求人。

(六)二审程序期间

通过原审人民法院提出上诉的，原审人民法院应当在3日以内将上诉状连同案卷、证据一并移送上一级人民法院，同时将上诉状副本送交同级人民检察院和对方当事人；直接向第二审人民法院提出上诉的，第二审人民法院应当在3日以内将上诉状副本交原审人民法院送交同级人民检察院和对方当事人。第二审人民法院必须在开庭10日以前通知人民检察院查阅案卷，人民检察院应当在一个月内查阅完毕。第二审人民法院受理上诉、抗诉案件后，应当在2个月以内审结。对于四类案件，经省、自治区、直辖市高级人民法院批准或者决定，可以延长2个月。特殊情况还需要延长的，报请最高人民法院批准。

(七)审判监督程序期间

人民法院按照审判监督程序重新审判的案件，应当在作出提审、再审决定或者接受抗诉、接受指令再审之日起3个月以内审结，需要延长期限的，不得超过6个月。接受抗诉的人民法院指令下级人民法院再审的，应当自接受抗诉之日起1个月以内作出决定。

(八)执行期间

下级人民法院接到最高人民法院(包括授权高级人民法院核准签发的)执行死刑的命

令后，应当在 7 日以内交付执行。人民检察院认为暂予监外执行不当的，应当自接到通知之日起 1 个月以内将书面意见送交批准监外执行的机关，批准监外执行的机关接到人民检察院的书面意见后，应当立即对该决定进行重新核查。人民检察院认为人民法院减刑、假释的裁定不当，应当在收到裁定书副本后 20 日以内，向人民法院提出书面纠正意见，人民法院应当在收到纠正意见后 1 个月以内重新组成合议庭进行审理，作出最终裁定。

(九)申请恢复期间的期间

当事人由于不能抗拒的原因或者其他正当理由而耽误期限的，在障碍消除后 5 日以内，可以申请继续进行应当在期满以前完成的诉讼活动。

在刑事诉讼中，期间重新计算有以下几种情况：

(1)因发现另有重要罪行的，侦查羁押期限重新计算。

(2)改变管辖的，审查起诉期限和一审期限重新计算。

(3)补充侦查完毕移送审查起诉或者审判的，审查起诉期限或者审理期限重新计算。

(4)二审发回重审的，原审重新计算期限。

期间不计入的有以下几种情况：

(1)犯罪嫌疑人不讲真实姓名、住址、身份不明的，羁押期限从查清之日起计算。

(2)对犯罪嫌疑人作精神病鉴定的期间不计入办案期限。

(3)路途上的时间，不计入法定期限。

(4)中止审理时间不计入办案期限。

四、期间恢复

(1)期间的耽误是指司法机关或诉讼参与人没有在法定期限内完成应当进行的诉讼行为。

(2)期间的恢复是指当事人由于不能抗拒的原因或者有其他正当理由耽误期限的，在障碍消除后 5 日以内，可以申请继续进行应当在期满以前完成的诉讼活动的一补救措施。

(3)期间的恢复必须具备以下条件：第一，只有当事人才能提出恢复期间的申请；第二，期间的耽误是由于不能抗拒的原因或有其他正当理由；第三，当事人的申请应当在障碍消除后的 5 日以内提出。

◎ **注意** 关于申请恢复诉讼期间的时间，刑事诉讼与民事诉讼以及行政诉讼不同：

A. 民事诉讼中：当事人因不可抗拒的事由或者其他正当理由耽误期限的，在障碍消除后的 10 日内，可以申请顺延期限。(《民事诉讼法》第 83 条)

(4)期间恢复的申请经人民法院裁定批准后才能恢复期间。

五、期间的延长和重新计算

(一)期间的延长

期间的延长是指司法机关在规定的办案期限内不能完成应予完成的诉讼行为，而向后续展期限的办法。

期间的延长仅适用于司法机关办案期限，对诉讼参与人的有关诉讼期限，不能延长。

刑事诉讼法对期间的延长规定了两个办法：一是允许司法机关自动延长并明确规定延长时间的上限。二是报经一定机关批准或决定延长。

(二)期间的重新计算

期间的重新计算是指由于发生了法定的情况，原来已进行的期间归于无效，而从新发生情况之时起计算期间。重新计算期间的规定也仅适用于司法机关的办案期限。

期间的重新计算有以下几种：

(1)在侦查期间，发现犯罪嫌疑人另有重要罪行的，自发现之日起重新计算侦查羁押期限。

(2)人民检察院审查起诉的案件，改变管辖的，从改变后的人民检察院收到案件之日起计算审查起诉期限；

(3)人民检察院审查起诉中退回公安机关补充侦查的案件，补充侦查完毕移送人民检察院后，人民检察院重新计算审理期限；

(4)人民法院改变管辖的案件，从改变后的人民法院收到案件之日起计算审理期限；

(5)人民检察院补充侦查的案件，补充侦查完毕移送人民法院后，人民法院重新计算审理期限；

(6)第二审人民法院发回原审人民法院重新审判的案件，原审人民法院自收到发回的案件之日起，重新计算审理期限。

第二节　送　　达

一、送达的概念和意义

刑事诉讼中的送达是指人民法院、人民检察院和公安机关依照法定程序和方式，将诉讼文件送交诉讼参与人、有关机关和单位的诉讼活动。

送达具有以下特点：

第一，送达是公、检、法机关所进行的诉讼活动。诉讼参与人向司法机关送交的自诉状、上诉状、答辩状等诉讼文件的行为，不属于法定的送达。

第二，送达必须依照法定的程序和方式进行。

第三，送达的内容是各种诉讼文件。如传票、通知书、起诉书、不起诉决定书、裁定书、判决书等。

第四，送达的收件人可以是公民个人，也可以是机关、单位。

送达的意义：一是能够保证刑事诉讼的顺利进行；二是送达能够保障司法机关和诉讼参与人履行职责或行使诉讼权利。

二、送达回证

送达回证是司法机关依法将诉讼文件送达收件人的凭证。其内容包括送达诉讼文件的机关，收件人的姓名，送达诉讼文件的名称，送达的时间、地点、方式，送达人、收件人的签名、盖章，签收日期，等等。

送达回证是司法机关依法法送达诉讼文件的证明文件，是计算期间的根据，是送达程序的必要形式。因此，在送达诉讼文件时必须使用送达回证，并将送达回证入卷归档。

三、送达的方式①

(1)直接送达，指司法机关派员将诉讼文件直接交给收件人。受送达人是公民的，本人不在交他的同住成年家属签收；受送达人是法人或者其他组织的，应当由法人的法定代表人、其他组织的主要负责人或者该法人、组织负责收件的人签收；受送达人有诉讼代理人的，可以送交其代理人签收；受送达人已向法院指定代收人的，送交代收人签收。

(2)留置送达，指收件人本人或者代收人拒绝接收诉讼文件或者拒绝签名盖章时，送达人员将诉讼文件放置在收件人或代收人的住处的一种送达方式。

留置送达条件有：收件人或代收人拒绝接受诉讼文件或者拒绝签名、盖章时才能采用。找不到收件人，同时也找不到代收人时，不能采用留置送达。

(3)委托送达，指承办案件的司法机关委托收件人所在地的司法机关代为送达的一种方式。委托送达一般是在收件人不住在承办案件的司法机关所在地，而直接送达有困难的情况下所采用的送达方式。

(4)邮寄送达，指司法机关将诉讼文件挂号邮寄给收件人的一种送达方式。其程序是司法机关将诉讼文件、送达回证挂号邮寄给收件人，收件人签收挂号邮寄的诉讼文件后即认为已经送达。挂号回执上注明的日期为送达日期。

(5)转交送达，指对特殊的收件人由有关部门转交诉讼文件的送达方式。

①军人交给所在部队团级以上单位的政治部门转交。

②正在服刑的犯人通过其执行机关转交。

③正在被劳动教养的人可以通过劳动教养单位转交。

四、送达时间

(1)直接送达：收件人本人或代收人大送达回证上签收的日期为送达日期。②

(2)留置送达：留在受送达人的住所之时。

(3)邮寄送达：以回执上注明的收件日期为送达日期。

(4)转交送达：代为转交的机关、单位收到诉讼文书后送达回证上的签收日期为送达日期。

---

① 《最高人民法院关于适用〈中华人民共和国刑事诉讼法〉的解释》第167~171条。

② 《最高人民法院关于适用〈中华人民共和国刑事诉讼法〉的解释》第167条。

第三节　刑事诉讼的中止

一、刑事诉讼中止的概念和功能

(一)刑事诉讼中止的概念

刑事诉讼中止是指在刑事诉讼过程中，由于发生某种情况影响诉讼的正常进行而将诉讼暂时停止，待中止的情况消失后，再恢复诉讼的制度。

(二)刑事诉讼中止的功能

刑事诉讼中止可以使公安司法机关集中力量办理有条件进行的其他案件，促使有关方面积极消除导致诉讼中止的情况，同时也有利于保护当事人合法权益。

二、刑事诉讼中止的适用情形和程序

(一)刑事诉讼中止的适用情形

(1)侦查中止的情形：①犯罪嫌疑人长期潜逃，采取有效追捕措施仍不能缉拿归案的；②犯罪嫌疑人患有精神病及其他严重疾病不能接受讯问，丧失诉讼行为能力的。

(2)审查起诉中止的情形：①犯罪嫌疑人潜逃；②患有精神病及其他严重疾病不能接受讯问的，丧失诉讼行为能力的，人民检察院可以中止审查；③共同犯罪中，部分犯罪嫌疑人潜逃的，对潜逃的犯罪嫌疑人可以中止审查，对其他的犯罪嫌疑人的审查起诉应当照常进行。

(3)在审理阶段的中止情形：①被告人患有严重疾病，无法出庭的；②被告人脱逃的；③自诉人患有严重疾病，无法出庭，未委托诉讼代理人出庭的；④由于不能抗拒的原因。

(4)执行中止的情形：执行中止的情形目前只限于死刑判决，即指下级人民法院接到最高或高级人民法院执行死刑的命令后，发现有下列情形之一的，中止执行：①在执行前发现死刑裁判可能有错误的；②执行前罪犯揭发重大犯罪事实或有其他重大立功表现，可能需要改判的；③罪犯正在怀孕的。

(二)刑事诉讼中止的程序

(1)侦查中止的程序：根据人民检察院刑事诉讼规则，经检察长决定，中止侦查，中止侦查的理由和条件消失后，经检察长决定，应当恢复侦查。

(2)审查起诉中止的程序：应当由办案人员提出意见，部门负责人审核，报请检察长决定，需要撤销中止审查决定的，同样办理。

(3)审判中止的程序：

①人民法院中止审理的，应当用裁定；

②中止审理的原因消失后，应当恢复审理，中止审理的期间不计入审理期间；

③脱逃的被告人归案后，应当恢复审理，必要时，对被告人采取强制措施；

④发现不宜适用简易程序的，应当决定中止审理，并按照公诉案件或自诉案件的第一审普通程序进行审理；

⑤因上诉的被告人脱逃而中止审理的时间，不计算在案件审理期限内。

(4)执行中止的程序：临场监督执行死刑的检察人员应当依法监督执行死刑的场所，方法和执行死刑的活动是否合法，在执行死刑前，发现下列情形之一的，应当建议人民法院停止执行；①被执行人并非是应当执行死刑的罪犯的；②罪犯犯罪时不满十八岁的；③判决可能有错误的；④在执行前罪犯检举揭发重大犯罪事实或者有其他重大立功表现，可能需要改判的；⑤罪犯正在怀孕的。

(三)刑事诉讼行为中止的规定

(1)律师会见行为中止：律师会见在押犯罪嫌疑人，违反法律规定或者会见场所规定的，在场民警应当制止，必要时，可以决定停止本次会见。

(2)律师违规行为制止：律师在刑事诉讼中有违反有关规定行为的，公安机关应当及时制止，并通知律师管理部门。

第四节 刑事诉讼的终止

一、刑事诉讼终止的概念和功能

(一)刑事诉讼终止的概念

刑事诉讼终止是指在立案后至判决生效前，因发生某种情况使得诉讼不应或不需要进行而中途结束的制度。

(二)刑事诉讼终止的功能

刑事诉讼终止可以及时停止不应进行的或者没有实际意义的诉讼；有利于公安司法机关集中力量打击犯罪；有利于使不应被追究刑事责任的人不再受到追究，使诉讼参与人及时脱离诉讼，维护法律的严肃性。

二、刑事诉讼终止的适用情形、程序

(一)刑事诉讼终止的适用情形

(1)撤销立案的情形：人民检察院在侦查过程中，发现共同犯罪的案件的犯罪嫌疑人有下列情形的：①没有犯罪事实的；②依照刑法规定不负刑事责任和不是犯罪的；③虽有犯罪事实，但不是犯罪嫌疑人所为的。

(2)侦查终止的情形：①具有刑事诉讼法第十六条规定的情形之一的；②没有犯罪事

实的；③依照刑法不负刑事责任和不认为是犯罪的；④虽有犯罪事实，但不是犯罪嫌疑人所为的。

(3)提起公诉终止的情形：①不起诉——具有刑事诉讼法第十六条规定情形之一的，已经追究刑事责任的人民法院应当不起诉；②撤回起诉——在人民法院宣告判决前，人民检察院发现：被告人不存在犯罪事实或犯罪事实并非是被告人所为或不应当追究被告人刑事责任的，可以要求撤回起诉。

(4)审理终止的情形：①犯罪已经过追诉期限，并且不是必须追诉或者经特赦令免除刑罚的，应当裁定终止审理；②被告人死亡的，应当裁定终止审理，对根据已经查明的案件事实和认定的证据材料，能够确认被告人无罪的，应当判决宣告被告人无罪；③共同犯罪案件中，提出上诉的被告人死亡，其他被告人没有提出上诉，第二审人民法院仍应当对全案进行审查。死亡的被告人不构成犯罪的，应当宣告无罪，审查后认为构成犯罪的，应当宣布终止审理。

(二)刑事诉讼终止的程序

(1)撤销立案的程序：人民检察院撤销立案的程序同其侦查终止的程序。

(2)侦查终止的程序：公安机关需要撤销案件的。办案部门应当制作撤销案件报告书，报县级以上公安机关负责人批准。人民检察院在侦查过程中撤销案件，应当由检察人员写出撤销案件意见书，经侦察部门负责人审核后，报请检察长或者检察委员会决定撤销案件。

(3)提起公诉终止的程序：不起诉按照不起诉程序执行。

撤回起诉程序：人民检察院撤回起诉，应当报经检察长或者检察委员会决定，并以书面方式在人民法院判决前向人民法院提出。在法庭审理过程中，公诉人认为需要撤回起诉的，应当要求休庭，并记明笔录。法庭宣布延期审理后，人民检察院应当在补充侦查期限内，撤回起诉；撤回起诉后，没有新的事实或新的证据不得再行起诉。

(4)审理终止的程序：人民法院应当裁定终止审理；对宣告中止审理的在押被告人，应当办理立即释放手续。

【法律谚语】

人们通常会发现，法律就是这样一种网，触犯法律的人，小的可以穿网而过，大的可以破网而出，只有中等的才会坠入网中。

——英国诗人　申斯通

【思考题】

1. 什么是期间？期间的计算单位、方法如何？
2. 什么是期间的耽误？期间的恢复必须具备什么条件？
3. 什么是送达？有哪些方式？
4. 什么是刑事诉讼中止与终止？其适用情形分别是什么？

第三编　刑事诉讼程序

第十一章　立　　案

【知识结构图】

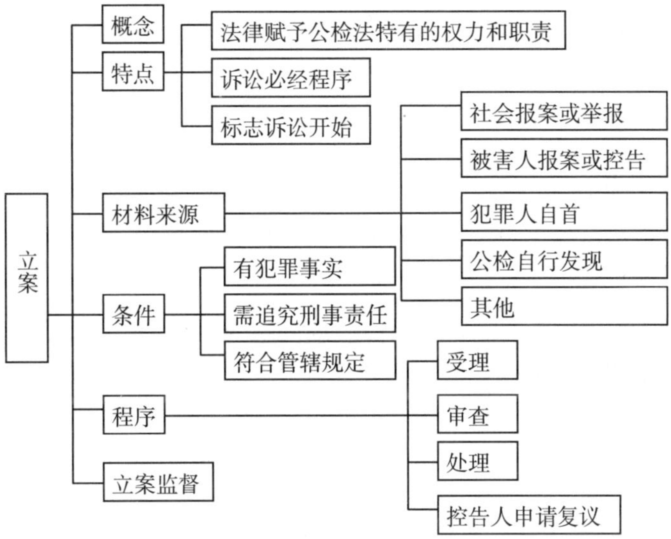

【内容导读】

我国刑事诉讼中的立案，是公安机关、人民检察院和人民法院专有的职权，是刑事诉讼活动的开始阶段和必然阶段。刑事立案条件是认为有犯罪事实，需要追究刑事责任，并符合管辖的规定。立案作为一个诉讼阶段，其具体的程序内容包括对立案材料的发现和接受、对立案材料的审查和处理、人民检察院对侦查机关有案不立问题进行的立案监督等方面。

【法考要点】

司法机关对不属于自己管辖的报案、控告和举报的处理，报案、控告和举报区别，立案的条件和对不立案的监督。

【考研要点】

立案的概念、条件、程序。

【热点思考】

如何加强对检察院直接受理案件的立案监督？

第一节　立案的概念和意义

一、立案的概念

在我国，刑事诉讼中的立案是指公安司法机关对于报案、控告、举报、自首以及自诉人起诉等材料，按照各自的职能管辖范围进行审查后，认为有犯罪事实发生并需要追究刑事责任时，决定将其作为刑事案件进行侦查或审判的一种诉讼活动。根据刑事诉讼法的规定，立案具有以下特点：

(1)立案是法律赋予公安机关、人民检察院、人民法院特有的权力和职责，其他任何机关和个人都无立案权。

(2)立案是我国刑事诉讼一个独立、必经的诉讼阶段，是刑事诉讼活动开始的标志。

二、立案的意义

(1)立案是保护公民合法权益不受非法侵犯，保障无罪的人不受刑事追究的重要的程序保障措施。

(2)立案有助于督促公安司法机关及时、准确地揭露、证实、打击犯罪。

(3)立案有利于准确评价社会治安形势，为国家制定刑事政策提供依据。

第二节　立案的材料来源和条件

一、立案的材料来源

立案材料是指公安机关、人民检察院发现的或者有关单位、组织或个人向公安司法机关提交的有关犯罪事实和犯罪嫌疑人情况的材料。它是公安司法机关进行审查，决定是否立案的事实材料。①

◎ **注意**　此处没有法院。

根据我国刑事诉讼法的规定和司法实践中的情况，作为立案材料来源主要有以下几个方面：

(1)公安机关、人民检察院发现犯罪事实或者犯罪嫌疑人。

(2)单位或者个人的报案或者举报。单位和个人的报案或者举报材料是公安司法机关审查决定是否立案的主要材料来源之一。②

报案和举报有所不同。报案是指有关单位或者个人发现有犯罪事实发生而向公安机关、人民检察院、人民法院揭露和报告的行为；举报是指有关单位或者个人将其发现的犯

① 《中华人民共和国刑事诉讼法》第 108 条。

② 《中华人民共和国刑事诉讼法》第 110 条。

罪事实及犯罪嫌疑人向公安机关、人民检察院或者人民法院揭发、报告的行为。可见，报案一般是针对犯罪事实的发生，报案材料提供的案件事实、证据材料较为简单笼统，往往不能明确指出犯罪嫌疑人，而举报内容则不仅有犯罪事实的发生，通常还具体地指明了犯罪嫌疑人，提供的犯罪事实和证据材料相对具体和详细。

(3)被害人的报案或者控告。《刑事诉讼法》第 110 条第 2 款规定："被害人对侵犯其人身、财产权利的犯罪事实或者犯罪嫌疑人，有权向公安机关、人民检察院或者人民法院报案或者控告。"

报案、举报、控告和扭送的比较如表 10-1 所示。

表 10-1　**报案、举报、控告和扭送的比较**

	报案	举报	控告	扭送
主体	第三人、被害人	第三人	被害人	第三人
内容	只有犯罪事实无犯罪嫌疑人	既有犯罪事实又有犯罪嫌疑人	既有犯罪事实又有犯罪嫌疑人	既有犯罪事实又有犯罪嫌疑人

(4)犯罪人的自首。

(5)其他途径。在司法实践中，立案的材料来源常见的还有以下几种：①上级机关交办的案件；②群众的扭送；③党的纪检部门及行政机关查处后移送追究刑事责任的案件等。

二、立案的条件

(1)有犯罪事实。有犯罪事实是指有依照刑法的规定构成犯罪的行为发生，并且该犯罪事实的存在有一定的证据证明。这是立案的首要条件。

(2)需要追究刑事责任。

(3)符合管辖的规定。有犯罪事实、需要追究刑事责任是刑事诉讼法规定的立案必须同时具备的条件，但尚不能确定某个具体的刑事案件由哪一个司法机关立案的问题。因此，立案还必须符合刑事诉讼法关于管辖的规定。包括公、检、法三机关在职能管辖上的分工，地区管辖的分工和专门司法机关与普通司法机关的分工。

【案例分析】

有人报案说某甲想自杀，警察到场后劝说无效，甲跳楼自杀，进屋后发现，甲已把乙杀死。问是否立案？

【解析】不立案。刑诉法第 16 条规定，犯罪嫌疑人、被告人已死亡的，在立案阶段做出不立案决定。

第三节　立案的程序

一、对立案材料的接受[①]

(1)公安机关、人民检察院或者人民法院对于报案、控告、举报、自首，都应当接受。

对于不属于自己管辖的，应当移送主管机关处理，并且通知报案人、控告人、举报人；对于不属于自己管辖而又必须采取紧急措施的，应当先采取紧急措施，然后移送主管机关。

◎ **思考**

公安机关、人民检察院或者人民法院对于不属于自己管辖的报案、控告、举报，应如何处理？

(2)询问报案人、控告人、举报人、扭送人和自首人并依法制作笔录。

(3)接受控告、举报的工作人员，应当向控告人、举报人说明诬告应负的法律责任。

为了防止诬告陷害，确保控告、举报材料的真实、客观，接受控告、举报的工作人员应当向控告人、举报人说明诬告应负的法律责任，要求其尽量实事求是、客观准确。但是，从鼓励群众大胆揭露犯罪出发，对控告人、举报人因各种主客观因素影响而出现的控告、举报事实有出入甚至错告的，只要不是故意捏造事实、伪造证据诬陷他人，就不应当作为诬告处理。

(4)公安司法机关应当保障扭送人、报案人、控告人、举报人及其近亲属安全，并为他们保密。

(5)公安机关对扭送人、报案人、控告人、举报人、自动投案人提供的有关证据材料等应当登记，制作接受证据材料清单，并由扭送人、报案人、控告人、举报人、自动投案人签名，一份交证据提供人，一份留存。必要时，应当拍照或者录音、录像，并妥善保管。

(6)公安机关接受案件时，应当制作《接受刑事案件登记表》，作为公安机关管理刑事案件的原始材料妥善保管，存档备查；并出具回执，便于有关当事人凭回执了解案件有关情况。

二、对立案材料的审查和处理

(一)公安机关对立案材料的审查和处理

公安机关对于接受的案件或者发现的犯罪线索，应当迅速进行审查，经过审查分别作出以下处理：

(1)认为有犯罪事实，但不属于自己管辖的案件，应当移送有管辖权的机关处理；必

---

① 《中华人民共和国刑事诉讼法》第110条。

须采取紧急措施的，应当先采取紧急措施，然后办理手续，移送主管机关。

(2)对于告诉才处理的案件和被害人有证据证明的轻微刑事案件，应当将案件材料和有关证据送交有管辖权的人民法院，并告知当事人向人民法院起诉。

(3)对于不够刑事处罚需要给予行政处罚的，依法处理。

(4)认为没有犯罪事实，或者犯罪情节显著轻微不需要追究刑事责任，或者具有其他依法不追究刑事责任情形的，不予立案。

(5)认为有犯罪事实，需要追究刑事责任且属自己管辖的，经县级以上公安机关负责人批准予以立案。

(二)检察机关对立案材料的审查和处理①

人民检察院对于接受的犯罪案件材料应当及时审查，并根据举报线索的不同情况和管辖规定，在7日以内分别作出如下处理：

(1)属于下级人民检察院或其他人民检察院管辖的，移送有管辖权的人民检察院。

(2)不属于人民检察院管辖的，移送有关主管机关处理，并且通知报案人、控告人、举报人、自首人。移送举报线索，应当移送举报材料原件，重要举报线索的移送，还应当经检察长批准。

(3)属于本院管辖，应当由侦查部门初查的，移送侦查部门。

(三)法院对立案材料的审查和处理②

人民法院直接受理自诉案件，对收到的犯罪材料经审查不属于自己管辖的，应当将材料移送有管辖权的机关处理；对属于自己管辖的自诉案件，符合刑事诉讼法及有关司法解释规定的，裁定予以立案受理；不符合有关规定的，应当说服自诉人撤回起诉，或者裁定驳回起诉。

◎ **思考** 甲偷偷将乙家的一群羊赶走卖掉，获得赃款3000元。乙向法院起诉，并提供了足以证明甲盗窃的证据，要求追究甲盗窃罪的刑事责任。法院应如何处理？

三、控告人对不立案决定的申请复议

《刑事诉讼法》规定③，控告人如果对公安机关不予立案的决定不服，可以申请复议。法律赋予控告人申请复议权，一方面是为了有效保护受犯罪行为直接侵害的受害人的合法权益，另一方面也是对公安司法机关应当立案而不立案的有效监督和制约。根据有关规定，控告人对不立案决定的申请复议应当注意以下几点：

(1)申请复议应向原作出不予立案决定的机关提出。

(2)控告人对不立案决定除申请复议外，也可以不经复议而向人民检察院提出要求人民检察院予以监督，或者直接向人民法院起诉。

---

① 《最高人民法院关于适用〈中华人民共和国刑事诉讼法〉的解释》第113条。

② 《中华人民共和国刑事诉讼法》第113条。

③ 《中华人民共和国刑事诉讼法》第113条。

四、立案监督

《刑事诉讼法》规定，人民检察院依法对刑事诉讼实行法律监督。① 人民检察院对不立案的监督有以下几个方面：

(1)人民检察院对不立案实施监督的材料来源主要有两个方面：一是通过人民检察院的各种业务活动发现公安机关有应当立案而不立案的情况；二是通过被害人提出的材料获得，被害人认为公安机关应当立案而不立案，向人民检察院提出的，人民检察院都应当接受，不得以任何理由拒绝。

(2)人民检察院获取不立案监督的材料后，应当根据事实和法律进行审查。

(3)人民检察院通过必要的调查、认真审查后，认为公安机关不立案的理由不能成立的，应当通知公安机关立案。

(4)公安机关在接到人民检察院要求立案的通知后，应当在15日内决定立案，并将立案决定书送达人民检察院。

(5)对于由公安机关管辖的国家机关工作人员利用职权实施的重大犯罪案件，人民检察院通知公安机关立案，公安机关不予立案的，经省级以上人民检察院决定，人民检察院可以直接立案侦查。(《高检规则》第561条)

【案例分析】

马某以丈夫虐待自己并造成其重伤为由，向某区公安机关报案。某区公安机关结案后，认为虐待罪属于自诉案件，因此，口头通知马某不予立案。马某不服，向某区人民检察院提出申诉，人民检察院经审查后，认为该案应由某区公安机关管辖，但是为避免公安机关再次不立案，某区人民检察院就自己制作了立案决定书，然后将立案决定书移交给某区公安机关，由公安机关侦查。某区公安机关接受后，立即口头拘传了马某丈夫许某。在第一次拘传时间将近12小时时，公安机关认为事实尚未查清，于是又制作了一个拘传证，将许某连续构传了24小时。公安机关在讯问许某时，由于有其他大案，人手不够，就派了一个侦查人员进行。许某提出要聘请律师为其提供法律帮助，侦查人员以案件正在侦查阶段，需要保密为由，拒绝了许某的要求。问：该案程序中存在哪些问题？

【法律谚语】

正义从来不会缺席，只会迟到。

——【美国】休尼特法官

【阅读书目】

1. 陈卫东：《刑事立案与侦查》，中国检察出版社2017年版。

2. 湖北省人民检察院课题组：《公诉与刑事审判监督前沿问题实证研究》知识产权出版社2013年版。

① 《中华人民共和国刑事诉讼法》第8条。

【思考题】

1. 立案阶段的任务是什么？立案的材料来源有哪些？
2. 报案与举报有什么区别？接待控告、举报应注意哪些问题？
3. 被害人如何监督公安司法机关的立案活动？
4. 检察院对公安机关的立案活动怎样进行监督？

第十二章 侦　　查

【知识结构图】

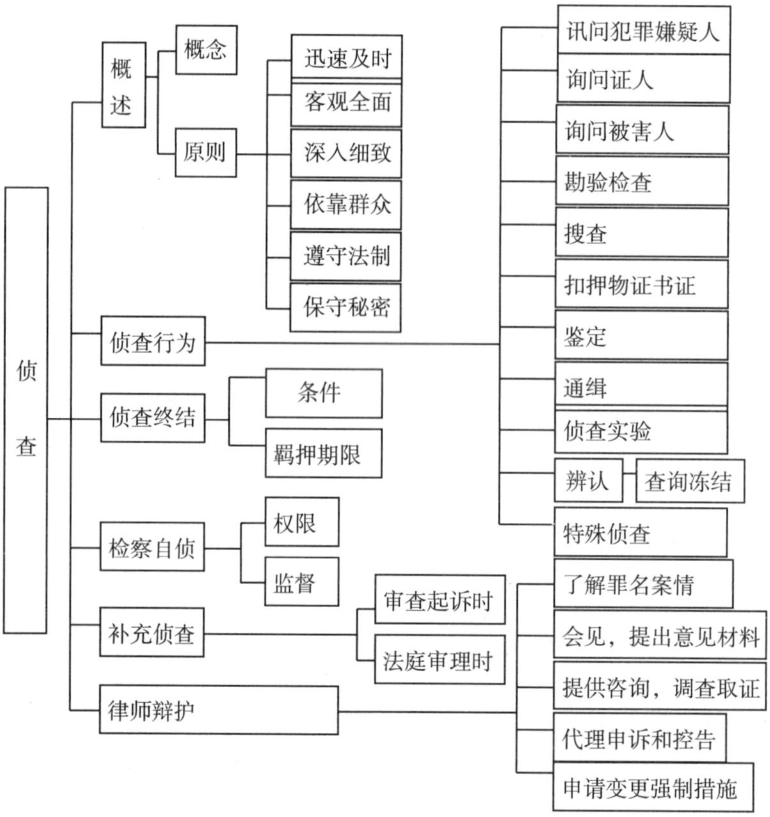

【内容导读】

侦查是国家专门机关在刑事诉讼过程中，为查明案件事实，查获犯罪嫌疑人，依照法定程序进行的专门调查工作和有关的强制性措施。本章主要介绍了侦查的概念、侦查的主体以及法律允许侦查主体所为的侦查行为和法律对侦查活动的基本要求。

【法考要点】

讯问犯罪嫌疑人的方式、地点，询问证人、被害人的要求、地点、时间、方式等，尸体检验的方式、程序，人身检查的对象、目的，侦查实验的适用条件，搜查的程序，扣押邮件电报、冻结扣押存款的程序和后续处置，重新鉴定和补充鉴定购适用条件和鉴定主体，辨认的要求，通缉的发布主体、适用主体和程序；侦查羁押期限的起算，普通案件的侦查羁押期限，四种特定案件的侦查揭押期限以及特别严重的案件的侦查羁押期限，羁押期限的重新计算问题；检察院自侦案件终结以后的三种处理情况；两种补充侦查的适用情形、主体以及程序。

【考研要点】

侦查概念，讯问犯罪嫌疑人的程序，侦查羁押期限的种类，侦查终结的条件，补充侦查的适用情形。

【热点思考】

诱惑侦查(警察圈套)的存在价值及其效力如何确定？诱惑侦查的现状如何？你认为该如何规制？

第一节　侦查的概述

一、侦查的概念、任务和意义

(一)侦查的概念

侦查是指公安机关、人民检察院在办理案件过程中，依照法律进行的专门调查工作和有关的强制性措施。① 对侦查的概念可从以下几个方面来理解：

(1)侦查是我国刑事诉讼的一个独立阶段。

(2)侦查只能由法定的侦查机关进行。

(3)侦查的内容包括专门调查工作和有关的强制性措施。

专门调查工作，是指刑事诉讼法所规定的为收集证据、查明犯罪而进行的调查工作。

有关的强制性措施，是指刑事诉讼法所规定的为收集证据、查明犯罪和查获犯罪人而采用的限制、剥夺人身自由或对人身、财物进行强制的措施。

(4)侦查活动必须严格依法进行。

(二)侦查的任务

(1)收集证据，查明犯罪事实和抓获犯罪嫌疑人。这是侦查的首要任务。

(2)及时制止某些持续进行的犯罪并且预防该犯罪分子继续犯罪。

(3)为提起公诉和审判的顺利进行提供可靠的、充分的证据。

(三)侦查的意义

(1)侦查是查明刑事案件事实的必要手段。

(2)侦查是提起公诉和审判的前提。

① 《中华人民共和国刑事诉讼法》第108条。

（四）侦查原则

（1）迅速及时原则。这一原则要求侦查机关接到报案后要立即组织侦查力量，制定侦查方案，及时采取侦查措施，收集案件的各种证据。

（2）客观全面原则。这一原则要求侦查人员一切从案件的实体情况出发，实事求是地收集证据；既要收集能够证明犯罪嫌疑人有罪、罪重的证据，又要收集能够证明犯罪嫌疑人无罪、罪轻的证据。

（3）深入细致原则。这一原则要求侦查人员做深入细致的调查研究，对犯罪的具体情节要全部查清，并要求有相应的证据证明。

（4）依靠群众原则。这一原则要求在侦查过程中且要善于依靠群众的力量。

（5）遵守法制原则。这一原则要求在侦查过程中定的诉讼程序调查、收集证据。

（6）保守秘密原则。这一原则要求在侦查活动中注意保守侦查工作秘密，严格禁止将案情、证据、当事人及诉讼参与人的情况向无关人员泄露，以保证诉讼活动的顺利进行。

二、侦查组织体系与模式

（一）外国侦查组织体系

（1）侦诉一体的组织体系。所谓侦诉一体，是指侦查机关与起诉机关合二为一或侦查机关从属于起诉机关，受起诉机关指挥与监督。大陆法系国家一般采用这种侦查组织体系。

（2）侦诉分离的组织体系。所谓侦诉分离，是指侦查机关与起诉机关互不隶属，它们均具有独立的地位，侦查和起诉分别由警察机关和检察机关进行。英美法系国家一般采用这种侦查组织体系。

（二）外国侦查模式

（1）职权主义侦查模式，又称审问式的侦查模式，主要为大陆法系国家所采用。它注重发挥侦查机关在刑事诉讼中的职能作用，而不强调犯罪嫌疑人的积极性。其特点是：侦查机关拥有广泛的权力，侦查机关拥有自行决定的权力，犯罪嫌疑人的辩护权受到一定的限制。

（2）当事人注意侦查模式，又称抗辩式的侦查模式，主要为英美法系国家所采用。它强调侦查机关和犯罪嫌疑人在侦查中作为地位平等的双方当事人的对立、抗辩，主张法官以第三者身份介入侦查，监督制约侦查活动的进程。其特点为：犯罪嫌疑人享有广泛的诉讼权利；侦查机关一般无权自行作出决定，而要受法官的监督和制约；在某些单行法规中赋予了私人侦探、民间鉴定机构以一定的侦查权限。

（三）我国的侦查组织体系与模式

我国的侦查组织体系与模式具有双重性。一方面实行侦诉分离，即侦查机关和起诉机关分立，刑事案件的侦查和起诉分别由侦查机关和检察机关进行，另一方面又具有侦诉一体的明显特征。具体表现在：人民检察院有权对侦查活动的合法性进行监督；人民检察院对于国家工作人员贪污贿赂犯罪和国家机关工作人员渎职等职务犯罪案件，进行侦查并决定是否起诉。

我国的侦查模式是职权主义的单一模式。即除逮捕外侦查机关采用其他所有强制措施时均由其自行决定；犯罪嫌疑人没有沉默权，不设私人侦探和民间鉴定机构等。

第二节　侦查行为

一、讯问犯罪嫌疑人

(一)讯问犯罪嫌疑人的概念和意义

讯问犯罪嫌疑人，是指侦查人员依照法定程序以言词方式，就案件事实和其他与案件有关的问题向犯罪嫌疑人进行查问的一种侦查活动。

讯问犯罪嫌疑人是一项重要的侦查活动，是侦查刑事案件的必经程序，是查明犯罪事实的有效措施，是犯罪嫌疑人进行辩护和获得从宽处理的适当机会。在侦查程序中具有十分重要的意义。

(二)讯问犯罪嫌疑人的程序规定

(1)讯问的人员及人数。《刑事诉讼法》规定："讯问犯罪嫌疑人必须由人民检察院或者公安机关的侦查人员负责进行。讯问的时候，侦查人员不得少于二人。"①讯问犯罪嫌疑人是侦查阶段的必经程序。

(2)讯问的时间、地点。《刑事诉讼法》规定："对于不需要逮捕、拘留的犯罪嫌疑人，可以传唤到犯罪嫌疑人所在市、县内的指定地点或者到他的住处进行讯问，但是应当出示人民检察院或者公安机关的证明文件。"②对于被拘留或者逮捕的犯罪嫌疑人，应当在拘留、逮捕后的24小时内进行讯问。侦查人员提讯在押的犯罪嫌疑人，应当填写提讯证，在看守所或者侦查机关的工作场所进行讯问。

◎ **注意**　与询问证人、被害人地点的区别。

(3)讯问原则。讯问犯罪嫌疑人应当个别进行。共同犯罪案件，对同案犯罪嫌疑人的讯问应当个别进行。

(4)讯问前的准备。讯问前，侦查人员应当了解案件情况和证据材料，制定讯问计划，列出讯问提纲。

(5)讯问的步骤、方法。《刑事诉讼法》规定："侦查人员在讯问犯罪嫌疑人的时候，应当首先讯问犯罪嫌疑人是否有犯罪行为，让他陈述有罪的情节或者无罪的辩解，然后向

---

① 《中华人民共和国刑事诉讼法》第118条。

② 《中华人民共和国刑事诉讼法》第119条。

他提出问题。"①

《刑事诉讼法》规定："犯罪嫌疑人对侦查人员的提问，应当如实回答。但是对与本案无关的问题，有拒绝回答的权利。"②这表明，对侦查人员与本案有关问题的提问，犯罪嫌疑人负有如实回答和陈述的义务，既不能拒绝回答，也不能作虚假陈述；既不能捏造事实，也不能隐瞒事实或在回答时避重就轻。所谓"与本案无关的问题"，应是指与犯罪无关的问题。

(6)讯问未成年和聋哑等犯罪嫌疑人的特殊要求。③

①讯问未成年犯罪嫌疑人应针对未成年人的身心特点在方式、地点上采用灵活措施，并可以通知他的法定代理人到场。

②讯问聋、哑犯罪嫌疑人应当有通晓聋、哑手势的人参加。

③讯问不通晓当地语言文字的犯罪嫌疑人时，应配备翻译人员。

(7)讯问犯罪嫌疑人的禁止性规定。根据《刑事诉讼法》规定，严禁刑讯逼供和以威胁、引诱、欺骗以及其他非法的方法获取犯罪嫌疑人的供述。④

(8)讯问笔录的制作。讯问犯罪嫌疑人，应当制作讯问笔录。

为了规范执法行为，依法惩治犯罪，保障人权，提高执法水平和办案质量，2005年11月1日最高人民检察院第十届检察委员会第四十三次会议通过《人民检察院讯问职务犯罪嫌疑人实行全程同步录音录像的规定(试行)》，2006年1月最高人民检察院召开了全国检察机关推行讯问同步录音录像工作现场会，明确要求这项工作实行"三步走"：第一步，从2006年3月1日起先普遍实行讯问职务犯罪嫌疑人全程同步录音，最高人民检察院、省级人民检察院、省会(首府)市人民检察院和东部地区分州市人民检察院办理贿赂案件和职务犯罪要案实行全程同步录像；第二步，从2006年年底开始，办理贿赂案件和职务犯罪要案实行全程同步录音录像；第三步，从2007年10月1日起，全国检察机关办理职务犯罪案件讯问犯罪嫌疑人都必须实行全程同步录音录像。会议强调，推行讯问全程同步录音录像要坚持四个原则：一是全程同步原则，必须坚持同步、全程录音录像，不能任意选择取舍；二是程序规范原则，办案干警必须严格按规定程序操作，切实防止程序违法和疏漏；三是客观真实原则，任何人不得对原始资料擅自进行剪辑或技术处理；四是严格保密原则，必须切实加强各个环节的保密工作，严防录音录像资料泄露、流失。

二、询问证人

(一)询问证人的概念和意义

询问证人，是指侦查人员依照法定程序以言词方式，就案件有关情况向证人进行调查

---

① 《中华人民共和国刑事诉讼法》第120条。

② 《中华人民共和国刑事诉讼法》第120条。

③ 《中华人民共和国刑事诉讼法》第14条、《人民检察院办理未成年人刑事案件的规定》第11条、《未成年人保护法》第56条。

④ 《中华人民共和国刑事诉讼法》第52条。

了解的一种侦查活动。

证人是知道案件情况的人，询问证人可以查明案件的有关情况，可以查获犯罪人，可以核对其他证据对破案具有重要意义。

(二)询问证人的程序

(1)询问的地点和人数。《刑事诉讼法》规定："侦查人员询问证人，可以在现场进行，也可以到证人所在单位、住处或者证人提出的地点进行，在必要的时候，可以通知证人到人民检察院或者公安机关提供证言。在现场询问证人，应当出示工作证件，到证人所在单位、住处或者证人提出的地点询问证人，应当出示人民检察院或者公安机关的证明文件。"①

◎ **注意**　不得另行指定证人到其他地点接受询问。

(2)询问证人应当个别进行。② 不允许开座谈会方式集体讨论。

(3)询问前的准备。分析研究有关材料和情况，拟出询问提纲。

(4)询问证人的步骤、方法。③ 首先，应当问明证人的基本情况以及与当事人的关系。其次，询问证人应当告知他有如实作证的义务。再次，根据侦查实践，侦查人员询问证人应当首先让他把知道的案件情况连续地陈述出来。最后，就其陈述中不清楚、不全面或者有矛盾的地方以及其他需要查明的事实情节，向他提问，要求他回答。

(5)询问未成年人证人的特殊要求。《刑事诉讼法》规定："对于未成年人刑事案件，在讯问和审判的时候，应当通知未成年犯罪嫌疑人、被告人的法定代理人到场。"④

(6)询问证人的禁止性规定。《刑事诉讼法》规定，⑤ 严禁刑讯逼供和以威胁、引诱、欺骗以及其他非法的方法收集证据。这里的收集证据包括询问证人，而且上述非法的方法收集的证人证言也不能作为指控犯罪或定案的根据。

(7)询问笔录的制作。询问证人，应当制作询问笔录。

三、询问被害人

询问被害人，是指侦查人员依照法定程序以言词方式，就被害人遭受侵害的事实和犯罪人的有关情况向被害人进行调查了解的一种侦查活动。

被害人陈述是一个重要的证据种类。由于被害人受到犯罪行为的直接侵害，一般与犯罪嫌疑人有过直接的接触，对犯罪事实有切身感受，因此及时、正确地询问被害人，对于收集证据，查明犯罪事实，查获犯罪人，进而惩罚犯罪和保护被害人的合法权益，均具有十分重要的意义。

---

① 《中华人民共和国刑事诉讼法》第 124 条。
② 《中华人民共和国刑事诉讼法》第 124 条。
③ 《中华人民共和国刑事诉讼法》第 125 条。
④ 《中华人民共和国刑事诉讼法》第 281 条。
⑤ 《中华人民共和国刑事诉讼法》第 52 条。

《刑事诉讼法》规定,[1] 询问被害人适用询问证人的程序。但是，由于被害人受到犯罪行为的直接侵犯，是刑事诉讼的当事人，与犯罪嫌疑人有着直接的利害关系，在诉讼中与证人的地位不同，因此询问被害人除了应当遵守询问证人的各项规定以外，还应当注意被害人害怕打击报复或顾及名誉、情面的特殊心理和了解犯罪嫌疑人更多情况的特点，耐心做好被害人的思想工作，使其如实陈述；对伤势较重、有生命危险的被害人，要及时询问并尽可能地进行录音、录像；要采取有效措施保障被害人的人身安全；对于被害人的个人隐私，应当为他保守秘密。另外，第一次询问被害人时，应当告知他有提起附带民事诉讼的权利。

四、勘验、检查

(一)勘验、检查的概念和意义

1. 勘验、检查的概念

勘验、检查是指侦查人员对与犯罪有关的场所、物品、尸体或者人身进行勘查、勘验或检查，以发现和收集犯罪活动所遗留的各种痕迹和物品的一种侦查活动。勘验的对象是现场、物品和尸体，而检查的对象则是活人的身体。[2]

2. 勘验、检查的意义

(1)通过勘验、检查可以发现和提取犯罪活动所遗留的各种痕迹和物品。

(2)通过对所获得的各种痕迹和物品的分析研究，可以判明案件的性质，了解犯罪嫌疑人的特征，明确侦查的方向和范围，为侦查破案提供线索和证据。

(二)勘验、检查的程序[3]

(1)勘验、检查由侦查人员进行，必要的时候可以指派或者聘请具有专门知识的人，在侦查人员的主持下进行。

(2)侦查人员进行勘验、检查，必须持有人民检察院或者公安机关的证明文件。

(3)侦查人员应当邀请与案件没有利害关系的人作为见证人参加勘验、检查工作，以保证勘验、检查的客观性。

(4)人民检察院要求复验、复查的，侦查机关应当及时进行复验、复查，并通知人民检察院派员参加。

(5)勘验、检查的情况应当写成笔录，由参加勘验、检查的人和见证人签名或者盖章。

(三)勘验、检查的种类

按照对象和内容的不同，勘验、检查可以分为现场勘查、物品检验、尸体检验、人身

---

① 《中华人民共和国刑事诉讼法》第 127 条。

② 《中华人民共和国刑事诉讼法》第 128 条。

③ 《中华人民共和国刑事诉讼法》第 128~135 条。

检查四种。

1. 现场勘查

(1)现场勘查的概念：现场勘查是侦查人员对犯罪分子实施犯罪的地点以及遗留有犯罪痕迹和物品的场所进行勘查的一种侦查活动。

(2)现场勘查的程序：

第一，犯罪现场的保护。《刑事诉讼法》规定："任何单位和个人，都有义务保护犯罪现场，并且立即通知公安机关派员勘验。"①应当妥善保护犯罪现场，注意保全证据，控制犯罪嫌疑人，并立即报告公安机关主管部门。

第二，现场勘查的指挥和执行人员。现场勘查，由县级以上公安机关侦查部门负责。

第三，现场勘查的具体要求。勘验现场时，要认真观察每个物品和痕迹的特征、位置、状态以及其相互关系，以便客观地判断有关犯罪的情况。

第四，现场勘查笔录的制作。侦查人员、其他参加勘查的人员和见证人应当在现场勘查笔录上签名或者盖章，并注明时间。

2. 物品检验

(1)物品检验的概念。物品检验，是指侦查人员对已经收集到的物品及其痕迹进行检查和验证，以确定其与案件有无联系的一种侦查活动。

(2)侦查人员对物品进行检验，应当注意以下几点：

第一，要仔细地查验物品上的特征，如单据上被涂改的痕迹、鞋底上的花纹等；对于在现场收集的物品，还要注意它与周围环境的关系，并分析研究物品的特征和痕迹的变化情况。

第二，通过分析研究，要确定该物品及其痕迹与案件事实有无联系以及有何种联系。

第三，对物品的特征，如果侦查人员不能判断时，应当指派或者聘请具有专门知识的人进行鉴定。

3. 尸体检验

(1)尸体检验的概念：尸体检验是在侦查人员的主持下，由法医或者医生对非正常死亡者的尸体进行检验或者解剖的一种侦查活动。其目的在于确定死亡的原因，判断死亡的时间、致死的工具、致死的手段和方法。

(2)尸体检验的种类分为尸表检验和尸体解剖两种。

尸表检验，是指对尸体外部表面的检验。尸体解剖，是指对尸体内部器官进行的检验。《刑事诉讼法》第131条规定："对于死因不明的尸体，公安机关有权决定解剖，并且通知死者家属到场。"侦查人员应填写尸体解剖报告表，报县级以上公安机关负责人批准；解剖应严格按照卫生部《解剖尸体规则》进行，应注意尊重当地群众的风俗习惯，保持尸体外貌的完整。无论是局部解剖还是全部解剖，均应写明结论，如确定死亡的时间、原因、损伤情况及有无病史等。此外，解剖只能在侦查机关和医院附设的法医室(科)进行。

◎ **注意**　只有死因不明的尸体公安机关才有权自行决定解剖。

尸体检验的情况应写成笔录，由侦查人员和进行检验的法医或医生、死者的家属或见

① 《中华人民共和国刑事诉讼法》第129条。

证人签名或盖章，并注明时间。

4. 人身检查

(1)人身检查的概念：人身检查是指为了确定被害人、犯罪嫌疑人的某些特征、伤害情况或者生理状态，对其人身进行检验、查看的一种侦查活动。

(2)人身检查的程序：

第一，人身检查对象是被害人、犯罪嫌疑人。

第二，人身检查只能由侦查人员进行，必要时可以邀请法医或者医师参加。

第三，犯罪嫌疑人如果拒绝检查，侦查人员认为必要的时候，可以强制检查，但是对被害人不得强制检查。

◎ **注意** 对犯罪嫌疑人可以强制检查，对被害人则不可以强制进行。

第三，检查妇女的身体，应当由女工作人员或者医师进行。

◎ **注意** 法律对医生的性别未做限制。

第四，人身检查的情况应当写成笔录，由侦查人员、其他进行检查的人员或者见证人签名或者盖章，并注明时间。

五、搜查

(一)搜查的概念和意义

搜查，是指侦查人员对犯罪嫌疑人以及可能隐藏罪犯或者犯罪证据的人的身体、物品、住处和其他有关的地方进行搜索检查的一种侦查活动。①

搜查是重要的侦查手段，对查获犯罪嫌疑人和犯罪证据有十分重要意义。

(二)搜查的程序②

由于搜查涉及公民的人身自由和住宅不受侵犯的权利，因此必须严格依法进行。根据刑事诉讼法和有关规定，搜查应当遵守下列程序：

(1)搜查须由侦查机关负责人批准，签发搜查证，执行搜查的侦查人员不得少于2人。

(2)进行搜查，必须向被搜查人出示搜查证。在执行逮捕、拘留的时候，遇有紧急情况，不另用搜查证也可以进行搜查，但搜查结束后搜查人员应当及时向侦查机关负责人报告，并补办有关手续。所谓紧急情况一般是指：可能随身携带凶器的；可能隐藏爆炸、剧毒等危险物品的；可能隐匿、毁弃、转移犯罪证据的；可能隐匿其他犯罪嫌疑人的；其他突然发生的紧急情况。

◎ **注意** 搜查有证无证均可，但有证、无证的具体况且不同。

(3)搜查时，应当有被搜查人或者他的家属、邻居或者其他见证人在场，并且对被搜查人或其家属说明阻碍、妨碍公务应负的法律责任。

---

① 《中华人民共和国刑事诉讼法》第136条。

② 《中华人民共和国刑事诉讼法》第138~140条。

(4)搜查妇女的身体，应当由女工作人员进行。

◎ **注意**　与检查妇女身体的人员范围不同。

(5)搜查的情况应当写成笔录，由侦查人员和被搜查人或者他的家属、邻居或者其他见证人签名或者盖章。如果被搜查人或者他的家属在逃或者拒绝签名、盖章，应当在笔录上注明。必要的时候，可以进行拍照或者录像。

(三)搜查应注意的问题

(1)为了防止被搜查人逃跑或者转移、销毁被搜查的物品，必要时可以在被搜查的场所周围设置武装警戒或者封锁通道，以保证搜查的顺利进行。

(2)搜查应当全面、细致、及时，并应根据不同的搜查对象，采取不同的搜查方法。

(3)应注意保护公私财物。

六、扣押物证、书证

(一)扣押物证、书证的概念和意义

扣押物证、书证，是指侦查机关依法强行扣留和提存与案件有关的物品(包括视听资料，下同)和文件的一种侦查活动。根据《刑事诉讼法》规定，侦查机关只能扣押能够证明犯罪嫌疑人有罪或者无罪的物品和文件，与案件无关的财物和文件，不得扣押。①

(二)扣押物证、书证的程序

为保障公民、法人和其他组织的财产权利和其他权利不受侵犯，刑事诉讼法和有关规定对扣押物证、书证规定了严格的程序。具体如下：

(1)扣押物证、书证须由侦查机关或其侦查部门的负责人批准，执行扣押物品、文件的侦查人员不得少于 2 人。

(2)扣押物证、书证须持有侦查机关的证明文件。

(3)侦查人员应当依法办理扣押手续。

(4)扣押邮件、电报应严格依法进行。《刑事诉讼法》规定：“侦查人员认为需要扣押犯罪嫌疑人的邮件、电报的时候，经公安机关或者人民检察院批准，即可通知邮电机关将有关的邮件、电报检交扣押。”②

(5)扣押物证、书证后的保管和处理。指派专人妥善保管，不得使用、调换、损毁或者自行处理。对于不能长期保存的物品，应当拍照后按有关规定处理。

(6)对于扣押的物品、文件、邮件、电报或者冻结的存款、汇款，经查明确实与案件无关的，应当 3 日以内解除扣押、冻结，退还原主或者原邮电机关。③

---

① 《中华人民共和国刑事诉讼法》第 141 条。

② 《中华人民共和国刑事诉讼法》第 143 条。

③ 《中华人民共和国刑事诉讼法》第 145 条。

【案例分析】

杨某，原某厂采购员，单身一人居住，因贪污行为被检察院立案侦查。1月3日晚，在没有惊动周围群众的情况下，检察院经济科侦查员李某、王某、在当地派出所民警郭某、林某协助下，搜查了杨某住所。搜查中扣押了30瓶茅台酒，20条外烟，50本学生练习本，画夹1个，画笔2支，发票收据2本，空白发票5本，伪造公章1枚，私章2枚，家用电器等。李某和王某开具了扣押物品清单，一份由当地派出所保存，一份由侦查员存入卷宗。1月6日，杨某的父亲要求检察院退还与本案无关的物品。检察院以本案尚未侦查终结为由拒绝了杨某父亲的请求。检察院的搜查、扣押程序是否合法？

七、鉴定

（一）鉴定的概念和意义

鉴定，是指侦查机关指派或者聘请具有专门知识的人，就案件中某些专门性问题进行鉴别判断并作出意见的一种侦查活动。①

在侦查过程中，侦查人员对于某些专门性问题，依法指派或者聘请具有专门知识的人进行鉴定，可以对与案件有关的物品、文件、痕迹、人身和尸体等证据材料的真伪作出科学、公正的判断，从而有效地查明案件事实，正确认定案情，为惩罚犯罪、保护无辜提供有力的根据。

（二）鉴定的程序②

根据刑事诉讼法和有关规定，鉴定应当按照下列程序进行：

（1）刑事技术鉴定，由县级以上公安机关指派其刑事技术部门专职人员或者其他专职人员负责进行；其他专门性问题需要聘请有专门知识或技能的人进行鉴定的，应当经县级以上侦查机关负责人批准，并制作聘请书。

（2）侦查机关应当为鉴定人进行鉴定提供必要的条件，及时向鉴定人送交有关检验和对比样本等原始材料，介绍与鉴定有关的情况，并且明确提出要求鉴定人解决的问题，但不得暗示或者强迫鉴定人作出某种鉴定。

（3）鉴定人应当按照鉴定规则，运用科学方法进行鉴定，出具鉴定意见并签名或者盖章。其中，几个鉴定人对同一专门性问题进行鉴定的，可以互相讨论，共同提出鉴定意见并签名或者盖章；若意见不一致时，则可以分别提出鉴定意见并签名或者盖章。

（4）侦查人员或者侦查部门认为鉴定意见不确切或者有错误的，经县级以上侦查机关负责人批准，可以补充鉴定或者重新鉴定；侦查人员应当将用作证据的鉴定意见告知犯罪嫌疑人、被害人，如果犯罪嫌疑人、被害人对鉴定意见有异议提出申请，经县级以上侦查机关负责人批准，可以补充鉴定或者重新鉴定。其中，重新鉴定的，侦查机关应当另行指

① 《中华人民共和国刑事诉讼法》第146条。

② 《中华人民共和国刑事诉讼法》第147条。

派或者聘请鉴定人。

(三)鉴定人的条件和鉴定对象

1. 鉴定人的条件

(1)具备一定鉴定资格。具有如下条件之一的即可：具有与所申请从事的司法鉴定业务相关的高级专业技术职称；有与所申请从事的司法鉴定业务相关的专业执业资格或者高等院校相关专业本科以上学历，从事相关工作5年以上；具有与所申请从事的司法鉴定业务相关工作10年以上经历，具有较强的专业技能。

(2)必须是获得侦查机关指派或者聘请的人。

(3)必须是与案件无利害关系，能够客观公正地作出鉴定意见的人。

(4)必须是自然人。

因故意犯罪或者职务过失犯罪受过刑事处罚的，受过开除公职处分的，以及被撤销鉴定人登记的人员，不得从事司法鉴定业务。

2. 鉴定的对象

鉴定的对象即案件中的某些专门性问题，如法医临床、法医毒物、法医物证、电子数据、笔迹、痕迹、会计、价格等。

八、通缉①

(一)通缉的概念和意义

(1)通缉是指公安机关发布通缉令并采取有效措施，将应当逮捕而在逃的犯罪嫌疑人追捕归案的一种侦查活动。

(2)通缉的对象是应当逮捕而在逃的犯罪嫌疑人。具体包括：①已批准或者决定逮捕而在逃和在采取取保候审、监视居住期间逃跑的犯罪嫌疑人；②已决定拘留而在逃的重大嫌疑分子；③从被羁押场所逃跑的犯罪嫌疑人；④在讯问或者在押解期间逃跑的犯罪嫌疑人；⑤对越狱逃跑的被告人或者罪犯，也可以通缉。

(3)通缉的条件：一是实质条件，即按照犯罪嫌疑人所犯罪行依法应当逮捕；二是形式条件，即有证据证明犯罪嫌疑人确已逃跑。

(二)通缉程序规定

(1)决定通缉。在侦查过程中需要通缉捉拿罪该逮捕而在逃的犯罪嫌疑人的，侦查人员应报经县级以上侦查机关负责人作出决定。

◎ **注意**　人民检察院可以决定对自己侦查案件的犯罪嫌疑人进行通缉，有通缉决定的权利，做出决定后由公安机关发布通缉令，公安机关既有权决定通缉，也有权发布通缉令。

(2)制作通缉令。通缉令是公安机关根据本机关和其他机关的通缉决定，向社会和本系统发布的缉拿应当逮捕而在逃的犯罪嫌疑人的书面命令。

---

① 《中华人民共和国刑事诉讼法》第155条。

(3)发布通缉令。县级以上公安机关在自己管辖的地区以内，可以直接发布通缉令；超出自己管辖的地区，应当报请有权决定的上级公安机关发布。通缉令发送范围，由签发通缉令的公安机关负责人决定。同时，为发现重大犯罪线索，追缴涉案财物、证据，查获犯罪嫌疑人，必要时，经县级以上公安机关负责人批准，可以发布悬赏通告。悬赏通告应当写明悬赏对象的基本情况和赏金的具体数额。通缉令、悬赏通告可通过广播、电视、报刊、计算机网络等媒体发布，也可以张贴等形式发布。

(4)补发通报。通缉令发出后，如果发现新的重要情况，发布通缉令的公安机关可以补发通报。通报必须注明原通缉令的编号和日期。

(5)布置查缉。有关公安机关接到通缉令后，应当及时布置查缉。

(6)撤销通缉令。犯罪嫌疑人自首、被击毙或被抓获并经核实后，原发布机关应当在原通缉、通知、通告范围内，撤销通缉令、边控通知、悬赏通告。

九、侦查实验[①]

(一)侦查实验的概念

侦查实验是指为了确定与案件有关的某一事件或者事实在某种条件下能否发生或者怎样发生而按照原来的条件，将该事件或者事实加以重演或者进行试验的一种侦查活动。

《刑事诉讼法》规定："为了查明案情，在必要的时候，经公安机关负责人批准，可以进行侦查实验。"

◎ **注意** 本条规定的侦查实验是指由公安机关在侦查案件时使用的，如果是检察机关直接受理侦查的案件需要侦查实验的，应当由该检察院检察长批准。

(二)侦查实验的程序和要求

第一，侦查实验应当经县级以上侦查机关负责人批准，并由侦查人员负责进行；在进行侦查实验时，应当邀请见证人在场，如果需要某种专门知识，应当聘请有关专业人员参加。必要时，也可以要求犯罪嫌疑人、被害人、证人参加。公安机关进行侦查实验，可以请人民检察院派员参加。

第二，侦查实验既可以在现场勘验过程中进行，也可以单独进行。在进行侦查实验前，一般应拟定侦查实验计划，确定实验的目的、实验的时间和地点、实验的工具和物品、实验的任务、实验的顺序和方法以及参加人员等。

第三，侦查实验的条件应与原来的条件相同或相似，并且尽可能对同一情况重复实验，以保证侦查实验的科学性和准确性。

第四，进行侦查实验，根据《刑事诉讼法》规定，禁止一切足以造成危险、侮辱人格或者有伤风化的行为。[②]

① 《中华人民共和国刑事诉讼法》第 135 条。

② 《中华人民共和国刑事诉讼法》第 135 条。

第五，侦查实验应当制作笔录，写明实验的目的、实验的时间和地点、实验的条件以及实验的经过和结果，并由进行实验的侦查人员、其他参加人员和见证人签名或者盖章。实验的照片、绘图应附入侦查实验笔录。

十、辨认[①]

(一)辨认的概念和意义

辨认，是指在侦查人员的主持下，由被害人、犯罪嫌疑人或者证人对与犯罪有关的物品、文件、尸体、场所或者犯罪嫌疑人进行辨别和确认的一种侦查活动。

通过辨认活动，可以对与犯罪有关的物品、文件、场所的真实性以及死者的身份情况和犯罪嫌疑人是否为作案人予以辨别确认，从而为侦查工作提供线索和证据，进而有利于查明案情，正确认定案件事实，迅速查获犯罪人，为侦查破案提供重要依据。

(二)辨认的程序[②]

(1)辨认决定权。公安部进行辨认要经负责侦查的部门负责人决定，人民检察院对犯罪嫌疑人进行辨认，应当经检察长批准。

辨认应当由侦查人员主持进行(公安部规定)。其中对犯罪嫌疑人进行辨认，应当经侦查机关或其他侦查部门的负责人批准。为保证辨认的客观性和合法性，侦查人员应当聘请见证人参加辨认活动。

(2)辨认的组织。在侦查人员组织下进行，主持辨认的侦查人员不得少于2人。辨认前侦查人员应当向辨认人详细询问辨认对象的具体特征，禁止辨认人见到辨认对象，以防止辨认人无根据地进行辨认和先入为主。同时，应当告知辨认人有意作假辨认应负的法律责任。

(3)几名辨认人对同一辨认对象进行辨认时，应当由辨认人个别进行，以防止辨认人之间互相影响，作出错误的辨认。

(4)被辨认的人数。侦查人员应当将辨认对象混杂在其他对象中让辨认人辨认，同时不得给予辨认人任何暗示。

被辨认的人数公安部规定不得少于7人，照片不得少于10张。最高人民检察院规定被辨认的人数不得少于5人，照片不得少于5张。

(5)犯罪嫌疑人的辨认，辨认人不愿意公开进行时，可以在不暴露辨认人的情况下进行，而且侦查人员应当为其保守秘密。

(6)辨认经过和结果，应当制作笔录，由侦查人员、辨认人、见证人签名或者盖章，并注明时间。

---

① 《公安机关办理刑事案件程序规定》第249条。

② 《公安机关办理刑事案件程序规定》第250~253条。

十一、查询、冻结

(一)查询、冻结的概念

查询、冻结指侦查机关根据侦查犯罪的需要而依法向银行或其他金融机构、邮电机关查询犯罪嫌疑人的存款，汇款、债券、股票、基金份额，在必要时予以冻结的一种侦查活动。

(二)查询、冻结应注意的问题

(1)查询、冻结存款、汇款，应当经过县级以上侦查机关负人批准。

(2)查询、冻结的存款、汇款仅限于犯罪嫌疑人的存款、汇款、债券、股票基金份额。

(3)犯罪嫌疑人的存款、汇款已被冻结的，不得重复冻结，但可以轮候冻结。

(4)冻结存款、汇款的期限为6个月；冻结债券、股票、基金份额的期限为2年；有特殊情况可以延长，但应当在期限届满前办理继续冻结手续。

(5)冻结后应分别情况作出处理。

十二、技术侦查①

技术侦查，是指公安机关、国家安全机关、人民检察院根据侦查犯罪的需要，经过严格的批准手续后，运用技术设备收集证据或查获犯罪嫌疑人的一种特殊侦查措施。

1. 技术侦查的主体

在我国只有公安机关、国家安全机关、人民检察院有权采取技术侦查，其他任何机关、团体、个人均无权采取。

2. 技术侦查的适用范围

公安机关在立案后，对于危害国家安全犯罪、恐怖活动犯罪、黑社会性质的组织犯罪、重大毒品犯罪或者其他严重危害社会的犯罪案件，根据侦查犯罪的需要，经过严格的批准手续，可以采取技术侦查措施。

人民检察院在立案后，对于利用职权实施的严重侵犯公民人身权利的重大犯罪案件，根据侦查犯罪的需要，经过严格的批准手续，可以采取技术侦查措施，按照规定交有关机关执行。

追捕被通缉或者批准、决定逮捕的在逃的犯罪嫌疑人、被告人，经过批准，可以采取追捕所必需的技术侦查措施。

3. 期限

批准决定应当根据侦查犯罪的需要，确定采取技术侦查措施的种类和适用对象。批准决定自签发之日起三个月以内有效。对于不需要继续采取技术侦查措施的，应当及时解除；对于复杂、疑难案件，期限届满仍有必要继续采取技术侦查措施的，经过批准，有效

---

① 《中华人民共和国刑事诉讼法》第150条。

期可以延长，每次不得超过三个月。

4. 程序

第一，严格按批准决定内容执行。

第二，保密和配合：侦查人员对于采取技术侦查措施过程中知悉的国家秘密、商业秘密和个人隐私，应当保密。公安机关依法采取技术侦查措施，有关单位和个人应当配合。

第三，所获材料的运用：采取技术侦查措施获取的材料，只能用于对犯罪的侦查、起和审判，不得用于其他用途。对于采取技术侦查措施获取的与案件无关的材料，必须及时销毁。侦查人员对采取技术侦查措施过程中知悉的国家秘密、商业秘密和个人隐私，应当保密；对采取技术侦查措施获取的与案件无关的材料，必须及时销毁。

第三节 律师辩护

一、律师辩护的概念和意义

侦查阶段的辩护人只能是律师，辩护律师可以为其提供法律咨询，向侦查机关提出无罪、罪轻的意见和材料，可以调查取证，代理申诉、控告、申请变更强制措施等。

1996年修改后的刑事诉讼法规定犯罪嫌疑人在侦查阶段可以聘请律师为其提供法律帮助，这是促进侦查民主化和增强侦查抗辩性的有力措施，也是维护犯罪嫌疑人合法权益的重要保障，这种情况下律师是提供法律帮助的人。

2012年修改刑事诉讼法后，侦查阶段律师不仅提供咨询，可以提出意见和材料，可以调查取证，律师是辩护人。

此外，律师在侦查阶段介入刑事诉讼，还可以有效地防止侦查人员刑讯逼供和以威胁、引诱、欺骗以及其他非法方法收集证据，切实保障犯罪嫌疑人的诉讼权利不受侵犯。

二、律师在侦查阶段的诉讼地位

律师辩护是律师在侦查阶段帮助犯罪嫌疑人行使辩护权的一种形式，律师由提供法律帮助的人变更为辩护人在律师职权上是有本质区别的。

三、犯罪嫌疑人聘请律师的程序

(1)犯罪嫌疑人在被侦查机关第一次讯问后或者采取强制措施之日起，可以聘请律师作为辩护人。

(2)同案的犯罪嫌疑人不得聘请同一名律师，但每名犯罪嫌疑人可以聘请一至二名律师。

四、律师在侦查阶段的权利和活动

(1)向侦查机关了解犯罪嫌疑人涉嫌的罪名、案情。

(2)会见犯罪嫌疑人，向其了解有关案件的情况。

(3)为犯罪嫌疑人提供法律咨询。

(4)向侦查机关提供无罪、罪轻的意见、材料。
(5)调查取证。
(6)代理犯罪嫌疑人提出申诉和控告。
(7)为犯罪嫌疑人申请变更强制措施。

第四节 侦查终结

一、侦查终结的概念和条件

(一)侦查终结的概念

侦查终结，是指侦查机关经过一系列的侦查活动，认为案件事实已经查清，证据确实、充分，足以认定犯罪嫌疑人是否犯罪和应否对其追究刑事责任而决定结束侦查，依法对案件作出处理或者提出处理意见的一项诉讼活动。

侦查终结是侦查程序中的最后一个阶段，也是刑事诉讼中的一道相当重要的程序。这一程序的正确开展对于准确、及时地实现国家刑罚权，以及保障无罪的人不受刑事追究，关系重大。

(二)侦查终结的条件

(1)案件事实已经查清。它是侦查终结的首要条件。因此，一般指对于犯罪嫌疑人的犯罪时间、地点、动机、目的、情节、手段和危害结果以及有没有遗漏罪行或者其他应当追究刑事责任的同案人等与案件有关的事实和情节。

(2)证据确实、充分。证据确实、充分是侦查终结的中心环节，它是指证明犯罪事实情节的每一个证据来源可靠，经核实无误，证据与案件之间联系清楚，证据之间能够相互印证，证明链条环环相扣，足以确认犯罪嫌疑人有罪或者无罪，罪重或者罪轻。

(3)法律手续完备。法律手续完备，同样是侦查终结必不可少的条件。它是依法办案的依据，是保证侦查质量的前提。如果发现有遗漏或不符合法律规定之处，应当及时采取有效的措施予以补充或改正。

以上三个条件必须同时具备，缺一不可。

二、侦查终结案件的处理

(一)公安机关侦查终结案件的处理①

(1)移送起诉。公安机关侦查终结的案件，认为犯罪事实清楚，证据确实、充分，应当依法追究刑事责任的，应当制作《起诉意见书》，连同案卷材料、证据一并移送同级人民检察院审查决定。

---

① 《中华人民共和国刑事诉讼法》第162条。

(2)撤销案件。如果认为犯罪嫌疑人的行为不构成犯罪或者虽然构成犯罪，但属于《刑事诉讼法》第16条规定的情形之一的，应当撤销案件。如果犯罪嫌疑人已被逮捕的，应当立即释放、发给释放证明，并通知原批准的人民检察院。

(二)人民检察院侦查终结案件的处理①

(1)决定起诉。人民检察院侦查终结的案件，如果认为犯罪嫌疑人的行为已经构成犯罪，并且依法应追究刑事责任的，亦应制作《起诉意见书》，连同案卷材料、证据一并移送本院审查起诉部门审查决定。

(2)不起诉。对于犯罪情节轻微，依照刑法规定不需要判处刑罚或者可以免除刑罚的案件，侦查人员应当写出侦查终结报告，并且制作《不起诉意见书》，连同案卷材料、证据一并移送本院审查起诉部门审查决定。

(3)撤销案件。如果人民检察院认为，犯罪嫌疑人没有实施犯罪行为，或者虽然实施了犯罪行为，但依法应当不予追究，则应撤销案件。

人民检察院决定不起诉或者撤销案件的，对已经逮捕的犯罪嫌疑人，应当立即释放，并发给释放证明。

(三)特殊案件的处理

在侦查中，遇有犯罪嫌疑人长期潜逃或者犯罪嫌疑人身患重大疾病长期不能接受讯问，从而使侦查不能继续进行时，可以中止侦查，但不能撤销案件，待中止条件消失后，再行恢复侦查。

三、侦查羁押期限

侦查羁押期限，就是指犯罪嫌疑人在侦查中的逮捕羁押期限。

◎ **注意** 侦查羁押期限以犯罪嫌疑人逮捕为起算点，而不是从拘留后开始计算。

(一)一般羁押期限②

《刑事诉讼法》规定："对犯罪嫌疑人逮捕后的侦查羁押期限不得超过两个月。"

(二)延长的羁押期限③

(1)案情复杂、期限届满不能终结的案件，可以经上一级人民检察院批准延长1个月。

(2)因为特殊原因，在较长时间内不宜交付审判的特别重大复杂的案件，由最高人民检察院报请全国人民代表大会常务委员会批准延期审理。

(3)下列案件的侦查羁押期限最长可以达到5个月。交通十分不便的边远地区的重大

---

① 《中华人民共和国刑事诉讼法》第164条。

② 《中华人民共和国刑事诉讼法》第156条。

③ 《中华人民共和国刑事诉讼法》第157~159条。

复杂案件；重大的犯罪集团案件；流窜作案的重大复杂案件；犯罪涉及面广，取证困难的重大复杂案件。

(4)对犯罪嫌疑人可能判处十年有期徒刑以上刑罚，经省、自治区、直辖市人民检察院批准或者决定，可以再延长2个月，即这类案件的侦查羁押期限最长可达到7个月。

关于逮捕后侦查羁押期限，大致可作如下表述：

2个月(一般情形)+1个月(案情复杂的，上一级检察机关批准延长1个月)+2个月(四种情形，省级检察机关批准决定再延长2个月)+2个月(可判10年以上有期徒刑的，省级检察机关批准决定再延长2个月)

(三)重新计算羁押期限①

(1)在侦查期间，发现犯罪嫌疑人另有重要罪行的，自发现之日起依照本法第156条的规定重新计算侦查羁押期限。

(2)犯罪嫌疑人不讲真实姓名、住址、身份不明的，侦查羁押期限自查清其身份之日起计算，但是不得停止对其犯罪行为的侦查取证。

(四)不计入侦查羁押期限

对犯罪嫌疑人作精神病鉴定的期间不计入办案期限(包括侦查羁押期限)。

第五节　人民检察院对直接受理案件的侦查

一、人民检察院行使侦查权的特别规定

根据刑事诉讼法第164条规定，刑事诉讼法关于侦查的所有规定均适用于人民检察院直接受理的案件。其中不同的主要有如下特别规定：

1. 对犯罪嫌疑人的拘留和讯问

刑事诉讼法规定，人民检察院直接受理的案件中符合本法第81条、第82条第4项、第5项规定情形，需要逮捕、拘留犯罪嫌疑人的，由人民检察院作出决定，由公安机关执行。②

2. 对犯罪嫌疑人的逮捕③

刑事诉讼法规定，人民检察院直接受理的案件中符合本法第81条规定的条件，需要逮捕犯罪嫌疑人的，由人民检察院作出决定，由公安机关执行。④ 第167条规定，民检察院对直接受理的案件中被拘留的人，认为需要逮捕的，应当在十四日以内作出决定。在特殊情况下，决定逮捕的时间可以延长一日至三日。对不需要逮捕的，应当立即释放；对需

① 《中华人民共和国刑事诉讼法》第160条。

② 《中华人民共和国刑事诉讼法》第165条。

③ 《中华人民共和国刑事诉讼法》第167条。

④ 《中华人民共和国刑事诉讼法》第165条。

要继续侦查，并且符合取保候审、监视居住条件的，依法取保候审或者监视居住。

二、人民检察院对侦查终结案件的处理及其程序

刑事诉讼法规定："人民检察院侦查终结的案件，应当作出提起公诉、不起诉或者撤销案件的决定。"①具体程序是：

(1)提出起诉意见并移送审查起诉部门审查。

(2)提出不起诉意见并移送审查起诉部门审查。

(3)提出撤销案件意见并报请检察长或检察委员会决定。

第六节　补 充 侦 查

一、补充侦查的概念

补充侦查，是指公安机关或者人民检察院依照法定程序，在原有侦查工作的基础上，就案件的部分事实、情节继续进行侦查的诉讼活动。

补充侦查，本质上是原有侦查工作的继续，仍属于侦查工作的范畴。进行补充侦查，对查清案件的全部事实、情节，达到侦查的目的和要求，保证办案质量，具有重要的意义。

二、不同诉讼阶段的补充侦查

(一)审查起诉阶段的补充侦查

《刑事诉讼法》规定："人民检察院审查案件，对于需要补充侦查的，可以退回公安机关补充侦查，也可以自行侦查。对于补充侦查的案件，应当在 1 个月以内补充侦查完毕。补充侦查以 2 次为限。"②

根据规定，退回补充侦查案件，应当在 1 个月以内补充侦查完毕。补充侦查以 2 次为限。如果是检察院自行侦查的，应当在审查起诉期限内进行完毕。补充侦查完毕移送检察院后，检察院重新计算审查起诉期限。

◎ **注意**　检察院审查公安机关提请批捕的案件，不适用补充侦查。

(二)法庭审判阶段的补充侦查③

根据《刑事诉讼法》规定，在法庭审判过程中，检察人员发现提起公诉的案件需要补充侦查，提出建议的，人民法院可以延期审理；人民检察院应当在 1 个月以内补充侦查完毕。

---

① 《中华人民共和国刑事诉讼法》第 168 条。

② 《中华人民共和国刑事诉讼法》第 175 条。

③ 《中华人民共和国刑事诉讼法》第 204~205 条。

◎ **注意** ①审判阶段，人民法院无权退回补充侦查，人民检察院可以主动提出。

②补充侦查每次期限一个月。

③补充侦查以两次为限。

④补充侦查完毕，移送人民法院，人民法院重新计算审理期限。

⑤补充侦查期限届满未提请法庭恢复庭审的，按照检察院撤诉处理。

《最高人民法院关于适用〈中华人民共和国刑事诉讼法〉的解释》第 226 条第 2 款规定，审判期间，被告人提出新的立功线索的，人民法院可以建议人民检察院补充侦查。

三、补充侦查的方式

根据刑事诉讼法的规定，补充侦查有以下两种方式：

(一)退回补充侦查

退回补充侦查，是指决定补充侦查的人民检察院将案件退回侦查机关进行补充侦查。根据刑事诉讼法的规定，退回补充侦查的案件必须是公安机关立案侦查的案件，人民检察院不能将自己直接受理的案件退给公安机关补充侦查。

(二)自行补充侦查

自行补充侦查，是指决定补充侦查的人民检察院自行对案件进行的补充侦查。自行补充侦查的案件，既可以是原来由公安机关立案侦查的案件，也可以是人民检察院直接受理侦查的案件。其中对原来由公安机关立案侦查的案件，如果是审查起诉阶段和法庭审判阶段的补充侦查，则人民检察院既可以将案件退回公安机关补充侦查，也可以自行补充侦查。同时，对于公安机关立案侦查的案件，在审查起诉阶段以 2 次为限的补充侦查中，人民检察院既可以两次均退回公安机关补充侦查，也可以一次退回公安机关补充侦查而另一次自行补充侦查。

第七节 侦查监督

一、侦查监督概念

侦查监督，是指人民检察院依法对侦查机关的侦查活动是否合法进行的监督。

人民检察院是国家的法律监督机关。按照《刑事诉讼法》规定，人民检察院依法对刑事诉讼实行法律监督。[①] 因此，侦查监督是人民检察院刑事诉讼法律监督的重要组成部分。

二、侦查监督的内容

(1)对犯罪嫌疑人刑讯逼供、诱供的。

---

① 《中华人民共和国刑事诉讼法》第 8 条。

(2)对被害人、证人以体罚、威胁、诱骗等非法手段收集证据的。
(3)伪造、隐匿、销毁、调换或者私自涂改证据的。
(4)徇私舞弊，放纵、包庇犯罪分子的。
(5)故意制造冤、假、错案的。
(6)在侦查活动中利用职务之便谋取非法利益的。
(7)在侦查过程中不应当撤销案件而撤销案件的。
(8)贪污、挪用、调换所扣押、冻结的款物及其孳息的。
(9)违反刑事诉讼法关于决定、执行、变更、撤销强制措施规定的。
(10)违反羁押和办案期限规定的。
(11)在侦查中有其他违反刑事诉讼法有关规定的行为的。

四、侦查监督的程序

(一)对侦查违法行为的发现

人民检察院主要通过以下几种方式发现侦查违法行为：

(1)人民检察院在审查逮捕、审查起诉中，应当审查侦查机关或部门的侦查活动是否合法。

(2)人民检察院根据需要可以派员参加侦查机关对于重大案件的讨论和其他侦查活动，从中发现违法行为。

(3)通过受理诉讼参与人对于侦查机关或部门和侦查人员侵犯其诉讼权利和人身侮辱行为向人民检察院提出的控告并及时审查，从中发现违法行为。

(4)通过审查公安机关执行人民检察院批准或者不批准逮捕决定的情况以及释放被逮捕的犯罪嫌疑人或者变更逮捕措施的情况，发现违法行为。

(二)对侦查违法行为的处理

(1)口头通知纠正。
(2)书面通知纠正。
(3)移送有关部门依法追究形式责任。

【案例讨论】

某村经常发生夜晚耕牛被盗事件，村民陈某认为同村的吴某有很大作案嫌疑，便经常暗中监视吴某的行动，并暗中偷听吴在家中的话。一天深夜，吴某独自一人踱到别人的牛棚，正在偷牛时，被陈某抓个正着，送到了派出所。此事发生后，同村的群众议论纷纷，大部分人赞扬陈某敢于同犯罪作斗争，也有群众认为，法律规定只有公安机关、检察机关的侦查人员依法才有权侦查，陈某暗中跟踪监视他人的行为是违反了法律的规定，非法行使了侦查权。问：陈某是在行使侦查权吗?

【法律谚语】

法官是法律世界的国王，除了法律就没有别的上司。

——卡尔·马克思

【阅读书目】

1. 张黎：《法治视野下的秘密侦查》，知识产权出版社2013年版。
2. 郑曦：《侦查讯问程序研究》，北京大学出版社2015年版。
3. 兰跃军：《侦查程序被害人权利保护》，社会科学文献出版社2016年版。

【思考题】

1. 什么是侦查？什么是补充侦查？有哪些方式？
2. 讯问犯罪嫌疑人应注意哪些问题？
3. 询问证人应怎样进行？
4. 应怎样正确理解和执行犯罪嫌疑人对本案无关的问题有权拒绝回答的规定？
5. 侦查羁押期限多长？
6. 搜查应如何依法进行？
7. 扣押书证物证应注意哪些问题？
8. 法律对鉴定有哪些具体规定？
9. 公安机关在侦查终结阶段应完成哪些具体工作？

第十三章　起　　诉

【知识结构图】

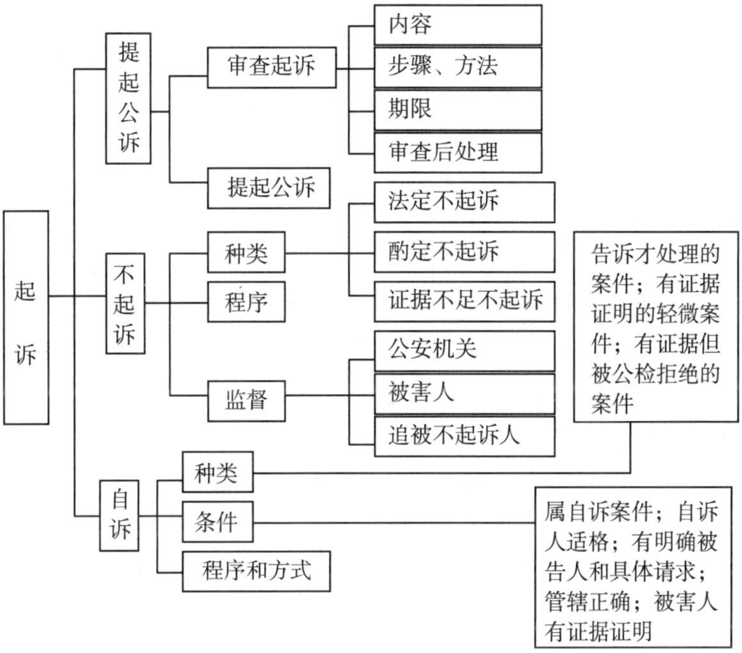

【内容导读】

起诉是刑事诉讼的重要程序之一，按照行使追诉权的主体不同，分为公诉和自诉两种方式。公诉是指依法享有刑事追诉权的国家专门机关，代表国家和公众向人民法院起诉，要求审判机关追究被告人的刑事责任的活动。凡需要提起公诉的案件，一律由人民检察院审查决定。人民检察院对案件经过审查后作出起诉和不起诉决定。不起诉有法定不起诉、酌定不起诉和证据不足不起诉三种类型。自诉是指刑事被害人及其法定代理人、近亲属等，以个人的名义向人民法院起诉，要求保护被害人的合法权益，追究被告人刑事责任的诉讼活动。提起自诉要具备一定条件：属于自诉案件范围、自诉人要适格、有明确被告人和具体请求、管辖正确、被害人有证据证明等。

【法考要点】

三种不起诉的规定、适用的情形以及不起诉决定作出以后的几种救济手段；审查起诉的内容、期限、审查后的处理，自诉程序。

【考研要点】

不起诉的概念、种类及条件，审查起诉的内容，公诉和自诉条件。

【热点思考】

如何完善不起诉制度？

第一节 概 述

一、起诉

刑事起诉，是指享有控诉权的国家机关和公民，依法向人民法院提起诉讼，请求人民法院对指控的内容进行审判，以确定被告人刑事责任并依法予以刑事制裁的诉讼活动。起诉是刑事诉讼的重要程序之一。

刑事起诉，按照行使追诉权的主体不同，分为公诉和自诉两种方式。公诉是指依法享有刑事追诉权的国家专门机关，代表国家和公众向人民法院起诉，要求审判机关追究被告人的刑事责任的活动。自诉是指刑事被害人及其法定代理人、近亲属等，以个人的名义向人民法院起诉，要求保护被害人的合法权益，追究被告人刑事责任的诉讼活动。

目前，在世界各国的起诉方式中，公诉制度占主导地位。我国刑事诉讼实行以公诉为主，自诉为辅的方式。除了刑事诉讼法规定由人民法院直接受理的少数案件由被害人等自诉以外，对绝大多数刑事案件都实行公诉。人民检察院是行使国家公诉权的专门机关，其他任何机关、团体和个人都不能行使这项国家权力。人民检察院追诉活动的内容，包括审查起诉、提起公诉、出庭支持公诉以及由提起公诉派生出来的不起诉活动。其中，提起公诉是人民检察院公诉活动的核心内容，审查起诉是提起公诉的准备和基础，出庭支持公诉是提起公诉活动在人民法院审判阶段的延伸。

二、起诉的任务、意义

起诉的任务是享有起诉权的机关或个人依据事实和法律向有管辖权的法院提出请求，并提出相关证据证明，支持其诉讼请求，从而追究被告人刑事责任。

起诉的意义在于：发动审判程序，从诉讼职能上讲，起诉是控诉职能的履行方式，从效力上看，起诉限制法院对案件的审判范围。

第二节 审查起诉

一、审查起诉的概述

（一）概念

审查起诉，是指人民检察院在提起公诉阶段，为了确定经侦查终结的刑事案件是否应当提起公诉，而对侦查机关确认的犯罪事实和证据、犯罪性质和罪名进行审查核实，并作出处理决定的一项诉讼活动。

凡需要提起公诉的案件，一律由人民检察院审查决定。①

（二）作用

（1）审查起诉活动通过对侦查终结案件的审查，对犯罪事实清楚，证据确实、充分，依法应当追究刑事责任的犯罪嫌疑人提起公诉，交付审判，能够实现国家刑罚请求权，追究和惩治犯罪。

（2）审查起诉是连接侦查与审判的纽带，是办理刑事案件的“第二道工序”。

（3）通过审查起诉，能保证追诉的公正性和准确性，防止将无罪的人或者依法不应追究刑事责任的人，以及指控犯罪证据不足的人提交审判，保障公民的合法权益。

二、受理移送起诉的案件

受理，是指人民检察院审查起诉部门对公安机关和本院侦查部门移送审查起诉的案件经过初步的程序性审查后的接受。

通过初步审查，根据案件不同情况作出以下处理：

（1）具备受理条件的，填写受理审查起诉案件登记表，正式受理。

（2）对起诉意见书、案卷材料不齐备，对作为证据使用的实物未移送的，或者移送的实物与物品清单不相符的，应当要求公安机关在 3 日内补送。

（3）犯罪嫌疑人在逃影响审查起诉的，应当要求公安机关在采取必要措施保证犯罪嫌疑人到案后再移送审查起诉；共同犯罪的部分犯罪嫌疑人在逃的，应当要求公安机关在采取必要措施保证在逃的犯罪嫌疑人到案后，另案移送审查起诉，对在案犯罪嫌疑人的审查起诉正常进行。

（4）人民检察院受理同级公安机关移送审查起诉的案件，认为应当由上级人民检察院或者同级其他人民检察院起诉的，应当由受理案件的人民检察院将案件移送到有管辖权的人民检察院审查起诉，同时通知移送审查起诉的公安机关。

三、审查起诉的内容②

（一）事实审查

（1）犯罪嫌疑人身份状况是否清楚，包括姓名、性别、国籍、出生年月日、职业和单位等。

（2）犯罪事实、情节是否清楚，认定犯罪性质和罪名的意见是否正确；有无法定的从重、从轻、减轻或者免除处罚的情节；共同犯罪案件的犯罪嫌疑人在犯罪活动中的责任的认定是否恰当。

---

① 《中华人民共和国刑事诉讼法》第 169 条。

② 《中华人民共和国刑事诉讼法》第 171 条。

(3)有无遗漏罪行和其他应当追究刑事责任的人。

(4)是否属于不应当追究刑事责任的情况。

(5)有无附带民事诉讼。

(二)证据审查

(1)证据材料是否随案移送，不宜移送的证据的清单、复制件、照片或者其他证明文件是否随案移送。

(2)证据是否确实、充分。

(三)法律审查

(1)采取的强制措施是否恰当。如果发现明显不适当的，应立即采取措施加以纠正或弥补。

(2)侦查活动是否合法。

(3)与犯罪有关的财物及其孳息是否扣押、冻结并妥善保管，以供核查。

四、审查的步骤和方法

(1)对起诉意见书及全部案卷材料和证据进行全面、认真审查。并制作阅卷笔录。

(2)讯问犯罪嫌疑人。讯问犯罪嫌疑人是审查起诉的必经程序和法定方法。

(3)听取被害人的意见。《刑事诉讼法》规定，人民检察院审查案件应当听取被害人的意见。① 它通常包括两方面的内容：一是进一步查清案件事实，核实其他证据；二是听取被害人关于案件处理的意见以及对惩罚犯罪的要求，告知被害人有权提起附带民事诉讼。

(4)听取犯罪嫌疑人、被害人委托的人的意见。人民检察院审查案件，应当讯问犯罪嫌疑人，听取辩护人或者值班律师、被害人及其诉讼代理人的意见，并记录在案。辩护人或者值班律师、被害人及其诉讼代理人提出书面意见的，应当附卷。②

(5)补充侦查。《刑事诉讼法》规定，在审查起诉阶段的补充侦查，是指人民检察院通过审查发现案件事实不清、证据不足或遗漏罪行、同案犯罪嫌疑人等情形，不能作出提起公诉或者不起诉的决定，而采取的补充进行有关专门调查等工作的一项诉讼活动。这里的补充侦查，主要是指人民检察院自行补充侦查。此外，还可以退回公安机关补充侦查。③

需要指出的是《刑事诉讼法》第 171 条规定，人民检察院审查案件的时候，必须查明，犯罪事实、情节是否清楚，证据是否确实、充分，犯罪性质和罪名的认定是否正确等。由此强化了检察机关审查起诉的职能与职权。《刑事诉讼法》第 134 还规定，人民检察院审查案件的时候，对公安机关的勘验、检查，认为需要复验、复查的，可以要求公安机关复验、复查，并且可以派检察人员参加。

人民检察院对于监察机关移送起诉的案件，依照本法和监察法的有关规定进行审查。

① 《中华人民共和国刑事诉讼法》第 173 条。

② 《中华人民共和国刑事诉讼法》第 173 条。

③ 《中华人民共和国刑事诉讼法》第 175 条。

人民检察院经审查，认为需要补充核实的，应当退回监察机关补充调查，必要时可以自行补充侦查。①

五、审查起诉期限②

（1）人民检察院对公安机关移送起诉的案件，应当在1个月以内作出决定。

（2）对于重大复杂大案件，在1个月内不能办结的，可以延长半个月。

（3）犯罪嫌疑人认罪认罚，符合速裁程序适用条件的，应当在10日以内作出决定，对可能判处的有期徒刑超过1年的，可以延长至15日。

（4）对于补充侦查的案件，补充侦查完毕移送人民检察院后，人民检察院重新计算审查起诉期限。人民检察院审查起诉的案件，改变管辖的，从改变后的人民检察院收到案件之日起重新计算审查起诉期限。③

在审查起诉过程中，犯罪嫌疑人潜逃或者患有精神病及其他严重疾病不能接受讯问，丧失诉讼行为能力的，人民检察院可中止审查。共同犯罪中的部分犯罪嫌疑人潜逃的，对潜逃的犯罪嫌疑人可中止审查，对其他犯罪嫌疑人的审查起诉应照常进行。

◎ **思考**　共同盗窃案件，有犯罪嫌疑人甲和乙两人，人民检察院在审查起诉过程中甲逃跑，乙在押。那么该检察院的审查起诉工作应当如何进行？

六、审查后的处理

在案件事实清楚，证据确实充分的前提之下，检察机关对案件的处理方式有两种，即提起公诉和不起诉。

第三节　提起公诉

一、提起公诉的概念和条件

（一）提起公诉的概念

提起公诉是指人民检察院代表国家将犯罪嫌疑人提交人民法院，要求人民法院通过审判追究其刑事责任的一种诉讼活动。人民检察院作出提起公诉的决定后，犯罪嫌疑人的诉讼地位转变为刑事被告人。

（二）提起公诉的条件④

（1）犯罪嫌疑人的犯罪事实已经查清，证据确实、充分。这里的“犯罪事实”，是指影

---

① 《中华人民共和国刑事诉讼法》第170条。

② 《中华人民共和国刑事诉讼法》第172条。

③ 《中华人民共和国刑事诉讼法》第172条。

④ 《中华人民共和国刑事诉讼法》第176条。

响定罪量刑的犯罪事实。具体来说包括：

①属于单一罪行的案件，查清的事实足以定罪量刑或者与定罪量刑有关的事实已经查清，不影响定罪量刑的事实无法查清的；

②属于数个罪行的案件，部分罪行已经查清并符合起诉的条件，其他罪行无法查清的，应以已经查清的罪行起诉；

③无法查清作案工具、赃物去向，但有其他证据足以对被告人定罪量刑的；

④证人证言、犯罪嫌疑人供述和辩解、被害人陈述的内容中主要情节一致，只有个别情节不一致且不影响定罪的。

证据确实、充分。证据确实，是对证据质的要求，是指用以证明犯罪事实的每一证据必须是客观真实存在的事实，同时又与犯罪事实有内在的联系，能够证明案件的事实真相。证据充分，是对证据量的要求，只要一定数量的证据足够证明犯罪事实，就可以认定为证据充分。

犯罪嫌疑人认罪认罚的，人民检察院应当就主刑、附加刑、是否适用缓刑等提出量刑建议，并随案移送认罪认罚具结书等材料。①

(2)对犯罪嫌疑人应当依法追究刑事责任。如果有刑事诉讼法第16条规定情形的，不能作出提起公诉的决定。②

(3)人民检察院提起公诉应当符合审判管辖的规定。

◎ **注意** ①对犯罪嫌疑人提起公诉，必须同时具备上述三个条件，缺一不可。

②这里要求的案件事实清楚、证据确实、充分是"人民检察院认为"的，以此区别于《刑事诉讼法》第200条关于有罪判决的判决条件的规定。也与《刑事诉讼法》第12条规定的："未经人民法院依法判决，对任何人不得确定有罪"原则相适应。

二、起诉书的制作和案件移送

1. 制作起诉书

起诉书是指人民检察院代表国家正式向人民法院提出追究被告人刑事责任的司法文书，它是人民检察院代表国家提起公诉的书面依据，是人民法院对被告人行使审判权的前提，同时也是法庭调查和辩论的基础。起诉书的内容包括首部、被告人的基本情况、案由和案件来源、案件事实、起诉的根据和理由、尾部、附项。

◎ **注意** 被告人真实姓名、住址无法查清的，应当按其绰号或者自报的姓名、自报的年龄制作起诉书，并在起诉书中注明。被告人自报的姓名可能造成损害他人名誉、败坏道德风俗等不良影响的，可以对被告人编号并按编号制作起诉书，并在起诉书中附具被告人的照片。

2. 向法院移送有关材料

人民检察院提起公诉的案件，应当向人民法院移送案卷材料、证据。

移送的应当是全部案卷材料、证据，既包括对犯罪嫌疑人不利的案卷材料、证据，也

① 《中华人民共和国刑事诉讼法》第176条。

② 《中华人民共和国刑事诉讼法》第177条。

包括有利的。

三、公诉案件适用简易程序的提起

(一)简易程序概念

简易程序是指基层人民法院对某些事实清楚、证据充分的刑事案件，在审判时适用的比普通第一审程序相对简化的程序。

(二)公诉案件适用简易程序的提起有两种情况

(1)基层人民法院受理公诉案件后，经审查认为案件事实清楚、证据充分的，在将起诉书副本送达被告人时，应当询问被告人对指控的犯罪事实的意见，告知其适用简易程序的法律规定。被告人对指控的犯罪事实没有异议并同意适用简易程序的，可以决定适用简易程序，并在开庭前通知人民检察院和辩护人。

(2)人民检察院建议适用简易程序。即检察院对于符合适用简易程序的案件，在提起公诉时，书面向人民法院建议适用简易程序审理，并随案移送全案卷宗和证据材料，由人民法院经过审查决定是否适用简易程序，人民法院经审查认为不符合简易程序适用条件的，应当通知人民检察院。

【案例分析】

某诈骗案，人民检察院决定提起公诉，并建议人民法院适用简易程序，那么人民检察院应当向法院移送哪些材料？

A. 起诉书　　B. 全部证据材料

C. 全部案卷和证据材料　　D. 证据目录、主要证据复印件或者照片

【解析】《高院解释》第289条规定：基层人民法院受理的公诉案件，经审查认为案件事实清楚、证据充分的，在将起诉书副本送达被告人时，应当询问被告人对指控的犯罪事实的意见，告知其适用简易程序的法律规定。被告人对指控的犯罪事实没有异议并同意适用简易程序的，可以决定适用简易程序，并在开庭前通知人民检察院和辩护人。因此，选项A和C是正确答案。

(3)人民检察院对于适用简易程序的公诉案件，人民法院决定审理的，应当派员出庭支持公诉。

第四节　不　起　诉

一、概念

不起诉，是指人民检察院对公安机关等侦查终结移送起诉的案件和自行侦查终结的案件进行审查后，依法作出不将犯罪嫌疑人交付人民法院审判的一种处理决定。

不起诉是人民检察院审查起诉后所作的处理方式之一，具有终止刑事诉讼的效力。不起诉决定必须依照法定条件作出，才能保证既防止不必要的审判，又不放过应当追究刑事责任的罪犯。

二、不起诉的种类和适用条件

(一)法定不起诉

法定不起诉。又称绝对不起诉，是指人民检察院审查起诉，发现具有《刑事诉讼法》第16条规定的情形之一时，应当作出不起诉决定。

法定不起诉适用的情形是：情节显著轻微、危害不大，不认为是犯罪的；犯罪已过追诉时效期限的；经特赦令免除刑罚的；依照刑法告诉才处理的犯罪，没有告诉或者撤回告诉的；犯罪嫌疑人死亡的；其他法律规定免予追究刑事责任的。

◎ **注意**　法定不起诉，须由检察长决定。

法定不起诉除《刑事诉讼法》第16条规定的情形外，实际上还有两种情况，一是根据刑法规定不构成犯罪，二是有确实充分证据证明犯罪嫌疑人没有实施犯罪。

(二)酌定不起诉

酌定不起诉，也称相对不起诉，是指对于犯罪情节轻微，依照刑法规定不需要判处刑罚或者免除刑罚的，人民检察院可以作出不起诉决定。(注意与法定不起诉区别)

酌定不起诉必须同时具备两个条件：一是犯罪嫌疑人的行为已经构成犯罪；二是犯罪情节轻微，依照刑法规定不需要判处刑罚或者免除刑罚。

依照刑法的有关规定，免除刑罚的情形主要有：(1)犯罪嫌疑人在中华人民共和国领域外犯罪，依照我国刑法规定应当负刑事责任，但在外国已经受过刑事处罚的；(2)犯罪嫌疑人又聋又哑，或者是盲人犯罪的；(3)犯罪嫌疑人因防卫过当或者紧急避险超过必要限度，并造成不应有危害而犯罪的；(4)为犯罪准备工具，制造条件的；(5)在犯罪过程中自动中止或自动有效地防止犯罪结果发生的；(6)在共同犯罪中，起次要或辅助作用的；(7)被胁迫、被诱骗参加犯罪的；(8)犯罪嫌疑人自首或者在自首后有立功表现的。

在同时具备以上两个条件时，人民检察院不是必须作出不起诉决定，而是可以斟酌具体案情和犯罪嫌疑人悔罪表现来确定，或者提起公诉，追究犯罪嫌疑人的责任，或者不起诉，终结诉讼。

◎ **注意**　酌定不起诉是人民检察院行使起诉裁量权的表现。作出酌定不起诉，应经检察委员会讨论决定。

【案例分析】

人民检察院对刘某抢劫一案审查起诉时，认为刘某犯罪情节轻微不需判处刑罚。那么检察院对此案的正确处理方法是：(　　)

A. 中止诉讼　　　　B. 可以作出不起诉决定

C. 暂缓起诉　　　　D. 应当作出不起诉决定

【解析】《刑事诉讼法》第177条规定：犯罪嫌疑人有本法第16条规定的情形之一的，人民检察院应当作出不起诉决定。对于犯罪情节轻微，依照刑法规定不需要判处刑罚或者免除刑罚的，人民检察院可以作出不起诉决定。该条规定了两种不起诉，即法定不起诉和酌定不起诉。本案中，刘某的行为并不是不构成犯罪，而是犯罪情节轻微，依照刑法规定不需要判处刑罚或者免除刑罚的，因此属于酌定不起诉的范围，所以检察院可以对其作出不起诉的决定。正确答案为B。

（三）证据不足不起诉

证据不足不起诉。是指对于补充侦查的案件，人民检察院仍然认为证据不足，不符合起诉条件的，可以作出不起诉的决定。

证据不足不起诉的两个条件：一是案件已经过了补充侦查；二是证据不足，因而不符合起诉条件，如果起诉，法院可能会宣告被告人无罪。

具有下列情形之一，不能确定犯罪嫌疑人构成犯罪和需要追究刑事责任的，属于证据不足，不符合起诉条件：（1）据以定罪的证据存在疑问，无法查证属实的；（2）犯罪构成要件事实缺乏必要的证据予以证明的；（3）据以定罪的证据之间的矛盾不能合理排除的；（4）根据得出的结论具有其他可能性的。作出证据不足不起诉，应当经检察委员会讨论决定。

◎ **注意**

（1）人民检察院审查起诉时，认为证据不足不符合起诉条件的，可以退回案件的侦查机关或其自行对案件进行补充侦查。第一次补充侦查后，如果人民检察院仍认为证据不足不符合起诉条件的，可以作出不起诉决定，也可以第二次退回补充侦查，第二次补充侦查后仍不具备起诉条件的，只能作不起诉处理。

（2）不起诉决定作出后，如发现新的证据，符合起诉条件时，应提起公诉。

（3）证据不足不起诉必须经检委会讨论决定。

三、不起诉的程序

（一）不起诉决定书的制作

人民检察院决定不起诉的案件，应当制作《不起诉决定书》。不起诉决定书的主要内容包括：

（1）被不起诉人的基本情况；

（2）案由和案件来源；

（3）案件事实，包括否定或者指控被不起诉人构成犯罪的事实以及作为不起诉决定根据的事实；

（4）不起诉的根据和理由，写明作出不起诉决定适用的法律条款；

（5）有关告知事项。人民检察院对直接立案侦查的案件决定不起诉后，审查起诉部门应当将不起诉决定书副本以及案件审查报告报送上一级人民检察院备案。

（二）不起诉决定书送达①

不起诉决定书应分别送达下列机关和人员：

（1）被不起诉人、辩护人及被不起诉人的所在单位。如果被不起诉人在押的，应当立即释放；

（2）如果是公安机关移送起诉的案件，应当将不起诉决定书送达公安机关；

（3）对于有被害人的案件，应当将不起诉决定书送达被害人。

人民检察院应当公开宣布不起诉决定书。不起诉决定书一经宣布，立即产生法律效力。

（三）对不起诉决定的申诉、复议、复核

（1）对于有被害人的案件，决定不起诉的，人民检察院应将不起诉决定书送达被害人。被害人如果对人民检察院的不起诉决定不服，可以自收到不起诉决定书后 7 日以内向上一级人民检察院申诉，请求提起公诉。上一级人民检察院对不起诉决定进行复查后．应当在 3 个月内作出复查决定，案情复杂的，最长不得超过 6 个月。复查决定书应当送达被害人和作出不起诉决定的人民检察院。上级人民检察院复查作出起诉决定的，应当撤销下级人民检察院的不起诉决定，交由下级人民检察院提起公诉，并将复查决定抄送移送审查起诉的公安机关。②

被害人对人民检察院的不起诉决定提出申诉后，对人民检察院维持不起诉决定的，被害人可以向人民法院起诉，被害人也可以不经申诉，直接向人民法院起诉。

【案例分析】

某案，人民检察院作出不起诉决定以后，被害人对不起诉决定不服，对于他的救济方法下列说法正确的是：（　　）

A. 应当先向上级人民检察院申诉，上级人民检察院维持不起诉决定后自诉

B. 应当向作出不起诉决定的人民检察院提出申诉

C. 可以向上级人民检察院提出申诉

D. 也可以不经申诉，直接向人民法院提起刑事自诉

【解析】《刑事诉讼法》第 180 条规定：对于有被害人的案件，决定不起诉的，人民检察院应当将不起诉决定书送达被害人。被害人如果不服，可以自收到决定书后 7 日以内向上一级人民检察院申诉，请求提起公诉。人民检察院应当将复查决定告知被害人。对人民检察院维持不起诉决定的，被害人可以向人民法院起诉。被害人也可以不经申诉，立接向人民法院起诉。人民法院受理案件以后，人民检察院应当将有关案件材料移送人民法院。由此可见，正确答案为 C、D。

---

① 《中华人民共和国刑事诉讼法》第 178 条。

② 《中华人民共和国刑事诉讼法》第 180 条。

(2)被不起诉人如果不服，可以自收到不起诉决定书后 7 日以内向作出不起诉决定的人民检察院提出申诉。人民检察院应当作出复查决定，并将复查决定书送达被不起诉人；如果复查决定是撤销不起诉决定或变更不起诉的事实或者法律根据的，应当将复查决定书同时抄送移送审查起诉的公安机关和本院有关部门；如果人民检察院作出的是撤销不起诉决定并提起公诉的复查决定，应当将案件交由审查起诉部门提起公诉。①（注意：仅限于酌定不起诉）

(3)对于公安机关移送起诉的案件，人民检察院作出不起诉决定后，公安机关认为不起诉决定有错误时，可以要求作出该不起诉决定的人民检察院进行复议。人民检察院应当在收到要求复议意见书后 30 日内作出复议决定，并通知公安机关。如果意见不被接受，公安机关还可以向上一级人民检察院提请复核。上一级人民检察院应当在收到提请复核意见后 30 日内作出决定，制作复核决定书送交下级人民检察院提请复核的公安机关；改变下级人民检察院的决定的，应当撤销下级人民检察院的不起诉决定，交由下级人民检察院提起公诉。②

【案例分析】

公安机关对一起杀人案件侦查终结后，移送人民检察院审查起诉。人民检察院审查后决定不起诉。对此，公安机关可以：(　　)

A. 要求作出决定的人民检察院复议，意见不被接受时，还可以向上一级人民检察院提请复核

B. 要求作出决定的人民检察院复议并作出最终的决定

C. 直接向上一级人民检察院提请复议

D. 移送人民法院审理

【解析】《刑事诉讼法》第 179 条规定：对于公安机关移送起诉的案件，人民检察院决定不起诉的，应当将不起诉决定书送达公安机关。公安机关认为不起诉的决定有错误的时候，可以要求复议，如果意见不被接受，可以向上一级人民检察院提请复核。这是公安机关对检察院不起诉决定的制约程序。正确答案为 A。

第五节　提 起 自 诉

一、自诉案件的概念的范围

刑事诉讼中的自诉，指法律规定的享有自诉权的个人直接向有管辖权的人民法院提起的刑事诉讼。

自诉案件是指法律规定的可以由被害人或者其法定代理人、近亲属直接向人民法院起

---

① 《中华人民共和国刑事诉讼法》第 181 条。

② 《中华人民共和国刑事诉讼法》第 179 条。

诉，要求追究被告人刑事责任，人民法院能够直接受理的刑事案件。自诉案件包括：

(1)告诉才处理的案件，即侮辱诽谤案，但严重危害社会秩序和国家利益的除外；暴力干涉婚姻自由案；虐待案；侵占案。

(2)被害人有证据证明的轻微刑事案件，包括故意伤害案；非法侵入住宅案；侵犯通信自由案；重婚案；遗弃案；生产、销售伪劣商品案，但严重危害社会秩序和国家利益的除外；侵犯知识产权案，但严重危害社会秩序和国家利益的除外；属于《刑法》分则第四章、第五章规定的，对被告人可能判处3年有期徒刑以下刑罚的案件。

(3)被害人有证据证明对被告人侵犯自己的人身权利、财产权利的行为应当追究刑事责任，而公安机关或者人民检察院不予追究被告人刑事责任的案件。即公诉转自诉的案件。

二、提起自诉的条件

(1)自诉人享有自诉权。自诉人是本案的被害人或者其法定代理人、近亲属。《刑事诉讼法》也明确规定：对于自诉案件，被害人有权向人民法院直接起诉。被害人死亡或者丧失行为能力的，被害人的法定代理人、近亲属有权向人民法院起诉，人民法院应当依法受理。①

(2)属于自诉案件范围。即告诉才处理的案件；被害人有证据证明的轻微刑事案件；被害人有证据证明对被告人侵犯自己人身、财产权利的行为应当依法追究刑事责任，而公安机关或者人民检察院不予追究被告人刑事责任的案件。此外，依照《刑事诉讼法》规定，被害人对人民检察院不起诉决定不服而向人民法院起诉的案件，也属于自诉案件。②

(3)属于受诉人民法院管辖。自诉人提起自诉，必须向有管辖权的人民法院提出，对于不属于自己管辖的案件，即使具备自诉案件的其他条件，该人民法院也有权不予受理。

(4)有明确的被告、具体的诉讼请求和能证明被告人犯罪事实的证据。自诉案件的被告人必须是被指控侵犯他人正当合法权益，已构成犯罪，应当追究刑事责任的人。自诉人不能将与案件无关的其他人作为被告，被告人已经死亡或者被告人下落不明的，自诉都将无法成立。

司法实践中，有下列情形的自诉案件，人民法院不予受理：

(1)犯罪已过刑法规定的追诉时效期限的；

(2)被告人死亡或者下落不明的；

(3)除因证据不足撤诉的外，自诉人撤诉后，就同一事实又起诉的；

(4)经人民法院调解结束后，自诉人反悔，就同一事实再行自诉的；

(5)民事案件结案后，自诉人就同一事实再行提出刑事诉讼的。

自诉人明知侵害人是2人以上，但只对部分侵害人提起自诉的，人民法院应当受理，并视为自诉人对其他侵害人放弃诉讼权利。判决宣告后，自诉人对其他侵害人就同一事实提出自诉的，人民法院不再受理。

---

① 《中华人民共和国刑事诉讼法》第114条。

② 《中华人民共和国刑事诉讼法》第210条。

共同被害人中只有部分人自诉的，人民法院应当通知其他被害人参加诉讼，被通知人接到通知后至第一审宣判时未提出自诉的，视为放弃自诉权利。第一审宣判后，被通知人就同一事实又提出自诉的，人民法院不予受理。

对于公诉转自诉案件，还应当符合《刑事诉讼法》第 210 条规定的自诉案件条件。

【案例分析】

在一起伤害案件中，被害人甲不服县人民检察院对犯罪嫌疑人乙作出的不起诉决定，而向县人民法院提起诉讼。人民法院审查后认为该案缺乏罪证，经要求自诉人未能提出补充证据。县人民法院可以作出哪些处理？（　　）

A. 说服自诉人撤诉　　　　B. 裁定驳回自诉

C. 对甲和乙进行调解　　　D. 中止诉讼

【解析】《刑事诉讼法》第 211 条规定：人民法院对于自诉案件进行审查后，按照下列情形分别处理：(一)犯罪事实清楚，有足够证据的案件，应当开庭审判；(二)缺乏罪证的自诉案件，如果自诉人提不出补充证据，应当说服自诉人撤回自诉，或者裁定驳回。因此，A、B 正确。《刑事诉讼法》第 212 条规定：对被害人有证据证明对被告人侵犯自己人身、财产权利的行为应当追究刑事责任，而公安机关或人民检察院不予追究被告人刑事责任的案件，不适用调解。因此，C 错误。根据有关的诉讼理论与司法实践，诉讼中止是指在立案以后到案件审结的过程中，因发生某种情况而将正在进行的诉讼暂时停止，待中止的障碍消除后再恢复诉讼。因此，它是立案以后采取的一种措施。本题中人民法院对自诉人的自诉并未立案，还谈不上中止的问题，因此，排除 D。故，正确答案为 A、B。

三、提起自诉的程序

自诉人提起自诉时，应当向人民法院提交刑事自诉状；如果提起附带民事诉讼的，还应当提交刑事附带民事自诉状。自诉人书写自诉状确有困难的，可以口头告诉，由人民法院工作人员作出告诉笔录，向自诉人宣读；自诉人确认无误后，应当签名或者盖章。

自诉状或者告诉笔录应当包括以下内容：

(1) 自诉人、被害人、代为自诉的近亲属和被告人的自然情况等。

(2) 被告人犯罪行为的时间、地点、手段、情节和危害后果等。

(3) 具体的诉讼请求。

(4) 致送人民法院的名称及具状时间。

(5) 证人的姓名、住址及其他证据的名称、件数、来源等。

如果被告人是 2 人以上的，自诉人在告诉的时候需按被告人的人数提供自诉状副本。人民法院收到自诉人的起诉状或口头起诉后，立即按受理条件进行立案前的初步审查，对于符合受理条件的，应即立案审理，并告知自诉人，对于不符合自诉条件的，应迅速通知自诉人并告知不受理的理由。自诉人坚持告诉的，人民法院可以裁定驳回起诉。

【法律名言】

没有信仰的法律将退化成为僵死的教条，而没有法律的信仰将蜕变成为狂信。

——伯尔曼

【阅读书目】

1. 黄建光：《辩诉交易简论》，福建人民出版社 2016 年版。

2. 胡子君：《公诉权若干基本问题研究》，吉林人民出版社 2014 年版。

3. 张永进：《中外检察官办案责任制比较研究》，中国人民公安大学出版社 2019 年版。

4. 最高人民检察院公诉厅：《公诉理论与实践》，法律出版社 2012 年版。

【思考题】

1. 简述审查起诉的内容？

2. 法律是如何规定审查起诉的期限的？

3. 简述提起公诉应该具备哪些条件？

4. 简述不起诉种类及其适用情形？

5. 简述自诉案件的概念及其范围？

6. 试述对不起诉决定的申诉、复议和复核。

第十四章　审判程序的第一审程序

【知识结构图】

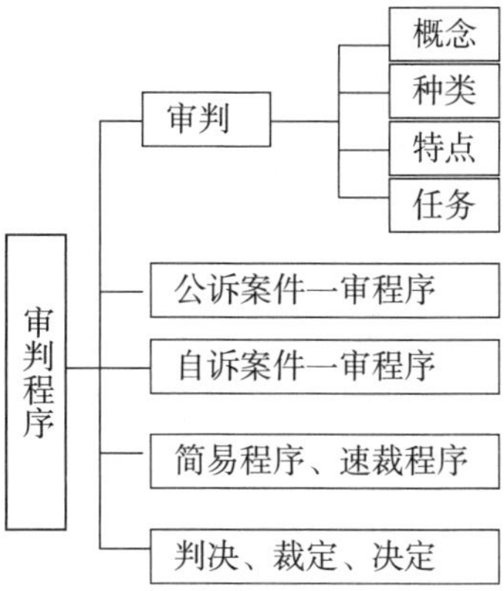

【内容导读】

刑事诉讼中的审判是指人民法院对于刑事案件依法进行审理并且做出裁判的活动。按照审判的内容可划分为公诉案件的审判程序、自诉案件的审判程序以及附带民事诉讼的审判程序；按照诉讼的进程可分为第一审程序、第二审程序、死刑复核程序和审判监督程序。第一审程序是人民法院对刑事案件进行初次审判的程序，是审判刑事案件的基本程序。依照控诉主体的不同，第一审程序可分为公诉案件一审程序和自诉案件一审程序。为了提高诉讼效率，基层人民法院审判某些事实清楚、证据充分的案件，可以适用简易程序。第一审程序大体可分为庭前审查、法庭审理和裁决三个阶段。其中法庭审判是一审程序的核心活动，由开庭、法庭调查、法庭辩论、被告人最后陈述、评议与宣判五个阶段组成。人民法院按照第一审程序审理刑事案件过程中、终结后或执行中，根据案件的事实、证据和法律，对被告人及其他个人或单位作出裁决。裁决根据解决的问题不同，又分为判决、裁定和决定。

【法考要点】

公诉案件庭前审查，审判过程中对特殊情况的处理，法庭调查，法庭秩序，人民陪审员制度，合议庭笔录，审判期限，可能判处死刑案件的一审程序；简易程序的适用范围、审理程序；自诉案件范围，自诉案件审判过程中出现的特殊情况的处理、自诉案件调解、审理期限；延期审理和中止审理情形及区别。

【考研要点】

庭前审查内容、法庭审理的阶段，简易程序适用范围、审理特点，自诉案件范围、审判程序，判决、裁定、决定比较。

【热点思考】

1. 刑事和解是不是“花钱买刑”？它和“私了”是否相同？是否所有的案件都可以和解？这一制度与现有刑事法律有和冲突？如何评价这一制度？

2. 全面审查原则是否违反了不告不理原则？

3. 死刑复核权收归最高人民法院有何意义？

第一节　审判概述

一、审判的概念

刑事诉讼中的审判是指人民法院对于刑事案件依法进行审理并且做出裁判的活动。审理是人民法院在控诉和辩护双方以及其他诉讼参与人的参加下，通过调查核实证据、查明刑事案件事实并且审查如何使用法律的活动。裁判则是人民法院根据其所认定的事实和证据对刑事案件的实体和程序问题做出的处理。审理是裁判的前提和基础，裁判是审理的结果，人民法院必须先审理而后裁判。

刑事审判的引起有两种途径：一是由人民检察院代表国家向人民法院提起公诉；二是由自诉人依法向人民法院提起自诉。

二、刑事审判的特征

(一)审判人员的中立性

审判者的中立是指进行审判活动的裁判者在控诉方与辩护方之间保持客观中立，对任何一方不偏不倚。审判的中立性是世界各国和国际公约确立的一项法律准则，联合国刑事司法准则规定：“在判定对任何人提出的刑事指控或确定他在一件诉讼案件中的权利和义务时，人人有资格由一个依法设立的、合格的、独立的和无偏倚的法庭进行公正的和公开的审判。”法官中立是现代审判的基本要求，其含义包括：与案件有牵连的人不得成为该案的法官，法官不得与案件结果或争议各方有任何利益上或其他方面的关系；法官不应存有支持或反对某一方诉讼参与者的偏见。审判者的中立是保持审判公正的基本要求，也是实现公正审判的前提。

(二)审判程序启动的被动性

没有起诉，就没有审判。审判程序启动的被动性，主要体现在审判必须基于合法有效的起诉才能启动，即所谓不告不理。正如法国的托克维尔在他的《论美国的民主》一书中指出：“从性质上来讲，司法权自身不是主动的，要想使它行动，就得推动它。向它告发一个犯罪案件，它就惩罚犯罪的人；请它纠正一个非法行为，它就加以纠正；让它审查一项法案，它就予以解释。”①审判程序的被动性，也表现在上级法院要对下级法院的初审案件进行复审，必须基于被告或控诉一方的申请。法庭在审理过程中的各种裁定，通常也必须根据诉讼各方的申请进行。

(三)案件处理的终局性和权威性

终局性表现在刑事案件一旦交由法院审判，法院必须对被告人是否有罪做出裁判，而且法院对被告人的刑事责任的裁判具有最终的法律效力。刑事审判是刑事诉讼的终结性程序，刑事判决一旦生效，控辩双方不得就同一案件再向法院提出重新审理的要求，任何机关也不得再受理此案。权威性表现在法院的裁判对诉讼双方的当事人乃至整个社会都具有广泛的约束力，控辩双方对生效的判决都必须无条件遵守和服从。任何机关、社会团体或个人都无权更改已经生效的法院判决。刑事审判的权威性还表现在靠国家强制力作保障，不执行生效判决的个人或团体，都将承担严重的法律后果。

(四)诉讼的公开性和民主性

刑事审判的公开性表现为除少数涉及国家机密、个人隐私和未成年人案件外，审判一律公开进行。公开审判允许公众旁听，允许新闻记者采访，允许进行新闻报道。民主性表现为在审判中，控辩双方共同参与法庭审理的全过程，可就双方各自的主张和理由进行充分的辩论和论证，控辩双方形成直接的对抗，人民陪审员参加法庭的审判，法官居于中立的裁判者的角色。有关刑事诉讼的各项民主制度在审判阶段都得到集中体现和充分贯彻。

三、刑事审判的种类

按照审判的内容可划分为公诉案件的审判程序、自诉案件的审判程序以及附带民事诉讼的审判程序。

按照诉讼的进程可分为第一审程序、第二审程序、死刑复核程序和审判监督程序。

四、审判任务

刑事审判的任务是，依照法律规定的程序，查清案件事实，并且根据已经查明的案件事实和证据，依据有关实体法和程序法的规定，对于被告人是否犯有刑事罪行、犯有何种罪行、应否受到刑罚处罚以及给予何种处罚做出裁判。

五、第一审程序的概念和意义

(一)第一审程序的概念

第一审程序是指人民法院对人民检察院提起公诉或者自诉人提起自诉的刑事案件进行初次审判的程序。第一审程序分为公诉案件的第一审程序和自诉案件的第一审程序。

---

① [美]托克维尔．论美国的民主(上卷)，商务印书馆 1987 年版。

(二)第一审程序的任务

第一审程序的任务是人民法院在公诉人、当事人及其他诉讼参与人的参加下，依照法定的程序客观全面地审查核实证据、查明案件事实，然后根据刑法就被告人是否构成犯罪，应否处以刑罚以及处以何种刑罚等作出实体判决，从而使犯罪分子受到应有的法律制裁，使无罪的人不受错误的刑事追究。

(三)第一审程序的意义

(1)第一审程序是审判的基本和必经程序。

(2)通过第一审审判，依法对有罪的被告人处以刑罚，使无罪者不受追究，以保证刑法的正确实施，及时惩治犯罪，维护社会法律秩序，保障无辜，维护公民的合法权益。

(3)第一审程序集中体现了刑事诉讼法各项基本原则，从而充分反映出我国刑事诉讼的民主性和法制精神。

(4)正确进行第一审审判，还可以减少上诉、申诉案件，减轻上级法院和当事人的负担，以缩短诉讼周期，降低诉讼成本，提高诉讼效率。

第二节　公诉案件的第一审程序

【知识结构图】

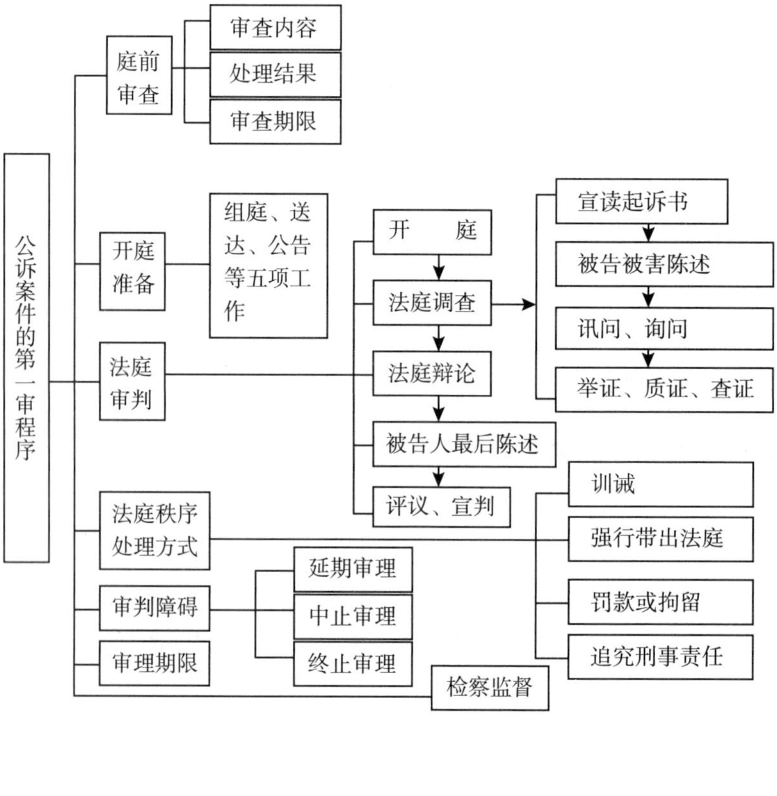

公诉案件的第一审程序，是指人民法院对人民检察院提起公诉的案件进行第一次审判时所必须遵循的程序。其内容主要包括庭前审查、庭前准备、法庭审判、延期和中止审理、评议和宣判等诉讼环节。

一、对公诉案件的审查

(一)审查的概念和任务

1. 对公诉案件的审查

对公诉案件的审查是指人民法院对人民检察院提起公诉的案件依法进行庭前审查，并决定是否开庭审判的一种诉讼活动。对公诉案件的审查是公诉案件正式进入第一审程序的必经环节。

2. 庭前审查的任务

庭前审查的任务是在于通过审查，解决案件是否符合开庭审判的条件，是否将被告人正式交付法庭审判，因而它不涉及被告人的犯罪构成及刑事责任等实体问题。因此，庭前审查与法庭审判是有根本区别的。

1996年《刑事诉讼法》修改后，对公诉、案件的审查的性质由原来的实体性审查变为程序性审查为主，主要体现在以下几个方面：

(1)将开庭审判的条件由原来的“犯罪事实清楚、证据充分”改为有明确的指控犯罪事实，并附有相关证据目录；

(2)对移送的材料，不再要求检察机关移送全卷或原卷，只移送与起诉有关的证据目录、证人名单和主要证据复印件或者照片，与庭审方式改革保持了一致；

(3)对审查后的处理，只规定对于符合开庭条件的应当决定开庭审判，取消了原刑事诉讼法中可以退回补充侦查或者要求人民检察院撤回起诉的规定。

(二)审查的内容和方法

《刑事诉讼法》规定：“人民法院对提起公诉的案件进行审查后，对于起诉书中有明确的指控犯罪事实的，应当决定开庭审判。”因此，对公诉案件的审查主要围绕是否具备开庭条件进行。①

根据《最高人民法院关于适用〈中华人民共和国刑事诉讼法〉的解释》规定，公诉案件审查的内容有：②

(1)案件是否属于本院管辖；

(2)起诉书是否写明被告人的身份，是否受过或者正在接受刑事处罚，被采取强制措施的种类、羁押地点，犯罪的时间、地点、手段、后果以及其他可能影响定罪量刑的情节；

(3)是否移送证明指控犯罪事实的证据材料，包括采取技术侦查措施的批准决定和所收集的证据材料；

---

① 《中华人民共和国刑事诉讼法》第180条。

② 《最高人民法院关于适用〈中华人民共和国刑事诉讼法〉的解释》第186条。

（4）是否查封、扣押、冻结被告人的违法所得或者其他涉案财物，并附证明相关财物依法应当追缴的证据材料；

（5）是否列明被害人的姓名、住址、联系方式；是否附有证人、鉴定人名单；是否申请法庭通知证人、鉴定人、有专门知识的人出庭，并列明有关人员的姓名、性别、年龄、职业、住址、联系方式；是否附有需要保护的证人、鉴定人、被害人名单；

（6）当事人已委托辩护人、诉讼代理人，或者已接受法律援助的，是否列明辩护人、诉讼代理人的姓名、住址、联系方式；

（7）是否提起附带民事诉讼；提起附带民事诉讼的，是否列明附带民事诉讼当事人的姓名、住址、联系方式，是否附有相关证据材料；

（8）侦查、审查起诉程序的各种法律手续和诉讼文书是否齐全；

（9）有无《刑事诉讼法》第 16 条第 2 项至第 6 项规定的不追究刑事责任情形。

（三）审查后的处理

根据《最高人民法院关于适用〈中华人民共和国刑事诉讼法〉的解释》规定，案件经审查后，应当根据不同情况分别处理：①

（1）属于告诉才处理的案件，应当退回人民检察院，并告知被害人有权提起自诉；

（2）不属于本院管辖或者被告人不在案的，应当退回人民检察院；

（3）不符合前条第 2 项至第 8 项规定之一，需要补充材料的，应当通知人民检察院在 3 日内补送；

（4）依照《刑事诉讼法》第 200 条第 3 项规定宣告被告人无罪后，人民检察院根据新的事实、证据重新起诉的，应当依法受理；

（5）依照本解释《刑事诉讼法》第 242 条规定裁定准许撤诉的案件，没有新的事实、证据，重新起诉的，应当退回人民检察院；

（6）符合《刑事诉讼法》第 16 条第 2 项至第 6 项规定情形的，应当裁定终止审理或者退回人民检察院；

（7）被告人真实身份不明，但符合《刑事诉讼法》第 160 条第 2 款规定的，应当依法受理。

对公诉案件是否受理，应当在 7 日内审查完毕。人民法院对提起公诉的案件进行审查的期限，计入人民法院的审理期限。

二、开庭审判前的准备

（1）确定合议庭的组成人员。根据《刑事诉讼法》规定，第一审程序人民法院决定开庭审判后，应当确定合议庭的组成人员。② 合议庭的组成人员确定后，拟出法庭审理提纲。提纲一般包括下列内容：①合议庭成员在庭审中的分工；②起诉书指控的犯罪事实的重点和认定案件性质的要点；③讯问被告人时需了解的案情要点；④出庭的证人、鉴定人、有

① 《最高人民法院关于适用〈中华人民共和国刑事诉讼法〉的解释》第 180 条。

② 《中华人民共和国刑事诉讼法》第 187 条。

专门知识的人、侦查人员的名单；⑤控辩双方申请当庭出示的证据的目录；⑥庭审中可能出现的问题及应对措施。

(2)召开庭前会议。《最高人民法院关于适用〈中华人民共和国刑事诉讼法〉的解释》具有下列情形之一的，审判人员可以召开庭前会议：①当事人及其辩护人、诉讼代理人申请排除非法证据的；②证据材料较多、案情重大复杂的；③社会影响重大的；④需要召开庭前会议的其他情形。[①]

召开庭前会议，根据案件情况，可以通知被告人参加。

《最高人民法院关于适用〈中华人民共和国刑事诉讼法〉的解释》规定，召开庭前会议，审判人员可以就下列问题向控辩双方了解情况，听取意见：①是否对案件管辖有异议；②是否申请有关人员回避；③是否申请调取在侦查、审查起诉期间公安机关、人民检察院收集但未随案移送的证明被告人无罪或者罪轻的证据材料；④是否提供新的证据；⑤是否对出庭证人、鉴定人、有专门知识的人的名单有异议；⑥是否申请排除非法证据；⑦是否申请不公开审理；⑧与审判相关的其他问题。[②]

审判人员可以询问控辩双方对证据材料有无异议，对有异议的证据，应当在庭审时重点调查；无异议的，庭审时举证、质证可以简化。

被害人或者其法定代理人、近亲属提起附带民事诉讼的，可以调解。

庭前会议情况应当制作笔录。

(3)将起诉书副本送达被告人，并保障其辩护权的行使。[③] 人民法院决定开庭审判的案件，应当切实保障被告人的辩护权。一方面应将人民检察院的起诉书副本最迟在开庭10日前送达被告人，使被告人及时了解自己的被控罪名和有关情况，作好充分行使辩护权的准备；另一方面，人民法院有义务告知被告人有权聘请辩护人，对于被告人未委托辩护人的，必要时通知法律援助机构指派律师为其提供辩护。

(4)将开庭的时间、地点在开庭3日以前通知人民检察院。根据《刑事诉讼法》规定，人民法院审判公诉案件，人民检察院应当派员出席法庭支持公诉。因此，将开庭的时间、地点在开庭3日以前通知人民检察院，有利于检察员做好开庭支持公诉的准备。[④]

(5)传唤当事人、通知辩护人、诉讼代理人、证人、鉴定人和翻译人员，传票和通知书最迟在开庭3日前送达。[⑤] 根据我国刑事诉讼法的规定，当事人及其他诉讼参与人应当出席法庭，参加法庭审理。因此，为保障诉讼参与人有足够的出庭准备时间，人民法院应及早将传票、通知书予以送达。诉讼参与人收到开庭通知的时间，离人民法院正式开庭审判的时间，不得少于3日。

(6)公开审判的案件，在开庭3日以前公布案由、被告人姓名、开庭时间和地点。[⑥]

① 《最高人民法院关于适用〈中华人民共和国刑事诉讼法〉的解释》第183条。

② 《最高人民法院关于适用〈中华人民共和国刑事诉讼法〉的解释》第184条。

③ 《中华人民共和国刑事诉讼法》第187条。

④ 《中华人民共和国刑事诉讼法》第187条。

⑤ 《中华人民共和国刑事诉讼法》第187条。

⑥ 《中华人民共和国刑事诉讼法》第188条。

三、法庭审判阶段

(一)法庭审判的概念和特点

法庭审判是指人民法院的审判组织(合议庭或独任庭)通过开庭的方式，在公诉人、当事人和其他诉讼参与人的参加下，调查核实证据，查清案件事实，充分听取控辩双方对证据和法律适用的意见，依法确定被告人的行为是否构成犯罪，应否受到刑事处罚以及给予何种处罚的诉讼活动。

法庭审判的主要特点有：(1)与原刑事诉讼法相比，强化了控辩双方的举证和辩论；(2)强化控辩职能的同时，重视、保留了审判职能的主导作用，法院享有对案件事实、证据的调查核实权。

法庭审判程序大致可分为开庭、法庭调查、法庭辩论，被告人最后陈述、评议和宣判五个阶段。

(二)开庭

开庭是正式进行法庭审判前的准备阶段。开庭前人民法院书记员应当依次做好下列工作:①

(1)查明公诉人、当事人、证人及其他诉讼参与人是否已到庭;

(2)宣读法庭规则;

(3)请公诉人辩护人到庭;

(4)请审判长、审判员(人民陪审员)入庭;

(5)审判人员就座后，当庭向审判长报告开庭前的准备工作已经就绪。

开庭的具体程序包括:②

(1)审判长宣布开庭，传被告人到庭后，应当查明被告人的情况。

(2)审判长宣布案件的来源，起诉的案由，附带民事诉讼原告人和被告人的姓名(名称)及是否公开审理。对于不公开审理的案件，应当公布不公开审理的理由。

(3)审判长宣布合议庭组成人员、书记员、公诉人、辩护人、鉴定人和翻译人员的名单。

(4)审判长应当告知当事人、法定代理人在法庭审理过程中依法享有的诉讼权利:③①申请回避；②提出证据、申请通知新的证人到庭、调取新的证据、重新鉴定或者勘验、检查；③被告人可以自行辩护；④被告人可以在法庭辩论终结后作最后陈述。

被告人认罪认罚的，审判长应当告知被告人享有的诉讼权利和认罪认罚的法律规定，审查认罪认罚的自愿性和认罪认罚具结书内容的真实性、合法性。④

---

① 《最高人民法院关于适用〈中华人民共和国刑事诉讼法〉的解释》第 189 条。

② 《中华人民共和国刑事诉讼法》第 190 条。

③ 《中华人民共和国刑事诉讼法》第 190 条。

④ 《中华人民共和国刑事诉讼法》第 190 条。

(5)审判长分别询问当事人、法定代理人是否申请回避、申请何人回避和申请回避的理由。如果当事人、法定代理人申请审判人员、出庭支持公诉的检察人员回避，合议庭认为符合法定情形的，应当依照刑事诉讼法有关回避的规定处理；认为不符合法定情形的，应当当庭驳回，继续法庭审理。如果申请回避人当庭申请复议，合议庭应当宣布休庭，待作出复议决定后，决定是否继续法庭审理。同意或者驳回回避申请的决定及复议决定，由审判长宣布并说明理由，必要时也可以由院长到庭宣布。

(三)法庭调查

法庭调查是在审判人员的主持下，控辩双方和其他诉讼参与人的参加下，当庭对案件事实和证据进行审查、核实的诉讼活动。法庭调查的范围是人民检察院起诉书所指控的被告人的犯罪事实和证明被告人有罪、无罪、罪重、罪轻的各种证据。

法庭调查的具体步骤：

(1)公诉人宣读起诉书。① 审判长宣布法庭调查开始后，应当首先由公诉人宣读起诉书；有附带民事诉讼的，再由附带民事诉讼的原告或者其诉讼代理人宣读附带民事诉状。起诉书应该包括两个方面的内容：一是明确的控诉罪名；二是控诉所依据的事实根据和法律依据。宣读起诉书时，一案如果有数名被告人，应同时在场。

(2)被告人、被害人陈述。在审判长主持下，被告人、被害人可以就起诉书指控的犯罪事实分别进行陈述。

(3)讯问、发问或者询问被告人、被害人和附带民事诉讼原告人。在审判长主持下，公诉人可以就起诉书中指控的犯罪事实讯问被告人；被害人及其诉讼代理人经审判长准许，可以就公诉人讯问的情况进行补充性发问；附带民事诉讼的原告人及其法定代理人或者诉讼代理人经审判长准许，可以就附带民事诉讼部分的事实向被告人发问；经审判长准许，被告人的辩护人及法定代理人或者诉讼代理人可以在控诉一方就某一具体问题讯问完毕后向被告人发问。讯问、发问时应注意：

①对于存在多起指控犯罪事实的，应当分别讯问；

②对于共同犯罪案件中的被告人应当分别讯问，必要时传他们共同到庭对质；

③审判长应当及时制止与本案无关的发问；

④控辩双方对于发问、讯问提出异议的，审判长应当判明情况予以支持或者驳回；

⑤审判人员认为必要时，可以自行讯问或发问。

(4)询问证人、鉴定人。虽然直接和言词原则是法庭审判的基本原则，但我国刑事诉讼法规定并非所有证人、鉴定人都要出庭作证。

根据《刑事诉讼法》规定，② 证人出庭作证需同时满足如下几个条件：第一，公诉人、当事人或者辩护人、诉讼代理人对证人证言有异议。第二，该证人证言对定罪量刑有重大影响。第三，人民法院认为证人有必要出庭作证。

有些情况下证人不出庭，其庭前证言的证据能力和证明力，不容易得到核实。尤其是

① 《中华人民共和国刑事诉讼法》第191条。

② 《中华人民共和国刑事诉讼法》第192条。

对定案至为关键的证人应该保证出庭作证。但有下列情形之一，无法出庭作证的，人民法院可以准许，证人可以不出庭作证：①

①在庭审期间身患严重疾病或者行动极为不便的；

②居所远离开庭地点且交通极为不便的；

③身处国外短期无法回国的；

④有其他客观原因，确实无法出庭的。

具有前款规定情形的，可以通过视频等方式作证。

证人到庭后，审判人员应当先核实证人的身份与当事人及本案的关系，告知证人应当如实地提供证言和有意作伪证或者隐匿罪证要负的法律责任。证人作证的，应当在如实作证的保证书上签名。向证人发问，应当先由提请传唤的一方进行；发问完毕后，对方经审判长准许，也可以发问。为避免证人、鉴定人之间相互影响，向证人、鉴定人发问应当分别进行。

《刑事诉讼法》规定了鉴定人出庭作证的情形："公诉人、当事人或者辩护人、诉讼代理人对鉴定意见有异议，人民法院认为鉴定人有必要出庭的，鉴定人应当出庭作证。经人民法院通知，鉴定人拒不出庭作证的，鉴定意见不得作为定案的根据。"②

《刑事诉讼法》第197条第2款规定，公诉人、当事人和辩护人、诉讼代理人可以申请法庭通知有专门知识的人出庭，就鉴定人作出的鉴定意见提出意见。

鉴定人到庭后，审判人员应当先核实鉴定人的身份、与当事人及本案的关系，告知鉴定人应当如实地提供鉴定意见和有意作虚假鉴定要负的法律责任。鉴定人说明鉴定意见前，应当在如实说明鉴定意见的保证书上签名。向鉴定人发问，应当先由要求传唤的一方进行；发问完毕后，对方经审判长准许，也可以发问。根据《刑事诉讼法》的有关规定，鉴定意见也是证据的一种，鉴定意见在定案中有时会起至关重要的作用，理应成为控辩双方在法庭质证的重点。但在审判实践中鉴定人多不出庭，其身份等的核实及保证书的具结都是空话，质证也无法有效地进行，一些有关鉴定的问题本来应在庭审中解决的问题，只能在庭下进行，无法摆脱暗箱操作之嫌。

◎ **注意** 讯问、发问或者询问被告人、被害人、附带民事诉讼原告人和被告人、证人、鉴定人的规则：

①讯问、发问或者询问的内容应当与案件事实相关；

②不得以诱导方式提问；

③不得威胁当事人和证人、鉴定人；

④不得损害当事人和证人、鉴定人的人格尊严。

(5)出示物证、宣读鉴定意见和有关笔录。

【案例讨论】

在一起失火责任事故案件的法庭审判中，审判长宣读了一份鉴定意见：

---

① 《最高人民法院关于适用〈中华人民共和国刑事诉讼法〉的解释》第206条。

② 《中华人民共和国刑事诉讼法》第192条。

“……被告人梁军在生产中一贯不负责任。2019 年 3 月 31 日晚，梁在锅炉房值班时，竟擅离职守，上街吃面条，买香烟，长达一个半小时不在生产岗位，致使锅炉温度失去控制，因而引起火灾。”

鉴定人：某公安局消防科

2019 年 4 月 15 日

【问题】 如果你是被告人的辩护律师，你将如何反驳这份鉴定意见？

(6)调取新的证据。对于调取新的证据可能影响案件事实认定的，可以宣布延期审理。

(7)法庭调查核实证据。法庭审理过程中，对证据有疑问的，可以宣布休庭，对证据调查核实。人民法院调查核实证据可以进行勘验、检查、扣押、鉴定和查询、冻结。[①]

◎ **思考**　某强奸案，合议庭对被害人询问笔录及控告书有疑问，在召开庭前会议的前一天，审判长在法院的审判法庭对被害人做询问笔录。法院的做法是否正确？

附带民事诉讼部分的调查，一般在刑事部分调查结束后进行，具体程序以民事诉讼法的有关规定进行。

(四)法庭辩论

法庭辩论是控辩双方在审判长的主持下，根据法庭调查举证、质证的证据、事实以及有关法律规定，就被告人的行为是否构成犯罪，犯罪的性质，罪责轻重，证据是否确实充分，以及如何适用刑罚等问题，提出各自的观点和理由，当庭进行辩驳的一致诉讼活动。《刑事诉讼法》规定：“经审判长许可，公诉人、当事人和辩护人、诉讼代理人可以对证据和案件情况发表意见并且可以互相辩论。”[②]这一规定表明，法庭辩论不仅集中在法庭调查后专门的法庭辩论阶段，而且在法庭调查阶段，控辩双方也可以对案件事实是否清楚、证据是否确实充分进行辩论。

在法庭调查阶段的辩论，经审判长许可，控辩双方可随时根据案件具体情况进行。在法庭辩论阶段进行的辩论，由审判长根据案件审理的具体情况，认为通过法庭调查，案件事实已经查清时，宣布结束法庭调查，开始法庭辩论。

法庭辩论在审判长主持下，按下列顺序进行：

(1)公诉人发言。公诉人在法庭调查阶段的第一次发言也称公诉人发表公诉词。公诉词是起诉书的补充文件，出庭支持公诉的国家公诉人，要在公诉词中依据对追究被告人刑事责任的必要性和请求法院对其犯罪行为定罪量刑的法律依据做深入的论证。公诉词的内容一般包括下列几个方面：①对法庭调查的情况做简要的概括；②对证据做全面的分析，根据查明的证据分析和认定被告人的罪行；③对案件做客观的分析，概括案件的全貌，指明犯罪行为的社会危害性；④分析被告人的犯罪动机及思想根源和社会根源；⑤进行法理论证，指明被告人所触犯的刑律条款及所应承担的法律责任。公诉词虽然主要功能是控诉

---

① 《中华人民共和国刑事诉讼法》第 196 条。

② 《中华人民共和国刑事诉讼法》第 198 条。

犯罪、揭露犯罪，但分析必须客观全面，实事求是，以理服人。既要包括被告人有罪、罪重的材料和意见，也要包含被告人罪轻的情节。

(2)被害人及其诉讼代理人发言。被害人是犯罪行为的直接受害者，对犯罪行为有切身的感受，有权在法庭辩论中控诉和证实犯罪，有权要求法庭对被告人处以应有的惩罚。

(3)被告人自行辩护。保障被告人的辩护权是司法文明的具体表现。允许被告人自行辩护，既是保障被告人人权的需要，也是法庭了解案件事实及被告人主观恶性程度的重要渠道。庭审中，被告人可以自行辩护或决定放弃辩护，而由其辩护人直接进行辩护。

(4)辩护人辩护。辩护人在法庭辩论中的首轮发言又称辩护词，是辩护人辩护宗旨的全面概括和集中体现。辩护人的辩论应结合法庭查证落实的情况，以事实为依据，以法律为准绳，提出证明被告人无罪、罪轻或者减轻、免除其刑事责任的意见，依法维护被告人的合法权益。对于辩护人依照有关规定，当庭拒绝为被告人进行辩护的，合议庭应当准许；如果被告人要求另行委托辩护人，合议庭应当宣布延期审理。对于被告人当庭拒绝被告人进行辩护，要求另行委托辩护人的，应当同意，并宣布延期审理。

(5)控辩双方进行辩论。

上述过程可以反复进行，直到双方意见阐述完毕，不再发言。

在法庭辩论中，控辩双方应当以事实为依据，以法律为准绳，围绕双方争论焦点进行反驳。合议庭认为经过反复辩论，案情已经查明、罪责已经分清或者控辩双方的意见已经充分发表的，审判长应及时宣布辩论终结。

(五)被告人最后陈述①

被告人最后陈述，是保障被告人充分行使辩护权的一项重要措施。通过给被告人这一系统陈述和辩解的机会，既可以使被告人在事实和法律面前心服口服，诚心认罪伏法；又有利于法庭充分听取被告人的意见，对案件作出正确的裁判。

(1)这是对被指控的罪行进行最后辩护和最后陈述的活动。这是法律赋予被告人的一项重要权利，从程序上讲还是法庭审理的一个独立的诉讼环节。

(2)合议庭应当保障被告人充分行使最后陈述的权利。

(3)被告人在最后陈述中提出了新的事实、证据，合议庭认为可能影响正确判决的，应当恢复法庭调查；如果被告人提出新的辩解理由，合议庭认为确有必要的，可以恢复法庭辩论。

(4)附带民事诉讼部分可以在法庭辩论结束后当庭调解。不能达成调解协议的，可以听刑事部分一并判决。

(六)评议和宣判

1. 评议

审判长在被告人最后陈述后，应当宣布休庭，合议庭进行评议。

评议是合议庭组成人员在已进行的法庭审理活动基础上，对案件事实、证据和法律适

① 《中华人民共和国刑事诉讼法》第198条。

用进行讨论、分析、判断并依法对案件作出裁判的诉讼活动。

评议由审判长主持，一律秘密进行。评议时，如果有意见分歧，应当按多数人的意见作出决定，但是少数人的意见应当写入笔录，评议笔录由合议庭组成人员签名。对于重大复杂案件则由审判委员会讨论决定，合议庭应当执行。

根据《刑事诉讼法》及《最高人民法院关于适用〈中华人民共和国刑事诉讼法〉的解释》的有关规定，根据案件具体情形，分别作出裁判：①

(1)起诉指控的事实清楚，证据确实、充分，依据法律认定指控被告人的罪名成立的，应当作出有罪判决；

(2)起诉指控的事实清楚，证据确实、充分，指控的罪名与审理认定的罪名不一致的，应当按照审理认定的罪名作出有罪判决；

(3)案件事实清楚，证据确实、充分，依据法律认定被告人无罪的，应当判决宣告被告人无罪；

(4)证据不足，不能认定被告人有罪的，应当以证据不足、指控的犯罪不能成立，判决宣告被告人无罪；

(5)案件部分事实清楚，证据确实、充分的，应当作出有罪或者无罪的判决；对事实不清、证据不足部分，不予认定；

(6)被告人因不满十六周岁，不予刑事处罚的，应当判决宣告被告人不负刑事责任；

(7)被告人是精神病人，在不能辨认或者不能控制自己行为时造成危害结果，不予刑事处罚的，应当判决宣告被告人不负刑事责任；

(8)犯罪已过追诉时效期限且不是必须追诉，或者经特赦令免除刑罚的，应当裁定终止审理；

(9)被告人死亡的，应当裁定终止审理；根据已查明的案件事实和认定的证据，能够确认无罪的，应当判决宣告被告人无罪。

【案例分析】

朱某涉嫌盗窃罪，法庭审理查明其实施盗窃行为时刚满15岁。法院应当如何处理？

A. 退回检察院，建议决定不起诉　　B. 商请检察院撤回起诉

C. 判决宣告朱某不负刑事责任　　D. 裁定终止审理

【解析】《刑法》第17条第2款规定，已满十四周岁不满十六周岁的人，犯故意杀人、故意伤害致人重伤或者死亡、强奸、抢劫、贩卖毒品、放火、爆炸、投毒罪的，应当负刑事责任。其中不包括盗窃。《最高人民法院关于适用〈中华人民共和国刑事诉讼法〉的解释》第241条规定，人民法院应当根据案件的具体情形，分别作出裁判：……(六)被告人因不满十六周岁，不予刑事处罚的，应当判决宣告被告人不负刑事责任。由此，选项C是正确的。

① 《中华人民共和国刑事诉讼法》第200条。

2. 宣判

宣判是人民法院将判决书的内容向当事人和社会公开宣告，使当事人和广大群众知道人民法院对案件的处理决定。宣判分为当庭宣判和定期宣判两种。

(1)当庭宣判是在合议庭经过评议并作出决定后，立即复庭由审判长宣告判决结果。当庭宣告判决后，应当在5日内将判决书送达当事人、法定代理人、诉讼代理人、提起公诉的人民检察院、辩护人和被告人的近亲属。[①]

(2)定期宣判是合议庭经休庭评议并作出决定后，或者因案情疑难、复杂、重大，其难以作出决定，而提请院长交审判委员会讨论决定，另行确定日期宣告判决书的活动。定期宣告判决的，合议庭应当在宣判前，先期公告宣判的时间和地点，传唤当事人并通知公诉人、法定代理人、诉讼代理人和辩护人；公诉人、辩护人、被害人、自诉人或者附带民事诉讼的原告人未到庭的，不影响宣判的进行。判决宣告后应当立即将判决书送达当事人、法定代理人、诉讼代理人、提起公诉的人民检察院、辩护人和被告人的近亲属。判决生效后还应当送达被告人的所在单位或者原户籍所在地的公安派出所。被告人是单位的，应当送达被告人注册登记的工商行政管理机关。

案件不论是否公开审理，宣告判决一律公开进行。[②] 地方各级人民法院在宣告第一审判决时，审判长往往口头告知被告人享有的上诉权，以及上诉期限和上诉法院。

四、与法庭审判有关的几个问题

(一)法庭审判笔录[③]

法庭审判笔录是由法院书记员制作的记载全部法庭审判活动的诉讼文书。它不仅是合议庭讨论、评议和对案件作出处理决定的重要依据，而且是第二审人民法院审查第一审庭审活动是否合法的重要依据。

法庭审判笔录一般按照庭审活动的顺序进行记录。一般它应符合下列要求：

(1)书记员将开庭审理的全部活动制作成笔录，交由审判长审阅后，由审判长和书记员签名；

(2)法庭笔录中的出庭证人的证言部分，应当在庭审后交由证人阅读或者向其宣读，证人确认无误后，应当签名或者盖章；

(3)法庭笔录应当在庭审后交由当事人阅读或者向其宣读。当事人认为记录有遗漏或者差错的，可以请求补正或者改正。当事人确认无误后，应当签名或者盖章。

(二)法庭秩序

法庭秩序是指在人民法院开庭审判案件时，所有的诉讼参与人和旁听人员都必须遵守的秩序和纪律。

---

① 《中华人民共和国刑事诉讼法》第202条。

② 《中华人民共和国刑事诉讼法》第202条。

③ 《中华人民共和国刑事诉讼法》第207条。

对违反法庭秩序的处理如下：

(1)对于违反法庭秩序情节较轻的，应当当庭警告制止并进行训诫；

(2)对于不听警告制止的，可以指令法警强行带出法庭；

(3)对于违反法庭秩序情节严重的，经报请院长批准后，对行为人处1000元以下的罚款或者15日以下的拘留；

(4)对聚众哄闹，冲击法庭或者侮辱、诽谤、威胁、殴打司法工作人员或者诉讼参与人，严重扰乱法庭秩序，构成犯罪的，应当依法追究刑事责任。

◎ **注意** ①适用于所有的诉讼参与人和旁听人员。

②对于罚款或拘留必须报请院长批准。

③对罚款或拘留的复议：当事人对于人民法院罚款、拘留不服，可以向上一级人民法院申请复议。也可以通过罚款、拘留的人民法院提出，上一级人民法院复议期间，不停止决定的执行。

【知识链接】三大诉讼中对妨害诉讼的强制措施规定的区别

	对妨害诉讼的强制措施
刑事诉讼	警告、强行带出法庭、拘留、罚款
民事诉讼	拘传、训诫、责令退出法庭、拘留、罚款
行政诉讼	训诫、责令具结悔过、拘留、罚款

(三)延期审理①

延期审理是指在法庭审理过程中，由于遇到了影响审判继续进行的情况，法庭决定将案件的审理推迟，待影响审理进行的原因消失后，再继续开庭审理。

需要延期审理的情况有：

(1)需要通知新的证人到庭，调取新的物证，重新鉴定或者勘验的；

(2)检察人员发现提起公诉的案件需要补充侦查，提出建议的；

(3)由于当事人申请回避而不能进行审判的；

(4)辩护人依照有关规定当庭拒绝继续为被告人进行辩护或者被告人当庭拒绝辩护人为其辩护，而被告人要求另行委托辩护或者要求人民法院另行指定辩护律师，合议庭同意的。

另外，在审判实践中，遇有下列情况的，也可以延期审理：

(1)被告人因患病而神志不清或者体力不能承受审判的；

(2)人民检察院变更了起诉范围，指控被告人有新的罪行，被告人、辩护人为准备答

---

① 《中华人民共和国刑事诉讼法》第204条。

辩，申请延期审理的；

(3)合议庭成员、书记员、公诉人、辩护人在审理过程中由于身体原因，审理无法继续进行等。

(四)中止审理①

中止审理是指在审判过程中，出现了某些使审判活动在一定期限内无法继续进行的情况时，审判人员决定暂时停止审判活动，待有关情形消失后，再行恢复审判。

在审判过程中，有下列原因致使案件在较长时间内无法继续审理的，人民法院应当裁定中止审理，被告人患严重疾病，无法出庭的；被告人脱逃的；自诉人患有严重疾病，无法出庭，且没有问题诉讼代理人的；由于不能抗拒的原因。

中止审理的原因消失后，应当恢复审理。中止审理的期间不计入审理期限。

【知识链接】 中止审理与延期审理的区别

区别	作出决定的时间不同	理由不同	后果不同	再次开庭的可预见性不同
延期审理	延期审理的决定只能在开庭审理期间作出	延期审理的理由由刑事诉讼法明确规定，一般是诉讼本身出现了障碍	延期审理只是暂时停止审理活动，其他诉讼活动根据案件情况仍应当进行	延期审理的案件，可以预见再次开庭审理的时间
中止审理	而中止审理的决定既可以在开庭审理期间作出，也可以在法院受理后的开庭前准备阶段至作出裁判前作出	中止审理的原因是诉讼外的原因，司法人员无法自行解决，甚至无法预见	中止审理则由于无法确定恢复审理的时间，在一定时间内诉讼活动全部停止。	中止审理的案件，无法预见恢复审理的时间

(五)终止审理

终止审理指人民法院在审判过程中遇有法律规定的情形时，终结诉讼程序的活动。

如果审判阶段发现有《刑事诉讼法》第16条第(二)项至第(六)项规定的不予追究刑事责任的情形的，人民法院应当裁定终止审理。终止审理后诉讼即告结束。

五、公诉案件第一审程序的期限②

人民法院审理公诉案件，应当在受理后二个月以内宣判，至迟不得超过三个月。对于

① 《中华人民共和国刑事诉讼法》第206条。

② 《中华人民共和国刑事诉讼法》第208条。

可能判处死刑的案件或者附带民事诉讼的案件交通十分不便的边远地区的重大复杂案件，重大的犯罪集团案件，流窜作案的重大复杂案件，犯罪涉及面广、取证困难的重大复杂案件，在上述期限内不能审结的，经上一级人民法院批准或者决定，可以延长三个月。特殊情况还需要延长的，报请最高院批准。

对于人民法院改变管辖的案件，从改变后的人民法院收到案件之日起计算审理期限。对于人民检察院补充侦查的案件，补充侦查完毕移送人民法院后，人民法院重新计算审理期限。

【案例分析】

被告人甲、乙共同将被害人丙杀害。第一审程序中，在公诉人对被告人甲、乙同时进行讯问后，经审判长许可丙的父亲丁以附带民事诉讼原告人的身份，就犯罪及财产损失事实向甲、乙发问。丙所居住社区的物业管理人员戊旁听了案件审理，并应控方要求就丙的被害情况向法庭作证，先后回答了辩护人、公诉人及审判长的发问。庭审中合议庭对戊的证言及其他证据发现疑问，遂宣布休庭，就被害人死亡时间及原因进一步调查核实。法庭调查中，公诉人发现被告人乙尚有遗漏的犯罪事实，当庭提出要求撤回起诉，法庭审查后作出同意撤回起诉的决定。重新起诉后，甲、乙分别被判处死刑并赔偿原告损失 10 万元。宣判后乙提出上诉，二审法院仅就乙的犯罪部分进行了审查，认为原判决认定事实和适用法律正确、量刑适当，维持了原判，并上报最高人民法院核准。

【问题】请指出以上案例中在程序方面的不当之处，并简要分析原因。

第三节　自诉案件的第一审程序

【知识结构图】

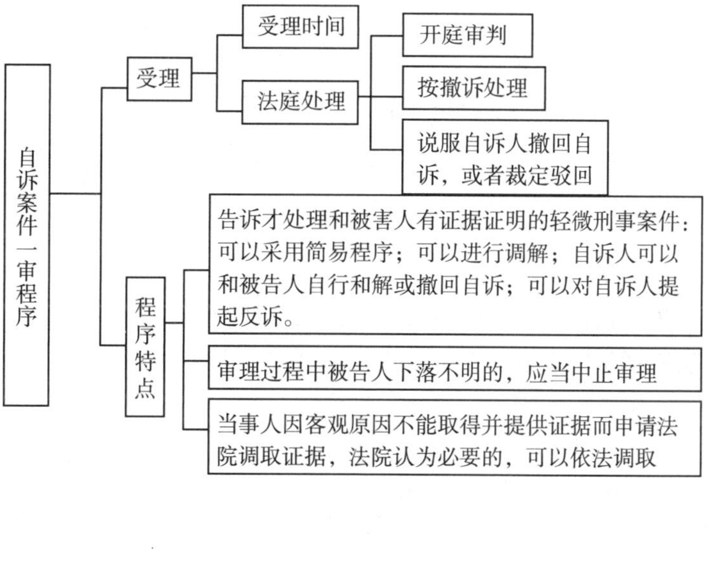

一、自诉案件的提起和受理

(一)自诉案件的提起条件①

我国刑事诉讼实行以公诉为主、自诉为辅的犯罪追诉机制，绝大多数刑事案件由人民检察院代表国家向人民法院提起公诉，只有部分案件由被害人及其诉讼代理人、近亲属直接向人民法院提起自诉，由人民法院直接受理。这种追诉机制的目的是在保护国家利益、社会利益的同时，最大限度地保护被害人的个人合法利益。

(1)有适格的自诉人。包括：被害人；被害人的法定代理人、近亲属；特定条件下的人民检察院和近亲属。

《刑法》第98条规定，对于告诉才处理的案件，如果被害人因受强制、威吓无法告诉的，人民检察院和被害人的近亲属也可以告诉。近亲属的范围，根据《刑事诉讼法》的规定，包括夫、妻、父、母、子、女、同胞兄弟姊妹。②

(2)有明确的被告人和具体的诉讼请求。

(3)属于自诉案件范围。

(4)被害人有证据证明。

(5)属于受诉人民法院管辖。自诉人应当依据刑事诉讼法关于级别管辖和地区管辖的规定，向有管辖权的人民法院提起自诉。

(6)自诉必须在追诉时效期限内提出。根据《刑事诉讼法》第16条规定，犯罪已过追诉时效期限的，不追究刑事责任。已经追究的，应当撤销案件，或者不起诉，或者终止审理。关于自诉案件的起诉时效，法律未作特殊规定，适用刑法关于犯罪追诉时效的一般规定。刑法规定的对犯罪的追诉时效就是自诉时效，在追诉时效问题上公诉与自诉没有区别。

(二)自诉案件受理

自诉人提起自诉后，案件要经过人民法院审查，符合条件的才能受理和进行审判。在审查过程中，如果发现下列情形的，应当说服自诉人撤回起诉，或者裁定驳回起诉。③

(1)不符合法律规定的提起自诉条件的；

(2)证据不充分的；

(3)犯罪已过追诉时效期限的；

(4)被告人死亡的；

(5)被告人下落不明的；

(6)除因证据不足撤诉的以外，自诉人撤诉后，就同一事实又告诉的；

(7)经人民法院调解结案后，自诉人反悔，就同一事实再行告诉的。

---

① 《最高人民法院关于适用〈中华人民共和国刑事诉讼法〉的解释》第259条。

② 《中华人民共和国刑事诉讼法》第108条。

③ 《最高人民法院关于适用〈中华人民共和国刑事诉讼法〉的解释》第263条。

【案例分析】

高某以诽谤罪将范某起诉至某县法院。县法院经审查认为，该案应属本院管辖，该案有明确的被告人、具体的诉讼请求和能证明被告人犯罪事实的证据，应予受理。但被告人范某目前下落不明。对此，法院应当如何处理？

对自诉案件受理有以下几点需要注意：

(1)在我国，自诉案件的受理即自诉案件的立案，是由人民法院经审查后作出的，审查的期限为人民法院收到自诉状或者口头告诉后15日以内。①

(2)对于已经立案，经审查缺乏罪证的案件，如果自诉人提不出补充证据，应当说服自诉人撤回起诉或者裁定驳回起诉；自诉人经说服撤回起诉或者被驳回起诉后，又提出新的足以证明被告人有罪的证据，再次提起自诉的，人民法院应当受理。②

(3)如果自诉人明知有其他共同侵害人，但只对部分侵害人提起自诉的，人民法院应当受理，并视为自诉人对其他侵害人放弃告诉权利。共同被害人中只有部分人告诉的，人民法院应当通知其他被害人参加诉讼。被通知人接到通知后表示不参加诉讼或者不出庭的即视为放弃告诉权利。第一审宣判后，被通知人就同一事实提起自诉的，人民法院不予受理。但当事人另行提起民事诉讼的，不受此限制。③

(4)被告人实施两个以上的犯罪行为，分别属于公诉案件和自诉案件，人民法院可以在审理公诉案件时，对自诉案件一并审理。④

【案例分析】

马某涉嫌盗窃罪，法院决定开庭审理时，马某的母亲也到该院递交自诉状，对马某长期虐待自己的行为提起自诉。下列哪一选项是正确的？

A. 应当先审理盗窃案件　　B. 应当先审理虐待案件

C. 应当一并审理这两个案件　　D. 可以一并审理这两个案件

【答案】D

二、自诉案件审理的特点

(1)可以独任审判。对告诉才处理的案件，被害人起诉的有证据证明的轻微刑事案件，可以适用简易程序，由审判员一人独任审判。⑤

---

① 《最高人民法院关于适用〈中华人民共和国刑事诉讼法〉的解释》第263条。

② 《最高人民法院关于适用〈中华人民共和国刑事诉讼法〉的解释》第264条。

③ 《最高人民法院关于适用〈中华人民共和国刑事诉讼法〉的解释》第266条。

④ 《最高人民法院关于适用〈中华人民共和国刑事诉讼法〉的解释》第267条。

⑤ 《最高人民法院关于适用〈中华人民共和国刑事诉讼法〉的解释》第270条。

（2）可以调解[①]。

①人民法院对告诉才处理的案件和被害人有证据证明的轻微刑事案件，可以在查明事实、分清是非的基础上，进行调解。

②调解没有达成协议或者调解书签收前当事人反悔的，人民法院应当进行判决。

③对于被害人有证据证明对被告人侵犯自己人身、财产权利的行为应当依法追究刑事责任，而公安机关、人民检察院不予追究被告人刑事责任的案件，不适用调解。

（3）可以和解与撤诉[②]。

①自诉人在判决宣告前可以同被告人和解或撤诉。对于自诉人要求撤诉的，经法院审查认为确属自愿，应当准许，否则不予准许。

②自诉人经两次依法传唤，无正当理由拒不到庭的，或未经法庭许可中途退庭的，人民法院按自诉人撤诉处理。

【案例分析】

在一起伤害案中，附带民事诉讼的原告人甲在法庭审理过程中，未经法庭许可中途退庭。法院应如何处理？

A. 用传票传唤甲至法庭　　B. 将甲拘传至法庭

C. 延期审理　　D. 按甲自行撤诉处理

【答案】 D

③自诉人是两人以上的，其中部分撤诉的，不影响案件审理。

（4）可以反诉[③]。

①反诉案件范围：对告诉才处理的案件和被害人有证据证明的轻微刑事案件。

②反诉条件：A. 反诉的对象必须是本案的自诉人；B. 反诉的内容必须是本案有关的行为；C. 反诉的案件必须是告诉才处理的案件和人民检察院没有提起公诉，被害人有证据证明的轻微刑事案件。

③反诉的审理：反诉案件适用自诉案件的规定，应当与自诉案件一并审理。自诉人撤诉的，不影响反诉案件的继续审理。

④二审中提起反诉的处理：在二审程序中，自诉案件的当事人提出反诉的，第二审人民法院应当告知其另行起诉。

（5）审理期限特殊。适用普通程序审理的被告人未被羁押的自诉案件，应当在立案后6个月内宣判。有特殊情况需要延长审理期限的，由本院院长批准，可以延长3个月。如果被告人被羁押的，审理的期限与公诉案件相同。[④]

（6）被告人实施两个以上的犯罪行为分别属于公诉案件和自诉案件，人民法院可以在

---

① 《最高人民法院关于适用〈中华人民共和国刑事诉讼法〉的解释》第271条。

② 《最高人民法院关于适用〈中华人民共和国刑事诉讼法〉的解释》第272条。

③ 《最高人民法院关于适用〈中华人民共和国刑事诉讼法〉的解释》第277条。

④ 《中华人民共和国刑事诉讼法》第212条。

审理公诉案件时，对自诉案件一并审理。

(7)人民法院受理自诉案件后，对于当事人因客观原因不能取得并提供有关证据而申请人民法院调取证据，人民法院认为必要的可以调取。

(8)在自诉案件审理过程中，被告人下落不明的，应当中止审理。被告人归案后，应当恢复审理，必要时，应当依法对被告人采取强制措施。①

第四节　简 易 程 序

【知识结构图】

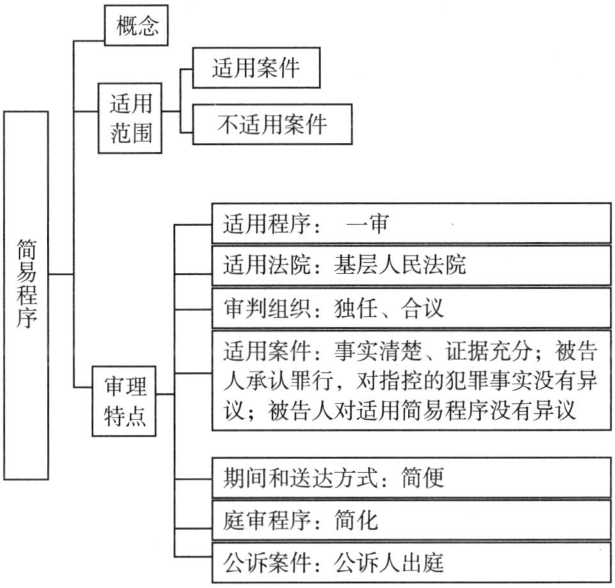

一、简易程序的概念和意义

简易程序与普通程序相对称，是指基层人民法院审理事实清楚、证据充分的刑事案件所适用的相对简单的审判程序。

简易程序是1996年《刑事诉讼法》修改后新增设的一个规定，2012年又进行了重大修改。其意义在于：

(1)简易程序提高了人民法院审判效率，有助于缓解人民法院面临的日益繁重的审判任务。

(2)简易程序有助于保护当事人合法权益，使当事人早日摆脱缠讼之苦。

(3)简易程序使刑事审判程序更加科学化、合理化。

◎ **注意**　简易程序只适用于第一审程序，并且只适用于基层人民法院。

① 《最高人民法院关于适用〈中华人民共和国刑事诉讼法〉的解释》第275条。

二、简易程序的适用范围

(一)简易程序适用条件[①]

(1)案件事实清楚、证据充分的。

无论公诉案件、自诉案件，如果达不到事实清楚、证据充分的条件，就不能适用简易程序。

(2)被告人承认自己所犯罪行，对指控的犯罪事实没有异议的。

基层法院审理的案件是可能判处无期以下刑罚的案件，这样绝大多数案件就有适用简易程序审理的可能。

(3)被告人对适用简易程序没有异议。

(二)不能适用简易程序的案件[②]

(1)被告人是盲、聋、哑的；

(2)被告人是尚未完全丧失辨认或者控制自己行为能力的精神病人的；

(3)有重大社会影响的；

(4)共同犯罪案件中部分被告人不认罪或者对适用简易程序有异议的；

(5)辩护人作无罪辩护的；

(6)被告人认罪但经审查认为可能不构成犯罪的；

(7)不宜使用简易程序审理的其他情形。

【案例分析】

刘某，17岁，系某聋哑学校职工，因涉嫌盗窃罪被检察院提起公诉。刘某的辩护人高某认为刘某并非该案的犯罪人。县人民法院经审查，决定按照普通程序审理该案。下列哪一项是法院决定按照普通程序审理该案的依据？(　　)

A. 刘某系未成年人　　B. 刘某系某聋哑学校职工

C. 辩护人高某认为刘某无罪　　D. 检察院没有建议适用简易程序

【答案】C

三、简易程序审判的特点

(1)简易程序设置在刑事诉讼法第一审程序中，在第二审程序、死刑复核程序和审判监督程序中均不适用。

(2)简易程序只适用于基层人民法院。

(3)简易程序只适用那些案件事实清楚、证据充分、被告人认罪并对适用简易程序没

① 《中华人民共和国刑事诉讼法》第214条。

② 《中华人民共和国刑事诉讼法》第215条。

有异议的。

(4)简易程序具体内容相对简化。

【案例分析】

关于适用简易程序审理刑事案件，下列哪一选项是不正确的？(　　)

A. 被告人必须出庭

B. 不可以由人民陪审员独任审判

C. 检察院可以派员出庭，也可以不派员出庭

D. 不可以不受刑事诉讼法关于听取被告人最后陈述规定的限制

【答案】C

(5)在审判组织上，可由审判员一人独任审判。

(6)在庭审程序上大为简化。即适用简易程序审理的案件，不受公诉案件第一审普通程序关于讯问被告人、询问证人、鉴定人、出示证据、法庭辩论等程序的限制。但被告人最后陈述不能取消。

(7)人民法院对自愿认罪的被告人，酌情予以从轻处罚。

(8)在期间和送达方式上，适用简易程序审理的案件，送达起诉书至开庭审判的时间，不受开庭10日前送达被告人的限制。

(9)人民法院应当在受理后20日以内审结，对可能判处有期徒刑3年以上的，可以延长至一个半月。①

(10)一般应当当庭宣判。

四、简易程序与普通程序的转化

(一)转化的法定事由

适用简易程序审理案件，在法庭审理过程中，有下列情形之一的，应当转为普通程序审理：②

(1)被告人的行为可能不构成犯罪的；

(2)被告人可能不负刑事责任的；

(3)被告人当庭对起诉指控的犯罪事实予以否认的；

(4)案件事实不清、证据不足的；

(5)不应当或者不宜适用简易程序的其他情形。

(二)审理期限的计算③

由简易程序转为普通程序审理的案件，审理期限应当从决定转为普通程序之日起计算。

① 《中华人民共和国刑事诉讼法》第220条。

② 《最高人民法院关于适用〈中华人民共和国刑事诉讼法〉的解释》第298条。

③ 《中华人民共和国刑事诉讼法》第221条。

第五节 速裁程序

一、速裁程序的概念

速裁程序是基层人民法院管辖的可能判处三年有期徒刑以下刑罚的案件，案件事实清楚，证据确实、充分，被告人认罪认罚，并同意适用速裁程序的，由审判员一人独任审判的程序，该程序相比简易程序更为简化、便捷。

二、制定速裁程序的背景

为进一步完善刑事诉讼程序，提高审理刑事案件的质量与效率，维护当事人的合法权益，第十二届全国人大常委会第九次会议于 2014 年 6 月 27 日通过了《关于授权最高人民法院、最高人民检察院在部分地区开展刑事案件速裁程序试点工作的决定》，明确北京等 18 个城市开展为期两年的刑事案件速裁程序试点工作。

速裁程序试点工作取得的成效有以下几点：

(1)刑事诉讼效率明显提高；

(2)认罪认罚从宽处罚在一定程度上得到体现；

(3)当事人权利得到有效保障；

(4)制度创新层出不穷，各地试点法院还就速裁程序量刑规范化问题进行了一些探索等。

2018 年 10 月 26 日刑事诉讼法进行了第三次修订，吸收试点工作的成效，把速裁程序作为刑诉法新增设的一种程序，在第三编第二章增加一节，作为第四节加以规定，使速裁程序与简易程序、普通程序相并列。这是我国刑事诉讼程序的一个重大变化和突破。刑诉法修改决定第二十二项规定了速裁程序适用的范围、条件以及不能适用速裁程序的六种情形，还明确了适用速裁程序的庭审程序、审理期限和审理中发现不宜适用速裁程序的案件处理。

三、速裁程序适用的条件及不适用的案件①

速裁程序适用条件包括：

(1)基层人民法院管辖的案件；

(2)可能判处 3 年有期徒刑以下刑罚的案件；

(3)案件事实清楚，证据确实、充分；

(4)被告人认罪认罚；

(5)被告人同意适用速裁程序。

不能适用速裁程序的案件包括：

(1)被告人是盲、聋、哑人，或者是尚未完全丧失辨认或者控制自己行为能力的精神

① 《中华人民共和国刑事诉讼法》第 223 条。

病人的；

(2)被告人是未成年人的；

(3)案件有重大社会影响的；

(4)共同犯罪案件中部分被告人对指控的犯罪事实、罪名、量刑建议或者适用速裁程序有异议的；

(5)被告人与被害人或者其法定代理人没有就附带民事诉讼赔偿等事项达成调解或者和解协议的；

(6)其他不宜适用速裁程序审理的。

四、速裁程序审判特点

速裁程序的审判特点主要体现在效率上，具体有如下几点：

(1)由审判员一人审判；

(2)不受普通程序送达期限的限制；

(3)一般不进行法庭调查、法庭辩论；

(4)判决宣告前，应当听取辩护人意见及被告人最后陈述意见；

(5)应当当庭宣判；

(6)应当在受理后 10 日以内审结；对可能判处的有期徒刑超过一年的，可以延长至 15 日；[①]

(7)人民检察院在提起公诉的时候，可以建议人民法院适用速裁程序。

五、审理中发现不宜适用速裁程序的案件处理[②]

《刑事诉讼法》规定，人民法院在审理过程中，发现有被告人的行为不构成犯罪或者不应当追究其刑事责任、被告人违背意愿认罪认罚、被告人否认指控的犯罪事实或者其他不宜适用速裁程序审理的情形的，应当按照普通程序或简易程序的规定重新审理。

六、速裁程序的展望

从理论上说，面对日益增多的刑事案件，理应构建繁简分离、层次各异的案件纠纷解决机制。通过刑事案件速裁程序的构建，实现简单案件快办，疑难案件精办的多样化格局。刑事案件诉讼程序的多层次化，实现了诉讼程序与案件难易程度相协调、实现了与刑罚轻重程度相适应，是一种科学的决策和智慧的选择。

但是，我们也应该看到，由于刑事案件速裁程序自身的特殊性，在案件受理范围、移送审查起诉、法庭审理等环节都有别于普通刑事案件，由于被告人认罪的预设化和庭审过程的简约化，被告人的基本权利无疑会受到一定程度上的缩减和冲击。因此，在落实速裁程序的过程中，务必遵守公正优先、兼顾效率的原则。

① 《中华人民共和国刑事诉讼法》第 225 条。

② 《中华人民共和国刑事诉讼法》第 226 条。

第六节　判决、裁定和决定

一、判决

(一)判决的概念和种类

1. 判决

判决是人民法院通过审理，对案件的实体问题作出的处理决定。它是人民法院代表国家行使审判权，在个案适用法律上的具体体现。

2. 判决种类

(1)有罪判决是指人民法院对案件事实清楚，证据确实充分，依据法律认定被告人有罪时作出的判决。它又可分为定罪处刑判决和定罪免刑判决。

①定罪处刑判决是指人民法院作出的在认定被告人的行为构成犯罪的基础上，给予适当刑事处罚的判决；

②定罪免刑判决是指人民法院作出的确认被告人的行为构成犯罪，同时又基于被告人具有法定免除处罚情节而宣布对被告人免除刑事处罚的判决。

(2)无罪判决是人民法院作出的确认被告人的行为不构成犯罪或者因证据不足，不能认定被告人有罪的判决。它又可分为两种：

①案件事实清楚，证据确实充分，依据法律认定被告人无罪的无罪判决。

②证据不足，不能认定被告人有罪时作出的证据不足指控犯罪不能成立的无罪判决。即疑罪从无。

(二)判决书的制作要求和内容

判决必须以书面形式作出。判决的书面文件即称为判决书。判决书是刑事审判中最重要的文件之一。因判决关系到被告人的自由、生命或财产，决定被害人的合法权益能否得到有效的保护，判决书承担了传递判决和执行之间的重要作用，是判决据以执行的法律文件，是当事人和广大群众明了审判是否公正的最后一个窗口，所以，判决书的制作必须严格规范、叙述清楚、论证严密、说理性强。①

《刑事诉讼法》第203条规定：判决书应当由审判人员和书记员署名，并且写明上诉的期限和上诉的法院。刑事判决书的内容包括五个部分，即首部、事实部分、理由部分、结果部分和尾部。判决书的书写一定要注意用词的规范性和准确性。

1. 首部

首部即判决书的开头部分，包括：(1)人民法院的名称、判决书的类别、案号；(2)公诉机关的名称，公诉人的姓名及职务，自诉案件则写明自诉人的基本情况；(3)被告人的姓名、性别、年龄、民族、职业、籍贯、住址，是否在押；(4)辩护人、代理人的姓

① 最高人民法院关于适用《中华人民共和国刑事诉讼法》第246条。

名、职业；(5)案件由来、开庭日期、审判形式、是否公开审理等。

2. 事实部分

事实部分应先写明控方指控的基本内容，被告人、辩护人对指控内容的看法、态度，然后写明人民法院认定的事实。作出有罪判决的，人民法院认定的事实应当详细地写明犯罪的时间、地点、动机、手段、行为过程、结果等有关情况；被告人犯数罪的，要写清各罪的犯罪事实和情节；共同犯罪案件中，要写明各个被告人参与的犯罪事实和情节，明确各个被告人在共同犯罪中的地位和作用。叙述事实应以法庭审理中查证属实的证据为根据，层次要清楚，主次要分明。如果事实涉及国家机密的，应当注意防止泄密；涉及当事人隐私的，不能叙述有关隐私的具体情况和被害人的姓名。无罪判决的事实部分可以和理由部分合并起来写。

3. 理由部分

有罪判决应当写明认定被告人犯有指控罪行的证据，写明具体运用证据的理由，确定犯罪性质和罪名的法律依据，判处刑罚或者免除刑罚以及从重、加重、从轻、减轻处罚的理由和根据。这些理由和根据应当包括对辩护意见是否采纳的理由和根据。判决无罪的，应当写明判决无罪的具体理由和有关证据。

4. 结果部分

认定被告人有罪的，这一部分应当写明被告人犯了何罪，给予的刑事处罚，赃款、赃物的处理；数罪并罚的，应当写明对各罪所判的刑罚和决定执行的刑罚。被告人被羁押的日期如何折抵刑期，刑期的起止日期；有附带民事诉讼的，还应写明附带民事部分的处理。无罪判决则应写明对被告人宣告无罪的决定。如果有被扣押、封存的物品、文件等，还应写明如何处理。

5. 尾部

尾部应写明对本判决不服是否可以上诉及上诉的法院和上诉期限，合议庭或独任审判员、书记员署名，判决书制作的日期等。

二、裁定

(一)裁定的概念和分类

裁定是人民法院在案件审理过程中和判决执行过程中，对程序性问题和部分实体问题所作的决定。刑事裁定既可以口头形式作出，也可以书面形式作出，书面形式作出的裁定就是刑事裁定书。裁定书的制作格式、方法与判决书基本相同，但内容要简单得多。

判决与裁定的区别如下：

(1)适用对象不同。判决只解决案件的实体问题，而裁定除解决部分实体问题外，主要解决程序性问题。

(2)适用范围不同。判决只适用于审判程序终结时，而裁定适用于整个审判程序和执行程序。

(3)适用的方式不同。判决必须采用书面方式，而裁定可以适用书面和口头两种方式。

(4)上诉、抗诉的期限不同。不服判决的上诉、抗诉期为 10 天，裁定为 5 天。

裁定的分类有：程序性裁定和实体裁定；一审裁定、二审裁定、再审裁定和核准死刑裁定；口头裁定和书面裁定。

(二)裁定的适用范围和裁定书的制作

1. 裁定的适用范围

(1)裁定适用于解决程序性问题主要指：恢复诉讼期限、中止审理、维持原判、撤销原判并发回重审、驳回公诉或自诉、核准死刑等。

(2)裁定适用于解决实体问题主要是指：减刑、假释、撤销缓刑、减免罚金等。

2. 裁定书的制作

裁定书的制作要求、格式与判决书差不多。但在内容上较判决书简单一些。

三、决定

(一)决定的概念和分类

决定是公安机关、人民检察院、人民法院在诉讼过程中，依法就有关诉讼程序问题所作的一种处理。

决定和判决、裁定的不同之处在于是否涉及上诉、抗诉问题。一般情况下，决定一经作出，立即发生效力，不能上诉或者抗诉。某些决定，如不起诉的决定、回避的决定，法律允许当事人和有关机关申请复议、复核。

决定的分类以表现形式不同决定可分为：口头决定和书面决定。

(二)决定的适用范围

(1)是否回避的决定。

(2)立案或不立案的决定。

(3)采取各种强制措施或变更强制措施的决定。

(4)实施各种侦查行为的决定。

(5)撤销案件的决定。

(6)延长侦查中羁押犯罪嫌疑人的期间的决定。

(7)起诉或不起诉的决定。

(8)开庭审判的决定。

(9)庭审中解决当事人、辩护人和诉讼代理人申请通知新的证人到庭、调取新的物证、申请重新鉴定或者勘验的决定。

(10)延期审理决定。

(11)抗诉的决定。

(12)提起审判监督程序的决定。

【**知识链接**】判决、裁定和决定的区别

名称	内容	形式	做出阶段	数量	是否可以上诉抗诉	做出机关
判决	关于实体问题	必须书面形式	诉讼终结阶段	一个	可上诉、抗诉，上诉期10日	人民法院
裁定	部分实体问题和重大程序问题	书面或口头形式	诉讼任何阶段（包括诉讼终结阶段）	可能数个	有些裁定可上诉、抗诉，上诉期5日	人民法院
决定	某些程序性问题	书面或口头形式	诉讼过程中	可能数个	不可上诉，但有些决定可以申请复议	可以由人民法院、人民检察院、公安机关分别作出

注意：民事诉讼中判决的上诉期为15日，裁定为10日。

【法律名言】

法律的基本原则是：为人诚实，不损害他人，给予每个人他应得的部分。

——查士丁尼

【阅读书目】

1. 刘计划：《刑事公诉案件第一审程序》，中国人民公安大学出版社2012年版。
2. 马永平：《刑事程序性法律后果研究》，法律出版社2019年版。
3. 陈虎：《刑事程序的深层结构》，中国政法大学出版社2018年版。
4. 姬艳涛：《审判中心主义下警察出庭作证的落实问题研究》，山西人民出版社2019年版。

【思考题】

1. 什么是第一审程序？其意义何在？
2. 法院对公诉案件审查的内容是什么？审查后作如何的处理？
3. 法院在开庭之前应做好哪些准备工作？
4. 什么是法庭审判？它分为几个阶段？
5. 什么是法庭调查？其步骤与内容是什么？
6. 法庭辩论阶段的主要内容与应注意的问题是什么？
7. 被告人最后陈述的内容及其意义何在？
8. 评议和宣判应如何进行？
9. 裁定与判决有何区别？
10. 受理与审理自诉案件有什么特点？

第十五章　审判程序的第二审程序

【知识结构图】

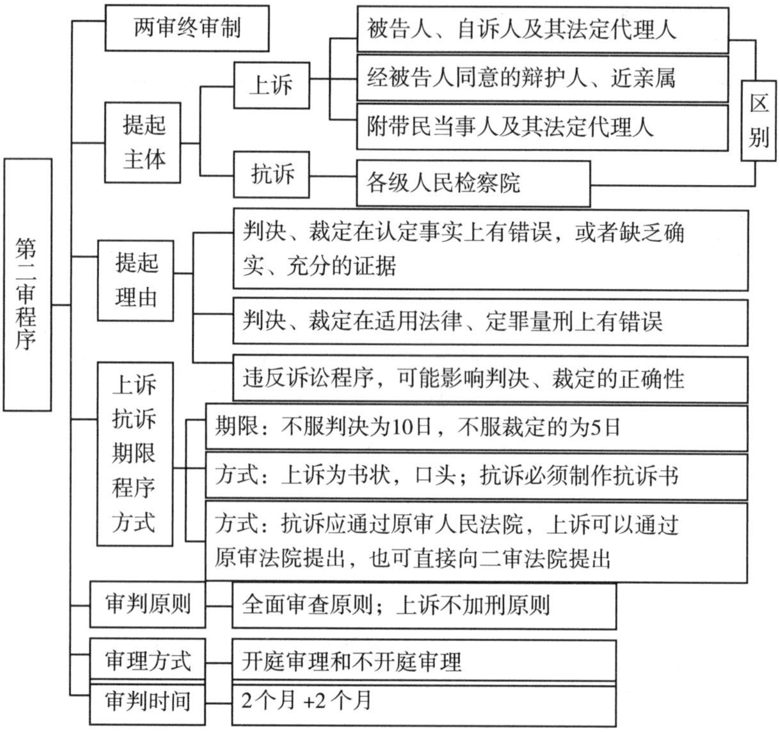

【内容导读】

我国的审级制度实行两审终审制。第二审程序又称上诉审程序，是第二审人民法院根据上诉人的上诉或者人民检察院的抗诉，就第一审人民法院尚未发生法律效力的判决或裁定认定的事实和适用的法律进行审理时所应当遵循的步骤和方式、方法。上诉和抗诉可以引起二审程序。有权提起上诉的人员是：自诉人、被告人或者他们的法定代理人，以及经被告人同意的辩护人、近亲属，还有附带民事诉讼的当事人及其法定代理人。有权提出抗诉的机关是地方各级人民检察院。有上诉权的人只要不服一审未生效的判决、裁定，就有权依法提出上诉，人民法院就应当受理，并引起二审程序。人民检察院提出抗诉，必须是“人民法院第一审的判决、裁定确有错误”。不服刑事判决的上诉和抗诉的期限为 10 日，不服裁定的上诉和抗诉的期限为 5 日，从接到判决书、裁定书的第 2 日起算。上诉可以用书状和口头两种形式提出，上诉可以通过原审人民法院提出，也可以直接向上一级人民法院提出。地方各级人民检察院对同级人民法院第一审判决、裁定的抗诉，只能以抗诉书的形式提出，不能采用口头形式。地方各级人民检察院对同级人民法院第一审判决、裁定的抗诉，应当通过原审人民法院提出抗诉书，并且将抗诉书抄送上一级人民检察院。第二审程序实行全面审查原则和上诉不加刑原则。第二审人民法院对上诉案件，应当组成合议庭，开庭审理。合议庭经过阅卷，讯问被告人，听取其他当事人、辩护人、诉讼代理人的意见，对事实清楚的案件，可以不开庭审理。对人民检察院抗诉的案件，第二审人民法院应当开庭审理。第二审人民法院的审判方式分为开庭审理和不开庭审理。二审人民法院对不服一审判决、裁定提出上诉、抗诉案件进行审理后，应当分别情况作出裁定驳回上诉或者抗诉，维持原判；直接改判；裁定撤销原判，发回重审处理决定。第二审人民法院受理上诉、抗诉的案件，应当在2个月以内审结。死刑案件，有附带民事诉讼的案件，交通十分不便的边远地区的重大复杂案件，重大的犯罪集团案件，流窜作案的重大复杂案件，犯罪涉及面广、取证困难的重大复杂案件，经省、自治区、直辖市高级人民法院批准或者决定，可以延长2个月，但是最高人民法院受理的上诉、抗诉案件，由最高人民法院决定。对第二审人民法院发回原审法院重新审判的案件，原审人民法院从收到发回的案件之日起，计算审理期限。

【法考要点】

主要考点集中在：上诉权人的范围、上诉的程序、抗诉的机关、抗诉的程序、对二审案件的审理和处理方式、上诉不加刑原则，全面审查原则。

【考研要点】

两审终审制概念，上诉与抗诉的区别，二审的审理原则和审理方式，对二审案件的处理，上诉不加刑原则。

【热点思考】

1. 是否应当赋予被害人上诉权？
2. 我国能否实行三审终审？
3. 全面审理原则是否与不告不理原则相矛盾？

第一节 概　　述

一、两审终审制

（一）两审终审制的概念

《刑事诉讼法》规定："人民法院审判案件，实行两审终审制。"①所谓两审终审制，是指一个案件经过两级人民法院审判即告终结的制度，对于第二审人民法院作出的终审判

① 《中华人民共和国刑事诉讼法》第10条。

决、裁定，当事人等不得再提出上诉，人民检察院不得按照上诉审程序提出抗诉。

根据两审终审制的要求，地方各级人民法院按照第一审程序对案件审理后所作的判决、裁定，尚不能立即发生法律效力，只有在法定期限内，有上诉权的人没有提出上诉，同级人民检察院也没有提出抗诉，第一审法院所作的判决、裁定才发生法律效力。在法定的期限内，如果有上诉权的人提出了上诉，或者人民检察院提出了抗诉，上一级人民法院应当对该案再进行审判。上一级人民法院审理第二审案件作出的判决、裁定，都是终审判决、裁定，立即发生法律效力。经过这样两级法院对案件进行审判后，该案的审判即行终结，故又称四级两审终审制。

(二)两审终审制的特殊和例外情况

1. 特殊情况

(1)合法的上诉或抗诉是开始第二审程序必须具备的前提，如果不存在这个前提，即在法定期限内，有上诉权或抗诉权的人或机关没有提出上诉或抗诉，那么地方各级人民法院审判的第一审案件所作出的一审裁判，也应发生法律效力，交付执行，而不应再两审终审。

(2)两审终审制是就刑事诉讼中的普通程序而言，而死刑案件是特殊案件，为确保质量，必须经过死刑复核的特殊程序后，始发生法律效力。但他们同样属于两审终审，因为最高人民法院、高级人民法院对这类案件的复核，并不属于一个审级，有上诉权或抗诉权的人和机关不能对这类案件的二审裁判提起上诉或抗诉。

2. 例外情况

两审终审制的唯一例外是作高人民法院审理的第一审案件为一审终审，即两审终审制只适用于地方各级人民法院审判的第一审案件。因为最高人民法院是我国的最高审判机关，经它审判的一切案件，宣判后立即生效，不存在按照上诉审程序提出上诉、抗诉的问题。

(三)两审终审制的意义

(1)可以使错误的一审判决、裁定，在尚未发生法律效力之前，得到及时的纠正，从而有利于法律的正确执行，确保办案质量。

(2)上级人民法院通过审判上诉、抗诉案件，可以经常了解下级人民法院的审判工作情况，有利于发挥审级监督的作用，改进审判工作。

(3)可以防止诉讼拖延，保证准确、及时地打击犯罪分子，节省人力、财力，便利公民诉讼。

值得注意的是国外一些国家有实行三审终审制的情况，如德、法、日等国家。在这些国家里，一审为事实审，二审、三审为法律审。我国实行两审终审制，而不实行三审终审，是充分地考虑了我们的国情和司法的实际需要。

二、第二审程序的概念和特点

1. 第二审程序的概念

第二审程序又称上诉审程序，是第二审人民法院根据上诉人的上诉或者人民检察院的抗诉，就第一审人民法院尚未发生法律效力的判决或裁定认定的事实和适用的法律进行审理时所应当遵循的步骤和方式、方法。它是刑事诉讼中的一个独立的诉讼阶段。

2. 第二审程序的特点

(1)不能简单地认为第二审程序就是对同一案件进行第二次审理的程序。因为对同一案件的第二次审理可能是第二审程序，也可能是第一审程序，甚至可能是审判监督程序。

(2)第二审程序并不是审理刑事案件的必经程序。一个案件是否经过第二审程序，关键在于上诉人或检察机关是否依法提起了上诉或抗诉，提起上诉或抗诉的，该案就应由上一级人民法院依第二审程序再次审理，否则就不产生第二审程序。

(3)除基层人民法院以外的各级人民法院都可以成为上级人民法院。

三、第二审程序的任务和意义

1. 第二审程序的任务

第二审人民法院对第一审人民法院作出的判决或裁定所认定的事实是否清楚，证据是否确实、充分，适用法律是否正确，诉讼程序是否合法，进行全面审查和审理，并依法作出判决或裁定，以维持正确的一审判决和裁定，纠正错误的一审判决和裁定。

2. 第二审程序的意义

第一，通过第二审程序，维护一审法院的正确裁判。

第二，通过第二审程序，纠正一审法院的错误裁判，准确地惩罚犯罪分子，保护被告人的合法权益。

第三，有利于上级人民法院监督和指导下级人民法院的审判工作，保证办案质量。

第二节　第二审程序的提起

一、上诉、抗诉的主体

(一)上诉的主体

上诉，是指自诉人、被告人及其法定代理人，以及经被告人同意的辩护人或近亲属，附带民事诉讼的当事人及其法定代理人，不服第一审未生效的判决、裁定，依照法定程序和期限，要求上一级人民法院对案件进行重新审判的诉讼行为。

上诉是产生第二审程序的重要途径。根据《刑事诉讼法》规定，[①] 有权提起上诉的人员是：自诉人、被告人或者他们的法定代理人，以及经被告人同意的辩护人、近亲属，还有附带民事诉讼的当事人及其法定代理人。

(1)具有独立上诉权的人：自诉人、被告人及其法定代理人。

(2)不具有独立上诉权的人：被告人近亲属、辩护人。他们没有独立的上诉权，必须

① 《中华人民共和国刑事诉讼法》第 227 条。

征得被告人同意才能提起上诉。是否上诉由被告人自己决定。

(3)部分上诉权人：附带民事诉讼的当事人和他们的法定代理人。附带民事诉讼的当事人和他们的法定代理人，只有权对地方各级人民法院一审判决、裁定中的附带民事诉讼部分提出上诉，对判决、裁定中的刑事部分，则无权上诉。附带民事诉讼的当事人如果同时也是刑事诉讼当事人中的被告人、自诉人，则他们既可以对附带民事诉讼部分提出上诉，也可以对刑事诉讼部分提出上诉。如果对刑事诉讼部分没有人提出上诉，人民检察院也没有提出抗诉，附带民事诉讼的当事人及其法定代理人的上诉，不影响判决、裁定中的刑事部分的生效。

◎ **注意** 自诉人、被告人、附带民事诉讼的当事人和他们的法定代理人是否上诉，以他们在上诉期满前最后一次的意思表示为准。

(二)抗诉的主体

抗诉是指人民检察院发现或者认为人民法院的判决、裁定确有错误时，提请审判机关依法重新审理并予以纠正的诉讼行为。抗诉分为两种：一是上诉审程序的抗诉，即对一审未生效裁判的抗诉；二是再审程序的抗诉，即对生效裁判的抗诉。《刑事诉讼法》规定："地方各级人民检察院认为本级人民法院第一审判决、裁定确有错误的时候，应当向上一级人民法院提出抗诉。"[①]这一规定是指上诉审程序的抗诉。

(三)申请抗诉的主体[②]

被害人及其法定代理人没有上诉权。但是，如果其不服地方各级人民法院第一审的判决的，自收到判决书后 5 日以内，有权请求人民检察院提出抗诉。人民检察院自收到被害人及其法定代理人的请求后 5 日以内，应当作出是否抗诉的决定并且答复请求人。据此，公诉案件中，被害人及其法定代理人享有请求检察机关提起抗诉的权利。被害人及其法定代理人请求抗诉后，是否抗诉，由人民检院决定。因此，被害人及其法定代理人的请求抗诉权，并不等于上诉权，不必然引起二审程序。

二、上诉、抗诉的理由

(一)上诉的理由

上诉无理由，只要不服就可以上诉。

(二)抗诉的理由

(1)原裁判事实认定错误。所谓事实认定错误，指原判决、裁定对案件事实作了错误认定，或者案件中的主要犯罪事实和重大情节没有查清，或者缺乏确实、充分的证据。具体来说，它包括：第一，对犯罪构成要件事实没有查清或者作了错误认定。第二，对与量

① 《中华人民共和国刑事诉讼法》第 228 条。

② 《中华人民共和国刑事诉讼法》第 229 条。

刑有关的重要案件事实没有查清或者作了错误认定。第三，定案证据不确实、不充分。

(2)原裁判法律适用错误。所谓法律适用错误，是指原判决、裁定所依据的法律不正确，所适用的法律明显不当，对于应当适用的法律没有适用，反而适用了不应当适用的法律。

(3)诉讼程序错误。所谓诉讼程序错误，是指人民法院在审判中违反刑事诉讼法的规定，超越或滥用诉讼权限，限制或剥夺当事人及其他诉讼参与人的诉讼权利。如违反回避制度的有关规定的；违反指定辩护的有关规定的；违反公开审判的有关规定的；违反诉讼期限的有关规定的等。

三、上诉、抗诉的期限①

不服判决的上诉和抗诉的期限为 10 日，不服裁定的上诉和抗诉的期限为 5 日，从接到判决书、裁定书的第 2 日起算。

对附带民事判决或者裁定的上诉、抗诉期限，应当按照刑事部分的上诉、抗诉期限确定。如果原审附带民事部分是另行审判的，上诉期限应当按照民事诉讼法规定的期限执行。

【知识链接】三大诉讼上诉期限的区别

刑事诉讼	不服一审判决的上诉和抗诉的期限为 10 日，不服裁定的上诉和抗诉的期限为 5 日
民事诉讼	不服一审判决的上诉期限为 15 日，不服裁定的上诉期限为 10 日，法律规定当事人只能对“不予受理、管辖权异议、驳回起诉”三种特定裁定提起上诉，其他裁定不准上诉
行政诉讼	不服一审判决的上诉期限为 15 日，不服裁定的上诉期限为 10 日

【案例分析】下列关于上诉期限说法正确的是：(　　)

A. 某甲今年 12 月 12 日接到一审判决书，某甲可以在今年 12 月 22 日之前提出上诉

B. 某县人民法院作出一审附带民事判决，则刑事部分判决的上诉期限是 10 日，附带民事部分的是 15 日

C. 林某故意伤害一案，由于被告人的偿付能力一时无法确定，某县人民法院在一审刑事判决作出后的 3 个月，才对附带民事诉讼部分作出了判决，则对该附带民事判决的上诉期限是 15 日

D. 适用简易程序审理的自诉案件一审判决的上诉期限为 5 日

【解析】《刑事诉讼法》第 230 条规定：不服判决的上诉和抗诉的期限为 10 日，不服裁定的上诉和抗诉的期限为 5 日，从接到判决书、裁定书的第二日起算。最高法《解释》第 301 条规定：第二审人民法院受理的上诉和抗诉案件．必须是在法定期限内提出的。不服判决的上诉和抗诉的期限为 10 日，不服裁定的上诉和抗诉的期限为 5 日。上诉和抗诉的

① 《中华人民共和国刑事诉讼法》第 230 条。

期限，从接到判决书、裁定书的第二日起计算。对附带民事判决或者裁定的上诉、抗诉期限，应当按照刑事部分的上诉、抗诉期限确定。附带民事部分是另行审判的，上诉期限也应当按照刑事诉讼法规定的期限执行。因此，答案B和C均是错误的。关于D项，法律没有做此规定，因此，是错误的。故，正确答案为A。

四、上诉、抗诉的方式与程序

(一)上诉的方式与程序①

(1)上诉的方式：可以用书状和口头两种形式提出。

(2)上诉的程序：上诉可以通过原审人民法院提出，也可以直接向上一级人民法院提出。

被告人、自诉人、附带民事诉讼的原告人和被告人通过原审人民法院提出上诉的，原审人民法院应当在3日以内将上诉状连同案卷、证据移送上一级人民法院，同时将上诉状副本送交同级人民检察院和对方当事人。

被告人、自诉人、附带民事诉讼的原告人和被告人直接向第二审人民法院提出上诉的，第二审人民法院应当在3日以内将上诉状交原审人民法院送交同级人民检察院和对方当事人，原审人民法院应将原审全部案卷、证据材料移送第二审人民法院。

(二)抗诉的程序和方式②

(1)抗诉的方式：《刑事诉讼法》规定，地方各级人民检察院认为本级人民法院第一审的判决、裁定确有错误的时候，应当向上一级人民法院提出抗诉。

(2)抗诉的程序：地方各级人民检察院对同级人民法院第一审判决、裁定的抗诉，应当通过原审人民法院提出抗诉书，并且将抗诉书抄送上一级人民检察院。原审人民法院应当在抗诉期满后3日以内将抗诉书连同案卷、证据移送上一级人民法院，并且将抗诉书副本送交当事人。上级人民检察院认为抗诉正确的，应当支持抗诉；认为抗诉不当的，应当向同级人民法院撤回抗诉，并且通知下级人民检察院。下级人民检察院认为上级人民检察院撤回抗诉不当的，可以提请复议。上级人民检察院应当作出复议，并将复议结果通知下级人民检察院。上一级人民检察院在上诉、抗诉期限内发现下级人民检察院应当抗诉而没有抗诉的，可以指令下级人民检察院依法提出抗诉。

人民检察院在抗诉期限内撤回抗诉的，第一审人民法院不再向上一级人民法院移送案件；如果是在抗诉期满后第二审人民法院宣告裁判前撤回抗诉的，第二审人民法院可以裁定准许，并通知第一审人民法院和当事人。

【知识链接】上诉与抗诉(二审抗诉)的区别

① 《中华人民共和国刑事诉讼法》第229条。

② 《中华人民共和国刑事诉讼法》第228条。

<table>
<tr><th colspan="2">提起二审程序的方式</th><th>上诉</th><th>抗诉</th></tr>
<tr><td rowspan="3">相同</td><td>对象</td><td colspan="2">地方各级人民法院未生效的判决、裁定</td></tr>
<tr><td>期限</td><td colspan="2">不服判决 10 日，裁定 5 日</td></tr>
<tr><td>效力</td><td colspan="2">必然引起二审程序</td></tr>
<tr><th colspan="2">提起二审程序的方式</th><th>上诉</th><th>抗诉</th></tr>
<tr><td rowspan="4">不同</td><td>主体</td><td>自诉人、被告人及其法定代理人，以及经被告人同意的辩护人或近亲属，附带民事诉讼的当事人及其法定代理人</td><td>第一审人民法院的同级人民检察院</td></tr>
<tr><td>理由</td><td>不受限制</td><td>一审裁判确有错误</td></tr>
<tr><td>方式</td><td>书面或口头形式</td><td>书面形式</td></tr>
<tr><td>途径</td><td>通过原审人民法院或直接向二审法院提出</td><td>通过原审人民法院或送交上一级法院</td></tr>
</table>

（三）撤诉

被告人、自诉人、附带民事诉讼的原告人和被告人及其法定代理人在上诉期满后要求撤回上诉的，应当由第二审人民法院进行审查。如果认为原判决认定事实和适用法律正确，量刑适当，应当裁定准许被告人撤回上诉；如果认为原判决事实不清，证据不足或者将无罪判为有罪、轻罪重判等，应当不准许撤回上诉，并按照上诉程序进行审理。

【案例分析】

李某因诈骗罪被 A 县人民法院判处有期徒刑 6 年。判决宣告后，李某以量刑过重为理由提出上诉，但在上诉期满后又要求撤回上诉。对于李某撤回上诉，二审法院应当如何处理？

A. 允许李某撤回上诉

B. 对上诉案件进行审查，如果原判认定事实和适用法律正确，量刑适当，应当裁定准许李某撤回上诉

C. 对上诉案件进行审查，如果原判认定事实不清，证据不足或适用法律错误、量刑不当，应当不准许李某撤回上诉

D. 如果原判认定事实不清，证据不足或适用法律错误、量刑不当而不允许撤回上诉的，应当按照上诉程序进行审理

【解析】最高法《解释》第 304 条规定："上诉人在上诉期限内要求撤回上诉的，人民法院应当准许。"第 305 条规定："上诉人在上诉期满后要求撤回上诉的，第二审人民法院应当审查。经审查，认为原判认定事实和适用法律正确，量刑适当的，应当裁定准许撤回

上诉；认为原判事实不清、证据不足或者将无罪判为有罪、轻罪重判等的，应当不予准许，继续按照上诉案件审理。”因此，正确答案为B、C、D。

(四)按撤诉处理

人民法院审理人民检察院提出抗诉的案件，应当通知同级人民检察院派员出庭。对接到开庭通知后人民检察院不派员出庭的抗诉案件，人民法院应当裁定按人民检察院撤回抗诉处理，并通知第一审人民法院和当事人。

(五)上诉、抗诉与原审判决、裁定的生效

对于在上诉、抗诉期满前撤回上诉、抗诉的案件，第一审判决、裁定在上诉、抗诉期满之日起生效；对于在上诉、抗诉期满后要求撤回上诉、抗诉，第二审人民法院裁定准许的，第一审判决、裁定应当自第二审人民法院裁定书送达原上诉人或者抗诉的检察机关之日起生效。

第三节　第二审程序的审理

一、第二审程序的审判原则

(一)全面审理原则①

第二审程序的全面审查原则是指第二审人民法院应当就第一审判决认定的事实和适用法律进行全面审查，不受上诉或者抗诉范围的限制。共同犯罪的案件只有部分被告人上诉的，应当对全案进行审查，一并处理。全面审理原则的要求：

(1)普通刑事案件：既要审查一审判决认定的事实是否正确，证据是否确实充分，又要审查一审判决适用法律有无错误。既要审查上诉或者抗诉的部分，又要审查没有上诉或者抗诉的部分。

(2)共同犯罪案件：在共同犯罪案件中，只有部分被告人上诉的，或者人民检察院只就第一审人民法院对部分被告人的判决提出抗诉的，第二审人民法院应当对全案进行审查，一并处理。如果提出上诉的被告人死亡，其他被告人没有提出上诉，第二审人民法院仍应对全案进行审查，死亡的被告人不构成犯罪的，应当宣告无罪；审查后认为构成犯罪的，应当宣布终止审理。对其他同案被告人仍应作出判决或裁定。②

【案例分析】

甲、乙二人共同盗窃金融机构，第一审分别被判有期徒刑十年、六年。甲上诉，乙表

① 《中华人民共和国刑事诉讼法》第233条。

② 《最高人民法院关于适用〈中华人民共和国刑事诉讼法〉的解释》第312条。

示服判，未上诉。在第二审法院审理期间，甲死亡。关于第二审，下列哪一选项是正确的？

A. 在上诉期满后，对乙的判决生效，可以交付执行

B. 第二审法院应当对甲、乙的案件一并进行审查、处理

C. 第二审法院认为甲构成犯罪，但量刑过重，应当改判

D. 第二审法院认为第一审对乙量刑过轻，应当改判加重其刑罚

【解析】《最高人民法院关于适用〈中华人民共和国刑事诉讼法〉若干问题的解释》第312条规定，共同犯罪案件，上诉的被告人死亡，其他被告人未上诉的，第二审人民法院仍应对全案进行审查。经审查，死亡的被告人不构成犯罪的，应当宣告无罪；构成犯罪的，应当终止审理。对其他同案被告人仍应作出判决、裁定。由此，选项B是正确答案。

(3)附带民事诉讼案件：审理附带民事纠纷的上诉、抗诉案件，应当对全案进行审查。如果第一审判决的刑事部分并无不当，第二审人民法院只需就附带民事诉讼部分作出处理。如果第一审判决附带民事诉讼部分事实清楚，适用法律正确的，应当以刑事附带民事裁定维持原判，驳回上诉、抗诉。①

【案例分析】

某市中级法院就甲、乙、丙三人故意伤害案作出一审判决后，甲不服上诉，乙、丙二人未上诉。二审人民法院在审理过程中，甲因病死亡。

【问题】二审法院应如何处理本案？

【解析】应对全案进行审查，如甲构成犯罪，应对其宣布终止审理，若其不构成犯罪，应对其宣告无罪，对乙、丙二人应作出判决或裁定。

(二)上诉不加刑原则②

1. 上诉不加刑

上诉不加刑是指第二审人民法院审判仅有被告人一方提出上诉的案件时，不得改判重于原判刑罚的原则。也就是第二审人民法院审判只有被告人或者他的法定代理人、辩护人、近亲属上诉的案件，不得加重被告人的刑罚。上诉不加刑的核心是不得加重刑罚。

◎ **注意** 上诉不加刑的“刑”既包括主刑、附加刑，还包括加大罚金数量和刑罚的执行方法，如一审判决有缓刑两年取消了缓刑，就是加刑；二审延长了缓刑考验期也是加刑。

2. 对于上诉不加刑的概念的理解应当注意的方面

(1)上诉对被告人而言，是其法定权利，无论是否具备充分的理由，都不能据此推断被告人认罪态度不好从而加重处罚。

(2)只有被告人一方上诉的案件，二审法院才能适用上诉不加刑原则。对方也提出上

① 《最高人民法院关于适用〈中华人民共和国刑事诉讼法〉的解释》第313条。

② 《中华人民共和国刑事诉讼法》第237条。

诉或者抗诉的，可以加刑。

(3)只有被告人一方上诉的案件，二审法院审理后，即使认为原判量刑畸轻，也不得加重对被告人的刑罚。

(4)不加刑是指二审法院审理案件直接改判时不得加重原判刑罚，只能维持原判刑罚或者减轻原判刑罚。

3. 上诉不加刑意义

(1)上诉不加刑有利于保障被告人的上诉权，保证两审终审制的贯彻执行。

(2)根据上诉不加刑原则，一审法院量刑偏轻的案件，即使到了二审，也不能任意改判加刑。因此，上诉不加刑向第一审人民法院提出了更严格的要求，促使第一审人民法院加强责任心，不断提高办案质量。

(3)上诉不加刑有利于促使检察机关履行法律监督职能。

4. 上诉不加刑的适用①

(1)共同犯罪案件，只有部分被告人提出上诉的，既不能加重提出上诉的被告人的刑罚，也不能加重其他同案被告人的刑罚。

(2)对原判认定事实清楚、证据充分，只是认定的罪名不当的，在不加重原判刑罚的情况下，可以改变罪名。

(3)对被告人实行数罪并罚的，不得加重决定执行的刑罚，也不能在维持原判决决定执行的刑罚不变的情况下，加重数罪中某罪的刑罚。

(4)对被告人判处拘役或者有期徒刑宣告缓刑的，不得撤销原判决宣告的缓刑或者延长缓刑考验期。

(5)对事实清楚、证据充分，但判处的刑罚畸轻，或者应当适用附加刑而没有适用的案件，不得撤销第一审判决，直接加重被告人的刑罚或者适用附加刑，也不得以事实不清、证据不足为由发回第一审人民法院重新审理。必须依法改判的，应当在第二审判决、裁定生效后，按照审判监督程序重新审判。

(6)人民检察院提出抗诉或者自诉人提出上诉的案件，不受上诉不加刑原则的限制，二审人民法院可以加刑。但是人民检察院抗诉的案件，经第二审人民法院审理后，改判被告人死刑立即执行的，应当报请最高人民法院核准。

(7)共同犯罪案件中，人民检察院只对部分被告人的判决提出抗诉的，第二审人民法院对其他第一审被告人不得加重刑罚。

【案例分析】

J市公安机关侦查人员舒某、刘某在侦查一起团伙抢劫案的过程中，对犯罪嫌疑人董某刑讯逼供，直接导致董某死亡，被J市人民检察院依法逮捕。J市人民检察院在侦查该案期间，发现舒某、刘某还曾对证人高某使用暴力手段逼取证言，于是决定对两案合并侦查。侦查终结后，J市人民检察院依法向市人民法院提起公诉。经开庭审理，市人民法院一审以故意杀人罪判处舒某有期徒刑12年，以暴力取证罪判处舒某有期徒刑3年，决定

① 《最高人民法院关于适用〈中华人民共和国刑事诉讼法〉的解释》第325条。

执行有期徒刑13年；以故意杀人罪判处刘某有期徒刑5年，以暴力取证罪判处刘某有期徒刑2年，决定执行有期徒刑6年。一审判决宣告后，刘某不上诉，舒某以一审定性不准、量刑过重为理由提出上诉，市人民检察院以一审对舒某的量刑过轻为理由提出抗诉。请回答下列问题：

(1)如果舒某、刘某在侦查阶段聘请律师，受聘律师可以进行下列选项中的什么活动？

A. 会见在押的犯罪嫌疑人

B. 查阅、摘抄、复制本案的诉讼文书、技术性鉴定材料

C. 经证人同意，向他们收集与本案有关的材料

D. 对人民检察院侵犯犯罪嫌疑人人身权利和人身侮辱的行为进行控告

(2)如果舒某、刘某在审查起诉阶段聘请律师作为辩护人，受聘律师可以进行下列选项中的什么活动？

A. 会见在押的犯罪嫌疑人

B. 查阅、摘抄、复制本案的诉讼文书、技术性鉴定材料

C. 经证人同意，向他们收集与本案有关的材料

D. 对人民检察院侵犯犯罪嫌疑人人身权利和人身侮辱的行为进行控告

(3)J市人民检察院在侦查期间，发现舒某、刘某还曾对证人高某使用暴力手段逼取证言，如何计算舒某、刘某的侦查羁押期限？

A. 只按照前一个罪计算侦查羁押期限

B. 自前一个罪的侦查羁押期限届满之日的第二日起计算新发现罪的侦查羁押期限

C. 按照数罪中最重的罪计算侦查羁押期限

D. 自发现对证人使用暴力手段逼取证言的犯罪之日起，重新计算侦查羁押期限

(4)第二审人民法院审理该案时，应当如何量刑？

A. 对舒某可以判处比原判刑罚更重的刑罚

B. 对刘某可以判处比原判刑罚更重的刑罚

C. 对舒某不得判处比原判刑罚更重的刑罚

D. 对刘某不得判处比原判刑罚更重的刑罚

【解析】

(1)《刑事诉讼法》第34条的规定，犯罪嫌疑人自被侦查机关第一次讯问或者采取强制措施之日起，有权委托辩护人；在侦查期间，只能委托律师作为辩护人。被告人有权随时委托辩护人。第38条规定，辩护律师在侦查期间可以为犯罪嫌疑人提供法律帮助；代理申诉、控告；申请变更强制措施；向侦查机关了解犯罪嫌疑人涉嫌的罪名和案件有关情况，提出意见。因此，A与D选项是正确的，而B与C选项则是辩护律师在审查起诉以及审判阶段而非侦查阶段的诉讼权利(《刑事诉讼法》第40条、第43条)。故正确答案是A、D。

(2)本题与上题考查的方式相同、内容也相近似，实际上要求区别侦查阶段与审查起诉阶段犯罪嫌疑人聘请的律师所享有的诉讼权利有何不同。一般说来，前一阶段即侦查阶段律师所享有的诉讼权利后一阶段原则上都应享有，同时，对后一阶段即审查起诉阶段的

诉讼权利法律又有专门的规定，《刑事诉讼法》第 40 条规定了在审查起诉阶段辩护律师所享有的诉讼权利，即查阅、摘抄、复制本案的诉讼文书、技术性鉴定材料。依《刑事诉讼法》第 43 条第 2 款规定，辩护律师向被害人提供的证人取证，须经人民检察院或者人民法院同意。故 C 项表述不全面被排除。正确答案为 A、B、D。

(3)《刑事诉讼法》对犯罪嫌疑人逮捕后的侦查羁押期限作出了相应的规定。对于在侦查期间，又发现犯罪嫌疑人另有重要罪行的，侦查羁押期限如何计算，《刑事诉讼法》第 160 条第 1 款明确规定："……自发现之日起依照本法第 156 条的规定重新计算侦查羁押期限。"故，正确答案为 D。

(4)上诉不加刑原则是指第二审人民法院审判被告人一方提出上诉的案件，不得以任何理由加重被告人刑罚的一项审判原则。需要注意的是上诉不加刑原则只适用于被告人一方上诉的案件，对于人民检察院提出的抗诉或者自诉人提出的上诉的，不受该原则的限制，这是《刑事诉讼法》第 237 条第 2 款规定的该原则的例外情况，本案中不仅被告人舒某自己提出了上诉，而且检察院也同时对其判决提出了抗诉，故对舒某不适用上诉不加刑原则，因此 A 选项是正确的，而 C 选项是错误的。

对于刘某而言，由于其本人没有上诉，检察院也没有对其判决提出抗诉，对此，最高法院《解释》第 311 条明确规定："共同犯罪案件中，人民检察院只对部分被告人的判决提出抗诉的，第二审人民法院应当对全案进行审查，一并处理。"从理论上说，这是上诉不加刑原则的应有之意。故 D 选项是正确的，而 B 选项是错误的。故，正确答案为 A、D。

二、第二审案件的审理方式和程序

第二审人民法院对第一审人民法院移送上诉、抗诉的案卷，应当审查是否应当包括下列内容：[①] 移送上(抗)诉案件函；上诉状或者抗诉书；第一审判决书或者裁定书的份数；全部案卷材料和证据，包括案件审结报告和其他应当移送的材料。如果上述材料齐备，第二审人民法院应当收案；材料不齐备或不符合规定的，应当通知第一审人民法院及时补充。

第二审人民法院对上诉案件，应当组成合议庭，开庭审理。合议庭经过阅卷，讯问被告人，听取其他当事人、辩护人、诉讼代理人的意见，对事实清楚，可以不开庭审理。对人民检察院抗诉的案件，第二审人民法院应当开庭审理。第二审人民法院的审判方式分为开庭审理和不开庭审理。[②]

(一)开庭审理

开庭审理，也称直接审理，是指第二审人民法院在合议庭的主持下，由检察人员和诉讼参与人参加，通过法庭调查和辩论、评议、宣判的方式审理案件。

适用开庭审理的案件有两种，一是自诉人、被告人及其法定代理人、附带民事诉讼的

---

① 《最高人民法院关于适用〈中华人民共和国刑事诉讼法〉的解释》第 309 条。

② 《中华人民共和国刑事诉讼法》第 234 条。

当事人上诉的案件。这类案件原则上应当开庭审理，只有在合议庭经过阅卷，讯问被告人，听取其他当事人、辩护人、诉讼代理人的意见后，案件事实清楚的，才可以不开庭审理；二是人民检察院抗诉的案件必须开庭审理。

开庭审理的地点可以使案发地或原审法院所在地。第二审人民法院在开庭审理上诉或者抗诉案件时，除参照第一审程序的规定外，还应当依照下列程序进行：

(1)开庭前的准备，开庭时宣布合议庭组成，告知当事人诉讼权利。

(2)人民检察院提出抗诉的案件或者应当要求人民检察院派员出庭的案件，必须在开庭 10 日以前，通知人民检察院查阅案卷，作好出庭准备。

(3)在第二审程序中，被告人除自行辩护外，还可以委托辩护人辩护。

(4)在法庭调查阶段，审判长或者审判员宣读第一审判决书、裁定书后，由上诉人陈述上诉理由或者检察人员宣读抗诉书；既有上诉又有抗诉的案件，先由检察人员宣读抗诉书，再由上诉人陈述上诉的理由；法庭调查的重点是要针对上诉或者抗诉的理由，全面查清案件事实，核实证据。

(5)在法庭辩论阶段，对上诉案件，应先由上诉方发言，对于抗诉案件，应先由控方发言。既有上诉又有抗诉的案件，先由控方发言，再由上诉方发言，然后依次进行辩论。被害人也有权参加法庭审理。

(6)辩论终结后，上诉人(被告人)有权进行最后陈述，然后由合议庭评议，作出裁判。

(二)调查讯问的审理方式

调查讯问的审理方式是指第二审人民法院的合议庭对上诉案件，经过阅卷，讯问被告人，在听取其他当事人、辩护人、诉讼代理人的意见后，认为案件事实清楚的，可以不开庭审理即作出判决或裁定的审理方式。适用这种审理方式的案件只是那些事实清楚的上诉案件。

采用调查讯问式的审理方式审理时，应当遵守的程序包括：

(1)依法组成合议庭。二审合议庭由审判员 3 人或者 5 人组成。①

(2)合议庭查阅案卷，并制作阅卷笔录。以便全面了解案件事实和证据以及适用法律、原审诉讼程序是否正确。

(3)讯问被告人、听取其他当事人、辩护人、诉讼代理人的意见。通过直接听取被告人及其他当事人、辩护人、诉讼代理人的意见，有助于全面了解案情以及有关案件的其他问题。

(4)合议庭根据阅卷、讯问被告人以及听取相关人员意见后，依法作出相应的处理决定。

---

① 《中华人民共和国刑事诉讼法》第 234 条。

三、对二审案件的处理①

(一)对二审案件的处理

第二审人民法院对不服一审判决、裁定提出上诉、抗诉案件进行审理后，应当分别情况作出如下处理：

1. 维持原判

原判决认定事实清楚，证据确实、充分，援引法律条款定罪准确，量刑适当，审判程序合法的，应当裁定驳回上诉或者抗诉，维持原判。

◎ **注意** 维持原判一律使用裁定。维持原判有两种情形：一是一审裁判没有任何错误的维持原判，二是一审量刑过轻，但受上诉不加刑原则限制维持原判。

2. 改判

(1)应当改判：原判决认定事实没有错误，但适用法律有错误的或量刑不当的，应当改判，但要受上诉不加刑原则限制。

(2)可以改判：原判决事实不清楚或者证据不足的，可由二审法院查清事实后改判。

◎ **注意** 改判一律用判决。

3. 发回重审②

(1)应当发回重审的情形：A. 违反公开审判的规定的；B. 违反回避制度的；C. 剥夺或者限制了当事人的法定诉讼权利，可能影响公正审判的；D. 审判组织的组成不合法的；E. 其他违反法律规定的诉讼程序，可能影响公正审判的。

(2)可以应当发回重审的情形：原判决事实不清楚或者证据不足的可以裁定撤销原判，发回重审。

(3)发回重审一律使用裁定。

(4)发回重审次数：第二审人民法院经过审理，对于事实不清、证据不足的案件，只能一次裁定撤销原判，发回原审法院重审；对于经过查证，只有部分犯罪事实清楚、证据充分的案件，只对部分罪行进行认定和宣判；对于查证后仍然事实不清、证据不足的案件，要依法作出证据不足、指控的犯罪不能成立的无罪判决，不得拖延判决。

第二审人民法院对不服一审裁定上诉或抗诉，经过审查后，应当按照下列情形分别处理：

(1)原判决认定事实和适用法律正确、量刑适当的，应当裁定驳回上诉或者抗诉，维持原判；

(2)原判决认定事实没有错误，但适用法律有错误，或者量刑不当的，应当改判；

(3)原判决事实不清楚或者证据不足的，可以在查清事实后改判；也可以裁定撤销原判，发回原审人民法院重新审判。

---

① 《中华人民共和国刑事诉讼法》第 236 条。

② 《中华人民共和国刑事诉讼法》第 238 条。

（二）对附带民事诉讼案件的处理①

（1）第二审人民法院审理附带民事上诉案件，如果发现刑事和附带民事部分均有错误需依法改判的，应当一并审理，一并改判。

（2）第二审人民法院审理的刑事上抗诉案件，附带民事诉讼部分已经发生法律效力的，如果发现一审判决或者裁定中的民事部分确有错误，应当对民事部分按审判监督程序予以纠正。

（3）第二审人民法院审理附带民事上诉案件，刑事部分已经发生法律效力的，如果发现第一审判决或者裁定中的刑事部分确有错误，应当对刑事部分按照审判监督程序指令再审，并将附带民事诉讼部分发回与刑事案件一并审理。

【案例分析】

张某与王某因口角发生扭打，张某将王某打成重伤。检察院以故意伤害罪向法院提起公诉，被害人王某同时向法院提起附带民事诉讼。

【问题】

1. 如果一审宣判后，张某对刑事部分不服提出上诉，王某对民事部分不服提出上诉，第二审人民法院在审理中发现本案的刑事部分和附带民事部分认定事实都没有错误，但适用法律有错误，应当如何处理？

2. 如果一审宣判后，检察院对本案刑事部分提起了抗诉，本案的附带民事部分没有上诉。第二审人民法院在审理中发现本案民事部分有错误，第二审人民法院对民事部分应如何处理？

3. 如果一审宣判后，本案的刑事部分既没有上诉也没有抗诉，王某对本案附带民事部分提起了上诉，在刑事部分已经发生法律效力的情况下，第二审人民法院在审理中发现本案的刑事部分有错误，第二审人民法院应如何处理？

4. 如果在一审程序中，法院审查王某提起的附带民事诉讼请求后，认为不符合提起附带民事诉讼的条件，法院应当如何处理？

【解析】

1. 第二审人民法院应当在二审判决中一并改判。《最高人民法院关于适用〈中华人民共和国刑事诉讼法〉的解释》第331条规定：第二审人民法院审理对附带民事部分提出上诉，刑事部分已经发生法律效力的案件，发现第一审判决、裁定中的刑事部分确有错误的，应当依照审判监督程序对刑事部分进行再审，并将附带民事部分与刑事部分一并审理。本案中人民法院发现民事部分和刑事部分适用法律错误，因此人民法院应当在二审判决中对刑事部分和民事部分一并改判。

2. 第二审人民法院应当对民事部分按审判监督程序予以纠正。第二审人民法院对刑事部分的上诉、抗诉，附带民事诉讼部分已经发生法律效力的案件，如果发现第一审判决或者裁定中的民事部分确实有错误，应当对民事部分按照审判监督程序予以纠正。

---

① 《最高人民法院关于适用〈中华人民共和国刑事诉讼法〉的解释》第331条。

3. 第二审人民法院应当对刑事部分按照审判监督程序进行再审，并将附带民事诉讼部分与刑事部分一并审理。《最高人民法院关于适用〈中华人民共和国刑事诉讼法〉的解释》第 331 条规定，第二审人民法院审理对附带民事诉讼部分提出上诉抗诉，刑事部分已经发生法律效力的案件，如果发现第一审判决或者裁定中的刑事部分确有错误，应当对刑事部分按照审判监督程序进行再审，并将附带民事诉讼部分与刑事部分一并审理。

4. 人民法院经审查认为不符合提起附带民事诉讼条件规定的，应当裁定驳回起诉。《最高人民法院关于适用〈中华人民共和国刑事诉讼法〉的解释》第 149 条规定，被害人或者其法定代理人、近亲属提起附带民事诉讼的，人民法院应当在七日内决定是否立案。符合《刑事诉讼法》第 101 条以及本解释有关规定的，应当受理；不符合的，裁定不予受理。

（三）对自诉案件的处理[①]

对第二审自诉案件，必要时可以进行调解，当事人也可以自行和解。调解结案的，应当制作调解书，第一审判决、裁定视为自动撤销；当事人自行和解的，由人民法院裁定准许撤回自诉，并撤销第一审判决、裁定。第二审人民法院对于调解结案或者当事人自行和解的自诉案件，被告人被采取强制措施的，应当立即予以释放。

在第二审程序中，自诉案件的当事人提出反诉的，第二审人民法院应当告知其另行起诉。

四、第二审案件的审理期限[②]

第二审人民法院受理上诉、抗诉的案件，应当在 2 个月以内审结。死刑案件，有附带民事诉讼的案件，交通十分不便的边远地区的重大复杂案件，重大的犯罪集团案件，流窜作案的重大复杂案件，犯罪涉及面广、取证困难的重大复杂案件，经省、自治区、直辖市高级人民法院批准或者决定，可再延长 2 个月，但是最高人民法院受理的上诉、抗诉案件，由最高人民法院决定。对第二审人民法院发回原审法院重新审判的案件，原审人民法院从收到发回的案件之日起，计算审理期限。

第四节　对扣押、冻结在案财物的处理

一、扣押、冻结财物的概念

扣押的财物是指公安机关、人民检察院在勘验、搜查过程中，人民法院在调查核实证据过程中所扣押的可以证明犯罪嫌疑人、被告人有罪或者无罪的各种财物。

冻结的财物是指公安机关、人民检察院在侦查过程中，人民法院在调查核实证据过程中所冻结的与案件有关的犯罪嫌疑人、被告人的存款、汇款、债券、股票、基金份额。

---

① 《最高人民法院关于适用〈中华人民共和国刑事诉讼法〉的解释》第 333 条。

② 《中华人民共和国刑事诉讼法》第 243 条。

扣押、冻结的财物除被扣押、冻结的原物外，还包括原物所生的孳息。

二、对扣押、冻结财物的处理①

(1)保管。司法机关对扣押、冻结的财物应当妥善保管，以供核查。任何单位或者个人不得挪用或者自行处理。

(2)返还。对被害人的合法财产，被害人明确的，扣押、冻结机关应当及时返还。对于扣押、冻结与本案无关的财物，应当返还所有人、持有人或者解冻，但法律另有规定的除外。

(3)移送。对作为证据使用的实物，包括作为物证的货币、有价证券等，应当随案移送。此外还可以移送原物的照片、清单、及变价处理的凭证。

(4)没收、上缴。对于公安机关、人民检察院、人民法院扣押、冻结的赃物、赃款及其孳息，由原审的人民法院依照生效的法律文书进行处理。除依法返还被害人的以外，应当一律没收，上缴国库。

三、违法处理扣押、冻结财物的责任

司法工作人员贪污、挪用或者私自处理被扣押、冻结的财物及其孳息的，依法追究刑事责任；不构成犯罪的，给予必要的行政处分。

【法律名言】

自由就是做法律许可范围内事情的权利。

——西塞罗

【阅读书目】

1. 胡献旁：《刑事诉讼二审程序研究》，知识产权出版社2015年版。

2. 北京市第一中级人民法院，北京市人民检察院第一分院：《刑事二审程序深度研讨》，法律出版社2012年版。

【思考题】

1. 什么是第二审程序，它的任务是什么？
2. 哪些人可以独立提出上诉？哪些人是非独立上诉主体？
3. 被害人是否有上诉权？不服一审判决的怎么办？
4. 上级检察院可否撤销下级检察院对一审裁判的抗诉？
5. 法律对上诉、抗诉的理由、期限方式是如何规定的？
6. 二审法院审理后，如何作出处理决定？适用的情形分别为什么？
7. 简述上诉不加刑原则的内容及适用上的限制？其意义何在？

① 《最高人民法院关于适用〈中华人民共和国刑事诉讼法〉的解释》第245条。

第十六章　审判程序的死刑复核程序

【知识结构图】

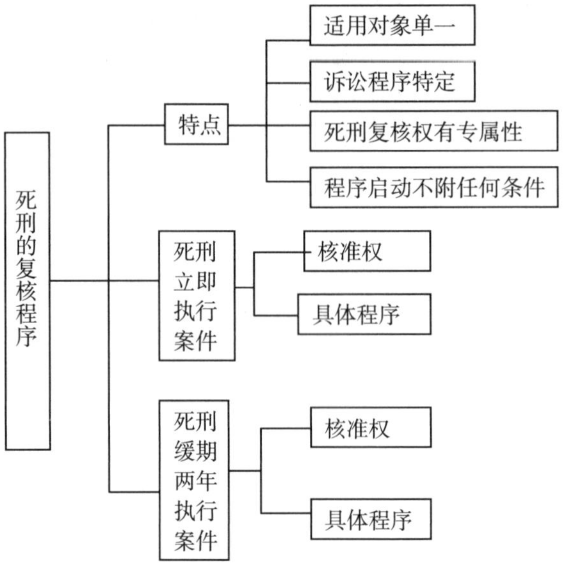

【内容导读】

死刑复核程序是人民法院对判处死刑的案件进行复审核准所遵循的特别审判程序，是死刑案件的终审程序。死刑复核程序包括判处死刑立即执行案件的复核程序和判处死刑缓期两年执行案件的复核程序。与其他审判程序相比较，死刑复核程序存有其自身的特点、任务和意义；死刑复核权由最高人民法院行使。死刑案件应依法定程序逐级上报、一案一报，严把死刑复核关，确保死刑案件的审判质量。

【法考要点】

死刑立即执行案件的核准权、复核的具体程序、复核后的处理。

【考研要点】

死刑复核程序重点有概念、特点；死刑复核权的归属，判处死刑立即执行案件的复核程序；死刑缓期两年执行案件复核后的处理。

【热点思考】

死刑复核权重新收归最高人民法院有何重大意义？如何完善这一程序？

第一节　死刑复核程序的特点

一、死刑复核程序的概念

死刑复核程序是指人民法院对判处死刑的案件进行复审核准所遵循的特别审判程序，包括死刑立即执行案件(下称死刑案件)和死刑缓期执行案件(下称死缓案件)的复核。

二、死刑复核程序特点

(1)适用对象单一。死刑复核程序只适用于判处死刑的案件，包括判处死刑立即执行和判处死刑缓期两年执行的案件，其他案件并不适用这一程序。

(2)诉讼程序特定。一般的刑事案件经过两级法院的审理后判决就发生法律效力，而判处死刑的案件必须经过死刑复核程序其判决裁定才能生效，才能交付执行。死刑复核程序是两审终审制的一种例外。

(3)核准权有专属性。只有最高人民法院对死刑立即执行案件有核准权，高级人民法院对死刑缓期两年执行的案件有核准权，其他的人民法院没有核准死刑的权力。

(4)程序的启动不附任何条件。死刑复核程序的启动不附任何条件，既不像第一审程序那样非经起诉不得进行审判，也不像第二审程序那样需要上诉或者抗诉才能启动，而是由人民法院逐级上报，无须附加任何条件。

(5)报请复核方式特殊。依照法律有关规定，报请复核应当按照法院的组织系统逐级上报，不得越级报核。而审判监督程序可以越级申诉。

三、死刑复核程序的任务和意义

根据法律规定和司法实践经验，死刑复核程序的任务是，享有复核权的人民法院对下级人民法院报请复核的死刑判决、裁定，在认定事实和适用法律上是否正确进行全面审查，依法作出是否核准死刑的决定。

死刑复核程序的意义在于，有利于正确贯彻执行我国关于执行死刑的政策，坚持少杀、慎杀，防止死刑滥用，有助于严格控制死刑的适用；有利于正确理解法律，统一执法尺度，防止地区之间宽严不一，保证死刑案件的办案质量。

第二节　判处死刑立即执行案件的复核程序

一、判处死刑立即执行案件的核准权

2006 年 12 月 28 日，《最高人民法院关于统一行使死刑案件核准权有关问题的决定》公布，决定从 2007 年 1 月 1 日起，过去根据《人民法院组织法》原第 13 条规定发布的关于授权高级人民法院和解放军军事法院核准部分死刑案件的通知，一律予以废止。在原第 13 条中这样规定：杀人、强奸、抢劫、爆炸以及其他严重危害公共安全和社会治安判处

死刑的案件的核准权，最高人民法院在必要的时候，得授权省、自治区、直辖市的高级人民法院行使。27 年后，死刑复核权终于彻底收归最高人民法院。

27 年来，由于死刑复核权下放所产生的巨大社会影响，以及不断增多的争议，让死刑复核权的回收成为国内外关注的焦点之一。

“文化大革命”之后，百废待兴。对于法律界而言，恢复秩序成为当务之急。1979 年 7 月 1 日，《刑法》和《刑事诉讼法》在五届全国人民代表大会第二次会议上获得通过，并于 1980 年 1 月 1 日起正式施行。在当时的《刑事诉讼法》中，第 199 条规定：死刑由最高人民法院核准。

《刑事诉讼法》刚刚施行了 43 天之后，1980 年 2 月 12 日，五届全国人大常委会第 13 次会议批准：在 1980 年内，对现行的杀人、强奸、抢劫、放火等犯有严重罪行应当判处死刑的案件，最高人民法院可以授权省、自治区、直辖市高级人民法院核准。在当年部分下放死刑复核权。这一决定，成为死刑复核权下放的开端，次年 6 月 10 日，全国人大常委会通过《关于死刑案件核准问题的决定》延长了下放的期限：“在 1981 年至 1983 年内，对犯有杀人、抢劫、强奸、爆炸、放火、投毒、决水和破坏交通、电力等设备的罪行，由省、自治区、直辖市高级人民法院终审判决死刑的，或者中级人民法院一审判决死刑，被告人不上诉，经高级人民法院核准的，以及高级人民法院一审判决死刑，被告人不上诉的，都不必报最高人民法院核准。”

1983 年 9 月 2 日，全国人大常委会通过了《关于迅速审判严重危害社会治安的犯罪分子的程序的决定》和《关于修改〈中华人民共和国人民法院组织法〉的决定》。前者第 1 条规定：“对杀人、强奸、抢劫、爆炸和其他严重危害公共安全应当判处死刑的犯罪分子，主要犯罪事实清楚，证据确凿，民愤极大的，应当迅速及时审判，可以不受《刑事诉讼法》第 110 条规定的关于起诉书副本送达被告人期限以及各项传票、通知书送达期限的限制。”第 2 条又规定：“前条所列犯罪分子的上诉期限和人民检察院的抗诉期限，由《刑事诉讼法》第 131 条规定的 10 日改为 3 日。”后者将人民法院组织法原第 13 条修改为：“死刑案件除由最高人民法院判决的以外，应当报请最高人民法院核准。杀人、强奸、抢劫、爆炸以及其他严重危害公共安全和社会治安判处死刑的案件的核准权，最高人民法院在必要的时候，得授权省、自治区、直辖市的高级人民法院行使。”

这两个决定，后来在法律界称为“从重从快”决定。以从重从快决定为标志，危害社会治安的严重刑事犯罪的死刑复核权彻底下放给了地方。

后来，随着毒品犯罪的迅猛发展，最高人民法院又于 1991 年 6 月 6 日、1993 年 8 月 18 日、1993 年 8 月 19 日和 1997 年 6 月 23 日，分别授权云南、广东、广西、四川、甘肃和贵州等六个省、自治区的高级法院，对毒品犯罪死刑案件行使核准权。

2003 年 5 月 8 日，中央司法体制改革小组成立。2006 年 10 月 31 日，全国人大常委会修改了《人民法院组织法》，根据修改后的人民法院组织法第 12 条的规定：(1) 自 2007 年 1 月 1 日起，最高人民法院根据全国人民代表大会常务委员会有关决定和人民法院组织法原第 13 条的规定发布的关于授权高级人民法院和解放军军事法院核准部分死刑案件的通知(见附件)，一律予以废止。(2) 自 2007 年 1 月 1 日起，死刑除依法由最高人民法院判决的以外，各高级人民法院和解放军军事法院依法判处和裁定的，应当报请最高人民法院核准。(3)2006年12月31日以前，各高级人民法院和解放军军事法院已经核准的死刑立即执行的判决、裁定，依法仍由各高级人民法院、解放军军事法院院长签发执行死刑的命令。

《最高人民法院关于复核死刑案件若干问题的规定》已于2007年1月22日由最高人民法院审判委员会第1414次会议通过，自2007年2月28日起施行。

二、判处死刑立即执行案件的审查核准程序

(一)最高人民法院核准的死刑立即执行案件的报请程序①

(1)中级人民法院判处死刑的第一审案件，被告人不上诉、检察院不抗诉的，在上诉、抗诉期满后3日以内报请高级人民法院复核。高级人民法院经复核同意判处死刑的，应当依法作出裁定后，报请最高人民法院核准；高级人民法院不同意判处死刑的，应当提审直接改判或者发回重新审判。

(2)中级人民法院判处死刑的第一审案件，被告人提出上诉或者人民检察院提出抗诉，高级人民法院终审裁定维持死刑判决的，报请最高人民法院核准。

(3)高级人民法院判处死刑的第一审案件，被告人不上诉、人民检察院不抗诉的，在上诉、抗诉期满后3日内报请最高人民法院核准。

(4)依法应当由最高人民法院核准的死刑案件，判处死刑缓期两年执行的罪犯，在死刑缓期执行期间，如果故意犯罪，查证属实，应当执行死刑的，由高级人民法院报请最高人民法院核准。

(二)判处死刑立即执行案件的复核的材料及要求

(1)报请死刑复核(含死缓)案件，应当一案一报。

(2)有的被告人犯有数罪，只要其中一罪被判处死刑，以及共同犯罪的案件中，只要有一名被告人被判处死刑，应当报送全案诉讼案卷和证据。

(三)判处死刑立即执行案件的复核程序

(1)复核的审判组织：必须是合议庭，由3名审判员组成。②

(2)提审被告人。提审被告人是死刑复核程序中的必经方式和重要环节。

(3)复核后的处理：③

第一，裁定核准，原判认定事实和适用法律正确、量刑适当、诉讼程序合法的，裁定予以核准。

第二，纠正后核准，原判判处被告人死刑并无不当，但具体认定的某一事实或者引用的法律条款等不完全准确、规范的，可以在纠正后作出核准死刑的判决或者裁定。

---

① 《中华人民共和国刑事诉讼法》第247条。

② 《中华人民共和国刑事诉讼法》第249条。

③ 《中华人民共和国刑事诉讼法》第250条。

第三，裁定不予核准，并撤销原判发回重审。其一，最高人民法院复核后认为原判认定事实不清、证据不足的；其二，最高人民法院复核后认为原判认定事实正确，但依法不应当判处死刑的；其三，原审人民法院违反法定诉讼程序，可能影响公正审判的。

第四，改判。数罪并罚案件，一人有两罪以上被判处死刑，最高人民法院复核后，认为其中部分犯罪的死刑裁判认定事实不清、证据不足的，对全案裁定不予核准，并撤销原判，发回重新审判；认为其中部分犯罪的死刑裁判认定事实正确，但依法不应当判处死刑的，可以改判并对其他应当判处死刑的犯罪作出核准死刑的判决。

一案中两名以上被告人被判处死刑，最高人民法院复核后，认为其中部分被告人的死刑裁判认定事实不清、证据不足的，对全案裁定不予核准，并撤销原判，发回重新审判；认为其中部分被告人的死刑裁判认定事实正确，但依法不应当判处死刑的，可以改判并对其他应当判处死刑的被告人作出核准死刑的判决。

第五，发回重审情况。最高人民法院裁定不予核准死刑的，根据案件具体情形可以发回第二审人民法院或者第一审人民法院重新审判。

高级人民法院依照复核程序审理后报请最高人民法院核准死刑的案件，最高人民法院裁定不予核准死刑，发回高级人民法院重新审判的，高级人民法院可以提审或者发回第一审人民法院重新审判。

发回第二审人民法院重新审判的案件，第二审人民法院可以直接改判；必须通过开庭审理查清事实、核实证据的，或者必须通过开庭审理纠正原审程序违法的，应当开庭审理。发回第一审人民法院重新审判的案件，第一审人民法院应当开庭审理。

第三节　判处死刑缓期二年执行案件的复核程序

一、死缓的核准权

《刑事诉讼法》规定：“中级人民法院判处死刑缓期二年执行的案件，由高级人民法院核准。”①根据这一规定，死刑缓期二年执行的核准权由高级人民法院行使。

二、报请复核程序②

（1）中级人民法院判处死刑缓期二年执行的案件，被告人不上诉、人民检察院不抗诉的，应当报请高级人民法院核准。①高级人民法院同意判处死刑缓期二年执行的，应当裁定予以核准；②如果认为事实不清、证据不足的，应当裁定发回原审法院重新审判，重新审判所作的判决、裁定，被告人可以提出上诉，人民检察院可以提出抗诉；③如果认为原判量刑过重的，高级人民法院应当依法改判。

（2）中级人民法院判处死刑缓期二年执行的案件，被告人提出上诉或者人民检察院提出抗诉的，高级人民法院经过第二审程序，同意判处死刑缓期二年执行的，作出维持原判

① 《中华人民共和国刑事诉讼法》第248条。

② 《最高人民法院关于适用〈中华人民共和国刑事诉讼法〉的解释》第349条。

并核准死刑缓期二年执行的决定；不同意判处死刑缓期二年执行的，应当作出不核准的决定。如果认为原判量刑过重，应当依法改判；如果认为事实不清、证据不足的，应当裁定发回重新审判。

◎ **注意**　高级人民法院行使复核权的特殊规定：

①高级人民法院核准死刑缓期二年执行的案件，应当作出核准或者不核准的决定，不得以提高审级等方式加重被告人的刑罚。

②高级人民法院核准死刑缓期二年执行的案件，必须提审被告人。

③高级人民法院复核后发回原审法院重新审判的案件，重新审判作出的判决、裁定，被告人可以提出上诉，检察院可以提出抗诉。

三、对死缓案件复核后的处理①

(1)原判决认定事实清楚，证据确实充分，定罪正确，量刑适当的用裁定核准死刑缓期执行判决。

(2)原判决认定事实不清楚或者证据不足的，用裁定撤销原判决，发回原审人民法院重新审判。

(3)原判决认定事实清楚，证据确实充分，但适用法律有错误或者量刑过重的，用判决直接改判。

(4)发现第一审人民法院违反法律规定的诉讼程序可能影响公正审判的，应当裁定撤销原判，用判决直接改判。

【案例分析】

某市中级人民法院以杀人罪判处被告人杨某死刑，缓期2年执行，被告人不上诉，检察院也未提出抗诉，中级法院遂报该省高级人民法院核准。该省高级法院审核后认为被告人杨某不应该判处死刑缓期2年执行，该省高级法院应如何处理？(　　)

A. 发回重审

B. 依法改判

C. 改变案件管辖级别，由高级法院作为第一审法院

D. 先维持原判，再通过审判与监督程序解决

【解析】正确答案为A、B。

最高法《解释》第344条规定：报请最高人民法院核准死刑案件，应当按照下列情形分别处理：(一)中级人民法院判处死刑的第一审案件，被告人未上诉、人民检察院未抗诉的，在上诉、抗诉期满后十日内报请高级人民法院复核。高级人民法院同意判处死刑的，应当在作出裁定后十日内报请最高人民法院核准；不同意的，应当依照第二审程序提审或者发回重新审判；(二)中级人民法院判处死刑的第一审案件，被告人上诉或者人民检察院抗诉，高级人民法院裁定维持的，应当在作出裁定后十日内报请最高人民法院核准；(三)高级人民法院判处死刑的第一审案件，被告人未上诉、人民检察院未抗诉的，

① 《最高人民法院关于适用〈中华人民共和国刑事诉讼法〉的解释》第350条。

应当在上诉、抗诉期满后十日内报请最高人民法院核准。高级人民法院复核死刑案件，应当讯问被告人。因此，正确选项为 A、B。

【法律名言】

一次不公的裁判比多次不平的举动为祸尤烈。因为这些不平的举动不过弄脏了水流，而不公的裁判则把水源败坏了。

——【英】培根《论司法》

【阅读书目】

1. 李贵方、张燕生：《死刑案件的有效辩护》，中国政法大学出版社 2017 年版。
2. 陈虎：《死刑案件证明标准研究》，知识产权出版社 2015 年版。

【思考题】

1. 简述死刑复核程序的概念和意义。
2. 对判处死刑立即执行的案件应如何复核？
3. 对判处死刑缓期两年执行的案件应如何复核？

第十七章　审判程序的审判监督程序

【知识结构图】

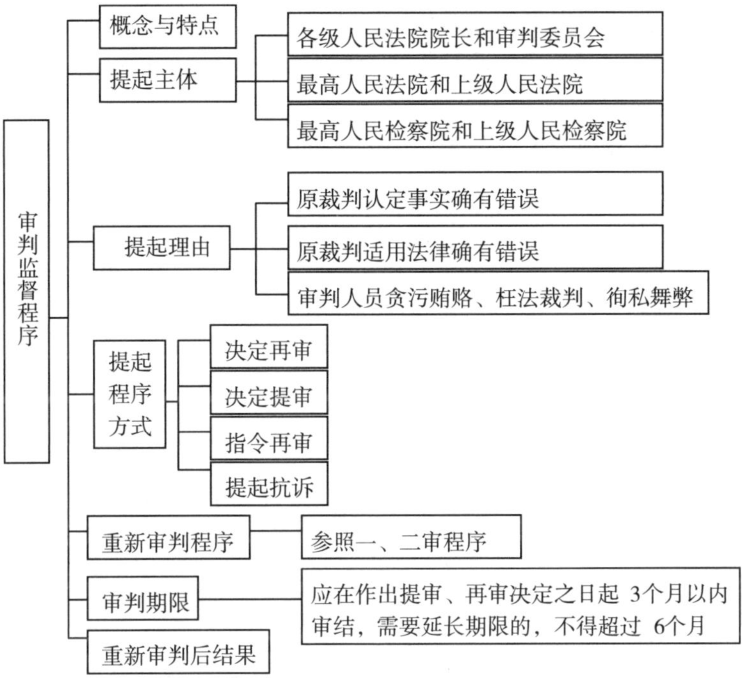

【内容导读】

审判监督程序，是我国刑事诉讼中的一项特别程序。设置该程序的目的在于纠正已经发生法律效力的判决和裁定存在的错误。根据刑事诉讼法的规定，当事人及其法定代理人、近亲属的申诉是提起审判监督程序的重要来源，有权提起审判监督程序的主体是：各级人民法院院长和审判委员会、最高人民法院和上级人民法院、最高人民检察院和上级人民检察院。人民法院按照审判监督程序童新审判的案件，应当另行组成合议度进行，根据案件的不同情况，分别处理。

【法考要点】

审判监督程序重点有审判监督程序提起主体，申诉与受理，再审可以不开庭的情形，二审抗诉和再审抗诉区别。

【考研要点】

审判监督程序重点有审判监督程序提起主体，二审抗诉和再审抗诉区别，重新审理后的处理。

【热点思考】

审判监督程序与禁止双重危险原则(一事不再理)是否矛盾?

第一节　审判监督程序概述

一、概念和特点

审判监督程序，又称再审程序，是指人民法院、人民检察院对已经发生法律效力的判决和裁定，发现在认定事实上或者适用法律上确有错误时，依法提出并由人民法院对案件重新进行审判的诉讼程序。

审判监督程序，是我国刑事审判程序的重要组成部分，但它并不是每个刑事案件都必须经过的程序。只有对于已经发生法律效力而又确有错误的判决、裁定，才能适用这一程序，因此，审判监督程序是刑事诉讼中的一项特殊程序。

审判监督程序的特点：

(1)主体的特定性。

(2)法院的广泛性。

(3)程序的重复性。

(4)时效的两重性。

二、审判监督程序与二审程序、死刑复核程序的区别

审判监督程序与二审程序、死刑复核程序的区别如表17-1所示。

表17-1　**审判监督程序与二审程序、死刑复核程序的区别**

区别	审判监督程序	第二审程序	死刑复核程序
审理对象	已经发生法律效力的判决和裁定，其中包括业已执行完毕裁判	尚未发生法律效力的判决和裁定	
提起机关	特定的机关和人员。依照法律规定，有权提起的机关是作出判决、裁定的法院和上级人民法院、上级人民检察院	①上诉只限于当事人和他们的法定代理人或经被告人同意近亲属、辩护人 ②提出抗诉的权力只属同级人民检察院	因作出死刑判决、裁定的法院自然移送而引起，无所谓提起
提起条件	发现已生效判决、裁定在认定事实或适用法律上确有错误时，才能提起	没有实体条件的限制	

续表

<table>
<tr><th>区别</th><th>审判监督程序</th><th>第二审程序</th><th>死刑复核程序</th></tr>
<tr><td>审理机关</td><td>最高人民法院、上级人民法院和作出判决、裁定的法院</td><td>原审法院的上一级人民法院</td><td>最高人民法院</td></tr>
<tr><td rowspan="2">提起期限</td><td rowspan="2">①具有两重性。人民法院的判决、裁定生效后，如发现判决、裁定在认定事实和适用法律上确有错误，只是需加重刑罚的受追诉时效限制；平反则不管什么时候，都可以提起
②提起次数不受限制。依据本程序重审过的案件，只要发现判决、裁定确有错误，还可以再提起本程序，不受次数限制</td><td>受法定的上诉、抗诉期限的限制</td><td>法律虽无明确规定，但司法实践中，人民法院作出死刑判决、裁定后，应在上诉、抗诉期限届满后或二审判决裁定后立即报最高人民法院，没有任何理由拖延</td></tr>
<tr><td colspan="2">对于同一案件只能进行一次</td></tr>
</table>

三、审判监督程序的意义

刑事审判监督程序，作为我国刑事审判程序的重要组成部分，对于实现我国刑事诉讼法的目的，完成刑事诉讼法的任务具有十分重要的意义。具体表现在：

(1)通过审判监督程序，依法纠正已经发生法律效力的错误的判决、裁定，有利于保证国家法律的统一、正确实施，准确有效地惩罚犯罪分子，使无辜受罚者得以平反昭雪，使有罪轻判者受到应得的惩罚，以从诉讼程序上充分体现和贯彻实事求是、有错必纠的方针政策。

(2)通过审判监督程序，有利于加强最高人民法院对地方各级人民法院，上级人民法院对下级人民法院以及人民检察院对人民法院审判工作的监督，及时发现审判工作中存在的问题，并从中总结经验教训，改进审判工作方法和作风，提高审判人员的政策、法律水平，提高办案质量。

(3)通过审判监督程序，可以充分发挥人民群众对审判工作的监督作用。我国刑事诉讼法规定，对于已经生效的裁判，当事人及其法定代理人、近亲属等都可以提出申诉，有关国家机关、单位和公民可以提出纠正错误裁判的意见和要求，这就为提起审判监督程序提供了广泛的材料来源，并能够充分调动广大群众的积极性，督促人民法院及时纠正错误判决、裁定，增强人民群众对国家司法机关的尊重和信赖。

第二节　审判监督程序的提起

一、申诉的提出和受理及审查处理

(一)申诉的提出

申诉是指当事人及其法定代理人、近亲属对已经发生效力的判决、裁定不服，向人民法院、人民检察院提出重新审查和处理案件的一种诉讼请求。申诉是提起审判监督程序的材料来源。

(1)申诉的主体：只能是当事人及其法定代理人、近亲属。①

◎ **注意** 申诉权人与上诉权人的范围是不大相同的，如被害人没有上诉权但有申诉权，近亲属只有在被告人同意的情况下才可以上诉(即近亲属没有独立的上诉权)，但近亲属却有独立的申诉权，近亲属进行申诉时无需被告人的同意。

(2)申诉的对象：必须是已经发生法律效力的判决、裁定。注意：对于已经生效的判决、裁定，当事人及其法定代理人、近亲属既可以向人民法院提出申诉，也可以向人民检察院提出申诉。

(3)申诉的时间：刑事案件申诉没有时间限制。

(4)申诉的效力②：①申诉不能停止判决、裁定的执行，这是申诉与上诉的重要区别。②申诉不能直接引起审判监督程序。

(5)申诉引发再审的情形③：①有新的证据证明原判决、裁定认定的事实确有错误，可能影响定罪量刑的；

②据以定罪量刑的证据不确实、不充分、依法应当予以排除，或者证明案件事实的主要证据之间存在矛盾的；

③原判决、裁定适用法律确有错误的；

④违反法律规定的诉讼程序，可能影响公正审判的；

⑤审判人员在审理该案件的时候，有贪污受贿，徇私舞弊，枉法裁判行为的。

(二)申诉的审查处理

(1)受理、审查申诉一般由作出发生法律效力的判决、裁定的人民法院进行。

(2)原审人民法院审查处理的申诉、上级人民法院直接处理的申诉和转交下级人民法院审查处理的申诉，应当立申诉卷。

(3)第二审人民法院对不服本院维持第一审人民法院裁判的申诉，可以交由第一审人民法院审查。第一审人民法院审查后，应当写出审查报告，提出处理意见，报第二审人民法院审定。

(4)对最高人民法院核准死刑的案件或者授权高级人民法院核准死刑案件的申诉，可以由原核准的人民法院直接处理，也可以交由原审人民法院审查。

(5)人民法院受理申诉后，应当在3个月内作出决定，最迟不得超过6个月。

(6)申诉人对驳回申诉不服的，可以向上一级人民法院申诉。上一级人民法院经审查认为申诉不符合《刑事诉讼法》第253条规定的，应当说服申诉人撤回申诉；对仍然坚持申诉的，应当驳回或者通知不予重新审判。

---

① 《中华人民共和国刑事诉讼法》第252条。

② 《中华人民共和国刑事诉讼法》第252条。

③ 《中华人民共和国刑事诉讼法》第253条。

【知识链接】申诉与上诉的区别

申诉	上诉
申诉不能直接引起审判监督程序	上诉必然引起二审程序
申诉不停止原判、决裁定执行	上诉的提起，必然阻止一审判决裁定发生效力
当事人及其法定代理人、近亲属	上诉主体是被告人、自诉人及其法定代理人；被告人近亲属、辩护人经其同意；附带民事诉讼当事人及其法定代理人对附带民事部分
申诉没有时间限制	不服判决上诉期限为10日，不服裁定为5日

二、有权提起审判监督程序的主体

(一)人民法院决定再审①

(1)各级人民法院院长对本院已经发生法律效力的判决和裁定，如果发现在认定事实上或者在适用法律上确有错误，必须提交本院审判委员会处理。

各级人民法院发现本院已经发生法律效力的判决、裁定确有错误，需要提起再审程序时，应当由院长提交本院审判委员会讨论决定，审判委员会讨论后，如果认为原判决、裁定确有错误，应当作出另行组成合议庭再审的决定。

(2)最高人民法院对各级人民法院已经发生法律效力的判决和裁定，上级人民法院对下级人民法院已经发生法律效力的判决和裁定，如果发现确有错误，有权提审或指令下级人民法院再审。

所谓提审是指上级人民法院在认为该案由原审人民法院审判不适宜时，将该案提调自行审判的一种诉讼活动。而指令下级人民法院再审，一般是指由原审人民法院重新审判。提审和指令下级人民法院再审，是最高人民法院对各级人民法院，上级人民法院对其辖区内的下级人民法院已经生效的错误裁判行使审判监督职权、依法提起再审程序的两种重要方式。

(二)人民检察院提出抗诉再审②

最高人民检察院对各级人民法院已经发生法律效力的判决和裁定，上级人民检察院对下级人民法院已经发生法律效力的判决和裁定，如果发现确有错误，有权按照审判监督程序向同级人民法院提出抗诉。

最高人民检察院对各级人民法院，上级人民检察院对下级人民法院确有错误的生效裁判，依审判监督程序提起抗诉，是人民检察院行使审判监督权的重要方面。但地方各级人

① 《中华人民共和国刑事诉讼法》第254条。

② 《中华人民共和国刑事诉讼法》第254条。

民检察院发现同级人民法院或者上级人民法院已经发生法律效力的判决、裁定确有错误，无权依照审判监督程序提出抗诉，只能报请上级人民检察院决定是否抗诉。

根据最高人民检察院《规则》的有关规定，最高人民检察院发现各级人民法院，上级人民检察院发现下级人民法院已经发生法律效力的判决或者裁定确有错误，需要提出抗诉的，由控告申诉部门报请检察长提交检察委员会讨论决定。人民检察院决定抗诉后，审查起诉部门既可以直接向同级人民法院提出抗诉，也可以指令作出生效判决、裁定人民法院的上一级人民检察院向同级人民法院提出抗诉。人民检察院按审判监督程序向人民法院提出抗诉的，应当将抗诉书副本报送上一级人民检察院。

【案例分析】

A 市中级法院以故意伤害罪判处被告人死刑缓期二年执行，被告人没有上诉，检察机关没有抗诉。该案经 B 省高级法院核准。判决生效后，被害人某甲不服，提起申诉。如果判决确有错误，下列哪一司法机关有权提起审判监督程序？

A. A 市检察院　　B. A 市中级法院　　C. B 省检察院　　D. B 省高级法院

【解析】《刑事诉讼法》第 254 条规定，各级人民法院院长对本院已经发生法律效力的判决和裁定，如果发现在认定事实上或者在适用法律上确有错误，必须提交审判委员会处理。

最高人民法院对各级人民法院已经发生法律效力的判决和裁定，上级人民法院对下级人民法院已经发生法律效力的判决和裁定，如果发现确有错误，有权提审或者指令下级人民法院再审。最高人民检察院对各级人民法院已经发生法律效力的判决和裁定，上级人民检察院对下级人民法院已经发生法律效力的判决和裁定，如果发现确有错误，有权按照审判监督程序向同级人民法院提出抗诉。人民检察院抗诉的案件，接受抗诉的人民法院应当组成合议庭重新审理，对于原判决事实不清楚或者证据不足的，可以指令下级人民法院再审。

本案中，该死刑缓期执行的案件经 B 省高级人民法院核准后生效，因此，发生法律效力的最后判决的机关是 B 省高级人民法院。根据上述规定可知，B 省高级人民法院可以提起审判监督程序，同时，B 省检察院的上一级人民检察院即最高人民检察院也有权提起审判监督程序。故，正确答案是 D。

三、提起审判监督程序的理由

（一）在认定事实上确有错误

在认定事实上确有错误，主要是指原判决、裁定认定的案件主要事实或重大情节，包括定罪和量刑的主要事实或重大情节不清，或者与客观实际不符；案内据以定罪量刑的证据不确实、不充分，不足以证明主要犯罪事实或重大情节，或者证明案件事实的主要证据之间存在矛盾；发现新的事实或证据，足以证明原判决、裁定认定的事实确有错误。

（二）在适用法律上确有错误

在适用法律上确有错误，包括适用实体法上的错误和适用程序法上的错误。适用实体法上的错误，主要是指应当适用的法律条款没有适用或不正确适用，不应当适用的条款却适用了，从而导致定性上的罪与非罪、此罪与彼罪、一罪与数罪相混淆，或者量刑上的轻罪重判或者重罪轻判的错误。同时，由于法律规定的诉讼程序是保证实体法正确实施的必要条件，因此，严重违反法律规定的诉讼程序，如应当回避而没有回避，审判人员在审理案件过程中贪污受贿、徇私枉法等，从而导致判决、裁定发生错误的情形，也属于原判决、裁定在适用法律方面确有错误的一种表现形式。

第三节　依照审判监督程序对案件的重新审判

一、重新审判的程序

《刑事诉讼法》规定："人民法院按照审判监督程序重新审判的案件，应当另行组成合议庭进行。如果原来是第一审案件，应当依照第一审程序进行审判，所作的判决、裁定，可以上诉、抗诉；如果原来是第二审案件，或者是上级人民法院提审的案件，应当依照第二审程序进行审判，所作的判决、裁定，是终审的判决、裁定。"①根据这一规定以及最高人民法院解释的有关规定，依照审判监督程序重新审判的案件，应当遵守的程序是：

（1）再审的法院，既可以是原来的第一审人民法院或者第二审人民法院，也可以是任何上级人民法院。

（2）再审时，必须另行组成合议庭，不得由原合议庭审判人员审理。

（3）人民法院决定再审的案件，除人民检察院提起抗诉的以外，应当制作再审决定书，并应送达人民检察院、原审被告人及其法定代理人和被害人及其法定代理人。同时应当告知原审被告人可以委托辩护人，或者在符合法律规定的情况下，由人民法院依法指定承担法律援助义务的律师为其提供辩护；应当告知被害人可以委托诉讼代理人参加再审程序。

（4）再审的审理方式和审判程序，依原来的审级确定。即如果原来是第一审案件，应当依照第一审程序进行审判，所作的判决、裁定，可以上诉、抗诉；如果原来是第二审案件，或者是上级人民法院提审的案件，应当依照第二审程序进行审判，所作的判决、裁定，是终审的判决、裁定。由于我国再审程序的审理方式和审判程序，主要是依照第一审或者第二审程序的有关规定进行的，因此，人民法院再审时，应当视原来审级的不同，而严格遵守刑事诉讼法关于第一审或者第二审程序有关审判方式和审判程序的规定。

人民法院审理再审案件，应当依法开庭审理，对原审被告人、原审自诉人已经死亡或者丧失行为能力的再审案件，可以不开庭审理。

（5）按照审判监督程序进行再审的自诉案件，应当依法作出判决、裁定；附带民事部

---

①《中华人民共和国刑事诉讼法》第256条。

分可以调解结案。

二、重新审判的期限

《刑事诉讼法》规定："人民法院按照审判监督程序重新审判的案件，应当在作出提审、再审决定之日起三个月以内审结，需要延长期限的，不得超过六个月。接受抗诉的人民法院按照审判监督程序审判抗诉的案件，审理期限适用前款规定；对需要指令下级人民法院再审的，应当自接受抗诉之日起一个月以内作出决定，下级人民法院审理案件的期限适用前款规定。"①刑事诉讼法明确规定再审案件的审理期限，对于提高再审程序的工作效率，防止案件久拖不决，及时纠正错误的判决、裁定，保护公民的合法权益，具有十分重要的意义。

三、重新审判后的结果

根据最高人民法院《解释》规定，人民法院按照审判监督程序对案件重新审理以后，应当分别案件的不同情况作出如下处理：②

（1）原判决、裁定认定事实和适用法律正确、量刑适当的，应当裁定驳回申诉或者抗诉，维持原判决、裁定；

（2）原判决、裁定定罪准确、量刑适当，但在认定事实、适用法律等方面有瑕疵的，应当裁定纠正并维持原判决、裁定；

（3）原判决、裁定认定事实没有错误，但适用法律错误，或者量刑不当的，应当撤销原判决、裁定，依法改判；

（4）依照第二审程序审理的案件，原判决、裁定事实不清或者证据不足的，可以在查清事实后改判，也可以裁定撤销原判，发回原审人民法院重新审判。

原判决、裁定事实不清或者证据不足，经审理事实已经查清的，应当根据查清的事实依法裁判；事实仍无法查清，证据不足，不能认定被告人有罪的，应当撤销原判决、裁定，判决宣告被告人无罪。

至于依照审判监督程序进行的再审的结果能否加重被告人的刑罚，最高人民法院有关司法解释规定："除人民检察院抗诉的以外，再审一般不得加重原审被告人（原上诉人）的刑罚。"

【案例分析】

被告人高某，男，26岁，农民。

被告人高某于某年1月份在110国道呼和浩特段四次持械拦路抢劫，共劫得现金11000余元，手机一部。后在亲友的劝说下投案。该管辖地的基层人民法院于同年9月27日以抢劫罪判处高某有期徒刑15年。审判后，高某不服，以自己有投案情节且积极退赃为由提出上诉。二审人民法院据此对该案进行审理。审理期间，原一审法院向二审法院提

① 《中华人民共和国刑事诉讼法》第258条。

② 《最高人民法院关于适用〈中华人民共和国刑事诉讼法〉的解释》第389条。

出，本院院长发现该案一审判决在适用法律上有错误，所以提起审判监督程序。经本院审判委员会讨论，决定对此案改判，判决书转发。二审法院接此报告后，即停止对该案的审判，并将所有案卷材料退回一审法院。同年10月26日，原一审法院仍以抢劫罪改判高某有期徒刑8年。审判后，被告人未上诉，检察机关未抗诉。

【问题】此案的审理程序有无问题，为什么？

【解析】

第一，此案在二审期间，一审法院提起审判监督程序欲以改判是违反法定程序的。根据《刑事诉讼法》第252条的规定，审判监督程序的提起是以判决、裁定发生法律效力为前提的，此案中，一审判决因为被告人上诉而不生效；二审裁判尚未作出，不具备提起审判监督程序的条件。而且，在二审法院对一审法院所作裁判的案件进行审理期间，一审法院是不能以任何形式、任何程序对案件进行审理的。此时，一审法院正确的做法应当是，将所发现判决的错误向二审法院反映并提出意见，至于二审法院是否采纳则由其自己决定。即使二审法院所作裁判不符合一审法院所提之意，其也不能对上级法院所作裁判径行提起审判监督程序。

第二，一审法院院长个人并不能独立提起审判监督程序。根据《刑事诉讼法》第252条和《最高人民法院关于适用〈中华人民共和国刑事诉讼法〉的解释》第378条之规定，各级人民法院院长发现本院已经发生法律效力的判决、裁定确有错误的，应当提交审判委员会讨论决定是否再审。院长个人是不能独自对本院所作裁判提起审判监督程序的，即使是错误的裁判并已生效。

第三，二审法院将案卷材料退回一审法院是错误的，根据《刑事诉讼法》第389条规定，对原判事实清楚，只是适用法律有错误，或者量刑不当的，二审法院应当直接改判。

第四，检察机关没有认真履行法律赋予的监督职责。就此案而言，一审法院的提起审判监督程序及后来的改判；二审法院的停止审理改退卷均是明显违反刑事诉讼法有关程序规定的，但作为专门法律监督机关的检察机关却未予监督纠正。

【法律名言】

正是程序决定了法治与恣意的人治之间的基本区别。

——【美国】道格拉斯

【阅读书目】

1. 焦悦勤：《刑事审判监督程序研究》，法律出版社2013年版。
2. 湖北省人民检察院课题组：《公诉与刑事审判监督前沿问题实证研究》，知识产权出版社2013年版。

【思考题】

1. 审判监督程序与二审程序有哪些异同？
2. 审判监督程序与死刑复核程序有哪些不同？
3. 简述提起审判监督程序的材料来源有哪些？
4. 申诉在什么情况下，才会引起审判监督程序被启动？
5. 简述有权提起审判监督程序的主体有哪些？

第十八章　执行程序

【知识结构图】

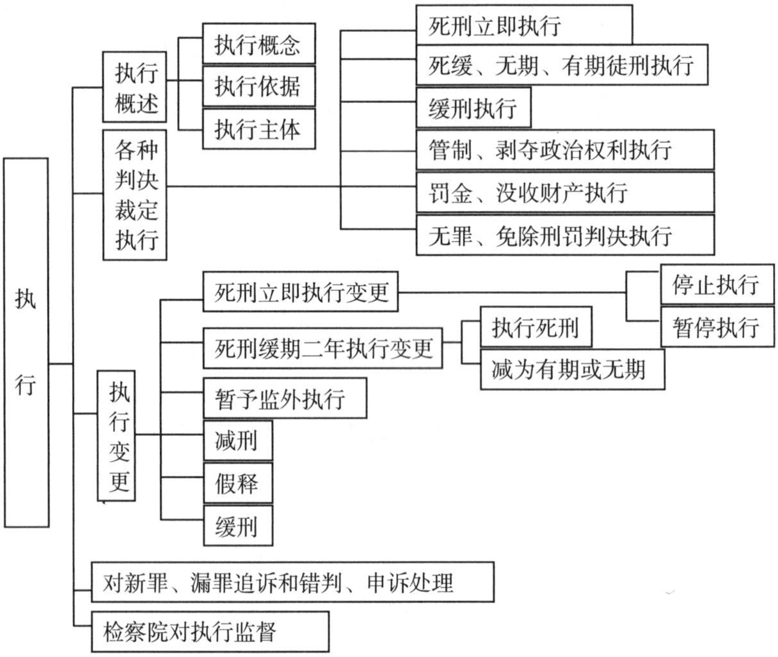

【内容提要】

执行是刑事诉讼的最后一个程序，也是实现刑罚权的关键程序。执行的内容是人民法院已经发生法律效力的判决和裁定。执行的主体和方式由于刑罚的不同特点和各执行主体的不同职能而有所不同。人民法院负责对无罪、免予刑事处罚、罚金、没收财产和死刑立即执行判决的执行；监狱负责对无期徒刑和有期徒刑判决的执行；公安机关负责对被判处有期徒刑缓刑、拘役、管制、剥夺政治权利等判决的执行。人民检察院享有对刑事执行的监督权。刑罚的执行是可以变更的，其变更的根据是罪犯在服刑期间的表现。

【法考要点】

各种刑罚的执行机关，死刑的执行程序，死刑的停止执行和暂停执行，暂予监外执行，人民检察院对减刑、缓刑、假释的监督。

【考研要点】

执行的概念和根据，死刑的执行程序，变更执行程序。

【热点思考】

1. 保外就医是否成为入狱贪官的避风港？如何规范保外就医？

2. 执行过程中是否也可以进行刑事和解？

第一节 执行程序概述

一、执行程序概述

(一)执行的概念

刑事诉讼中的执行，是指人民法院将已经发生法律效力的判决和裁定交付执行机关，以实施其确定的内容，以及处理执行中的变更问题而进行的各种活动。执行是刑事诉讼的最后一个阶段，包括交付执行和变更执行两个方面。

(1)交付执行。交付执行是指人民法院将已发生法律效力的判决和裁定，交付有关刑罚执行机关的活动，如将徒刑的判决交付监狱等国家刑罚执行机关，或者是人民法院自己实现生效判决和裁定的内容的活动，如自己实现判处罚金、没收财产的判决。

(2)变更执行。变更执行是指判决和裁定在执行过程中，由于出现了法定情形，人民法院将原判决、裁定依法予以变更的活动，如对罪犯实施减刑、假释、监外执行等。

(二)执行的特点

(1)合法性。执行的合法性是指刑罚执行机关执行的对象必须是已经发生法律效力的判决和裁定(宣告被告人无罪、免除刑事处罚立即释放在押被告人的除外)；执行活动必须是依照法律规定的诉讼程序进行。①

(2)及时性。执行的及时性是指人民法院的判决和裁定一经发生法律效力，就应当迅速执行，任何机关、团体和个人都无权阻止和拖延。

(3)强制性。执行的强制性是指已经发生法律效力的判决和裁定，具有普遍的约束力，任何机关、团体和个人都应当执行。

(4)广泛性。主体的广泛性是指有权利和义务执行生效裁判的机关、单位和组织在范围的宽泛和层次上的多样化。根据刑事诉讼法的规定，有权利和义务执行生效判决和裁定的机关、单位和组织除人民法院、人民检察院和公安机关外，还有监狱、未成年犯管教所、拘役所、看守所以及由公安机关转交的罪犯所在地的单位或者基层组织等。

二、执行的意义

(1)准确、及时、迅速地执行判决和裁定，可以使被判处刑罚的犯罪分子受到应得的法律制裁。

---

① 《中华人民共和国刑事诉讼法》第259条。

(2)准确、及时地执行判决和裁定，可以使无罪和被免除刑事处罚的在押被告人得到立即释放，特别是对依照法律被认定为无罪的被告人，可以使其名誉得到恢复，合法利益得到保护。

(3)正确地执行判决和裁定，可以教育公民遵守法律。

三、执行的依据和机关

(一)依据①

执行的依据是已经发生效力的判决和裁定。

(1)已过法定期限没有上诉、抗诉的判决和裁定。即地方各级人民法院作出的上诉期满而没有上诉或抗诉的第一审判决和裁定。

(2)终审的判决和裁定。即二审案件的判决和裁定以及最高人民法院的判决和裁定。

◎ **注意** 终审的判决和裁定自宣告之日起发生法律效力。

(3)高级人民法院核准的死刑缓期二年执行的判决、裁定。

(4)最高人民法院核准的死刑判决和裁定。

(二)执行的机关

(1)交付执行的机关：人民法院。

(2)执行的监督的机关：人民检察院。

(3)具体的执行机关。

【知识链接】执行机关的种类

执行机关	判决种类
人民法院	死刑立即执行、无罪判决、免予刑事处罚、罚金、没收财产判决
监狱和未成年犯管教所	死缓(只能由监狱执行)、无期徒刑、有期徒刑判决
拘役所	拘役判决
看守所	代为执行对判处一年以下或者剩余刑期在一年以下罪犯的监禁
公安机关	缓刑、管制、剥夺政治权利、假释及暂予监外执行

总结：能够立即执行和财产刑由法院执行(原审法院)，短期自由刑和需要考察的由公安机关执行，其他由监狱执行，少年犯由少年犯管教所执行。

① 《中华人民共和国刑事诉讼法》第259条。

【案例分析】

下列哪一生效裁判由公安机关负责执行?

A. 没收财产的判决　　B. 有期徒刑宣告缓刑的判决

C. 死刑立即执行的裁判　　D. 免予刑事处罚的判决

【解析】 人民法院负责死刑立即执行、罚金和没收财产的判决以及无罪或者免除刑罚的判决的执行；监狱负责执行死刑缓期二年执行、无期徒刑、有期徒刑的罪犯。公安机关负责送交执行时剩余刑期不足1年的有期徒刑、有期徒刑缓刑、拘役缓刑、管制、拘役、剥夺政治权利、暂予监外执行、假释等的执行。本题正确答案是B。

第二节　各类判决、裁定的执行程序

一、死刑立即执行判决的执行[1]

(1)死刑执行命令的签发：由最高人民法院院长签发死刑执行命令。

(2)执行主体和期限：原一审人民法院。原一审人民法院在接到由上级人民法院移交的死刑执行命令后7日内交付执行。超过7日内未执行的，执行令作废，要重新签发死刑执行命令。

(3)执行死刑的场所和方法：执行死刑的场所可以是刑场或指定的羁押场所，执行死刑的方法是枪决、注射或者是其他事先经最高人民法院批准的其他方法。

(4)死刑执行的监督：交付执行死刑3日前人民法院应通知同级人民检察院派员临场监督。

(5)可以在执行死刑前通知并安排罪犯与其近亲属会面。

(6)人民法院的审判人员现场指挥执行死刑。在执行前需对罪犯验明正身，讯问有无遗言、信札，然后交付执行人员执行死刑。在执行前，如果发现可能有错误，应当暂停执行，报请最高人民法院裁定。

(7)执行死刑应当公布，但不应当示众。

(8)执行死刑后，在场书记员应当写成笔录。交付执行的人民法院应当将执行死刑情况报告最高人民法院。执行死刑后，交付执行的人民法院还应当通知罪犯家属办理罪犯遗物、尸体的移交。

◎ **注意**　死刑的执行，除应遵循上述程序外，还应处理好以下几个问题：

第一，执行死刑前，罪犯提出会见其近亲属或者其近亲属提出会见罪犯申请的，人民法院可以准许。

第二，对死刑犯的游街示众问题。在司法实践中，有些地方受旧习惯的影响，为制造声势，增强法律的威慑效果，将死刑犯插上写有姓名和罪状的标签，拉到繁华地区游街示众。这种做法是对罪犯人格的侮辱，违反法律关于执行死刑不应示众的规定。而且，这样

---

① 《中华人民共和国刑事诉讼法》第261~263条。

做容易对外造成不良影响。因此，最高人民法院、最高人民检察院、公安部等部门曾多次联合发出通知，严禁对死刑犯游街示众，以体现文明执法。

第三，对外国人执行死刑后，通知外国驻华使、领馆的程序和时限，应严格依照有关规定办理。

二、死缓、无期徒刑、有期徒刑和拘役判决的执行

(一) 交付执行的法律文书

我国《监狱法》规定："罪犯被交付执行刑罚时，交付执行的人民法院应当将人民检察院的起诉书副本、人民法院的判决书、执行通知书、结案登记表同时送达监狱。监狱没有收到上述文件的，不得收监；上述文件不齐全或者记载有误的，作出生效判决的人民法院应当及时补充齐全或者作出更正；对其中可能导致错误收监的，不予收监。"①人民法院交付执行的时候，以上四种法律文书必须齐备，缺一不可。一案有若干罪犯的，应当按罪犯的人数送达上述文书，不能共用。

◎ **注意** 交付执行的人民法院指第一审人民法院。

(二) 关于交付执行的期限

(1) 对于被判处死刑缓期二年执行、无期徒刑、有期徒刑的罪犯，交付执行的人民法院应当将执行通知书等有关的必备法律文书及时送达羁押该罪犯的公安机关，公安机关应当自收到执行通知书等有关法律文书之日起 1 个月内将该罪犯送交监狱或其他执行机关执行。

(2) 对于被判处拘役的罪犯，公安机关在收到交付执行的人民法院送达的执行通知书等有关法律文书后，应当立即交付执行。执行通知书的回执，经看守所盖章后附入人民法院的诉讼案卷内。

(三) 交付执行的场所②

(1) 对于被判处死刑缓期二年执行、无期徒刑、余刑在一年以上的有期徒刑的成年罪犯，应当交付监狱执行。

(2) 对于被判处有期徒刑的罪犯，在被交付执行前，剩余刑期在 3 个月以下的，由看守所代为执行。

(3) 对于被判处拘役的罪犯，由公安机关在拘役所执行。

(4) 对于未成年犯应当在未成年犯管教所执行刑罚。

监狱、看守所等执行机关应当将罪犯分管分押，按照惩罚和改造相结合、教育和劳动相结合的原则对罪犯进行改造。执行机关应当依法对罪犯进行法制、道德、文化、职业技术等方面的教育。有劳动能力的罪犯必须参加劳动。罪犯的劳动时间及报酬，应按照国家

---

① 《中华人民共和国监狱法》第 16 条。

② 《中华人民共和国刑事诉讼法》第 264 条。

的有关规定执行。对于判处拘役的服刑罪犯，每月可允许其回家1~2天，路费自理。《监狱法》规定，对未成年犯执行刑罚应当以教育改造为主。监狱应当配合国家、社会、学校等教育机构，为未成年犯接受义务教育提供必要的条件。①

根据《刑事诉讼法》第264条第4款和《监狱法》第20条的有关规定，罪犯收监后，刑罚执行机关应当通知罪犯家属。通知书应当自收监之日起5日内发出，告知罪犯姓名、刑期及执行的地址等。

刑罚执行机关对于罪犯死亡、脱逃已满2个月尚未捕回及捕回的变动情况，应当书面通知交付执行的人民法院和担负监所检察的人民检察院。

对于在死刑缓期执行期间故意犯罪的，应当由人民检察院提起公诉，服刑地的中级人民法院审判，所作的判决可以上诉、抗诉。认定构成故意犯罪的判决、裁定发生法律效力后，由罪犯服刑地的高级人民法院报请最高人民法院核准。核准后，交罪犯服刑地的中级人民法院执行。

◎ **注意**　因导致执行死刑的故意犯罪必须是在二年的缓期执行期间发生的，如果二年期限该死缓犯没有故意犯罪但二年刚刚届满而尚未裁定减刑之前犯故意犯罪的，则不属于应当执行死刑的“故意犯罪”（除非该故意犯罪依法又应当判处死刑）。

有期徒刑、拘役的刑期，从判决执行之日起计算。判决前被拘留和逮捕而予先行羁押的，羁押1日折抵刑期1日。被判处有期徒刑、拘役的罪犯服刑期满，刑罚执行机关应当按期释放并发给释放证明书。

三、管制、有期徒刑缓刑、拘役缓刑的执行

管制、宣告缓刑的判决发生法律效力后，应当将法律文书和罪犯交当地社区矫正机构负责执行。

对判处管制、宣告缓刑的罪犯，人民法院应当书面告知罪犯到居住地司法行政机关报到的期限和不按期报到的后果。判决书、裁定书生效后10日内，人民法院应当将判决书、裁定书、执行通知书等法律文书送达罪犯居住地的县级司法行政机关，同时抄送罪犯居住地的县级人民检察院。

被宣告缓刑的罪犯，在缓刑考验期限内没有再犯新罪，考验期满，原判刑罚就不再执行，社区矫正机构应当公开向罪犯和有关群众和组织宣布终止考察，不必再另办法律手续；在缓刑考验期限内再犯新罪或者有漏罪没有判决，需要撤销缓刑的，应当由审判新罪的人民法院，在审判新罪、漏罪时，对原判宣告的缓刑予以撤销，按刑法规定的数罪并罚原则处理。如果原来是上级人民法院判决宣告缓刑的，审判新罪的下级人民法院也可以撤销原判决宣告的缓刑。

四、剥夺政治权利的执行

对于被判处剥夺政治权利的罪犯，由公安机关执行。执行期满，应当由执行机关通知本人，并向有关群众公开宣布恢复政治权利。

---

① 《中华人民共和国监狱法》第75条。

五、罚金、没收财产的执行

(一)罚金判决由人民法院负责执行

(1)罚金是人民法院依法判决犯罪公民或犯罪单位向国家缴纳一定数额金钱的刑罚执行方法。被判处罚金的罪犯或犯罪单位，在判决确定的期限内一次或者分期缴纳。期满无故不缴纳的，人民法院应当强制缴纳。经强制缴纳仍不能全部缴纳的，人民法院在任何时候，包括在判处的主刑执行完毕后，发现被执行人有可以执行的财产的，应当随时追缴。

(2)如果由于遭遇不能抗拒的灾祸缴纳罚金确有困难的，罪犯可以向人民法院申请减少或者免除，人民法院经查证属实后，可以酌情裁定对原判决确定的罚金数额予以减少或者免除。

(3)行政机关对被告人就同一事实已经处以罚款的，人民法院判处罚金时，应当予以折抵。对于罪犯缴纳的罚金，应当按照规定及时上缴国库，任何机关、单位和个人都不得挪用或者私分。

(二)没收财产的判决

(1)没收财产由第一审人民法院执行，在必要的时候，可以会同公安机关执行。为防止执行前罪犯或其他人将财产转移等影响判决执行的情况发生，人民法院可以先采取查封、扣押、冻结被告人财产的措施。

(2)没收财产的范围，只限于犯罪分子个人所有的财产的一部或全部。没收全部财产的，应对罪犯个人及其抚养的家属保留必要的费用，不得没收属于罪犯家属所有或者应有的财产。

(3)对于没收财产以前犯罪分子所负的正当债务，需要以没收的财产偿还的，经债权人请求，应当偿还。

(4)对于没收的财产，应按有关规定及时上缴国库或财政部门，任何机关、个人都不得私自挪用、调换、压价私分或变相私分。

六、无罪判决和免除刑罚的执行

无罪、免除刑事处罚的判决，由人民法院执行。第一审人民法院判决被告人无罪、免除刑事处罚的，如果被告人在押，在宣判后应当立即释放。由人民法院将无罪或免除刑事处罚的判决书连同执行通知书送交看守所，看守所在接到上述法律文书后应当立即释放被关押的被告人。

◎ **注意** 是“宣判后”而不是判决发生效力后立即释放在押人。

【案例分析】

根据我国刑事诉讼法的规定，第一审人民法院作出的无罪判决应在何种情况下执行(　　)?

A. 判决宣告以后立即释放在押的被告人　　B. 判决生效后执行

C. 上诉、抗诉期限届满以后　　　　D. 二审审理结束，判决作出以后

【解析】 答案为A。《刑事诉讼法》第260条规定：第一审人民法院判决被告人无罪、免除刑事处罚的，如果被告人在押，在宣判后应当立即释放。

第三节　执行的变更

一、死刑、死缓执行的变更

(一)死刑执行的变更①

《刑事诉讼法》规定了在执行死刑的程序中停止执行死刑和暂停执行死刑两种变更执行的情况。

1. 停止执行死刑

下级人民法院接到执行死刑的命令后，应当在7日内交付执行。但发现下列情形之一的，应当停止执行，并且立即报请最高人民法院作出裁定：

(1)在执行前发现判决可能有错误。即发现判决在认定事实上或者适用法律上可能有错误，这种错误足以影响死刑判决的正确性。因为这种可能性需要一定的时间去查实，所以应当停止死刑的执行。

(2)在执行前罪犯揭发重大犯罪事实或者有其他重大立功表现，可能需要改判。

(3)罪犯正在怀孕。对于怀孕罪犯在羁押期间人工流产的，应视同正在怀孕。

◎ **注意**　(1)(2)项规定停止执行的原因消失后，必须报最高人民法院院长再次签发执行死刑的命令才能执行。因(3)项原因停止执行的，应当报最高人民法院依法改判，需要改判的案件，应当由最高人民法院适用审判监督程序依法改判或指令下级人民法院再审(最高人民法院《关于对在执行死刑前发现重大情况需要改判的案件如何适用程序问题的批复》)。

临场监督执行死刑的检察人员在执行死刑前，发现有下列情形之一的，应当建议人民法院停止执行：(1)被执行人并非应当执行死刑的罪犯的；(2)罪犯犯罪时不满18岁的；(3)判决可能有错误的；(4)在执行前罪犯揭发重大犯罪事实或者有其他重大立功表现，可能需要改判的；(5)罪犯正在怀孕的。

【案例分析】

A市人民法院在接到最高人民法院院长签发的对罪犯王某执行死刑的命令后，准备将罪犯王某交付执行。但是在交付执行前突然发现王某已经怀孕2个月。此时，A市人民法院应当(　　)

A. 应当报请最高人民法院依法改判

① 《中华人民共和国刑事诉讼法》第262~263条。

B. 应当立即进行改判

C. 应当待停止执行的原因消失后，报请最高人民法院院长再签发执行死刑的命令才能执行

D. 应当撤销判处此刑的判决

【解析】正确答案为A。根据最高人民法院《关于对在执行死刑前发现重大情况需要改判的案件如何适用程序问题的批复》，因罪犯正在怀孕停止执行的，应当报最高人民法院依法改判，需要改判的案件，应当由最高人民法院适用审判监督程序依法改判或指令下级人民法院再审。

2. 暂停执行死刑

暂停执行死刑指挥执行的审判人员，对罪犯应当验明正身，讯问有无遗言、信札，然后交付执行人员执行死刑。在执行前，如果发现可能有错误，应当暂停执行，报请最高人民法院裁定。

在停止执行死刑或暂停执行死刑的决定作出后，执行死刑的人民法院应当立即报告核准死刑的人民法院，由核准死刑的人民法院院长签发停止执行死刑的命令。经审查核实，如果认为原判决是正确的，必须报请原核准死刑的人民法院院长再签发执行死刑的命令，才能执行死刑。如果认为原判决确有错误，或者罪犯检举、揭发重大犯罪事实或者有其他重大立功表现，依法可以减轻处罚的，应当报请核准死刑的人民法院裁定撤销原判决，将案件发回第一审人民法院或者第二审人民法院重审，或者由核准死刑的人民法院提审，依法改判。如果查实罪犯确系正在怀孕的妇女，应当报请核准死刑的人民法院依法改判。

(二)死刑缓期2年执行执行的变更①

死刑缓期2年执行是指对于罪该判处死刑的犯罪分子，如果不是必须立即执行，判处死刑的同时宣告缓期2年执行，实行监管改造，以观后效的一种制度。死刑缓期2年执行的执行必然产生减刑或者执行死刑两种结果，都涉及执行变更的问题。

被判处死刑缓期2年执行的罪犯，在死刑缓期执行期间，如果没有故意犯罪，死刑缓期执行期满，应当予以减刑；如果故意犯罪，查证属实，应当执行死刑。减刑由服刑地高级人民法院来裁定。如果死刑缓期2年执行期满后尚未裁决减刑前又犯新罪的，实行先减后并。

二、监外执行

(一)暂予监外执行②

暂予监外执行是指被判处有期徒刑、拘役的罪犯，本应在监狱或其他执行场所服刑，由于出现了法律规定的某种特殊情形，不适宜在监狱或者其他执行场所执行刑罚时，暂时

① 《中华人民共和国刑事诉讼法》第261条。

② 《中华人民共和国刑事诉讼法》第265条。

采取的一种变通执行方法。

(二)适用对象

判处有期徒刑、拘役的罪犯。

(三)适用条件

(1)有严重疾病需要保外就医的。

(2)怀孕或者正在哺乳自己婴儿的妇女。

(3)不能自理，适用暂予监外执行不致危害社会的罪犯。

◎ **注意**　自伤自残者、适用保外就医可能有社会危险性的罪犯不得适用暂予监外执行。

(四)作出暂予监外执行决定和执行的机关及其程序

(1)暂予监外执行决定的作出有两种情况：一种是在交付执行前，罪犯具有上述法定情形的，由人民法院在宣告判决的同时，作出暂予监外执行决定；另一种是在交付执行后，监狱或其他执行机关对服刑罪犯出现上述情况的，报省自治区直辖市的监狱管理机关审批。因此，有权作出暂予监外执行决定的是人民法院和执行刑罚的机关。

◎ **注意**　暂予监外执行不是刑罚的变更，而是执行场所的变更；同时暂予监外执行的审批程序不是司法程序，不需要由人民法院裁定。

(2)执行主体。对于暂予监外执行的罪犯，由居住地公安机关执行，执行机关应当对其严格管理监督，基层组织或者罪犯的原所在单位协助进行监督。

(3)执行的程序。交付执行时，决定对罪犯暂予监外执行的，由人民法院制作暂予监外执行决定书，载明罪犯基本情况、所判刑罚、决定暂予监外执行的原因等，并抄送人民检察院和通知公安机关，对于人民法院交付执行的罪犯，执行机关不予收监的，应当说明理由，由公安机关将暂予监外执行通知书返还人民法院。人民法院经审查认为符合《刑事诉讼法》第265条规定的，应当决定暂予监外执行；认为不符合的，决定将罪犯收监执行，对此执行机关应当接收；对于罪犯在服刑过程中发现需要暂予监外执行的，执行机关应当提出书面意见。报请省、自治区、直辖市的监狱管理机关审批，批准的，由批准机关将批准的决定通知公安机关、原审人民法院，并抄送人民检察院。在看守所、拘役所服刑的罪犯，出现暂予监外执行情形的，依照上述规定办理。①

(4)监督。人民检察院认为对罪犯暂予监外执行不当的，应当自接到通知之日起1个月内将书面意见送交批准暂予监外执行的机关，该机关收到人民检察院书面意见后，应当立即对决定进行重新核查。

暂予监外执行的情形消失，如果刑期未满，由公安机关通知将罪犯收监执行余刑；如果刑期已满，不再收监，由原执行机关办理手续。罪犯在暂予监外执行期间死亡的，公安机关应当及时通知监狱、或其他执行机关。

对于罪犯确有严重疾病或者正在怀孕，必须保外就医的，必须履行法定的手续，先由

① 《中华人民共和国刑事诉讼法》第265条。

省级人民政府指定的医院开具证明文件，再依照法律规定的程序审批。审批应由监狱或者其他执行机关提出书面意见，报省、自治区、直辖市的监狱管理机关批准。批准机关批准后，应当将批准的暂予监外执行决定通知公安机关和原判人民法院，并抄送人民检察院。

在司法实践中，曾出现过暂予监外执行的罪犯擅自外出经商的问题。为此，1988 年 7 月 9 日，最高人民检察院、公安部、司法部联合发布了《关于不允许暂予监外执行的罪犯外出经商问题的通知》。该通知规定：对于暂予监外执行的罪犯，不允许离开所居住地域外出经商。因生活确有困难和谋生需要的，在不影响对其实行监督考察的情况下，经执行机关批准，可以在居住地自谋生计。对确因医治疾病或接受护理而离开居住地的，须经过执行机关或监督机关批准。经过批准外出的暂予监外执行的罪犯，其外出期间应记入服刑期；对于未经批准，擅自离开居住地的，不能计入服刑期，情节严重的，要严肃处理。

三、减刑和假释

(一)减刑、假释对象①

减刑是指被判处管制、拘役、有期徒刑、无期徒刑的罪犯，在执行期间，如果认真遵守监规，接受教育改造，确有悔改表现的，或者有立功表现的，可以依法对其减轻原判的刑罚。减刑可以由较重的刑罚减为较轻的刑罚(只限于无期徒刑减为有期徒刑)，也可以由较长的刑期减为较短的刑期。

假释是指被判处有期徒刑的罪犯，原判刑期执行二分之一以上，被判处无期徒刑的罪犯实际刑期执行 10 年以上，如果认真遵守监规，接受教育改造，确有悔改表现，不致再危害社会的，可以附条件地将其提前释放。

减刑对象：被判处管制、拘役、有期徒刑、无期徒刑。

假释对象：被判处有期徒刑、无期徒刑。

(二)减刑、假释程序②

(1)对于被判处无期徒刑罪犯的减刑假释，由罪犯服刑地的高级人民法院根据省、自治区、直辖市监狱管理机关审核同意的监狱减刑、假释建议书裁定。高级人民法院应当自收到减刑、假释建议书之日起 1 个月内依法裁定；案情复杂或情况特殊的，可以延长 1 个月。

(2)被判处有期徒刑罪犯(包括减为有期徒刑)的减刑假释，由罪犯服刑地的中级人民法院根据当地执行机关提出的减刑、假释建议书裁定。中级人民法院应当自收到减刑、假释建议书之日起 1 个月内依法裁定；案情复杂或情况特殊的，可以延长 1 个月。

(3)被判处拘役罪犯的减刑，由服刑地的中级人民法院根据同级执行机关提出的减刑建议书裁定。

(4)被判处管制罪犯的减刑，由服刑地的中级人民法院根据同级执行机关提出的减刑

---

① 《最高人民法院关于适用〈中华人民共和国刑事诉讼法〉的解释》第 448 条。

② 《最高人民法院关于适用〈中华人民共和国刑事诉讼法〉的解释》第 449 条。

建议书裁定。

(5)被宣告缓刑的罪犯，在缓刑考验期内有重大立功表现，需要予以减刑，并相应缩短缓刑考验期的，应当由负责考察的公安派出所会同罪犯所在单位或基层组织提出书面意见，由罪犯所在地的中级人民法院根据同级执行机关提出的减刑建议书裁定。

(6)对于看守所监管的罪犯的减刑假释，由罪犯所在的看守所提出意见，由当地的中级人民法院根据同级执行机关提出的减刑、假释建议书裁定。

(7)对于被判处死刑缓期两年执行罪犯的减刑，由罪犯服刑地的高级人民法院根据省、自治区、直辖市监狱管理机关审核同意的监狱减刑建议书裁定。

(8)撤销假释。①被假释的罪犯，如果在假释考验期内再犯新罪，则由审理新罪的人民法院撤销假释，把前罪没有执行完毕的刑罚和后罪新判处的刑罚，按照数罪并罚的原则，决定应当执行的刑期；②被假释的罪犯，在假释考验期内，有违反国家法律、行政法规和公安机关制定的具体监督管理规定的行为，尚未构成新的犯罪的，公安机关可以向人民法院提出撤销假释的建议，人民法院应当自收到撤销假释建议书之日起一个月内予以审核裁定。③在假释考验期限内发现漏罪的，也应当撤销假释，依数罪并罚原则决定执行。人民法院裁定撤销假释的，由公安机关将罪犯送交收监。①

被假释的罪犯在假释考验期内，必须遵守国家法律、行政法规和公安机关制定的具体监督管理的规定，定期向执行机关报告自己的活动情况，遵守监督机关关于会客的规定，迁居或者离开居住区域必须经公安机关批准。被假释的罪犯，在假释考验期内没有违反国家法律、行政法规和公安机关制定的具体监督管理规定的行为，则认为原判刑罚已执行完毕，公安机关应当向本人宣布并通报原裁定假释的人民法院和原关押罪犯的刑罚执行机关，无需另办释放手续。

◎ **思考**　王某因犯数罪被人民法院依法判处有期徒刑 20 年，服刑 13 年后被假释。在假释考验期第 6 年，王某盗窃一辆汽车而未被发现。假释考验期满后的第 4 年，王某因抢劫而被逮捕，交代了自己在假释考验期限内盗窃汽车的行为。

【问题】

1. 对王某是否需要撤销假释？为什么？

2. 对王某假释考验期限内的盗窃行为应如何处理？

3. 对王某假释考验期满后的抢劫罪应如何处理？

4. 对王某最后的刑罚应当如何确定？

【解析】

1. 对王某需要撤销假释。根据《刑法》第 86 条的规定，被假释的犯罪分子，在假释考验期限内犯新罪的，应该撤销假释。

2. 根据《刑法》第 86 条和第 71 条、第 69 条的规定，王某假释考验期限内的盗窃行为应该处理如下：对新犯的罪作出判决，把前罪没有执行的刑罚和后罪所判处的刑罚按照数罪并罚的规定处罚。

3. 根据《刑法》第 65 条的规定，对于被假释的犯罪分子，假释期满以后，在五年以内

① 《最高人民法院关于适用〈中华人民共和国刑事诉讼法〉的解释》第 458 条。

再犯应处有期徒刑以上刑罚之罪的，是累犯，应当从重处罚，所以王某应按累犯从重处罚。

4. 对王某的刑罚应该：首先，对王某所犯的盗窃作出判决，王某盗窃数额巨大，处三年以上十年以下有期徒刑，并处罚金；其次，把盗窃罪所判处的刑罚和未服的7年刑期，在总和刑期以下，数刑中最高刑期以上，酌情决定执行的刑罚；再次，对王某的抢劫按累犯从重处罚；最后，把抢劫罪所判处的刑罚与前面判处的刑罚，按数罪并罚的原则决定执行的刑罚，罚金仍需执行。

监狱等刑罚执行机关在报请人民法院审核裁定减刑、假释时，必须做到材料完备、手续齐全，以保证人民法院审理活动的顺利进行。应申报的材料包括：提请减刑意见书或提请假释意见书、罪犯评审鉴定表、奖惩审批表、终审法院判决书或裁定书的复制件、历次减刑裁定书的复制件，以及罪犯悔改或者立功表现具体事实的证明材料。

人民法院审理减刑、假释案件，应当组成合议庭进行，对监狱等刑罚执行机关提出的材料和意见应当认真审查核实。经查证核实，具备法定条件的，应予以减刑、假释。对不符合法律规定的减刑、假释条件的罪犯，不得以任何理由将其减刑、假释。人民法院的减刑或者假释裁定，一般由作出裁定的人民法院直接宣告，直接宣告有困难的，也可以委托罪犯服刑地的人民法院或者执行机关代为宣告。减刑、假释裁定不准上诉。对于人民法院裁定假释的罪犯，监狱等刑罚执行机关应当按期假释并发给释放证明书。

四、对新罪和漏罪的追诉①

新罪，是指罪犯在服刑期间又犯的新罪行。漏罪，是指判决生效后在执行过程中发现的罪犯在判决宣告以前所犯的尚未判决的罪行。

在刑罚执行期间，如果发现了罪犯在判决宣告以前所犯的尚未判决的漏罪，或者罪犯实施了脱逃、组织越狱、伤害等新罪，由监狱等有管辖权的机关进行侦查。侦查终结后，写出起诉意见书，连同案卷材料、证据一并移送人民检察院。如果认为需要追究刑事责任，人民检察院应当按管辖分工的不同，向有管辖权的基层人民法院或者中级人民法院起诉。人民法院应依法进行审判，将罪犯的新罪和漏罪所判处的刑罚与原判决尚未执行完毕的刑期，按数罪并罚的原则，决定应当执行的刑罚。

对罪犯脱逃后又犯新罪，应分别按情况处理。如果是在犯罪地捕获并发现的，由犯罪地人民法院管辖；如果是被缉捕押解回监狱后发现的，由罪犯服刑地的人民法院管辖。判决后，原则上仍送回原所在监狱执行。

人民法院对新罪、漏罪审理后制作的判决书，除应送达罪犯交付执行监狱外，还应送达原审人民法院和担负监所检察任务的人民检察院。

五、对错判的反映和申诉的处理

《刑事诉讼法》规定："监狱和其他执行机关在刑罚执行中，如果认为判决有错误或者

① 《中华人民共和国刑事诉讼法》第273条。

罪犯提出申诉，应当转请人民检察院或者原判人民法院处理”。[①] 人民检察院或者原判人民法院对收到的申诉材料和意见，应当迅速审查。对于确有错误的，应依法提起审判监督程序，对案件进行再审。对于原判正确，申诉没有理由的，可以驳回申诉，并将处理结果通知申诉人和有关执行机关。监狱法规定，人民检察院或者人民法院应当自收到监狱提请处理意见书之日起6个月之内将处理结果通知监狱。

第四节　人民检察院对执行的监督

执行监督，是指人民检察院对人民法院已经发生法律效力的判决、裁定的执行是否合法实行法律监督的活动。人民法院的判决和裁定发生法律效力后，在执行中如果不能依法加以执行，就会破坏或影响刑事诉讼的结果，违背刑罚的目的。开展执行监督，有利于维护生效判决和裁定的稳定性和严肃性，有利于纠正冤假错案，保护公民的合法权益，从而保障刑事诉讼任务的实现。

一、人民检察院对执行死刑的监督

人民法院应当在交付执行死刑3日以前，通知同级人民检察院派员临场监督。临场监督执行死刑的检察人员应当依法监督执行死刑的场所、方法和执行死刑的活动是否合法。在执行死刑前，发现有下列情形之一的，应当建议人民法院停止执行：(1)被执行人并非应执行死刑的罪犯的；(2)罪犯犯罪时不满18岁的；(3)判决可能有错误的；(4)在执行前罪犯检举揭发重大犯罪事实或者有其他重大立功表现，可能需要改判的；(5)罪犯正在怀孕的。

在执行死刑中发现其他严重违法情况的，也应及时提出纠正意见。

在执行死刑过程中，根据需要，人民检察院临场监督人员可以进行拍照、摄像；执行死刑后，人民检察院临场监督人员应检查罪犯是否确已死亡，并填写死刑临场监督笔录，签字后入卷归档。

二、人民检察院对暂予监外执行的监督

《刑事诉讼法》规定：“决定或者批准暂予监外执行的机关应当将暂予监外执行决定抄送人民检察院。人民检察院认为暂予监外执行不当的，应当自接到通知之日起一个月以内将书面意见送交决定或者批准暂予监外执行的机关，决定或者批准暂予监外执行的机关接到人民检察院的书面意见后，应当立即对该决定进行重新核查。”

人民检察院接到批准对罪犯暂予监外执行的决定后，应当迅速审查。为了解情况，承办人员可以向罪犯所在单位和有关人员进行调查，可以向有关机关调阅有关资料。经审查认为暂予监外执行不当，应当向批准或决定暂予监外执行的机关提出纠正意见的，由检察长决定。

人民检察院认为暂予监外执行不当的，应当自接到通知之日起1个月内将书面纠正意

---

① 《中华人民共和国刑事诉讼法》第275条。

见呈报批准或者决定暂予监外执行机关的同级人民检察院送交批准或者决定暂予监外执行的机关。人民检察院向批准或者决定暂予监外执行的机关送交不同意暂予监外执行的书面意见后，应当监督其立即对批准或者决定暂予监外执行的结果进行重新核查，并监督其重新核查的结果是否符合法律规定。对核查不符合法律规定的，应当依法提出纠正意见。

三、人民检察院对减刑、假释的监督

《刑事诉讼法》规定："人民检察院认为人民法院减刑、假释的裁定不当，应当在收到裁定书副本后二十日以内，向人民法院提出书面纠正意见。人民法院应当在收到纠正意见后一个月以内重新组成合议庭进行审理，作出最终裁定。"①

(1)人民检察院认为人民法院减刑、假释的裁定不当，向人民法院提出书面纠正意见。人民法院重新组成合议庭进行审理作出最终裁定是发生效力的裁定，应当执行。如果人民法院减刑、假释的最终裁定确实违反诉讼程序或者在认定事实、适用法律上确有错误，人民检察院仍然可以向人民法院提出书面纠正意见，提请人民法院按审判监督程序依法另行组成合议庭重新作出裁定。

(2)人民检察院对执行机关报请人民法院裁定减刑、假释的活动实行监督，发现有下列违法情况，应当提出纠正意见：将不具备法定条件的罪犯报请人民法院裁定减刑、假释的；对依法应当减刑、假释的罪犯不报请人民法院裁定减刑、假释的；报请人民法院裁定对罪犯减刑、假释违反法定程序或者没有完备的合法手续的；提请对罪犯减刑的减刑幅度、时间间隔等不符合有关规定的等。②

(3)人民检察院接到人民法院减刑、假释的裁定书副本后，应当进行审查。审查的内容包括：被减刑、假释的罪犯是否符合法定条件；执行机关呈报减刑、假释的程序是否合法；人民法院裁定减刑、假释的程序是否合法。检察人员可以向罪犯所在单位和有关人员调查，可以向有关机关调阅有关材料。经审查认为人民法院减刑、假释的裁定不当，应当提出纠正意见的，由检察长决定。③

(4)人民检察院认为人民法院减刑、假释的裁定不当，应当在收到裁定书副本后20日内，向作出减刑、假释裁定的人民法院提出书面纠正意见。对人民法院减刑、假释裁定的纠正意见，由作出减刑、假释裁定的人民法院的同级人民检察院书面提出。下级人民检察院发现人民法院减刑、假释裁定不当的，应当立即向作出减刑、假释裁定的人民法院的同级人民检察院报告。人民检察院对人民法院减刑、假释的裁定提出纠正意见后，应当监督人民法院是否在收到纠正意见后一个月内重新组成合议庭进行审理，并监督重新作出的最终裁定是否符合法律规定。对最终裁定不符合法律规定的，应当向同级人民法院提出纠正意见。④

---

① 《中华人民共和国刑事诉讼法》第274条。

② 《高检规则》第650条。

③ 《高检规则》第648~652条。

④ 《高检规则》第653~655条。

四、人民检察院对执行机关执行刑罚活动的监督

人民检察院在对执行机关活动进行监督的过程中，发现有违法情况的，应当通知执行机关纠正：对于情节较轻的违法行为，检察人员可以以口头方式向违法人员或者执行机关负责人提出纠正，并及时向监所检察部门的负责人汇报，必要时，由部门负责人提出；对于比较严重的违法行为，应当报请检察长批准后，向监狱或者公安机关发出《纠正违法通知书》；对于造成严重后果、构成犯罪的，应当依法追究责任人的刑事责任。

【案例分析】

周某、赵某和贾某因涉嫌强奸、抢劫(共同犯罪)，程某因涉嫌包庇贾某被人民法院依法判刑。周某被判处死刑立即执行，赵某被判处无期徒刑，贾某被判处有期徒刑10年，程某被判处有期徒刑1年，缓刑2年。判决生效后，下级人民法院在接到对周某执行死刑的命令后，发现裁判可能有错误，遂停止执行，并立即报请核准死刑的人民法院裁定。核准死刑的人民法院作出死刑裁判没有错误的裁定后，下级人民法院立即对周某执行了死刑。在执行死刑时，只有法院的指挥人员、执行人员及维持秩序的公安人员到场，执行前为避免混乱未予公布，在闹市区执行注射。某监狱在对赵某、贾某的执行过程中，因赵某患有严重疾病而将其保外就医，对贾某则在其服刑满5年后向某法院提出了假释建议。程某在缓刑考验期间，因违反公安部门有关缓刑的监督管理规定，负责执行的公安机关向原做出缓刑裁判的人民法院提出了撤销程某缓刑的建议书。该法院认为程某在缓刑考验期间并未犯罪，未接受公安机关的建议。

【问题】本案对四名罪犯的执行程序存在哪些错误？并说明理由。

【解析】

1. 对周某停止执行死刑时，核准死刑的人民法院做出死刑裁判没有错误的裁定后，下级人民法院不应立即对周某执行死刑。应当报请核准死刑的人民法院院长再签发执行死刑的命令才能执行。

2. 法院在对周某执行死刑时，不应只有法院指挥人员、执行人员及公安人员在场，还应当有检察人员临场监督。

3. 法院不应对死刑的执行不予公布，应当对死刑的执行予以公布。

4. 法院不应在市区对周某执行注射，应当在指定的场所或者羁押场所内执行。

5. 监狱不应对赵某保外就医。赵某被判处无期徒刑，不符合监外执行的条件。

6. 监狱不应在贾某服刑满5年后向法院提出假释建议。贾某因抢劫、抢劫犯罪被判处10年有期徒刑，不得假释。

7. 法院不应以程某在缓刑考验期间并未犯罪为由不接受公安机关的建议。被宣告缓刑的犯罪分子，在缓刑考验期限内违反法律、行政法规或者国务院公安部门有关缓刑的监督管理规定，应当依法撤销缓刑的，原做出缓刑裁判的人民法院应当自收到同级公安机关提出的撤销缓刑建议书之日起1个月内依法作出裁定。

【法律名言】

犯罪总是以惩罚相补偿；只有处罚才能使犯罪得到偿还。

——【英国作家】达雷尔

【阅读书目】

1. 欧阳俊：《刑事执行学》，中国法制出版社 2017 年版。

2. 宋英辉、甄贞：《刑事诉讼法学》，中国人民大学出版社 2019 年版。

3. 周欣：《外国刑事诉讼特色制度与变革》，中国人民公安大学出版社 2014 年版。

【思考题】

1. 什么是刑事诉讼中的执行？它有什么意义？

2. 发生效力的判决、裁定有哪些？

3. 判处死刑立即执行的判决应怎样依法执行？在什么情形下应当停止执行和暂停执行？停止执行后应当如何处理？

4. 判处死刑缓期 2 年执行的判决应如何依法执行？如果对判处死缓的对象应当执行死刑的应当如何执行？

5. 对判处无期徒刑、有期徒刑的罪犯，应当怎样交付执行？

6. 对被判刑被宣告缓刑的罪犯，由什么机关负责考察？考察机关应怎样监督考察？

7. 对判处管制的判决应怎样依法执行？

8. 什么情形下可以适用监外执行？哪些机关有权作出这些决定？

9. 对于服刑的罪犯应当依法减刑的，按什么程序办理？

10. 办理对罪犯可以假释应按什么程序进行？

11. 对罪犯在执行刑罚过程中所犯的新罪，应当按什么程序追究？

第十九章　未成年人刑事案件诉讼程序

【知识结构图】

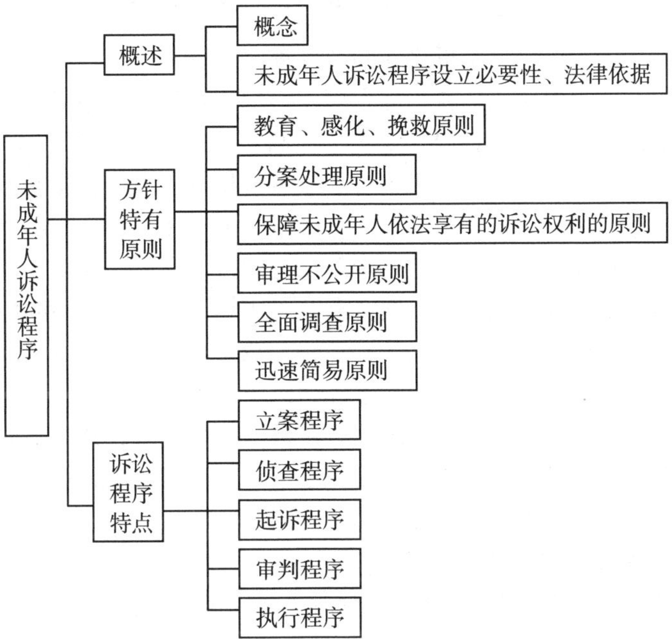

【内容导读】

未成年人案件诉讼程序主要掌握概念特有原则以及会未成年人案件在立案、侦查、起诉、审判和执行阶段的特别规定。

【法考要点】

附条件不起诉制度及犯罪记录封存制度。

【考研要点】

附条件不起制度及犯罪记录封存制度。

【热点思考】

如何构建未成年人诉讼程序?

第一节　未成年人刑事案件诉讼程序概述

一、刑事法律意义上的未成年概念

在我国，法律意义上的未成年人是指已满14周岁不满18周岁者。处在这个年龄阶段上的人实施了危害社会、应受刑罚处罚的行为，即属未成年人犯罪。追究未成年人刑事责任所适用的程序就是未成年人刑事诉讼程序。①

二、未成年人案件诉讼程序设立的必要性和法律依据

未成年人刑事诉讼程序是刑事诉讼中的特别程序，有不同于普通程序的特点。这与该程序所适用的对象，即未成年人的自身的生理和心理特点是相适应的。未成年人在生理上正处于青春发育期，身体迅速发育，智力水平提高很快，精力旺盛。与生理发育相适应，未成年的心理也处于多变期。未成年人多对于外界事物有较强的反应能力，有较强的求知欲和模仿欲，自我意识迅速成长，追求独立。同时，未成年人思想上不成熟，辨别是非能力差，情绪波动大，自控能力缺乏，这使未成年人的行为在一定程度上带有突发性和盲目性。由于未成年人在生理和心理上的不同特点，未成年人犯罪所呈现的特点与成年人犯罪也有所不同，带有相当程度的盲目性和突发性，一般无严密的组织性和计划性。未成人犯罪的特点要求对其适应的程序应区别于普通程序，以最大程度上体现教育、感化、挽救的方针。对未成年犯罪者的帮教和改造效果如何对国家和社会有极其重要的意义。这种教育和改造要体现于对未成年犯罪处理的全过程，不但在实体法适用和执行阶段要采取不同于成年人措施，在对案件处理的程序上也应有所不同。

对未成年犯罪适用特殊的程序已引起有关国际组织和各国立法、司法部门的重视，在联合国的决议文件和许多国家的立法中均有所体现，典型的如《联合国预防少年犯罪准则》(通称《利雅得准则》)、《联合国少年司法最低限度标准规则》(通称《北京规则》)、德国《青少年刑法》、美国《标准少年法院法》等。我国虽未对未成年犯罪刑事诉讼程序专门立法，但在《刑事诉讼法》第五编第一章专门设立未成年人刑事案件诉讼程序。除了刑事诉讼法的规定外，1991年《未成年人保护法》、1999年《预防未成年人犯罪法》以及2001年4月最高人民法院《关于审理未成年人刑事案件的若干规定》、1991年6月《关于办理少年刑事案件建立相互配套的工作体系的通知》及《关于审理少年刑事案件聘请特邀陪审员的联合通知》等其他有关法律和司法解释中，也对未成人犯罪的刑事诉讼程序作出了具体规定。

在对未成人犯罪刑事诉讼程序立法的同时，各地对未成年人犯罪以特别程序进行处理的司法实践也不断发展。自1984年上海市长宁区法院设立第一个专门审理未成年人犯罪案件的少年法庭以来，至今全国均设立了少年法庭，最高人民法院和各高级人民法院均设立了少年法庭指导小组。具有本国特色的少年刑事司法制度已初步创建，通过寓教于审、

① 参见中山大学网络课程。

惩教结合，有针对性地强化了矫治、减少、预防未成年人犯罪的工作。根据最高人民法院《关于审理未成年人刑事案件的若干规定》，少年法庭受理案件的范围包括：(1)被告人在实施被指控的犯罪时不满18周岁的案件。(2)被告人在实施被指控的犯罪时不满18周岁，并被指控为首要分子或者主犯的共同犯罪案件；以及法院院长根据少年法庭工作的实际情况决定的其他有未成年被告人的共同犯罪案件，或者其他涉及未成年人的刑事案件。

第二节　未成年人案件诉讼程序的特有原则与基本制度

一、未成年人案件诉讼程序的特有原则

(一)教育、感化、挽救原则

《刑事诉讼法》规定："对对犯罪的未成年人实行教育、感化、挽救的方针，坚持教育为主、惩罚为辅的原则。"①这就从法律上明确了司法机关在办理刑事案件时所应遵循的基本原则。教育、感化、挽救原则要求在司法人员在办理未成人案件中要正确处理惩罚和教育的关系。要将教育工作放在突出的位置，坚持教育为主、惩罚为辅的原则。司法人员对未成人要坚持攻心为主，像父母对孩子、教师对学生一样，针对其个人特点，晓之以理，动之以情，使之认识到自己行为的危害性，唤起其良知和悔罪意识，认罪伏法，重新做人。

这一原则要求司法人员在处理未成人案件中既要注意查清事实，又要及时对未成人进行教育和感化。教育、感化在诉讼的各个阶段都要受到重视，要正确处理查清事实与教育、感化的关系。查清事实是正确教育的基础，事实不清，就无法以理服人，难以开展针对性的教育。但也不能专注于事实本身而忽视教育和感化，教育和感化是处理未成年人案件的重要原则。对未成年人的教育和感化要注意挖掘犯罪发生的深层次根源，剖析未成人犯罪的根本动因，对症下药，深入进行心理教育，使其真正认罪伏法，并能正确对待将要面临的刑事处罚和履行。

贯彻教育、感化和挽救原则并不意味着对未成年人只重教育而忽视惩罚。未成年人犯罪同样对社会造成了危害，对其依法予以处罚是正当的，也是必要的。忽视惩罚或不当的处罚难以使其认识到自己行为的严重后果，对教育、感化方针的贯彻是不利的。但这种处罚要遵循教育为主、处罚为辅为主的方针，可罚可不罚的尽量不处罚。

(二)分案处理原则②

分案处理是指对未成年人案件与成年人案件实行诉讼程序分离、分别关押、分别执行。

诉讼程序分离是指未成人与成年人共同犯罪或有牵连的案件，只要不妨碍诉讼，要分

① 《中华人民共和国刑事诉讼法》第277条。
② 《中华人民共和国刑事诉讼法》第280条。

案处理。

分别关押是指对未成年适用拘留、逮捕等强制措施时，要将未成年人和成年人分别关押看管。

分别执行是指对未成年人的已生效的判决、裁定的执行，要同成年人分开，不能放在同一场所，以防止成年罪犯对未成年罪犯产生不良影响。我国的司法实践中，未成年罪犯的执行场所一般为少年犯管教所。

贯彻分案处理原则是未成年犯本身的特点和所要求的。与成年犯相比，未成年犯主观可塑性较强，思想观念尚未完全定型，与成年人放在一起，可能使其受到成年犯罪的不良影响，增加改造的难度。《刑事诉讼法》第 280 条规定："对被拘留、逮捕和执行刑罚的未成年人与成年人应当分别关押、分别管理、分别教育。"同时，分案处理原则在许多国家的实践情况证明是可行的。

(三)保障未成年人依法享有的诉讼权利的原则

未成年人在刑事诉讼过程中，除保障其享有刑事诉讼法所规定的作为任何犯罪嫌疑人、被告人所享有的诉讼权利以外，还要注意认真落实其作为未成年人所享有的一些特别权利。从有关规定来看，主要有两点：

(1)法定代理人的在场权。我国《刑事诉讼法》规定，对于未成年人刑事案件，在讯问和审判的时候，应当通知未成年犯罪嫌疑人、被告人的法定代理人到场；无法通知、法定代理人不能到场或者法定代理人是共犯的，也可以通知未成年犯罪嫌疑人、被告人的其他成年亲属，所在学校、单位、居住地基层组织或者未成年人保护组织的代表到场，并将有关情况记录在案。到场的法定代理人可以代为行使未成年犯罪嫌疑人、被告人的诉讼权利。①

(2)获得辩护人帮助的权利。我国《刑事诉讼法》规定，未成年犯罪嫌疑人、被告人没有委托辩护人的，人民法院、人民检察院、公安机关应当通知法律援助机构指派律师为其提供辩护。未成年人作为被告人时，不但其诉讼地位决定了其行使辩护权的困难，而且未成年人本身这一主体的特点就决定了获得辩护人帮助的迫切性。刑事诉讼法的这一规定对于保障未成年人被告诉讼权利的实现具有重要意义。②

(四)审理不公开原则

不公开审理原则是指法院在审理案件时，不对社会公开，不允许旁听和记者采访。《刑事诉讼法》规定，审判的时候被告人不满 18 周岁的案件，不公开审理。但是，经未成年被告人及其法定代理人同意，未成年被告人所在学校和未成年人保护组织可以派代表到场。③

对未成年人案件不公开审理有利于缓解未成年人的紧张情绪，防止公开审判可能导致

① 《中华人民共和国刑事诉讼法》第 281 条。

② 《中华人民共和国刑事诉讼法》第 278 条。

③ 《中华人民共和国刑事诉讼法》第 285 条。

的给未成年人造成精神创伤、增加改造的难度等不利于其回归社会的消极后果。

不公开审理原则只是指审判过程不公开，对判决的宣告应公开进行。但根据《关于审理未成年人刑事案件的若干规定》，不得采取召开大会等形式。

【案例分析】

被告人张某，16 岁(在法院审判时仍不满 18 岁)，为某职业高中学住校学生。同宿舍同学财物多次失窃，校保卫科经调查认为张某有重大嫌疑，校所在地公安机关在讯问张某后同意保卫科的意见并移送检察院审查起诉。校长为增强学生法制意识、教育学生遵守国法校纪，联系一审法院要求带领学生旁听该案的审理；同时为严肃校纪，召开校务会议通过了给以张某"开除学籍、勒令退学"的决定。一审法院有关人员回绝了校长的要求，并指出校务会议的决定是不对的。

【问题】该法院工作人员的依据何在?

【解析】

《刑事诉讼法》第 285 条规定，审判的时候被告人不满 18 周岁的案件，不公开审理。但是，经未成年被告人及其法定代理人同意，未成年被告人所在学校和未成年人保护组织可以派代表到场。这是因为未成年人虽然在法律上已处于完全负刑事责任的年龄阶段，但其心智仍未成熟，性格敏感，情绪容易波动，公开审理和旁听容易对其造成巨大的心理压力，很可能影响其在庭上的正确陈述，不利于充分保护未成年人的诉讼权利。同时容易伤害其自尊，使其感到羞辱乃至造成逆反和报复心理，不利于教育、感化、挽救原则的贯彻。本案中张某涉嫌盗窃，情节较轻，不具备犯罪情节特别严重、社会影响恶劣等特殊情况，没有公开审理的必要性，因此不应公开审理。

《预防未成年人犯罪法》第 44 条规定，对于被采取刑事强制措施的未成年学生，在人民法院的判决生效之前，不得取消其学籍。该规定体现了无罪推定的精神，对于维护未成年人这一特殊主体的权益有重要意义。在法院判决未作出前，任何人无权确认张某犯有盗窃行为，学校不应草率据此作出开除张某的决定，否则会伤害无辜者，或者导致不利于少年犯改造的结果。

(五)全面调查原则①

全面调查原则是指司法人员在处理未成年人案件时，不能仅从处罚的目的出发，满足于对案件事实和证据的调查。还要基于教育、挽救的目的，对未成年人的生理、心理状况及其生活环境进行全面的调查，必要时还要进行医疗检查和心理学、精神病学判断。

全面调查原则要贯穿刑事诉讼的始终，而不限于法庭调查。贯彻全面调查原则，可以全面把握未成的人生活、成长环境，了解其人格、素质等情况，查明犯罪的原因和条件。这不但有利于正确处理案件，而且对选择正确的方法和途径对其进行教育、改造也是很有必要的。

① 《中华人民共和国刑事诉讼法》第 279 条。

(六)迅速简易原则

迅速简易原则是指在办理未成年案件中，在诉讼的各个阶段，都要尽可能地缩短时间，提高诉讼效率，简化程序，争取早日结案。简易是迅速的前提，迅速是简化的客观效果，二者相互联系。

对未成年人案件实现迅速简易原则是为了保证未成年人能尽早摆脱诉讼过程的困扰，避免未成年人繁杂漫长的诉讼过程承受过重的心理负担，以致产生抵触情绪，对其教育和改造产生不良影响。但在贯彻这一原则时，要注意“度”，在保证质量的前提下实现迅速简约，而不能草率从事，损害诉讼公正。

二、未成年人刑事案件诉讼程序的基本制度

(一)社会调查制度[①]

社会调查制度是指公安司法机关在办理未成年人刑事案件时，由法定的社会调查主体对未成年犯罪嫌疑人、被告人的成长经历、犯罪原因、监护教育等情况进行全面调查并形成社会调查报告，作为办案和教育的参考依据。

1. 社会调查主体

2010 年中央综治委预防青少年违法犯罪工作领导小组、最高人民法院、最高人民检察院、公安部、司法部、共青团中央联合出台的《关于进一步建立和完善办理未成年人刑事案件配套工作体系的若干意见》规定，社会调查由未成年犯罪嫌疑人、被告人户籍所在地或居住地的司法行政机关社区矫正工作部门负责。司法行政机关社区矫正工作部门可联合相关部门开展社会调查，或委托共青团组织以及其他社会组织协助调查。

2. 社会调查的内容

社会调查机关应当对未成年犯罪嫌疑人的性格特点、家庭情况、社会交往、成长经历、是否具备有效监护条件或者社会帮教措施，以及涉嫌犯罪前后表现等情况进行调查，并作出书面报告。

3. 社会调查报告的作用

社会调查报告的作用贯穿于刑事诉讼程序的始终，主要体现在以下方面：(1)在侦查阶段，社会调查报告是公安机关决定是否提请逮捕和移送审查起诉，以及人民检察院审查批准逮捕时判断是否具有社会危险性及逮捕必要性的重要参考依据。(2)在审查起诉阶段，社会调查报告是人民检察院决定是否提起公诉、酌定不起诉、附条件不起诉及作出附条件不起诉后进行帮教的重要参考依据。(3)在审判阶段，社会调查报告是人民法院对未成年人量刑的重要参考依据，尤其是是否判处管制、缓刑、免刑的重要参考依据。(4)在刑罚执行阶段，社会调查报告为宣判后对未成年人进行回访、跟踪帮教提供有效参考，同时也为刑罚执行机关，特别是社区矫正机构对未成年人罪犯进行有针对性个别化矫治及履行监督职责提供了基本方向。

---

① 《中华人民共和国刑事诉讼法》第 279 条。

（二）附条件不起诉制度①

附条件不起诉，是指检察机关对罪行较轻的未成年犯罪嫌疑人，由于没有立即追诉的必要而作出暂时不予提起公诉的决定，并要求其在一定期限内履行一定的义务。在规定的期限内，如果犯罪嫌疑人没有违反相关规定，并履行了要求的义务，检察机关就作出不起诉决定，否则检察机关将作出起诉决定。

1. 附条件不起诉的适用范围②

根据《刑事诉讼法》规定，适用附条件不起诉的案件范围，必须同时满足以下六个条件：(1)属于未成年人刑事案件；(2)只适用于刑法分则第四章、第五章、第六章规定的犯罪；(3)只适用于可能判处一年以下有期徒刑的案件；(4)符合案件事实清楚，证据确实充分，依法应当追究刑事责任的条件；(5)必须有悔罪表现，认识到自己的错误，积极向被害人赔礼道歉，求得被害人谅解、赔偿被害人损失；(6)未成年犯罪嫌疑人及其法定代理人对人民检察院的附条件不起诉决定没有异议。

2. 附条件不起诉的决定程序

作出附条件不起诉决定前，应当听取公安机关、被害人的意见。公安机关、被害人意见是人民检察院是否作出附条件不起诉的参考，但公安机关、被害人的意见对人民检察院并无约束力。

3. 附条件不起诉的异议程序

《刑事诉讼法》第 282 条第 2、3 款规定，对附条件不起诉的决定，公安机关要求复议、提请复核或者被害人申诉的，适用本法第 179 条、第 180 条的规定。未成年犯罪嫌疑人及其法定代理人对人民检察院决定附条件不起诉有异议的，人民检察院应当作出起诉的决定。

这一规定，一方面保障了公安机关、被害人对人民检察院附条件不起诉的监督权，另一方面保障了未成年犯罪嫌疑人享有依法审判被认定无罪的权利。

4. 附条件不起诉的考察机关、考察期限及具体事项③

(1)考察机关为人民检察院。人民检察院可以会同未成年犯罪嫌疑人的监护人、所在学校、单位、居住地的村民委员会、居民委员会、未成年人保护组织等有关人员定期对未成年犯罪嫌疑人进行考察、教育，实施跟踪帮教。

(2)考察期限为 6 个月以上 1 年以下，从人民检察院作出附条件不起诉之日起计算。

(3)考察的具体事项为，第一，遵守法律法规，服从监督；第二，按照考察机关的规定报告自己的活动情况；第三，离开所居住的市、县或者迁居，应当报经考察机关批准；第四，按照考察机关的要求接受矫治和教育。

5. 附条件不起诉的法律后果④

① 《中华人民共和国刑事诉讼法》第 282 条。
② 《中华人民共和国刑事诉讼法》第 282 条。
③ 《中华人民共和国刑事诉讼法》第 283 条。
④ 《中华人民共和国刑事诉讼法》第 284 条。

被附条件不起诉的未成年犯罪嫌疑人，在考验期内有下列情形之一的，人民检察院应当撤销附条件不起诉的决定，提起公诉：

第一，实施新的犯罪或者发现决定附条件不起诉以前还有其他犯罪需要追诉的；

第二，违反治安管理规定或者考察机关有关附条件不起诉的监督管理规定，情节严重的。

被附条件不起诉的未成年犯罪嫌疑人，在考验期内没有上述情形，考验期满的，人民检察院应当作出不起诉的决定。

(三)犯罪记录封存制度

《刑事诉讼法》第286条规定，犯罪的时候不满18周岁，被判处5年有期徒刑以下刑罚的，应当对相关犯罪记录予以封存。犯罪记录被封存的，不得向任何单位和个人提供，但司法机关为办案需要或者有关单位根据国家规定进行查询的除外。依法进行查询的单位，应当对被封存的犯罪记录的情况予以保密。

对未成年人来说，设立犯罪记录封存制度能够为其提供一个正常学习、生活的环境，有助于其重拾生活的勇气，更好地回归社会。

第三节　未成年人刑事案件的具体程序

一、立案程序

未成年人案件的立案在材料来源、立案条件以及立案程序方面与成年人案件立案程序是相同的。但与成年人案件立案程序相比，未成年人立案程序还具有一些不同之处。

(1)查明未成年人准确的出生时间，必须具体到“日”，在判断是否满18周岁时以生日当天24时为准。

(2)在立案时，要查证未成年是否系教唆犯罪。

(3)对案件材料审查后，对符合立案条件的，予以立案。对不符合立案条件，情节轻微，危害不大，不构成犯罪或者不需要处以刑事罚的，可以将案件材料转交有关部门审查处理。

二、侦查程序

我国法律对未成年人案件的侦查并无特别的规定，但根据这类案件的特点，在对未成年人案件进行侦查时，要注意以下几点：

(1)侦查对象的广泛化。在对未成年人案件进行侦查时，要坚持全面调查原则，尽可能扩大侦查对象的范围，对未成年人的个人品性、心理状况、成长环境、犯罪的主客观条件、是否存在教唆等各方面与案件处理有关的情况都要力求查清。

(2)强制措施适用的经济性。在对未成年人案件进行侦查时，要坚持强制措施适用的经济性原则。对被关押的未成年人，要与成年人分开，避免交叉感染。

(3)采用适当的传唤和讯问方式。对于不满18周岁未成年人犯罪嫌疑人进行讯问，可以通知其法定代理人到场。询问不满 18 周岁证人，可以通知其法定代理人到场。①

三、起诉程序

在对未成年人案件审查起诉时，除遵循普通刑事案件的起诉程序外，还要注意以下几点：

(1)审查起诉未成年犯罪嫌疑人，应当听取其父母或法定代理人、辩护人、未成年被害人及其法定代理人的意见。

(2)对不起诉的案件，司法工作人员还要做好后继工作，并有关部门协作配合，做好帮教工作，这也是教育、感化、挽救原则的要求。

(3)对未成年人案件的起诉工作应由专门的部门和人员负责。负责未成年人案件起诉工作的人员要具备较高的素质，除对法律知识要精通外，还应具备一定的心理学、生理学、社会学和教育学方面的知识。

(4)起诉书的内容应根据未成年人的具体情况，对未成年人的心理、生理、性格特征及其成长的家庭、社会环境等加以说明。公诉词要对未成年人的个人情况予以详细的论述。

四、审判程序

在对未成年人案件审理时，有几方面需要注意：

(1)审判组织的专业化。针对未成年人案件的特点，未成年人案件的审判组织应走专门化的道路。在设立未成年人刑事法院条件尚不具备的情况下，我国司法实践中采取了设立少年审判庭的做法，这是比较好的选择。对审判组织而言，也应采取专业化的方法，应挑选素质高、了解未成年人特点的人员以合议庭的形式进行审判。合议庭的组成中，一般应有女审判员或陪审员参加，以利于审判的顺利进行。

(2)法庭审理中要注意审判的技术和方法。审判人员要恰当运用审判语言，以调节气氛，缓和未成年人紧张情绪，保证诉讼的顺利进行。

(3)在未成年案件审判中，要切实保证未成年人依法享有的诉讼权利。如不公开审理、法定代理人到庭、获得指定辩护人帮助等权利。

(4)对未成年人的审判，要坚持直接审理原则。无论是一审还是二审，都不能书面审理代替直接开庭审理。直接审理，有利于贯彻教育、感化和挽救的方针。

五、执行程序

对未成年人的判决生效后，对未成年人执行刑罚时，要注意以下方面：

(1)应与成年犯分开关押，以免受成年犯的不良影响。

(2)对未成年罪犯改造时，要注重思想改造、知识教育和劳动技能训练，使其将来回归社会时，不但在思想上能弃恶从善，而且能掌握一定的谋生技能，立足于社会。

(3)在对未成年犯改造时，要注意利用社会的各界的力量。在注意发挥执行机关的主

---

① 《中华人民共和国刑事诉讼法》第 281 条。

导作用的同时，发挥社会组织、未成年犯家庭的作用，使未成年犯感受到社会的关怀、家庭的亲情，促进其思想的转变，以早日回归社会。

【法律名言】

法律人的笔锋应常带理性，依法论断是非，依法实现正义。

——【中国台湾】王泽鉴

【阅读书目】

1. 瞿丰、陆才俊：《未成年人犯罪研究》，中国人民公安大学出版社 2016 年版。
2. 赵军：《未成年人犯罪相关因素定量研究》，人民日报出版社 2017 年版。
3. 管元梓：《未成年人刑事案件法庭审理制度研究》，法律出版社 2018 年版。
4. 吴羽：《刑事法律援助合同制度研究》，中国政法大学出版社 2017 年版。

【思考题】

1. 未成年人案件诉讼程序的特有原则有哪些？
2. 如何构建未成年人案件侦查程序、起诉程序和审判程序？

第二十章　刑事和解程序

【知识结构图】

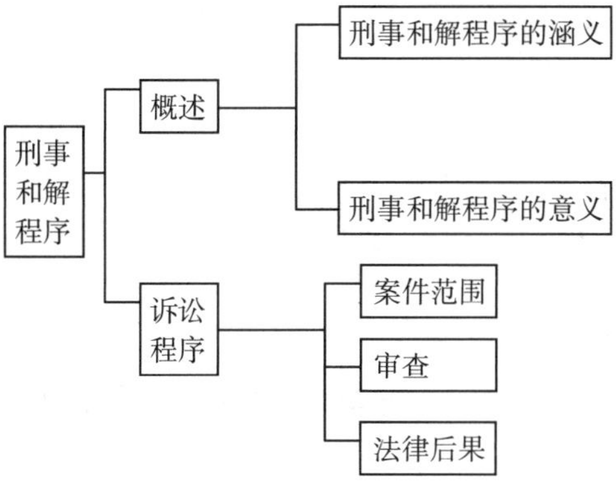

【内容导读】

刑事和解与我国当前的社会背景有着密切的联系，是在我国政治、经济、文化以及社会机能转型时期的一种指定，对于维护社会秩序的稳定以及公民之间的和睦相处有着积极意义。

刑事和解主要掌握刑事和解的案件范围、刑事和解的审查及法律后果。

【法考要点】

刑事和解的案件范围、刑事和解的审查、刑事和解的法律后果。

【考研要点】

刑事和解的案件范围、刑事和解的审查、刑事和解的法律后果。

【热点思考】

刑事和解程序与认罪认罚制度的关系。

第一节　刑事和解诉讼程序概述

一、刑事和解程序的含义

刑事和解有广义、狭义之分。广义的刑事和解包括公诉案件的和解、自诉案件的和解，还包括附带民事诉讼案件的和解。狭义的仅指刑事公诉案件的和解。本章所指的刑事和解是狭义的刑事和解，即公诉案件的刑事和解。

刑事和解对于有效化解社会矛盾、提高纠纷解决的满意程度具有重要意义，有利于促进和谐社会建设。

二、刑事和解程序的意义

第一，刑事和解可以作为从宽处罚的依据。《刑事诉讼法》第 290 条规定，对于达成和解协议的案件，公安机关可以向人民检察院提出从宽处理的建议。人民检察院可以向人民法院提出从宽处罚的建议；对于犯罪情节轻微，不需要判处刑罚的，可以作出不起诉的决定。人民法院可以依法对被告人从宽处罚。

第二，刑事和解有拘束双方当事人的效力。双方当事人应当自觉履行和解协议内容，一旦和解协议履行完毕，除非有特殊的法定情形，当事人原则上不得反悔。

第三，刑事和解后，人民法院可以不受理刑事附带民事诉讼。最高院《司法解释》第 503 条规定，双方当事人在侦查、审查起诉期间已经达成和解协议并全部履行，被害人或者其法定代理人、近亲属又提起附带民事诉讼的，人民法院不予受理，但有证据证明和解违反自愿、合法原则的除外。

第二节　刑事和解的诉讼程序

一、案件范围[①]

1. 因民间纠纷引起，涉嫌刑法分则第四章、第五章规定的犯罪案件，可能判处 3 年有期徒刑以下刑罚的

必须符合以下条件：

(1)因民间纠纷引起的刑事案件。民间纠纷，是指公民之间因人身、财产和其他日常生活中发生的纠纷。《公安机关办理刑事案件程序规定》第 323 条规定，下列案件不是因民间纠纷引起的，①雇凶伤害他人的；②涉及黑社会性质组织犯罪的；③涉及寻衅滋事的；④涉及聚众斗殴的；⑤多次故意伤害他人身体的；⑥其他不宜和解的。

(2)必须是涉嫌刑法分则第四章规定的侵犯人身权利、民主权利的案件以及第五章规定的侵犯财产权利的案件。

(3)3 年以下有期徒刑，指的是宣告刑而不是法定最高刑，也就是只要有可能判处 3 年以下有期徒刑就可以适用刑事和解程序。

2. 除渎职以外的可能判处 7 年有期徒刑以下刑罚的过失犯罪案件

首先，刑事和解主要考虑到犯罪嫌疑人、被告人主观恶性小。虽然过失犯罪造成的后果不一定小，但一般来讲过失犯罪的主观恶性比故意犯罪的小，过失犯罪更容易获得被害人的谅解。故过失犯罪更容易达成和解。

① 《中华人民共和国刑事诉讼法》第 288 条。

其次，把渎职犯罪排除在刑事和解之外是因为渎职犯罪侵犯的直接对象是国家利益，而不是公民的人身权利、财产权利，无法取得谅解。

二、刑事和解的审查

审查的主体是公安机关、人民检察院、人民法院。①

审查的内容有如下几方面：

(1)犯罪嫌疑人、被告人是否真诚悔罪。刑罚的目的已从报应性惩罚转变为教育改造为主，因此刑事和解必然要以犯罪嫌疑人、被告人真诚悔罪为条件。真诚悔罪，是指犯罪嫌疑人、被告人已经充分认识到自己的犯罪行为给被害人等相关人员带来损害，并且通过积极赔偿、赔了道歉等方式表现出来。

(2)是否获得被害人谅解。被害人谅解是刑事和解的决定性条件，被害人谅解也是表达和解意愿的方式。

(3)被害人是否自愿和解。被害人作出谅解并达成和解协议是出于其自由意志，而非受到外来压力的影响作出的。不自愿的和解违背刑事和解制度的初衷。

(4)犯罪嫌疑人、被告人在5年内未曾故意犯罪。《刑事诉讼法》第288条第2款规定了犯罪嫌疑人、被告人在5年内故意犯罪的不适用刑事和解程序。主要是考虑到其主观恶性较大，才将5年内故意犯罪的犯罪嫌疑人、被告人排除在刑事和解之外。

三、刑事和解的法律后果

1. 达成刑事和解的，公安司法机关在不同诉讼阶段的处理②

(1)在侦查阶段达成和解的，公安机关可以向人民检察院提出从宽处理的建议。

(2)在刑事强制措施的采取上，刑事和解是人民检察院审查批准逮捕时有无社会危险性以及社会危险性大小的因素，在审查起诉阶段对于逮捕的可以依法变更强制措施。

(3)在审查起诉阶段，刑事和解是人民检察院判断是否需要判处刑罚或免除刑罚的因素，符合不起诉条件的，可以作出不起诉决定；依法提起公诉的，人民检察院应当向人民法院提出从宽处罚的量刑建议。

(4)在审判阶段，法院应当从宽处罚。

2. 当事人反悔对司法机关的影响

当事人在检察院作出不起诉决定前反悔的，可以另行达成和解，不能达成和解的，依法作出起诉决定或者不起诉决定。当事人在不起诉决定作出之后反悔的，人民检察院不撤销原决定，但有证据证明和解违反自愿、合法原则的除外。

和解协议已经全部履行，当事人反悔的，人民法院不予支持，但有证据证明和解违反自愿、合法原则的除外。

---

① 《中华人民共和国刑事诉讼法》第289条。

② 《中华人民共和国刑事诉讼法》第290条。

【法律名言】

刑罚中任何过分的严厉都是社会的犯罪行为。

——【法国】罗伯斯比尔

【阅读书目】

1. 孙春雨：《刑事和解办案机制理论与实务》，中国人民公安大学出版社 2012 年版。

2. 李卫红：《刑事和解的精神》，社会科学出版社 2019 年版。

【思考题】

刑事和解程序应当遵循的基本原则是什么？刑事和解程序对和谐社会建设有什么作用？

第二十一章　缺席审判程序

【知识结构图】

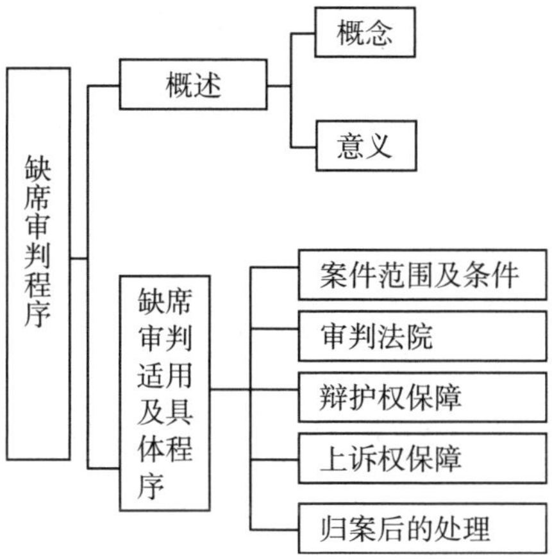

【内容导读】

缺席审判程序，是指对于法律规定的某些案件，在被告人逃跑或丧失诉讼行为能力时，在被告人不到庭的情况下进行审判并予判决的程序。

缺席审判程序主要掌握案件范围及条件、审判法院、归案后的处理、上诉权、辩护权。

【法考要点】

案件范围及条件、审判法院、归案后的处理、上诉权、辩护权。

【考研要点】

案件范围及条件、审判法院、归案后的处理、上诉权、辩护权。

【热点思考】

缺席审判程序与犯罪嫌疑人、被告人逃匿、死亡案件没收程序在案件范围上的异同。

第一节　缺席审判程序概述

一、缺席审判程序的概念

2018 年 10 月 26 日，十三届全国人大常委会第六次会议表决通过了《关于修改刑事诉讼法的决定》，此次修正案的一大亮点就是建立了刑事缺席审判制度，也就是法院对未到庭的被告人进行定罪量刑的审判活动。建立刑事缺席审判制度，对于促进反腐败国际追逃工作，给外逃的犯罪分子及时作出法律上的否定评价，彰显法治权威，维护国家和社会公众利益，有着重要的意义。

缺席审判程序，是指对于法律规定的某些案件，在被告人逃跑或丧失诉讼行为能力情况下，在被告人不到庭的情况下进行审判并予判决的程序。

二、缺席审判程序的意义

(1)缺席审判程序为海外追逃追赃工作奠定了更加坚实的法律基础。建立刑事缺席审判制度，对于以法治方式推进反腐败斗争，发挥法律的震慑和惩治双重效果，具有重要意义。

(2)刑事缺席审判制度改变了以往司法实践中由于嫌犯没有到案而产生的无法定罪量刑、无法处置赃款赃物、无法及时补偿被害人损失等问题。一旦刑事缺席审判的判决生效，在法律上就确定了被告人的罪犯身份。

(3)缺席审判程序实现了惩治犯罪、保障被害人权益、提升刑事诉讼效率的统一，正义既不会缺席也不会迟到，有力捍卫了法治尊严，彰显了司法价值。

第二节　缺席审判适用及具体程序

一、案件范围及条件①

(一)贪污贿赂犯罪案件

贪污贿赂犯罪案件适用缺席审判的条件：

(1)犯罪嫌疑人、被告人在境外；

(2)监察机关移送起诉，人民检察院认为犯罪事实已经查清，证据确实、充分，依法应当追究刑事责任；

(3)传票和起诉书副本送达后，被告人未按要求到案。

人民法院应当通过有关国际条约规定的或者外交途径提出的司法协助方式，或者被告人所在地法律允许的其他方式，将传票和人民检察院的起诉书副本送达被告人。

(二)严重危害国家安全犯罪、恐怖活动犯罪案件

严重危害国家安全犯罪、恐怖活动犯罪案件适用缺席审判的条件：

(1)需要及时进行审判；

(2)经最高人民检察院核准；

(3)犯罪嫌疑人、被告人在境外；

---

① 《中华人民共和国刑事诉讼法》第291条。

(4)公安机关移送起诉，人民检察院认为犯罪事实已经查清，证据确实、充分，依法应当追究刑事责任；

(5)传票和起诉书副本送达后，被告人未按要求到案。

(三)被告人患有严重疾病无法出庭的

被告人患有严重疾病无法出庭，适用缺席审判的条件：

(1)中止审理超过6个月，被告人仍无法出庭；

(2)被告人及其法定代理人、近亲属申请或者同意恢复审理。

(四)被告人死亡的，人民法院应当裁定终止审理，但有证据证明被告人无罪，人民法院经缺席审理确认无罪的，应当依法作出判决

(五)人民法院按照审判监督程序重新审判的案件，被告人死亡的，人民法院可以缺席审理，依法作出判决

二、审判法院①

贪污贿赂犯罪案件、严重危害国家安全犯罪、恐怖活动犯罪案件缺席审判的由犯罪地、被告人离境前居住地或者最高人民法院指定的中级人民法院组成合议庭进行审理。

其他缺席审判案件的审判管辖问题与普通案件没有区别。

三、辩护权保障

虽然是缺席审判，被告人的辩护权仍要保障，要确保其在审判阶段有辩护人为其辩护。

《刑事诉讼法》规定，人民法院缺席审判案件，被告人有权委托辩护人，被告人的近亲属可以代为委托辩护人。被告人及其近亲属没有委托辩护人的，人民法院应当通知法律援助机构指派律师为其提供辩护。②

四、上诉权保障③

缺席审判案件的上诉权也要依法保障。根据《刑事诉讼法》的规定，被告人有权提起上诉，被告人的近亲属有权独立提起上诉，辩护人经被告人或者其近亲属同意，可以提出上诉。

五、归案后的处理

在审理过程中，被告人自动投案或者被抓获的，人民法院应当重新审理。

---

① 《中华人民共和国刑事诉讼法》第291条。

② 《中华人民共和国刑事诉讼法》第293条。

③ 《中华人民共和国刑事诉讼法》第294条。

罪犯在判决、裁定发生法律效力后到案的，人民法院应当将罪犯交付执行刑罚。交付执行刑罚前，人民法院应当告知罪犯有权对判决、裁定提出异议。罪犯对判决、裁定提出异议的，人民法院应当重新审理。

依照生效判决、裁定对罪犯的财产进行的处理确有错误的，应当予以返还、赔偿。

【法律名言】

有约必践，有害必偿，有罪必罚。

——【荷兰】格劳秀斯

【阅读书目】

杨剑：《缺席审判的基本法理与制度探讨》，厦门大学大学出版社 2016 年版。

【思考题】

缺席审判程序中，如何保障被告人的辩护权？

第二十二章　违法所得的没收程序

【知识结构图】

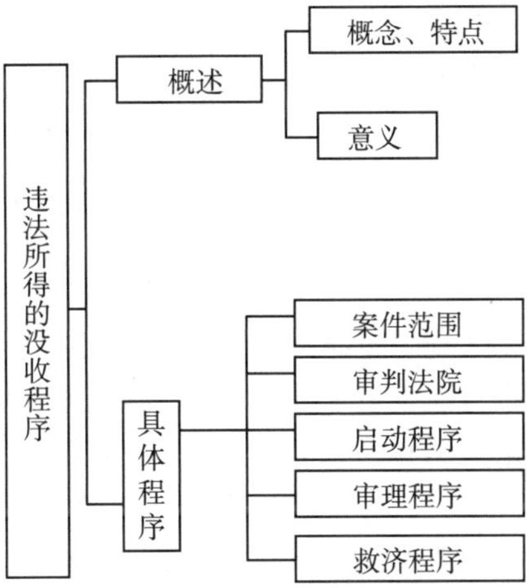

【内容导读】

主要掌握违法所得的没收程序的概念、适用案件范围及启动、审理、救济程序。

【法考要点】

案件范围、审判法院、启动程序、审理程序、救济程序。

【考研要点】

案件范围、审判法院、启动程序、审理程序、救济程序。

【热点思考】

比较缺席审判程序与违法所得没收程序在案件适用范围上的异同。你认为该如何完善违法所得没收程序？

第一节　违法所得的没收程序概述

一、违法所得的没收程序的概念和特点

犯罪嫌疑人、被告人逃匿、死亡案件违法所得的没收程序，是指当某些案件中犯罪嫌疑人、被告人逃匿或者死亡时，追缴其违法所得及其他涉案财产所特有的方式、方法和

步骤。

犯罪嫌疑人、被告人藏匿、死亡案件违法所得的没收程序有以下特点：

（一）普遍性

在特定类型案件中，在犯罪嫌疑人、被告人逃匿、死亡时，对其违法所得进行没收是国际公约的基本要求。例如，2000 年联合国《打击跨国有组织犯罪公约》将没收财产作为打击跨国有组织犯罪的重要措施。再如，《联合国反腐败公约》第 54 条第 1 款第 3 项规定，为了实现没收事宜的国际合作，各缔约国均应当根据本国法律“考虑采取必要措施，以便在因为犯罪人死亡、潜逃或者缺席而无法对其起诉的情形或者其他有关情形下，能够不经刑事定罪而没收这类财产”。另外，金融行动特别组（作为国际社会中专门致力于控制洗钱的国际组织）1990 年提出的旨在控制洗钱的《四十条建议》中也有类似规定。我国业已签署上述国际公约或加入相关国际组织，为遵守上述规定，2012 年我国在《刑事诉讼法》中以特别程序的方式规定犯罪嫌疑人、被告人逃匿、死亡案件违法所得的没收程序。

（二）特殊性

之所以应在特别程序一编中规定犯罪嫌疑人、报告人逃匿、死亡案件违法所得的没收程序，一方面是因为该程序本身注重追求诉讼效率，关注的是如何防止因犯罪嫌疑人、被告人逃匿、死亡而引起的诉讼拖延和国有资产流失的问题；另一方面是因为该程序涉及的是犯罪嫌疑人、被告人的财产权利，易于进行救济。在犯罪嫌疑人、被告人逃匿、死亡案件违法所得的没收程序中，不需要预先解决犯罪嫌疑人、被告人的定罪量刑问题。

（三）公正性

与审判程序相比，犯罪嫌疑人、被告人逃匿、死亡案件违法所得的没收程序尽管有一定的特殊性，但该程序仍需遵循刑事诉讼的基本规律。我们仍需坚持刑事诉讼程序的基本构造，在有利害关系人参加诉讼时，公开开庭审理并赋予犯罪嫌疑人、被告人及其他利害关系人相应的上诉权。

二、违法所得的没收程序的意义

（一）规定判决前的财产没收程序是刑事立法体系科学性的内在要求

依据《刑法》第 64 条的精神，在侦办刑事案件时应当追缴犯罪分子所有的赃款赃物，同时依据《刑事诉讼法》第 16 条的规定，对于已经死亡的犯罪嫌疑人和被告人，不追究其刑事责任。已经启动诉讼程序的，应当依据不同的诉讼阶段分别作出撤销案件、不起诉、终止审理或者宣告无罪的处理决定。同时，对于已扣押、冻结的犯罪嫌疑人和被告人的财物，法院、检察院和公安机关在审前阶段有妥善保管和及时返还被害人的义务，在执行阶段有上缴国库的义务，但对于死亡、逃匿的犯罪嫌疑人和被告人的涉案财产如何处理，1996 年《刑事诉讼法》没有作出规定。虽然司法解释涉及了该问题，对侦查、审查起诉中犯罪嫌疑人死亡情形作出了规定，即人民检察院、公安机关可以申请人民法院裁定通知冻结犯罪嫌疑人存款、汇款的金融机构上缴国库或者返还被害人。但上述规定仅强调人民检察院和公安机关"可以"申请人民法院作出裁定，而不是"应当"由人民法院进行司法审查。其范围仅限于正在进行的诉讼案件，大量的未启案件不在此限，因此在法律中规定判决前的财产没收程序很有必要。

（二）规定判决前的财产没收程序是刑事司法实践合法性的必然选择

贪污贿赂犯罪案件中存在大量犯罪嫌疑人、被告人自杀、潜逃以逃避刑事责任的情形，由于我国在2012年的《刑事诉讼法》没有规定缺席审判制度，在犯罪嫌疑人、被告人不到庭的情况下法院无权对其涉案财产进行强制处分，无法实现追缴赃款赃物的目的。侦破此类案件极为依赖被告人的供述和证人证言，一旦犯罪嫌疑人自杀或潜逃，不但案件线索中断，保护了其他"利益相关人"，更重要的是其近亲属得以保有犯罪分子违法取得的巨额财产。但由于我国长期缺乏这一特别程序以及相应的裁判，追赃申请屡被拒绝，导致国家资产流失。实践中不断发生一些地区和部门采用行政手段或非法定方法追缴，其正当性、合法性遭受质疑。因此，与条约规定相衔接，构建我国判决前的财产没收程序十分重要。司法实践中还大量存在恐怖组织以为恐怖活动融资和转移资产为目的，在我国境内进行洗钱的犯罪情况。我国已于2006年通过了《反洗钱法》，也赋予了金融机构48小时的临时冻结权，但在犯罪嫌疑人、被告人不到案的情况下，我们仍然无法依据对已经冻结的恐怖组织的资金和财产进行实体处分。为了有效开展反洗钱国际合作，打击日益猖獗的跨国恐怖活动犯罪，我们需在法律中构建判决前的财产没收程序。与此同时，根据相关国际公约的规定精神，参阅国外的做法，我国已在2018年《刑事诉讼法》规定了缺席审判制度。

第二节　违法所得的没收程序的适用和救济

一、案件范围①

《刑事诉讼法》规定，对于贪污贿赂犯罪、恐怖活动犯罪等重大犯罪案件，犯罪嫌疑人、被告人逃匿，在通缉1年后不能到案，或犯罪嫌疑人、被告人死亡，依照《刑法》规定应当追缴其违法所得及其他涉案财产的，人民检察院可以向人民法院提出没收违法所得的申请。根据法律规定适用违法所得没收程序应当同时具备以下三个条件：第一，该程序只能适用于贪污贿赂犯罪、恐怖活动犯罪等重大犯罪案件。第二，犯罪嫌疑人、被告人必须是逃匿后在通缉1年后不能到案的，或者犯罪嫌疑人、被告人死亡的。第三，依照《刑法》规定应当追缴其违法所得及其他涉案财产的。

此外，六机关《规定》作为对《刑事诉讼法》的权威解读和必要补充就该问题作了明确规定，其第37条强调：对于犯罪嫌疑人、被告人死亡，依照刑法规定应当追缴其违法所得及其他涉案财产的，适用刑事诉讼法第五编第三章规定的程序，由人民检察院向人民法

① 《中华人民共和国刑事诉讼法》第298条。

院提出没收违法所得的申请。即当犯罪嫌疑人、被告人死亡时，案件范围不限于贪污贿赂犯罪恐怖活动犯罪，也不限于重大犯罪案件，只要有违法所得及其他涉案财产需要追缴的，均可适用违法所得没收程序。

二、审判法院①

根据《刑事诉讼法》规定，没收违法所得的申请，由犯罪地或者犯罪嫌疑人、被告人居住地的中级人民法院组成合议庭进行审理。人民法院受理没收违法所得的申请后，应当发出公告，公告期间为6个月。人民法院在公告期满后对没收违法所得的申请进行审理。设立前置的公告程序，一方面是为了督促逃匿的犯罪嫌疑人归案参加诉讼；另一方面也是便于犯罪嫌疑人、被告人的近亲属和其他利害关系人了解案情和被没收财产的范围，同时有时间委托诉讼代理人参加诉讼。

三、启动程序

如果犯罪嫌疑人、被告人同时符合《刑事诉讼法》第298条规定的三个条件，需要对其违法所得及其他涉案财产予以没收的，应由人民检察院向人民法院提出没收违法所得的申请。因此，在司法实践中，应当依据诉讼阶段相应启动违法所得没收程序。

在侦查阶段，对于符合违法所得没收情形的，依照《刑法》规定应当追缴其违法所得及其他涉案财产的，经县级以上公安机关负责人批准，公安机关应当出具没收违法所得意见书，连同相关证据材料一并移送同级人民检察院；在职务犯罪案件的办理中，对于符合《刑事诉讼法》第280条规定情形的案件，人民检察院也应依法启动违法所得没收程序。

在审查起诉阶段，人民检察院发现案件符合《刑事诉讼法》第298条规定情形的，可直接启动违法所得没收程序。

在审判阶段，如果犯罪嫌疑人、被告人逃匿的，人民法院应当根据《刑事诉讼法》第206条的规定中止审理；如果犯罪嫌疑人、被告人死亡的，人民法院应当根据《刑事诉讼法》第16条的规定终止审理。符合没收违法所得条件的，由人民检察院提出没收违法所得的申请，人民法院不能直接作出没收违法所得的裁定。

四、审理程序

犯罪嫌疑人、被告人逃匿、死亡案件违法所得的没收程序审判方式是以公开开庭审理为原则，以不开庭审理为例外。其原因在于：(1)没收程序是在未对犯罪嫌疑人、被告人定罪量刑的前提下没收其财产，公开开庭审理能够保证诉讼的公正性。(2)根据《刑事诉讼法》第299条的规定，人民法院应当组成合议庭进行审理，这说明没收程序不实行独任制审判。(3)根据《刑事诉讼法》第281条的规定，犯罪嫌疑人、被告人的近亲属和其他利害关系人有权申请参加诉讼，也可以委托诉讼代理人参加诉讼。利害关系人参加诉讼的，人民法院应当开庭审理。

《刑事诉讼法》规定，人民法院经审理，对经查证属违法所得及其他涉案财产，除依

① 《中华人民共和国刑事诉讼法》第299条。

法返还被害人的以外，应当裁定予以没收；对不属于应当追缴的财产的，应当裁定驳回申请，解除查封、扣押、冻结措施。因此，经人民法院审理后，应当依据法律规定作出裁定并制作相应的法律文书。①

五、救济程序

据《刑事诉讼法》规定②，对于人民法院依照前款规定作出的裁定，犯罪嫌疑人、被告人的近亲属和其他利害关系人或者人民检察院可以提出上诉、抗诉。

【法律名言】

对于社会来说，保护无罪者要比惩罚犯罪更为重要。

——【英】亚当斯

【阅读书目】

孙长永等：《犯罪嫌疑人的权利保障》，法律出版社2011年版。

【思考题】

在犯罪嫌疑人、被告人逃匿、死亡案件违法所得程序中，如何保障利益相关人的权益？

① 《中华人民共和国刑事诉讼法》第300条。

② 《中华人民共和国刑事诉讼法》第300条。

第二十三章　强制医疗程序

【知识结构图】

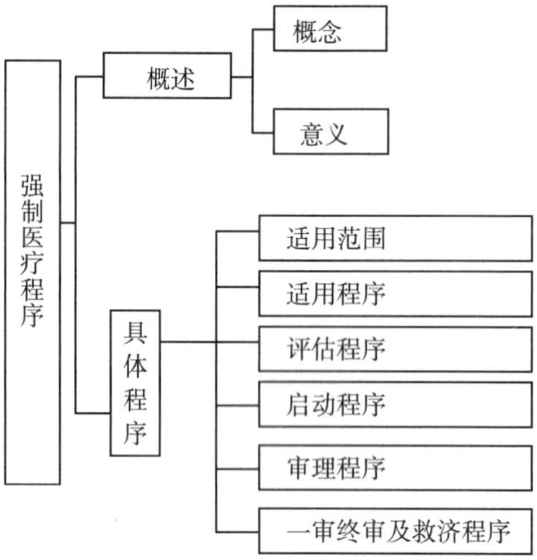

【内容导读】

本章主要掌握强制医疗的具体程序，包括适用范围、适用程序、评估程序、启动程序、审理程序、一审终审及救济程序。

【法考要点】

强制医疗的适用范围、适用程序、评估程序、启动程序、审理程序、一审终审及救济程序。

【考研要点】

强制医疗的适用范围、适用程序、评估程序、启动程序、审理程序、一审终审及救济程序。

【热点思考】

你认为强制医疗程序中如何完善评估程序？

第一节　强制医疗程序概述

一、强制医疗程序的概念

强制医疗是出于避免社会危害和保障精神疾病患者健康利益的目的而采取的一项对精

神疾病患者的人身自由予以一定限制并对其所患精神疾病进行治疗的特殊保安处分措施。

二、强制医疗程序的意义

从性质上说，强制医疗是针对精神病人的一种社会防卫措施，而非刑罚措施。精神病人犯罪，往往是受病理作用的影响导致其在丧失辨认与控制能力的情况下实施了犯罪行为，因此不能追究其刑事责任、不能对其适用通常意义的刑罚措施。然而，由于很多精神病人具有严重的暴力攻击倾向，人身危害性极强，如果不对这些精神病人进行强制医疗，他们可能会继续危害社会。因此，不追究刑事责任、不处以刑罚并不意味着对无刑事责任能力的精神病人放任自流，相反，为了维护公共利益和社会秩序，我国《刑事诉讼法》特别规定了对依法不负刑事责任的精神病人的强制医疗程序。

第二节　强制医疗的具体程序

一、适用范围[①]

依据《刑事诉讼法》的规定，行为人如果同时满足以下三个条件，无论家属是否能够或同意履行监护职责，都应入院接受强制治疗：

1. 实施了危害公共安全或者严重危害公民人身安全的暴力行为

立法将强制医疗的适用对象局限于具有暴力倾向及主动攻击意识的精神病人，这在客观上要求行为人实施了暴力行为并造成了一定的危害结果，即对公共安全造成了危害或者严重危害了公民的人身安全。

2. 经法定程序鉴定属依法不负刑事责任的精神病人

我国精神病鉴定程序的相关内容主要规定在以下几部法律中：《刑事诉讼法》、全国人民代表大会常务委员会《关于司法鉴定管理问题的决定》(以下简称《司鉴管理决定》)、《精神疾病司法鉴定暂行规定》、最高人民检察院《规则》以及《司法鉴定程序通则》。依据上述法律的规定，在侦查、审查起诉阶段，公安机关、人民检察院有权启动精神病鉴定程序。在审判阶段，针对控辩双方有争议的鉴定意见进行核实时，法院可以启动重新鉴定或者补充鉴定。犯罪嫌疑人的辩护人、近亲属在审查起诉阶段有权申请启动精神病鉴定程序，对于侦诉机关已经进行的鉴定应当将鉴定意见告知犯罪嫌疑人及被害人，被害人死亡或者丧失诉讼行为能力的，应当告知被害人的近亲属或法定代理人。犯罪嫌疑人或者被害人(被害人死亡或者丧失诉讼行为能力时其近亲属或者法定代理人)有权申请重新鉴定或者补充鉴定。

3. 有继续危害社会的可能

所谓精神病人的社会危险性，是指已经实施了危害行为的精神病人再次实施危害行为的可能性。对于精神病人的社会危险性，可以从主观状态和客观表现两个方面作出衡量和判断。首先，精神状况作为影响主观状态认定的主要因素，应由精神病鉴定人在精神病鉴

① 《中华人民共和国刑事诉讼法》第302条。

定过程中附加作出相应的评估。其次，行为人实施的危害行为和造成的危害结果可以被视为社会危害性的客观表现。最后，在综合考虑上述两方面的基础上，应由法院对精神病人是否具有继续危害社会的可能作出判断和决定。

二、适用程序①

适用强制医疗程序，需要主体、行为与危害性三者皆备。根据《刑事诉讼法》规定，适用强制医疗程序需同时具备以下三个条件：(1)主体条件：犯罪嫌疑人、被告人是经法定程序鉴定依法不负刑事责任的精神病人。(2)行为条件：犯罪嫌疑人、被告人实施暴力行为，危害公共安全或者严重危害公民人身安全。(3)危害性条件：犯罪嫌疑人、被告人有继续危害社会的可能性。

在主体条件方面，应明确精神病鉴定程序具有“前置性”“独立性”。“前置性”是指判定犯罪嫌疑人、被告人刑事责任能力的精神病鉴定程序应当在强制医疗程序之前，包括在侦查阶段、审查起诉阶段和审判阶段进行的精神病鉴定程序。“独立性”是精神病鉴定程序和强制医疗程序是两个相互独立的程序。在侦查阶段，对经鉴定患有精神病的犯罪嫌疑人，公安机关应当撤销案件，随后向人民检察院提出强制医疗的申请。在审查起诉阶段，对于经鉴定患有精神病的犯罪嫌疑人人民检察院应当作不起诉决定，随后向人民法院提出强制医疗的申请。在审判阶段对于疑似精神障碍患者，经鉴定属于依法不负刑事责任的精神病人的，人民法院可以依职权启动强制医疗程序。

在行为条件方面，应明确该行为需兼具“违法性”和“严重性”。“违法性”要求精神障碍患者实施的行为必须触犯刑法，达到犯罪的程度。因为强制医疗有别于《精神卫生法》中的民事收治程序，并不适用于所有的精神障碍患者。“严重性”强调犯罪嫌疑人、被告人实施的是暴力行为，已达到危害公共安全或者严重危害公民人身安全的程度。

在危害性条件方面，理论争议较大。强制医疗程序要求法官根据被告人现有的精神状态和行为举止对未来的社会危险性和人身危险性进行判断，有别于传统上指向过去的定罪量刑工作。由于法律并未明确“是否需要经过精神病专家的专业鉴定，还是依赖法官的个人经验抑或猜测”，标准也不够明确，这就造成法官在进行规范判断时具有很大的模糊性。这种模糊性关乎强制医疗决定的科学性和公正性，需要审慎考虑。

实际上，社会危险性的判断应依诉讼程序进行。“继续危害社会可能”要求公、检、法三机关在判断精神障碍患者的社会危险性时要面向未来而不是关注过去。这在审前阶段，取决于公安司法人员的个人经验；在审理过程中应由审判人员在综合考虑控辩双方事实和证据的基础上自由作出裁判；必要时可以听取有精神病医学专门知识的人的意见或者由有精神病医学专门知识的人担任人民陪审员。在未来，最高人民法院应当通过指导性案例就社会危险性的判断进行宏观指导。

---

① 《中华人民共和国刑事诉讼法》第302条。

三、评估程序[①]

依据《刑事诉讼法》的规定，强制医疗机构应当定期对被强制医疗的人进行诊断评估。评估申请应当报请决定强制医疗的人民法院批准，申请既可以由强制医疗机构提出，也可以由被强制医疗人及其近亲属提出。对于解除强制医疗的申请，应由作出决定的人民法院依法组成合议庭进行审查。在审查时，应当依职权查阅被强制医疗人的医疗记录、诊断评估报告和相关材料，听取强制医疗机构的意见，听取被强制医疗人及其近亲属的意见。经综合考察后应按不同情形进行处理：对于符合《刑事诉讼法》第 306 条规定，已不具有人身危险性，不需要继续强制医疗的精神障碍患者，应当解除强制医疗并交由家属看管和治疗；对于仍具有人身危险性的，应当继续进行强制医疗。人民法院作出的决定应当及时送达被强制医疗人、强制医疗机构和人民检察院。

四、启动程序[②]

依据《刑事诉讼法》的规定，强制医疗的启动程序可以分为以下两种方式：一是检察院的申请启动方式，即对于公安机关移送的强制医疗意见书或者在审查起诉过程中发现精神病人符合强制医疗条件的，人民检察院应当向人民法院提出强制医疗的申请。二是法院的决定启动方式，即人民法院在审理案件过程中发现被告人符合强制医疗条件的，可以作出强制医疗的决定。上述启动方式确立了检察院和法院强制医疗启动主体的法律地位，从而明确排除了公安机关、精神病人的监护人、法定代理人以及受害人的程序启动权。其中，如果公安机关发现精神病人符合强制医疗条件的，应当写成强制医疗意见书，移送人民检察院并由人民检察院向人民法院提出强制医疗的申请。

五、审理程序[③]

强制医疗的决定主体。《刑事诉讼法》第 302、304 条专门规定了强制医疗的决定主体，即对实施暴力行为精神病人的强制医疗，由人民法院组成合议庭审理并作出决定。这明确了强制医疗的决定主体为人民法院。

1. 法律援助制度

《刑事诉讼法》第 304 条专门规定了法律援助制度，即如果被申请人或者被告人没有委托诉讼代理人的，人民法院应当通知法律援助机构指派律师为其提供法律帮助。

2. 临时的保护性约束措施

《刑事诉讼法》第 303 条第 3 款规定对实施暴力行为的精神病人，在人民法院决定强制医疗前，公安机关可以采取临时的保护性约束措施。

3. 强制医疗的审理时限

人民法院经审理，对于被申请人或者被告人符合强制医疗条件的，应当在 1 个月内作

---

① 《中华人民共和国刑事诉讼法》第 306 条。

② 《中华人民共和国刑事诉讼法》第 302 条。

③ 《中华人民共和国刑事诉讼法》第 302~306 条。

出强制医疗的决定。

六、一审终审及救济

强制医疗的复议程序①。依据《刑事诉讼法》的规定，被决定强制医疗的人、被害人及其法定代理人、近亲属对强制医疗决定不服的，可以向上一级人民法院申请复议。

强制医疗程序的解除制度②。依据《刑事诉讼法》的规定，强制医疗解除的申请程序可以概括为以下两种方式：一是医疗机构提出解除申请，即强制医疗机构应当定期对被强制医疗人进行诊断评估。对于已不具有人身危险性，不需要继续强制医疗的，应当及时提出意见。二是由被强制医疗的人及其近亲属申请解除强制医疗。其中，无论哪种启动方式，都必须经过决定强制医疗的人民法院批准。

【法律名言】

如果只有天堂可以希望，而没有地狱可以畏惧的话，法律将失掉效力。

——【法国】孟德斯鸠

【阅读书目】

王君炜：《我国刑事强制医疗程序研究》，社会科学文献出版社2018年版。

【思考题】

刑事强制医疗程序中，在评估是否适用强制医疗措施时，应当考虑哪些因素？

① 《中华人民共和国刑事诉讼法》第305条。

② 《中华人民共和国刑事诉讼法》第306条。

第二十四章　认罪认罚从宽制度

【知识结构图】

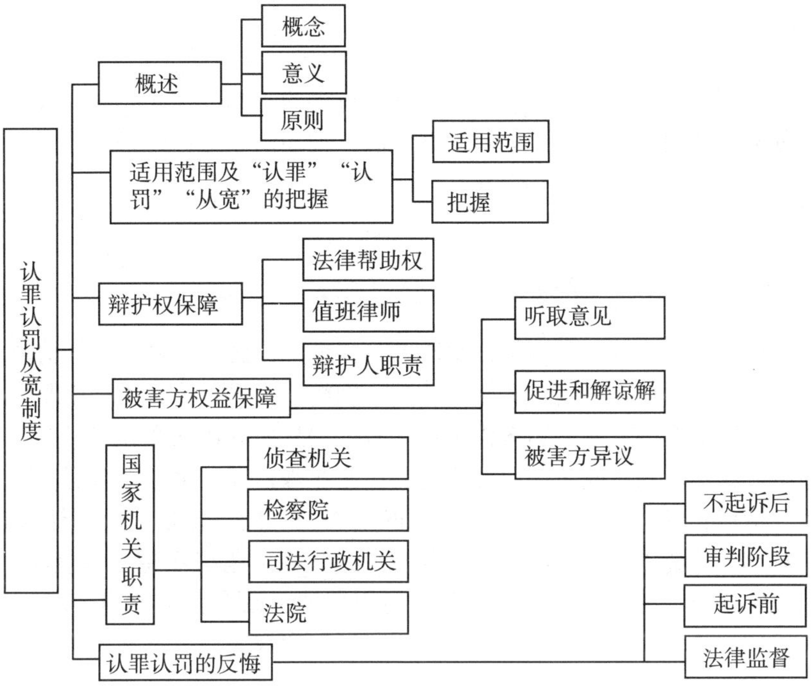

【内容导读】

认罪认罚从宽制度主要掌握概念、意义、原则，及适用案件范围、权益保障、国家机关职责、认罪认罚的反悔。

【法考要点】

案件范围，“认罪”“认罚”“从宽”的把握，国家机关的职责，认罪认罚的反悔。

【考研要点】

案件范围，“认罪”“认罚”“从宽”的把握，认罪认罚的反悔。

【热点思考】

如何避免认罪认罚从宽制度是花钱买刑的质疑？

第一节　认罪认罚从宽制度概述

一、概念

按照刑法及刑诉法的规定，犯罪嫌疑人、被告人自愿如实供述自己的罪行、承认指控的犯罪事实，愿意接受处罚的，可以依法从宽处理。

认罪认罚从宽制度指的是，犯罪嫌疑人、被告人自愿如实供述自己的罪行、承认指控的犯罪事实，愿意接受处罚，依法从宽处理的原则、方式、方法、步骤等具体规范。

二、意义

认罪认罚从宽制度的意义在于，能够准确及时惩罚犯罪，强化人权司法保障，推动刑事案件繁简分流、节约司法资源，化解社会矛盾、推动国家治理体系和治理能力现代化。

三、原则

(一)贯彻宽严相济刑事政策

落实认罪认罚从宽制度，应当根据犯罪的具体情况，区分案件性质、情节和对社会的危害程度，实行区别对待，做到该宽则宽，当严则严，宽严相济，罚当其罪。对可能判处三年有期徒刑以下刑罚的认罪认罚案件，要尽量依法从简从快从宽办理，探索相适应的处理原则和办案方式；对因民间矛盾引发的犯罪，犯罪嫌疑人、被告人自愿认罪、真诚悔罪并取得谅解、达成和解、尚未严重影响人民群众安全感的，要积极适用认罪认罚从宽制度，特别是对其中社会危害不大的初犯、偶犯、过失犯、未成年犯，一般应当体现从宽；对严重危害国家安全、公共安全犯罪，严重暴力犯罪，以及社会普遍关注的重大敏感案件，应当慎重把握从宽，避免案件处理明显违背人民群众的公平正义观念。

(二)坚持罪责刑相适应原则

办理认罪认罚案件，既要考虑体现认罪认罚从宽，又要考虑其所犯罪行的轻重、应负刑事责任和人身危险性的大小，依照法律规定提出量刑建议，准确裁量刑罚，确保罚当其罪，避免罪刑失衡。特别是对于共同犯罪案件，主犯认罪认罚，从犯不认罪认罚的，人民法院、人民检察院应当注意两者之间的量刑平衡，防止因量刑失当严重偏离一般的司法认知。

(三)坚持证据裁判原则

办理认罪认罚案件，应当以事实为根据，以法律为准绳，严格按照证据裁判要求，全面收集、固定、审查和认定证据。坚持法定证明标准，侦查终结、提起公诉、作出有罪裁判应当做到犯罪事实清楚，证据确实、充分，防止因犯罪嫌疑人、被告人认罪而降低证据要求和证明标准。对犯罪嫌疑人、被告人认罪认罚，但证据不足，不能认定其有罪的，依法作出撤销案件、不起诉决定或者宣告无罪。

（四）坚持公检法三机关配合制约原则

办理认罪认罚案件，公、检、法三机关应当分工负责、互相配合、互相制约，保证犯罪嫌疑人、被告人自愿认罪认罚，依法推进从宽落实。要严格执法、公正司法，强化对自身执法司法办案活动的监督，防止产生“权权交易”“权钱交易”等司法腐败问题。

第二节 适用范围及“认罪”“认罚”“从宽”的把握

一、适用范围

认罪认罚从宽制度贯穿刑事诉讼全过程，适用于侦查、起诉、审判各个阶段。

认罪认罚从宽制度没有适用罪名和可能判处刑罚的限定，所有刑事案件都可以适用，不能因罪轻、罪重或者罪名特殊等原因而剥夺犯罪嫌疑人、被告人自愿认罪认罚获得从宽处理的机会。但“可以”适用不是一律适用，犯罪嫌疑人、被告人认罪认罚后是否从宽，由司法机关根据案件具体情况决定。

二、“认罪”“认罚”“从宽”的把握

1.“认罪”的把握

认罪认罚从宽制度中的“认罪”，是指犯罪嫌疑人、被告人自愿如实供述自己的罪行，对指控的犯罪事实没有异议。承认指控的主要犯罪事实，仅对个别事实情节提出异议，或者虽然对行为性质提出辩解但表示接受司法机关认定意见的，不影响“认罪”的认定。犯罪嫌疑人、被告人犯数罪，仅如实供述其中一罪或部分罪名事实的，全案不作“认罪”的认定，不适用认罪认罚从宽制度，但对如实供述的部分，人民检察院可以提出从宽处罚的建议，人民法院可以从宽处罚。

2.“认罚”的把握

认罪认罚从宽制度中的“认罚”，是指犯罪嫌疑人、被告人真诚悔罪，愿意接受处罚。“认罚”，在侦查阶段表现为表示愿意接受处罚；在审查起诉阶段表现为接受人民检察院拟作出的起诉或不起诉决定，认可人民检察院的量刑建议，签署认罪认罚具结书；在审判阶段表现为当庭确认自愿签署具结书，愿意接受刑罚处罚。

“认罚”考察的重点是犯罪嫌疑人、被告人的悔罪态度和悔罪表现，应当结合退赃退赔、赔偿损失、赔礼道歉等因素来考量。犯罪嫌疑人、被告人虽然表示“认罚”，却暗中串供、干扰证人作证、毁灭、伪造证据或者隐匿、转移财产，有赔偿能力而不赔偿损失，则不能适用认罪认罚从宽制度。犯罪嫌疑人、被告人享有程序选择权，不同意适用速裁程序、简易程序的，不影响“认罚”的认定。

3.“从宽”的把握

（1）“从宽”的理解。从宽处理既包括实体上从宽处罚，也包括程序上从简处理。“可以从宽”，是指一般应当体现法律规定和政策精神，予以从宽处理。但可以从宽不是一律

从宽，对犯罪性质和危害后果特别严重、犯罪手段特别残忍、社会影响特别恶劣的犯罪嫌疑人、被告人，认罪认罚不足以从轻处罚的，依法不予从宽处罚。

办理认罪认罚案件，应当依照刑法、刑事诉讼法的基本原则，根据犯罪的事实、性质、情节和对社会的危害程度，结合法定、酌定的量刑情节，综合考虑认罪认罚的具体情况，依法决定是否从宽、如何从宽。对于减轻、免除处罚，应当于法有据；不具备减轻处罚情节的，应当在法定幅度以内提出从轻处罚的量刑建议和量刑；对其中犯罪情节轻微不需要判处刑罚的，可以依法作出不起诉决定或者判决免予刑事处罚。

(2)从宽幅度的把握。办理认罪认罚案件，应当区别认罪认罚的不同诉讼阶段、对查明案件事实的价值和意义、是否确有悔罪表现，以及罪行严重程度等，综合考量确定从宽的限度和幅度。在刑罚评价上，主动认罪优于被动认罪，早认罪优于晚认罪，彻底认罪优于不彻底认罪，稳定认罪优于不稳定认罪。

认罪认罚的从宽幅度一般应当大于仅有坦白，或者虽认罪但不认罚的从宽幅度。对犯罪嫌疑人、被告人具有自首、坦白情节，同时认罪认罚的，应当在法定刑幅度内给予相对更大的从宽幅度。认罪认罚与自首、坦白不作重复评价。

对罪行较轻、人身危险性较小的，特别是初犯、偶犯，从宽幅度可以大一些；罪行较重、人身危险性较大的，以及累犯、再犯，从宽幅度应当从严把握。

第三节　犯罪嫌疑人、被告人辩护权保障

一、获得法律帮助权

人民法院、人民检察院、公安机关办理认罪认罚案件，应当保障犯罪嫌疑人、被告人获得有效法律帮助，确保其了解认罪认罚的性质和法律后果，自愿认罪认罚。

犯罪嫌疑人、被告人自愿认罪认罚，没有辩护人的，人民法院、人民检察院、公安机关(看守所)应当通知值班律师为其提供法律咨询、程序选择建议、申请变更强制措施等法律帮助。符合通知辩护条件的，应当依法通知法律援助机构指派律师为其提供辩护。

人民法院、人民检察院、公安机关(看守所)应当告知犯罪嫌疑人、被告人有权约见值班律师，获得法律帮助，并为其约见值班律师提供便利。犯罪嫌疑人、被告人及其近亲属提出法律帮助请求的，人民法院、人民检察院、公安机关(看守所)应当通知值班律师为其提供法律帮助。

二、值班律师

(一)派驻值班律师

法律援助机构可以在人民法院、人民检察院、看守所派驻值班律师。人民法院、人民检察院、看守所应当为派驻值班律师提供必要办公场所和设施。

法律援助机构应当根据人民法院、人民检察院、看守所的法律帮助需求和当地法律服务资源，合理安排值班律师。值班律师可以定期值班或轮流值班，律师资源短缺的地区可

以通过探索现场值班和电话、网络值班相结合，在人民法院、人民检察院毗邻设置联合工作站，省内和市内统筹调配律师资源，以及建立政府购买值班律师服务机制等方式，保障法律援助值班律师工作有序开展。

(二)值班律师的职责

值班律师应当维护犯罪嫌疑人、被告人的合法权益，确保犯罪嫌疑人、被告人在充分了解认罪认罚性质和法律后果的情况下，自愿认罪认罚。值班律师应当为认罪认罚的犯罪嫌疑人、被告人提供下列法律帮助：

(1)提供法律咨询，包括告知涉嫌或指控的罪名、相关法律规定，认罪认罚的性质和法律后果等；

(2)提出程序适用的建议；

(3)帮助申请变更强制措施；

(4)对人民检察院认定罪名、量刑建议提出意见；

(5)就案件处理，向人民法院、人民检察院、公安机关提出意见；

(6)引导、帮助犯罪嫌疑人、被告人及其近亲属申请法律援助；

(7)法律法规规定的其他事项。

值班律师可以会见犯罪嫌疑人、被告人，看守所应当为值班律师会见提供便利。危害国家安全犯罪、恐怖活动犯罪案件，侦查期间值班律师会见在押犯罪嫌疑人的，应当经侦查机关许可。自人民检察院对案件审查起诉之日起，值班律师可以查阅案卷材料、了解案情。人民法院、人民检察院应当为值班律师查阅案卷材料提供便利。

值班律师提供法律咨询、查阅案卷材料、会见犯罪嫌疑人或者被告人、提出书面意见等法律帮助活动的相关情况应当记录在案，并随案移送。

(三)法律帮助的衔接

对于被羁押的犯罪嫌疑人、被告人，在不同诉讼阶段，可以由派驻看守所的同一值班律师提供法律帮助。对于未被羁押的犯罪嫌疑人、被告人，前一诉讼阶段的值班律师可以在后续诉讼阶段继续为犯罪嫌疑人、被告人提供法律帮助。

(四)拒绝法律帮助的处理

犯罪嫌疑人、被告人自愿认罪认罚，没有委托辩护人，拒绝值班律师帮助的，人民法院、人民检察院、公安机关应当允许，记录在案并随案移送。但是审查起诉阶段签署认罪认罚具结书时，人民检察院应当通知值班律师到场。

三、辩护人职责

认罪认罚案件犯罪嫌疑人、被告人委托辩护人或者法律援助机构指派律师为其辩护的，辩护律师在侦查、审查起诉和审判阶段，应当与犯罪嫌疑人、被告人就是否认罪认罚进行沟通，提供法律咨询和帮助，并就定罪量刑、诉讼程序适用等向办案机关提出意见。

第四节　被害方权益保障

一、听取意见

办理认罪认罚案件，应当听取被害人及其诉讼代理人的意见，并将犯罪嫌疑人、被告人是否与被害方达成和解协议、调解协议或者赔偿被害方损失，取得被害方谅解，作为从宽处罚的重要考虑因素。人民检察院、公安机关听取意见情况应当记录在案并随案移送。

二、促进和解谅解

对符合当事人和解程序适用条件的公诉案件，犯罪嫌疑人、被告人认罪认罚的，人民法院、人民检察院、公安机关应当积极促进当事人自愿达成和解。对其他认罪认罚案件，人民法院、人民检察院、公安机关可以促进犯罪嫌疑人、被告人通过向被害方赔偿损失、赔礼道歉等方式获得谅解，被害方出具的谅解意见应当随案移送。

人民法院、人民检察院、公安机关在促进当事人和解谅解过程中，应当向被害方释明认罪认罚从宽、公诉案件当事人和解适用程序等具体法律规定，充分听取被害方意见，符合司法救助条件的，应当积极协调办理。

三、被害方异议的处理

被害人及其诉讼代理人不同意对认罪认罚的犯罪嫌疑人、被告人从宽处理的，不影响认罪认罚从宽制度的适用。犯罪嫌疑人、被告人认罪认罚，但没有退赃退赔、赔偿损失，未能与被害方达成调解或者和解协议的，从宽时应当予以酌减。犯罪嫌疑人、被告人自愿认罪并且愿意积极赔偿损失，但由于被害方赔偿请求明显不合理，未能达成调解或者和解协议的，一般不影响对犯罪嫌疑人、被告人从宽处理。

第五节　公安、检察院、法院、司法行政机关的具体职责

一、侦查机关的职责

（一）权利告知和听取意见

公安机关在侦查过程中，应当告知犯罪嫌疑人享有的诉讼权利、如实供述罪行可以从宽处理和认罪认罚的法律规定，听取犯罪嫌疑人及其辩护人或者值班律师的意见，记录在案并随案移送。

对在非讯问时间、办案人员不在场情况下，犯罪嫌疑人向看守所工作人员或者辩护人、值班律师表示愿意认罪认罚的，有关人员应当及时告知办案单位。

（二）认罪教育

公安机关在侦查阶段应当同步开展认罪教育工作，但不得强迫犯罪嫌疑人认罪，不得

作出具体的从宽承诺。犯罪嫌疑人自愿认罪，愿意接受司法机关处罚的，应当记录在案并附卷。

（三）起诉意见

对移送审查起诉的案件，公安机关应当在起诉意见书中写明犯罪嫌疑人自愿认罪认罚情况。认为案件符合速裁程序适用条件的，可以在起诉意见书中建议人民检察院适用速裁程序办理，并简要说明理由。

对可能适用速裁程序的案件，公安机关应当快速办理，对犯罪嫌疑人未被羁押的，可以集中移送审查起诉，但不得为集中移送拖延案件办理。

对人民检察院在审查逮捕期间或者重大案件听取意见中提出的开展认罪认罚工作的意见或建议，公安机关应当认真听取，积极开展相关工作。

（四）执法办案管理中心建设

加快推进公安机关执法办案管理中心建设，探索在执法办案管理中心设置速裁法庭，对适用速裁程序的案件进行快速办理。

二、审查起诉阶段人民检察院的职责

（一）权利告知

案件移送审查起诉后，人民检察院应当告知犯罪嫌疑人享有的诉讼权利和认罪认罚的法律规定，保障犯罪嫌疑人的程序选择权。告知应当采取书面形式，必要时应当充分释明。

（二）听取意见

犯罪嫌疑人认罪认罚的，人民检察院应当就下列事项听取犯罪嫌疑人、辩护人或者值班律师的意见，记录在案并附卷：

（1）涉嫌的犯罪事实、罪名及适用的法律规定；

（2）从轻、减轻或者免除处罚等从宽处罚的建议；

（3）认罪认罚后案件审理适用的程序；

（4）其他需要听取意见的情形。

人民检察院未采纳辩护人、值班律师意见的，应当说明理由。

（三）自愿性、合法性审查

对侦查阶段认罪认罚的案件，人民检察院应当重点审查以下内容：

（1）犯罪嫌疑人是否自愿认罪认罚，有无因受到暴力、威胁、引诱而违背意愿认罪认罚；

（2）犯罪嫌疑人认罪认罚时的认知能力和精神状态是否正常；

（3）犯罪嫌疑人是否理解认罪认罚的性质和可能导致的法律后果；

(4)侦查机关是否告知犯罪嫌疑人享有的诉讼权利，如实供述自己罪行可以从宽处理和认罪认罚的法律规定，并听取意见；

(5)起诉意见书中是否写明犯罪嫌疑人认罪认罚情况；

(6)犯罪嫌疑人是否真诚悔罪，是否向被害人赔礼道歉。

经审查，犯罪嫌疑人违背意愿认罪认罚的，人民检察院可以重新开展认罪认罚工作。存在刑讯逼供等非法取证行为的，依照法律规定处理。

(四)证据开示

2018年10月26日通过的刑诉法规定，人民检察院可以针对案件具体情况，探索证据开示制度，保障犯罪嫌疑人的知情权和认罪认罚的真实性及自愿性。

我国现行刑事法律制度中并未规定犯罪嫌疑人、被告人庭前有阅卷权。实践中对于辩护律师能否将卷宗给犯罪嫌疑人、被告人观看，存在极大争议。此处规定的向犯罪嫌疑人、被告人开示证据在我国尚属首次，在此基础上，我们希望尽快看到在后续立法及司法实践中规定犯罪嫌疑人、被告人庭前阅卷权，辩护人向犯罪嫌疑人、被告人核实证据的范围、方式的突破。

(五)不起诉的适用

完善起诉裁量权，充分发挥不起诉的审前分流和过滤作用，逐步扩大相对不起诉在认罪认罚案件中的适用。对认罪认罚后没有争议，不需要判处刑罚的轻微刑事案件，人民检察院可以依法作出不起诉决定。人民检察院应当加强对案件量刑的预判，对其中可能判处免刑的轻微刑事案件，可以依法作出不起诉决定。

对认罪认罚后案件事实不清、证据不足的案件，应当依法作出不起诉决定。

(六)签署具结书

犯罪嫌疑人自愿认罪，同意量刑建议和程序适用的，应当在辩护人或者值班律师在场的情况下签署认罪认罚具结书。犯罪嫌疑人被羁押的，看守所应当为签署具结书提供场所。具结书应当包括犯罪嫌疑人如实供述罪行、同意量刑建议、程序适用等内容，由犯罪嫌疑人、辩护人或者值班律师签名。

犯罪嫌疑人认罪认罚，有下列情形之一的，不需要签署认罪认罚具结书：

(1)犯罪嫌疑人是盲、聋、哑人，或者是尚未完全丧失辨认或者控制自己行为能力的精神病人的；

(2)未成年犯罪嫌疑人的法定代理人、辩护人对未成年人认罪认罚有异议的；

(3)其他不需要签署认罪认罚具结书的情形。

上述情形犯罪嫌疑人未签署认罪认罚具结书的，不影响认罪认罚从宽制度的适用。

(七)提起公诉

人民检察院向人民法院提起公诉的，应当在起诉书中写明被告人认罪认罚情况，提出量刑建议，并移送认罪认罚具结书等材料。量刑建议书可以另行制作，也可以在起诉书中写明。

（八）量刑建议的提出

犯罪嫌疑人认罪认罚的，人民检察院应当就主刑、附加刑、是否适用缓刑等提出量刑建议。人民检察院提出量刑建议前，应当充分听取犯罪嫌疑人、辩护人或者值班律师的意见，尽量协商一致。

办理认罪认罚案件，人民检察院一般应当提出确定刑量刑建议。对新类型、不常见犯罪案件，量刑情节复杂的重罪案件等，也可以提出幅度刑量刑建议。提出量刑建议，应当说明理由和依据。

犯罪嫌疑人认罪认罚没有其他法定量刑情节的，人民检察院可以根据犯罪的事实、性质等，在基准刑基础上适当减让提出确定刑量刑建议。有其他法定量刑情节的，人民检察院应当综合认罪认罚和其他法定量刑情节，参照相关量刑规范提出确定刑量刑建议。

犯罪嫌疑人在侦查阶段认罪认罚的，主刑从宽的幅度可以在前款基础上适当放宽；被告人在审判阶段认罪认罚的，在前款基础上可以适当缩减。建议判处罚金刑的，参照主刑的从宽幅度提出确定的数额。

（九）速裁程序的办案期限

犯罪嫌疑人认罪认罚，人民检察院经审查，认为符合速裁程序适用条件的，应当在10日以内作出是否提起公诉的决定；对可能判处的有期徒刑超过一年的，可以在15日以内作出是否提起公诉的决定。

三、司法行政机关的职责——社会调查评估

（一）侦查阶段的社会调查

犯罪嫌疑人认罪认罚，可能判处管制、宣告缓刑的，公安机关可以委托犯罪嫌疑人居住地的社区矫正机构进行调查评估。

公安机关在侦查阶段委托社区矫正机构进行调查评估，社区矫正机构在公安机关移送审查起诉后完成调查评估的，应当及时将评估意见提交受理案件的人民检察院或者人民法院，并抄送公安机关。

（二）审查起诉阶段的社会调查

犯罪嫌疑人认罪认罚，人民检察院拟提出缓刑或者管制量刑建议的，可以及时委托犯罪嫌疑人居住地的社区矫正机构进行调查评估，也可以自行调查评估。人民检察院提起公诉时，已收到调查材料的，应当将材料一并移送，未收到调查材料的，应当将委托文书随案移送；在提起公诉后收到调查材料的，应当及时移送人民法院。

（三）审判阶段的社会调查

被告人认罪认罚，人民法院拟判处管制或者宣告缓刑的，可以及时委托被告人居住地

的社区矫正机构进行调查评估，也可以自行调查评估。

社区矫正机构出具的调查评估意见，是人民法院判处管制、宣告缓刑的重要参考。对没有委托社区矫正机构进行调查评估或者判决前未收到社区矫正机构调查评估报告的认罪认罚案件，人民法院经审理认为被告人符合管制、缓刑适用条件的，可以判处管制、宣告缓刑。

（四）司法行政机关的职责

受委托的社区矫正机构应当根据委托机关的要求，对犯罪嫌疑人、被告人的居所情况、家庭和社会关系、一贯表现、犯罪行为的后果和影响、居住地村（居）民委员会和被害人意见、拟禁止的事项等进行调查了解，形成评估意见，及时提交委托机关。

四、人民法院的职责

（一）审判阶段认罪认罚自愿性、合法性审查

办理认罪认罚案件，人民法院应当告知被告人享有的诉讼权利和认罪认罚的法律规定，听取被告人及其辩护人或者值班律师的意见。庭审中应当对认罪认罚的自愿性、具结书内容的真实性和合法性进行审查核实，重点核实以下内容：

（1）被告人是否自愿认罪认罚，有无因受到暴力、威胁、引诱而违背意愿认罪认罚；

（2）被告人认罪认罚时的认知能力和精神状态是否正常；

（3）被告人是否理解认罪认罚的性质和可能导致的法律后果；

（4）人民检察院、公安机关是否履行告知义务并听取意见；

（5）值班律师或者辩护人是否与人民检察院进行沟通，提供了有效法律帮助或者辩护，并在场见证认罪认罚具结书的签署。

庭审中审判人员可以根据具体案情，围绕定罪量刑的关键事实，对被告人认罪认罚的自愿性、真实性等进行发问，确认被告人是否实施犯罪，是否真诚悔罪。

被告人违背意愿认罪认罚，或者认罪认罚后又反悔，依法需要转换程序的，应当按照普通程序对案件重新审理。发现存在刑讯逼供等非法取证行为的，依照法律规定处理。

（二）量刑建议的采纳

对于人民检察院提出的量刑建议，人民法院应当依法进行审查。对于事实清楚，证据确实、充分，指控的罪名准确，量刑建议适当的，人民法院应当采纳。具有下列情形之一的，不予采纳：

（1）被告人的行为不构成犯罪或者不应当追究刑事责任的；

（2）被告人违背意愿认罪认罚的；

（3）被告人否认指控的犯罪事实的；

（4）起诉指控的罪名与审理认定的罪名不一致的；

（5）其他可能影响公正审判的情形。

对于人民检察院起诉指控的事实清楚，量刑建议适当，但指控的罪名与审理认定的罪

名不一致的，人民法院可以听取人民检察院、被告人及其辩护人对审理认定罪名的意见，依法作出裁判。

人民法院不采纳人民检察院量刑建议的，应当说明理由和依据。

人民法院经审理，认为量刑建议明显不当，或者被告人、辩护人对量刑建议有异议且有理有据的，人民法院应当告知人民检察院，人民检察院可以调整量刑建议。人民法院认为调整后的量刑建议适当的，应当予以采纳；人民检察院不调整量刑建议或者调整后仍然明显不当的，人民法院应当依法作出判决。

适用速裁程序审理的，人民检察院调整量刑建议应当在庭前或者当庭提出。调整量刑建议后，被告人同意继续适用速裁程序的，不需要转换程序处理。

（三）速裁程序

1. 速裁程序的适用条件

基层人民法院管辖的可能判处三年有期徒刑以下刑罚的案件，案件事实清楚，证据确实、充分，被告人认罪认罚并同意适用速裁程序的，可以适用速裁程序，由审判员一人独任审判。人民检察院提起公诉时，可以建议人民法院适用速裁程序。

有下列情形之一的，不适用速裁程序办理：

（1）被告人是盲、聋、哑人，或者是尚未完全丧失辨认或者控制自己行为能力的精神病人的；

（2）被告人是未成年人的；

（3）案件有重大社会影响的；

（4）共同犯罪案件中部分被告人对指控的犯罪事实、罪名、量刑建议或者适用速裁程序有异议的；

（5）被告人与被害人或者其法定代理人没有就附带民事诉讼赔偿等事项达成调解或者和解协议的；

（6）其他不宜适用速裁程序办理的案件。

2. 速裁程序的审理期限

适用速裁程序审理案件，人民法院应当在受理后 10 日以内审结；对可能判处的有期徒刑超过一年的，应当在 15 日以内审结。

3. 速裁案件的审理程序

适用速裁程序审理案件，不受刑事诉讼法规定的送达期限的限制，一般不进行法庭调查、法庭辩论，但在判决宣告前应当听取辩护人的意见和被告人的最后陈述意见。

人民法院适用速裁程序审理案件，可以在向被告人送达起诉书时一并送达权利义务告知书、开庭传票，并核实被告人自然信息等情况。根据需要，可以集中送达。

人民法院适用速裁程序审理案件，可以集中开庭，逐案审理。人民检察院可以指派公诉人集中出庭支持公诉。公诉人简要宣读起诉书后，审判人员应当当庭询问被告人对指控事实、证据、量刑建议以及适用速裁程序的意见，核实具结书签署的自愿性、真实性、合法性，并核实附带民事诉讼赔偿等情况。

适用速裁程序审理案件，应当当庭宣判。集中审理的，可以集中当庭宣判。宣判时，根据案件需要，可以由审判员进行法庭教育。裁判文书可以简化。

4. 速裁案件的二审程序

被告人不服适用速裁程序作出的第一审判决提出上诉的案件，可以不开庭审理。第二审人民法院审查后，按照下列情形分别处理：

(1)发现被告人以事实不清、证据不足为由提出上诉的，应当裁定撤销原判，发回原审人民法院适用普通程序重新审理，不再按认罪认罚案件从宽处罚；

(2)发现被告人以量刑不当为由提出上诉的，原判量刑适当的，应当裁定驳回上诉，维持原判；原判量刑不当的，经审理后依法改判。

(四)简易程序的适用

基层人民法院管辖的被告人认罪认罚案件，事实清楚、证据充分，被告人对适用简易程序没有异议的，可以适用简易程序审判。

适用简易程序审理认罪认罚案件，公诉人可以简要宣读起诉书，审判人员当庭询问被告人对指控的犯罪事实、证据、量刑建议及适用简易程序的意见，核实具结书签署的自愿性、真实性、合法性。法庭调查可以简化，但对有争议的事实和证据应当进行调查、质证，法庭辩论可以仅围绕有争议的问题进行。裁判文书可以简化。

(五)普通程序的适用

适用普通程序办理认罪认罚案件，可以适当简化法庭调查、辩论程序。公诉人宣读起诉书后，合议庭当庭询问被告人对指控的犯罪事实、证据及量刑建议的意见，核实具结书签署的自愿性、真实性、合法性。公诉人、辩护人、审判人员对被告人的讯问、发问可以简化。对控辩双方无异议的证据，可以仅就证据名称及证明内容进行说明；对控辩双方有异议，或者法庭认为有必要调查核实的证据，应当出示并进行质证。法庭辩论主要围绕有争议的问题进行，裁判文书可以适当简化。

(六)程序转换

人民法院在适用速裁程序审理过程中，发现有被告人的行为不构成犯罪或者不应当追究刑事责任、被告人违背意愿认罪认罚、被告人否认指控的犯罪事实情形的，应当转为普通程序审理。发现其他不宜适用速裁程序但符合简易程序适用条件的，应当转为简易程序重新审理。

发现有不宜适用简易程序审理情形的，应当转为普通程序审理。

人民检察院在人民法院适用速裁程序审理案件过程中，发现有不宜适用速裁程序审理情形的，应当建议人民法院转为普通程序或者简易程序重新审理；发现有不宜适用简易程序审理情形的，应当建议人民法院转为普通程序重新审理。

(七)被告人当庭认罪认罚案件的处理

被告人在侦查、审查起诉阶段没有认罪认罚，但当庭认罪，愿意接受处罚的，人民法院应当根据审理查明的事实，就定罪和量刑听取控辩双方意见，依法作出裁判。

（八）第二审程序中被告人认罪认罚案件的处理

被告人在第一审程序中未认罪认罚，在第二审程序中认罪认罚的，审理程序依照刑事诉讼法规定的第二审程序进行。第二审人民法院应当根据其认罪认罚的价值、作用决定是否从宽，并依法作出裁判。确定从宽幅度时应当与第一审程序认罪认罚有所区别。

第六节　认罪认罚的反悔

一、不起诉后反悔的处理

因犯罪嫌疑人认罪认罚，人民检察院依照《刑事诉讼法》第 177 条第 2 款作出不起诉决定后，犯罪嫌疑人否认指控的犯罪事实或者不积极履行赔礼道歉、退赃退赔、赔偿损失等义务的，人民检察院应当进行审查，区分下列情形依法作出处理：

（1）发现犯罪嫌疑人没有犯罪事实，或者符合《刑事诉讼法》第 16 条规定的情形之一的，应当撤销原不起诉决定，依法重新作出不起诉决定；

（2）认为犯罪嫌疑人仍属于犯罪情节轻微，依照刑法规定不需要判处刑罚或者免除刑罚的，可以维持原不起诉决定；

（3）排除认罪认罚因素后，符合起诉条件的，应当根据案件具体情况撤销原不起诉决定，依法提起公诉。

二、起诉前反悔的处理

犯罪嫌疑人认罪认罚，签署认罪认罚具结书，在人民检察院提起公诉前反悔的，具结书失效，人民检察院应当在全面审查事实证据的基础上，依法提起公诉。

三、审判阶段反悔的处理

案件审理过程中，被告人反悔不再认罪认罚的，人民法院应当根据审理查明的事实，依法作出裁判。需要转换程序的，依照本意见的相关规定处理。

四、人民检察院的法律监督

完善人民检察院对侦查活动和刑事审判活动的监督机制，加强对认罪认罚案件办理全过程的监督，规范认罪认罚案件的抗诉工作，确保无罪的人不受刑事追究、有罪的人受到公正处罚。

【法律名言】

司法权力在实质上是被动的。法官不能出去包揽诉讼。

——【美】詹姆斯

【阅读书目】

胡云腾：《认罪认罚从宽制度的理解与适用》，人民法院出版社 2018 年版。

【思考题】

如何避免认罪认罚从宽制度中值班律师工作流于形式？

第二十五章　涉外刑事诉讼程序与司法协助制度

【知识结构图】

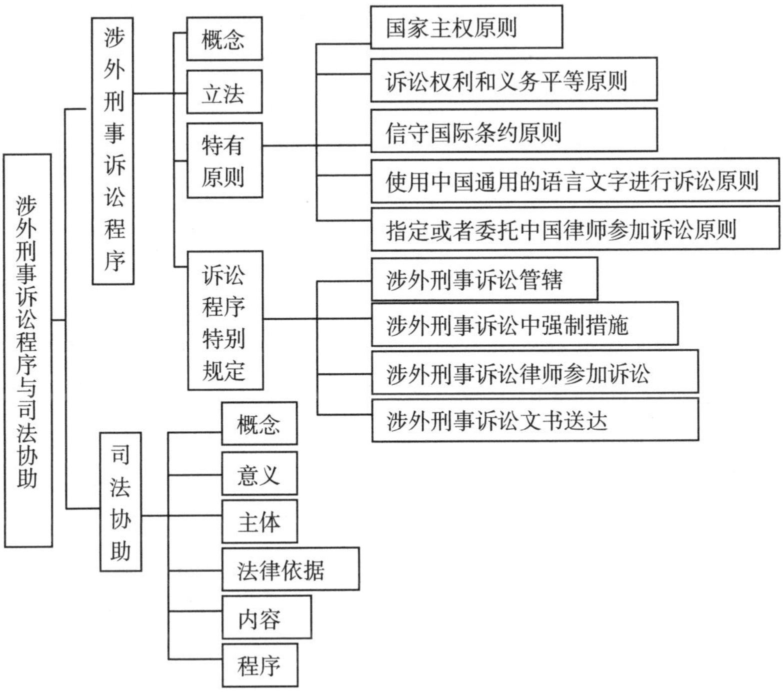

【内容导读】

涉外刑事诉讼程序是一个特殊程序。在诉讼进行过程中，专门机关除了必须遵循我国刑事诉讼法规定的基本原则外，还必须遵循特有的原则、涉外刑事诉讼特别规定和刑事司法协助制度。

第一节　涉外刑事诉讼程序

一、概念

涉外刑事诉讼程序是指我国公安机关（含国家安全机关）、人民检察院、人民法院和司法行政机关处理具有涉外因素刑事案件时适用的诉讼程序。涉外刑事诉讼程序是一个特殊程序。

“涉外”包括三种情形：(1)在中华人民共和国领域内，外国人犯罪或者我国公民侵犯外国人合法权益的刑事案件；(2)在中华人民共和国领域外，符合《刑法》第8条、第10条给定情形的外国人对中华人民共和国国家和公民犯罪和中国公民犯罪的案件；(3)符合《刑法》第9条规定的情形，中华人民共和国在所承担国际条约义务范围内行使管辖权的案件。

二、涉外刑事诉讼程序的立法

由于涉外刑事诉讼程序的特殊性，各国均有专门或者特别的规定。世界各国关于涉外刑事诉讼的立法体例，大体有三种类型：一是颁布单行的涉外刑事诉讼法，与国内刑事诉讼法典并列适用，共同构成一国的刑事诉讼法体系；二是把涉外刑事诉讼程序的各种特别规定，作为刑事诉讼法典的组成部分规定在各章节和诉讼阶段的条款中；三是将涉外刑事诉讼程序的各种特别规定以专门的篇章体例统一规定，置于刑事诉讼法典普通刑事诉讼程序之后。第三种体例既把涉外刑事诉讼纳入统一的刑事诉讼法典中，又对涉外诉讼的一些特殊问题集中加以规定，便于司法机关和当事人运用，已成为世界多数国家刑事诉讼立法的新趋势。

我国没有单行的调整涉外刑事诉讼程序的立法，现行刑事诉讼法典基本上属于第二种立法例，而最高人民法院的司法解释则采第三种立法例。司法实践中处理涉外刑事案件，除根据刑法、刑事诉讼法外，主要依据一些行政法规、司法解释和政策性文件，包括：1986年9月5日全国人大常委会通过的《中华人民共和国外交特权与豁免条例》，1987年6月23日全国人大常委会通过的《关于对中华人民共和国缔结或者参加的国际条约所规定的罪行行使刑事管辖权的决定》，1981年6月19日公安部、外交部、最高人民法院、最高人民检察院《关于处理会见在押外国籍案犯以及外国籍案犯与外界通信问题的通知》，1987年8月27日外交部、最高人民法院、最高人民检察院、公安部、国家安全部、司法部《关于处理涉外案件若干问题的规定》，1998年6月29日《最高人民法院关于执行〈中华人民共和国刑事诉讼法〉若干问题的解释》，1998年12月16日《人民检察院刑事诉讼规则》等。随着法治建设的深化，针对日益明显的犯罪国际化趋势，整合、规范涉外刑事诉讼程序方面的立法显得日益迫切。

三、涉外刑事诉讼程序的特有原则

涉外刑事诉讼程序的特有原则是指公安司法机关办理涉外刑事案件的基本准则，也是涉外刑事案件的诉讼参与人进行诉讼活动的基本依据，鉴于涉外刑事诉讼的特点，在诉讼进行过程中，专门机关除了必须遵循我国刑事诉讼法规定的基本原则外，还必须遵循以下五项特有的原则：

1. 国家主权原则

我国《刑事诉讼法》第17条规定：“对于外国人犯罪应当追究刑事责任的，适用本法的规定。对于享有外交特权和豁免权的外国人犯罪应当追究刑事责任的，通过外交途径解决。”本条规定体现了我国涉外刑事诉讼的国家主权原则，它主要包含以下内容：其一，外国人、无国籍人在中华人民共和国领域内进行刑事诉讼，一律适用我国刑事诉讼法规定的程序；享有外交特权和司法豁免权的外国人犯罪应当追究刑事责任的，通过外交途径解决。外交特权和司法豁免权作为主权原则的延伸，是正常国际交往中平等互惠原则所决定的。其二，依法应由我国司法机关管辖的涉外刑事案件，一律由我国司法机关受理，外国司法机关无管辖权。其三，外国法院的刑事裁判，只有经我国人民法院按照我国法律、我国缔结和参加的有关双边协定和国际条约的规定予以承认的，才在我国境内发生应有的效力。这一原则是首要原则。

2. 诉讼权利和义务平等原则

诉讼权利和义务平等原则既是国际法和国际惯例上的“国民待遇”原则在涉外刑事诉讼中的体现，也是作为社会主义国家的我国长期坚持的独立自主外交政策和“和平共处”五项原则的相应贯彻。在司法实践中，既不应盲目排外，给予歧视性待遇，随意剥夺或限制外国诉讼参与人应享的诉讼权利，也不应盲目崇外，给予特殊待遇，赋予外国诉讼参与人超出我国诉讼参与人的诉讼权利。此外，如果外国法律和司法机关对我国公民在该国不实行诉讼权利同等原则，而实行歧视或限制的，则我国司法机关可以取对等原则，对该外国所属的诉讼参与人在我国进行刑事诉讼时相应地要予以歧视或限制。

3. 信守国际条约原则

国际条约是国家之间缔结或签订的确定彼此权利义务的协议。由于国家间主权平等，国际条约靠各国的信守得以实施。作为一个主权国家，其缔结或参加的国际条约，是它自己的意志表示，应该在条约生效后履行信守条约、付诸实施的义务。因此，信守国际条约，是国际法的一项基本原则。这一原则的落实，要靠各国国内法的保证。

具体就涉外刑事诉讼而言，通过国内法保证国际条约的遵行，通常有两种方法，一是将所承认的国际条约内容，通过国内立法程序专门制定为一部法律加以实施；二是在国内法中规定承认国际条约的条件和原则，凡是符合该规定的国际条约即自动变通为国内法而在境内实施。我国刑事诉讼法对此还没有公开明确的规定。而最高人民法院的司法解释则规定“中华人民共和国缔结或者参加的国际条约中有关于刑事诉讼程序具体规定的，适用该国际条约的规定。但是，我国声明保留的条款除外”。从中可以看到，一方面在我国缔结或参加的国际条约的规定同国内法发生冲突的情况下，优先适用国际条约的有关规定；另一方面，我国参加或缔结国际条约时声明保留条款，对我国司法机关没有约束力。

4. 使用中国通用的语言文字进行诉讼原则

使用本国通用语言文字进行诉讼，是各国立法通行做法，也是独立行使国家司法主权的重要体现，因而也是我国涉外刑事诉讼的指导原则。依据这一原则，在我国涉外刑事诉讼中全部诉讼活动的进行和司法文书的制作，都必须使用我国通用的语言、文字。外国诉讼参与人向我国司法机关递交诉讼文书、外国司法机关请求我国给予司法协助应当附有中文译本。为方便外国人参与诉讼，利于查明案情，切实维护其诉讼权利和实体权益，应根据外国诉讼参与人的要求为其提供翻译。其中对外国籍犯罪嫌疑人、被告人尤其如此，最高人民法院司法解释规定，人民法院审判涉外刑事案件，“应当为外国籍被告人提供翻译。如果外国籍被告人通晓中国语言、文字，拒绝他人翻译的，应当由本人出具书面声明，或者将他的口头声明记录在卷”。而我国司法机关为外国籍犯罪嫌疑人、被告人制作、提供或送达的诉讼文书为中文本，并附有其通晓的外文译本，译本不加盖人民法院印章，对诉讼文书的理解与执行，以中文本为准。翻译费用一般由外国籍犯罪嫌疑人、被告人承担，但如其无力承担翻译费用，则应免费为其提供译员帮助。

5. 指定或者委托中国律师参加诉讼原则

律师制度是一国司法制度的重要组成部分，并且只应在本国领域内适用，不应延伸于国外。一个主权国家也不允许外国司法制度在其领域内干涉它的司法事务，这也是主权原则的重要体现。因此一国的律师通常只能在其本国内执行律师职务。1981 年 10 月 20 日我国司法部、外交部、外国专家局联合签发的《关于外国律师不得在我国开业的联合通知》明确规定：外国律师不得在我国开业；不得以律师名义在我国代理诉讼和出庭……不得从事任何有损于我国主权和利益的活动。而 1992 年司法部、国家工商行政管理局制定的《关于外国律师事务所在中国境内设立办事处的暂行规定》指明外国律师事务所在华办事处的范围包括代理外国当事人、委托中国律师事务所办理在华境内的法律事务，并再次明令禁止外国律师事务及其成员从事中国法律事务。在涉外刑事诉讼中，根据司法解释，外国籍被告人委托律师辩护的，以及附带民事诉讼的原告人、自诉人委托律师代理诉讼的，应当委托具有中华人民共和国律师资格并依法取得执业证书的律师。外国籍被告人没有委托辩护人的，人民法院可以为其指定辩护人。

四、涉外刑事诉讼程序的特别规定

1. 涉外刑事诉讼的管辖

(1)最高人民法院司法解释作了特定的地域管辖规定，即外国人在中华人民共和国领域外对中华人民共和国国家或者公民犯罪，由该外国人入境地的中级人民法院管辖。

(2)《公安机关办理刑事案件程序规定》第 345 条规定，“办理外国人犯罪案件，应当严格依照我国法律、法规、规章，维护国家主权和利益，并在对等互惠原则的基础上，履行我国所承担的国际条约义务”。

(3)《人民检察院刑事诉讼规则》规定，“各级人民检察院提起公诉的，应当与人民法院审判管辖相适应”。

2. 涉外刑事诉讼中的强制措施

(1)对外籍被告人或犯罪嫌疑人采取拘留、监视居住、取保候审的，由省、自治区、直辖市公安机关负责人批准后，将有关案情、处理情况等在采取强制措施的 48 小时内报告公安部，同时通报同级人民政府外事办公室。采用拘留和逮捕强制措施的，须遵循我国已参加的《维也纳外交公约》《维也纳领事关系公约》。在对外国人采取强制措施后，公安厅、局应该在规定的期限内(与所属国有双边领事条约明确规定期限的，在条约规定的期限内；如无双边领事条约规定，根据或者参照《维也纳领事关系公约》和国际惯例尽快通知，不应超过七天)，将外国人和案件的有关情况、涉嫌犯罪的主要事实、已采取的强制措施及其法律依据通知该外国人所属国家的驻华使馆、领事馆，同时报告公安部。人民法院对外国人依法作出司法拘留、监视居住、取保候审决定的，人民检察院依法对外国人作出监视居住、取保候审决定的，由有关省、自治区、直辖市高级人民法院、人民检察院通知有关外国驻华使、领馆。

(2)在被拘捕的外籍被告人或犯罪嫌疑人要求通知其家属会见时，我国主管的公安司法机关应及时通知其家属，并允许其近亲属、监护人探视、通信。外国驻华外交、领事官员要求探视被监视居住、拘留和逮捕的本国公民，主管机关应在双边领事条约规定的时限内予以安排，如无条约规定，亦应尽快安排。如当事人拒绝其所属国家驻华外交、领事官员探视的，主管机关可拒绝安排，但应由其本人提出书面意见。有关探视、通信活动，应遵照有关领事条约及《维也纳领事关系公约》《关于会见在押案犯以及案犯与外界通信的规则》《关于处理涉外案件若干问题的规定》等规定进行。

(3)对外国籍犯罪嫌疑人采取强制措施的同时，经省级公安机关批准，可以依法扣留其护照，发给本人扣留护照的证明，并将有关情况及时报告公安部，通报同级人民政府外事办公室。

(4)对涉外刑事案件的被告人及人民法院认定的其他相关犯罪嫌疑人，可以决定限制出境。限制出境的决定应当通报同级公安机关或者国家安全机关。人民法院决定限制外国人和中国公民出境的，应当口头或者书面通知被限制出境的人，也可以采取扣留其护照或者其他有效出入境证件的办法，在案件审理终结前不得离境。另外，对开庭审理案件时必须到庭的证人，可以要求暂缓出境。

3. 律师参加涉外刑事诉讼

按照诉讼权利同等原则，允许律师参加涉外刑事诉讼的时间应从侦查阶段开始。同时还应信守我国缔结或者参加的国际条约，积极考虑联合国有关刑事司法方面的准则和国际惯例，注意充分保障外籍犯罪嫌疑人在侦查期间就能获得律师的有效帮助。

在审判阶段，外国籍被告以及附带民事诉讼的原告人、自诉人可以委托中国律师代理诉讼。外国籍被告人没有委托辩护人的，人民法院可以为其指定辩护人。被告人拒绝辩护人为其辩护的，应当由其提出书面声明，或者将其口头声明记录在卷后，人民法院予以准许。在中华人民共和国领域外居住的外国人寄给中国律师或者中国公民的授权委托书，必须经所在国公证机关证明、所在国外交部或者其授权机关认证，并经中国驻该国使、领馆认证，才具有法律效力。但中国与该国之间有互免认证协定的除外。

4. 涉外刑事诉讼的文书送达

依据刑事诉讼法及司法解释，涉外刑事诉讼的文书送达主要有以下几种方式：

(1)通过外交途径送达；

(2)对中国籍当事人，可以委托我国使、领馆代为送达；

(3)当事人所在国的法律允许邮寄送达的，可以邮寄送达；

(4)当事人所在国与我国有刑事司法协助协定的，按照协定规定方式送达；

(5)当事人是自诉案件的自诉人或者是附带民事诉讼的原告人，有诉讼代理人的，可以由诉讼代理人送达。

另外依据 1986 年最高人民法院、外交部、司法部联合颁布的《关于我国法院和外国法院通过外交途径相互委托送达法律文书和调查取证费用收支办法的通知》，我国法院和外国法院互相送达法律文书一般采用外交途径送达。

第二节　司法协助制度

一、刑事司法协助的概念

刑事司法协助是指不同国家的司法机关之间，根据本国缔结、参加国际条约或者双边互惠原则，相互请求代为一定刑事诉讼行为的活动。狭义刑事司法协助是指与审判有关的刑事司法活动，它包括送达刑事司法文书、询问证人和鉴定人、搜查、扣押、有关物品的移交以及提供有关法律资料等。广义的刑事司法协助除了狭义刑事司法协助外还包括引渡等内容。

【案例分析】

下列哪项不属于狭义刑事司法协助?

A. 询问证人　　B. 引渡　　C. 搜查　　D. 扣押

【答案】 B

二、刑事司法协助的意义

(1)刑事司法协助是国际司法合作重要组成部分，与民事司法协助、行政司法协助一起共同构成国际间司法合作的有机整体。在各国之间的政治、经济、文化等领域的交往日益频繁的今天，各国的司法机关在审理案件时，不可避免地遇到许多涉外因素，诸如诉讼所需的证据在国外，或者本国的法院判决需要得到他国的承认与执行，等等。在此种情况下，各主权国家只有借助于外国的合作与协助，才能克服司法管辖权障碍，以便诉讼顺利进行。通过这一合作，审理案件的法院不必超越其管辖权行事，就可以使有关的诉讼行为得以完成。而提供协助的一方通过给予另一方支持、便利，有望在今后得到对方同等的协助。这既维护了各国的法律的权威和司法公正，也实现了各国在相互交往中良好秩序和共同利益。

(2)刑事司法协助也是国家间联合采取手段惩治国际性犯罪的一种重要手段，在各国打击刑事犯罪的法律机制中，占有举足轻重的地位。随着国际交往的日益频繁，刑事犯罪越来越呈现出跨国性和国际性的特点，特别是近年来，一些国际性有组织的犯罪集团的活动日益猖獗，它们在各国之间组织起严密的犯罪网络，犯罪规模不断扩大，犯罪后果难以估量，使国际社会面临着严重威胁。对此，任何一个国家都难以单靠一国的司法力量来对付这种跨国的或者国际性的犯罪。因此，只有通过各国政府、司法部门共同采取措施预防和惩治犯罪，才能保证各国在同犯罪分子作斗争中掌握主动权。在国际范围内通过刑事司法协助可以在某种程度上避开由于当事国社会制度、政治制度、经济制度、法制制度各异而带来的某种障碍，从而为各国在本国法律许可的范围内最大限度地遏制国际性犯罪提供了可能性。

另外，尽快完善我国的刑事司法协助制度，拓宽中外刑事合作的范围，将有助于刑事案件得到及时公正处理，确保我国经济建设的发展和对外开放政策的实施，而且将有利于我国国际地位的不断提高。

三、刑事司法协助的主体、法律依据

刑事司法协助的主体是指请求提供刑事司法协助和接受请求提供刑事司法协助的司法机关，包括请求国司法机关和接受国司法机关。

狭义的司法机关仅仅指法院，广义的司法机关则包括各国法院和国家所授权的其他主管机关。我国作为刑事司法协助主体的司法机关作广义理解，指我国法院、检察院、公安机关、司法行政机关和外国相应机关之间的刑事司法协助。

我国《刑事诉讼法》对刑事司法协助作了原则性规定，2001 年 3 月 26 日颁布施行的《中华人民共和国引渡法》详细规定了引渡这一国际刑事司法协作的重要形式。同时，我国刑事司法协助的主要法律依据是我国缔结或者参加的国际条约。我国已先后同波兰、蒙古、俄罗斯、罗马尼亚、加拿大、哥伦比亚、美国等 29 个国家签订了含有刑事司法协助内容的双边协定或条约，与乌兹别克斯坦等 10 个国家签订引渡条约，还参加了载有司法协助条款的若干国际公约，包括《1961 年麻醉品单一公约》《1970 年海牙公约》《1971 年蒙特利尔公约》《1971 年精神药物公约》《1988 年联合国禁止非法贩运麻醉药品和精神药物公约》等。我国司法机关进行刑事司法协助，有我国缔结或者参加的国际条约规定的，根据该条约的规定途径和方式办理，但我国声明保留的条款除外。无相应条约规定的，按照互惠原则通过外交途径办理。

四、司法协助的内容

(1)代为送达刑事诉讼文书。包括与刑事诉讼有关的司法文书以及诉讼文件和其他文字资料等司法外文书。

(2)委托调查取证。包括询问证人、被害人、鉴定人和其他诉讼参与人，讯问当事人、嫌疑犯、罪犯，调查核实有关人员的身份及履历情况，进行勘验、检查、鉴定，调取物证、书证、视听资料，委托搜查和查封财产等。

(3)协助侦查案件和通缉通报。国际刑警组织在这一活动中往往起着极为重要的协调作用。

(4)移交赃款赃物或者扣押品等。

(5)引渡。即一国把当时在其境内而被他国指控犯有罪行和判刑的人，根据该国请求，移交给该国进行审判或处罚的一项制度。它主要是将犯罪嫌疑人由所在国转交给犯罪地国或者受害国管辖审判的移交。

(6)诉讼移转管辖。即一国司法当局接受另一国的委托或者请求，依照本国法律受理国际刑事案件的司法协助形式。它主要是为减少外交阻滞带来的投人，更好地惩罚和教育罪犯，由犯罪地国或者受害国将有关案件的证据及其他诉讼材料转交给实际控制人犯的非犯罪地国或者犯罪嫌疑人国籍国管辖审判的移转。

(7)对外国生效判决的承认和执行。

(8)有条件判刑或有条件释放罪犯的转移监督。即一国(一般为罪犯国籍国或者长期居住国）受罪犯判刑国委托，对外籍罪犯根据外国判决适用缓刑或者假释的变通执行刑罚方式。

五、刑事司法协助的程序

(1)司法协助请求。申请司法协助要制作请求书。请求书应包括以下内容：①请求机关和被请求机关的名称和地址；②案件名称；③执行请求所需涉及的人的姓名、性别、国籍、出生地、出生日、职业、住所或居所，以及其在诉讼中的身份；④必要时，当事人的代理人的姓名和地址；⑤案情摘要；⑥执行请求所附具的其他材料；⑦请求的内容。请求书应由请求机关签署并加盖公章。请求书及其附件所适用的文字应用请求方的文字书写，并提供被请求方译文本，还要注明“经证明无误”的字样。

(2)司法协助的提出。双方提出的司法协助请求书，均需通过外交途径送达被请求方。即经过被请求方国家外交部送达中央主管机关，再转交有关下级法院办理。对于双方有条约规定的，应按条约规定途径联系送达。例如，我国与乌克兰关于民事和刑事司法协助的条约第二条规定：“一、除本条另有规定外，缔约双方的法院和其他主管机关相互请求的提供民事和刑事司法协助，应通过各自的中央机关进行联系。二、第一款中的中央机关，在中华人民共和国方面系指中华人民共和国司法部、中华人民共和国最高人民法院和中华人民共和国最高人民检察院；在乌克兰方面系指乌克兰司法部、乌克兰最高法院和乌克兰总检察院。”

(3)刑事司法协助请求的执行和通知执行情况。在刑事司法协助请求的执行中，如果被请求国的机关认为自己无权执行请求，则应将该项请求转送有权执行的主管机关，并通知请求国的请求机关；如果被请求国机关无法按照请求书所示的地址执行请求，应依被请求国法律采取适当措施确定地址，完成请求事项，必要时要求请求国提供补充情况；如果无法确定地址或由于其他原因不能执行请求，被请求国应通知请求国有关机关，说明妨碍执行的原因，并退回请求书及所有附件。对于执行情况的通知，应通过外交途径将执行情况通知请求国的主管机关，并附送达回证和所取得的证据材料。送达回证应有送达机关盖章、送达人和收件人的签名，以及送达方式、日期相地点。如收件人拒收，应说明拒收理由。

(4)刑事司法协助的拒绝。凡符合下列情形的，被请求国可以拒绝提供刑事司法协助：①被请求国认为提供的司法协助有损于被请求国的国家主权、安全或公共秩序的；②按照被请求国的法律，该项请求所涉及的行为不构成犯罪的；③该项请求所涉及的罪犯或嫌疑犯虽有请求国国籍，但不在提出请求的该国境内。凡拒绝提供刑事司法协助，应将拒绝的理由通知提出请求的一方。

【法律名言】

在任何情况下，惩罚之值都应当超过罪过收益之值。

——【意大利】贝卡利亚

【阅读书目】

1. 王丽娟：《中国高校法律援助制度研究》，南京大学出版社2014年版。

2. 温克志：《涉外刑事证据规则研究》，中国政法大学出版社 2016 年版。

3. 裴兆斌：《追缴腐败犯罪所得国际司法协助研究》，中国人民公安大学出版社 2013 年版。

【思考题】

1. 什么是涉外刑事诉讼程序？其特有原则有哪些？

2. 什么是刑事司法协助制度？刑事司法协助内容有哪些？

第二十六章　刑事赔偿程序

【知识结构图】

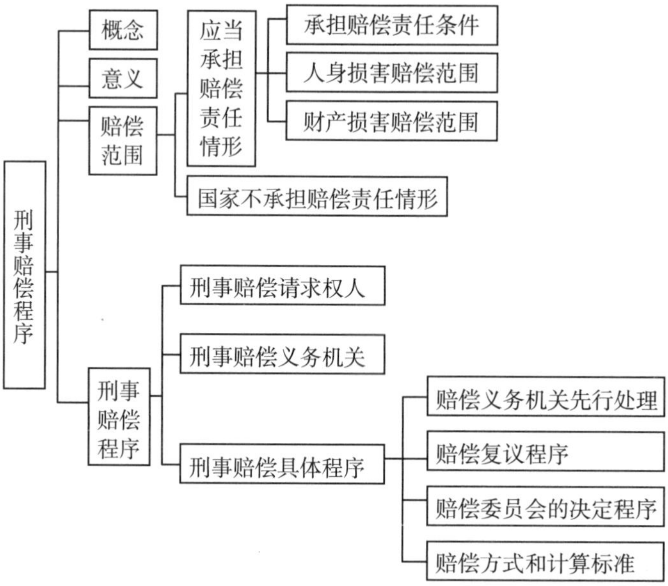

【内容导读】

刑事赔偿是为确定国家赔偿责任而设立的程序，要掌握赔偿范围、赔偿请求权人、赔偿义务机关和赔偿具体程序。

第一节　刑事赔偿程序的概念和意义

一、概念

刑事赔偿程序是指行使侦查、检察、审判、监狱管理职权的机关及其工作人员，在履行职务的过程中，侵犯公民、法人和其他组织合法权益并造成损害时，为确定国家赔偿责任而设立的程序。

二、意义

刑事赔偿制度，作为国家赔偿制度的一部分，是随着近代民主和人权运动的兴起而出现和发展起来的。德国于1898年率先颁布了《再审无罪判决赔偿法》并于1932年正式颁布施行了《冤狱赔偿法》。日本1930年颁布了《刑事补偿法》，该法以26条的篇幅对刑事赔偿作了较为详尽的规定。美国于1946年通过了《国会改组法案》对联邦政府侵权行为损害赔偿详细加以规定。意大利、法国、罗马尼亚、南斯拉夫等国都先后在刑事诉讼法中规定了刑事赔偿内容。从世界各国所采取的立法方式上看，通常是先在宪法或国家基本法中对刑事赔偿作出原则性规定，然后制定单行法规或细则，或者将其纳入国家赔偿法中。刑事赔偿是现代文明国家走向法制化、民主化的重要标志之一。

我国社会主义刑事赔偿制度的建立，经历了一条不断探索，逐步发展和完善的道路。1994年5月12日第八届全国人民代表大会常务委员会第七次会议正式通过了《中华人民共和国国家赔偿法》，标志着我国的国家赔偿制度正式建立，刑事赔偿制度也进入了法律化、规范化阶段。1996年《关于人民法院执行〈中华人民共和国国家赔偿法〉几个问题的解释》、1996年《人民法院赔偿委员会审理赔偿案件程序的暂行规定》、1997年《人民检察院刑事赔偿工作暂行规定》、2000年《最高人民法院关于刑事赔偿和非刑事司法赔偿案件立案工作的暂行规定(试行)》等司法解释的实施进一步明确了刑事赔偿的具体程序。《全国人民代表大会常务委员会关于修改〈中华人民共和国国家赔偿法〉的决定》已由中华人民共和国第十一届全国人民代表大会常务委员会第十四次会议于2010年4月29日通过，自2010年12月1日起施行。在社会主义民主与法制日益得到加强的今天，确立刑事损害赔偿制度，具有重大的意义：

(1)有利于维护司法公正，使无辜蒙冤者因刑事侵权所遭受的损害得到赔偿，错案得以彻底纠正。

(2)有利于制约滥用侦查、起诉、审判和监狱管理权，对促进严格执法、预防和减少错案的发生发挥着前车之鉴的作用。

(3)有利于化解消极因素，维护和促进政治稳定和社会安定。

第二节　刑事赔偿的范围

《国家赔偿法》第17条规定："行使侦查、检察、审判职权的机关以及看守所、监狱管理机关及其工作人员在行使职权时有下列侵犯人身权情形之一的，受害人有取得赔偿的权利。"具体情况见表26-1：

表 26-1　　刑事赔偿的范围

刑事赔偿的范围	侵犯人身权	1. 违法拘留；超期拘留，并销案、不起诉或宣告无罪 2. 错误逮捕 3. 错误判决，且已经执行 4. 刑讯逼供或者以殴打、虐待等行为或者唆使、放纵他人以殴打、虐待等行为造成公民身体伤害或者死亡的 5. 违法使用武器、警械造成公民身体伤害或死亡
	侵犯财产权	1. 违法的司法强制措施(查封、扣押、冻结、追缴等) 2. 依审判监督程序再审改判无罪，原罚金、没收财产已经执行
	不予赔偿的范围	1. 公民自己故意作虚假供述被羁押或被判处罚 2. 不负刑事责任的人被羁押 3. 不追究刑事责任的人被羁押 4. 个人行为 5. 公民自伤、自残等故意行为致使损害发生

◎ **注意**　其他国家不予赔偿的情况：①监视居住；②错误判决剥夺政治权利、管制、有期徒刑缓刑等刑罚的，但判决之前的羁押期间需要赔偿；③取保候审，该期间虽然当事人人身自由受到一定限制，但没有被实际羁押；④保外就医期间不算为羁押期间；⑤减刑；⑥假释。

第三节　刑事赔偿的程序

(一)刑事赔偿请求权人

(1)受害的公民、法人和其他组织是赔偿请求人，有权要求赔偿。包括合法权益因行使侦查、检察、审判、监狱管理职权的机关及其工作人员违法行使职权的行为而遭到损害的公民、法人和其他组织。

(2)受害的公民死亡的，继承人和其他有扶养关系的亲属有权要求赔偿。

(3)受害的法人和其他组织终止的，承受其权利的法人和其他组织有权要求赔偿。

(二)刑事赔偿义务机关

(1)行使侦查、检察、审判职权的机关以及看守所、监狱管理机关及其工作人员在行使职权时侵犯公民、法人和其他组织的合法权益造成损害的，该机关为赔偿义务机关。

(2)对公民采取拘留措施，依照本法的规定应当给予国家赔偿的，作出拘留决定的机关为赔偿义务机关。

(3)对公民采取逮捕措施后决定撤销案件、不起诉或者判决宣告无罪的，作出逮捕决定的机关为赔偿义务机关。

(4)再审改判无罪的，作出原生效判决的人民法院为赔偿义务机关。二审改判无罪，以及二审发回重审后作无罪处理的，作出一审有罪判决的人民法院为赔偿义务机关(见表26-2)。

表 26-2

违法行为	赔偿义务机关	确认方式
违法拘留、超期拘留	作出拘留决定的公安机关或检察机关	自认：撤销拘留
		他认：检察机关不批捕也没公诉；公诉但没限制人身自由；一审判决无罪
错误逮捕	批准逮捕的检察机关或人民法院	自认：撤销逮捕、不起诉、撤销案件
		他认：一审判决无罪
再审改判无罪	原审法院	再审改判无罪
二审改判无罪	一审法院	自认：一审发回重审改判无罪或检察机关撤销起诉、不起诉、撤销案件
		他认：二审直接改判无罪
司法行政机关的监狱部门实施侵权	该监狱部门	

◎ **注意**　二审改判无罪包括：①二审直接改判无罪；②一审重审改判无罪；③二审发回重审，一审法院要求检察院补充侦查，检察院补充侦查后撤回起诉，作出不起诉决定或撤销案件；④检察院在发回重审过程中主动要求撤回起诉，作出不起诉决定或撤销案件。

我国的刑事赔偿程序分为赔偿义务机关先行处理、赔偿义务机关上一级机关复议、复议机关所在地同级人民法院赔偿委员会作出生效决定等三个阶段。

1. 以公安、检察机关、监狱、看守所为赔偿义务机关的程序

赔偿请求人要求赔偿，应当先向赔偿义务机关提出。赔偿义务机关应当自收到申请之日起 2 个月内，作出是否赔偿的决定。赔偿义务机关作出赔偿决定，应当充分听取赔偿请求人的意见，并可以与赔偿请求人就赔偿方式、赔偿项目和赔偿数额依照本法第四章的规定进行协商。赔偿义务机关决定赔偿的，应当制作赔偿决定书，并自作出决定之日起 10 日内送达赔偿请求人。赔偿义务机关决定不予赔偿的，应当自作出决定之日起 10 日内书面通知赔偿请求人，并说明不予赔偿的理由。赔偿义务机关在规定期限内未作出是否赔偿的决定，赔偿请求人可以自期限届满之日起 30 日内向赔偿义务机关的上一级机关申请复议。

赔偿请求人对赔偿的方式、项目、数额有异议的，或者赔偿义务机关作出不予赔偿决定的，赔偿请求人可以自赔偿义务机关作出赔偿或者不予赔偿决定之日起 30 日内，向赔偿义务机关的上一级机关申请复议。复议机关应当自收到申请之日起 2 个月内作出决定。赔偿请求人不服复议决定的，可以在收到复议决定之日起 30 日内向复议机关所在地的同

级人民法院赔偿委员会申请作出赔偿决定；复议机关逾期不作决定的，赔偿请求人可以自期限届满之日起 30 日内向复议机关所在地的同级人民法院赔偿委员会申请作出赔偿决定。人民法院赔偿委员会应当自收到赔偿申请之日起 3 个月内作出决定；属于疑难、复杂、重大案件的，经本院院长批准，可以延长 3 个月。

中级以上的人民法院设立赔偿委员会，由人民法院三名以上审判员组成，组成人员的人数应当为单数。赔偿委员会作赔偿决定，实行少数服从多数的原则。赔偿委员会作出的赔偿决定，是发生法律效力的决定，必须执行。赔偿请求人或者赔偿义务机关对赔偿委员会作出的决定，认为确有错误的，可以向上一级人民法院赔偿委员会提出申诉。

赔偿委员会作出的赔偿决定生效后，如发现赔偿决定违反本法规定的，经本院院长决定或者上级人民法院指令，赔偿委员会应当在 2 个月内重新审查并依法作出决定，上一级人民法院赔偿委员会也可以直接审查并作出决定。最高人民检察院对各级人民法院赔偿委员会作出的决定，上级人民检察院对下级人民法院赔偿委员会作出的决定，发现违反本法规定的，应当向同级人民法院赔偿委员会提出意见，同级人民法院赔偿委员会应当在两个月内重新审查并依法作出决定。

具体程序如图 26-1 所示。

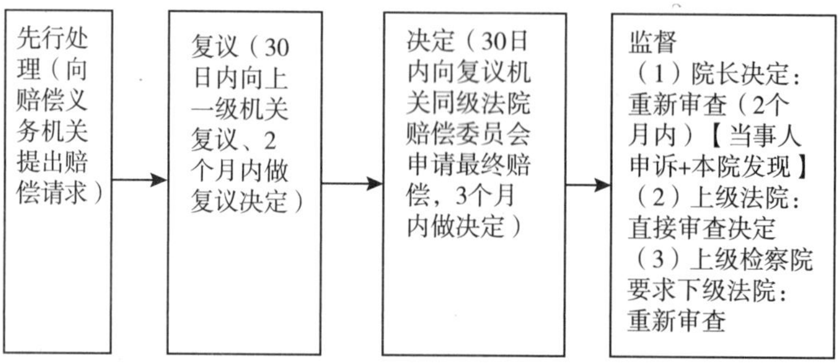

图 26-1　以公安、检察机关、监狱、看守所为赔偿义务机关的程序

2. 以人民法院为赔偿义务机关的程序

赔偿请求人要求赔偿，应当先向赔偿义务机关提出。赔偿义务机关是人民法院的，赔偿请求人可以依照本条规定向其上一级人民法院赔偿委员会申请作出赔偿决定。人民法院赔偿委员会应当自收到赔偿申请之日起 3 个月内作出决定；属于疑难、复杂、重大案件的，经本院院长批准，可以延长 3 个月。赔偿委员会作出的赔偿决定，是发生法律效力的决定，必须执行。赔偿请求人或者赔偿义务机关对赔偿委员会作出的决定，认为确有错误的，可以向上一级人民法院赔偿委员会提出申诉。

赔偿委员会作出的赔偿决定生效后，如发现赔偿决定违反本法规定的，经本院院长决定或者上级人民法院指令，赔偿委员会应当在两个月内重新审查并依法作出决定，上一级人民法院赔偿委员会也可以直接审查并作出决定。

最高人民检察院对各级人民法院赔偿委员会作出的决定，上级人民检察院对下级人民法院赔偿委员会作出的决定，发现违反本法规定的，应当向同级人民法院赔偿委员会提出意见，同级人民法院赔偿委员会应当在 2 个月内重新审查并依法作出决定。

具体程序如图 26-2 所示：

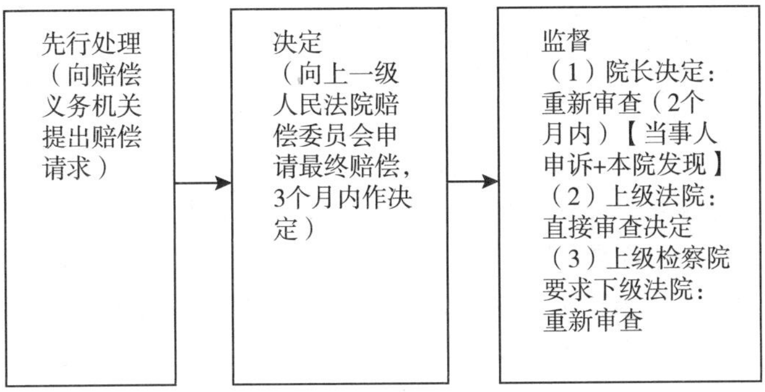

图 26-2　以人民法院为赔偿义务机关的程序

◎ **注意**　关于赔偿委员会决定的要点：

①中级以上的人民法院设立赔偿委员会，由人民法院三名以上审判员组成，组成人员的人数应当为单数。赔偿委员会作赔偿决定，实行少数服从多数的原则。赔偿委员会作出的赔偿决定，是发生法律效力的决定，必须执行。

②人民法院赔偿委员会处理赔偿请求，采取书面审查的办法。必要时，可以向有关单位和人员调查情况、收集证据。赔偿请求人与赔偿义务机关对损害事实及因果关系有争议的，赔偿委员会可以听取赔偿请求人和赔偿义务机关的陈述和申辩，并可以进行质证。

③赔偿委员会审理赔偿案件作出决定，应当制作国家赔偿决定书，加盖人民法院印章。(《赔偿委员会审理赔偿案件程序的规定》第 20 条)

④赔偿案件应该在 3 个月内做出赔偿决定。因案件复杂，经院长批准，可以延长一个月。再需要延长的，报上级法院批准，再延长最多不超过三个月。

【案例分析】

张某系某县公安局干部，2017 年一月张某因涉嫌受贿被检察机关逮捕，2017 年 2 月被县人民法院以受贿罪判处有期徒刑 1 年，检察机关提起抗诉。经市中级人民法院审理，认定张某犯受贿罪判处有期徒刑一年，犯诈骗罪判处有期徒刑 5 年，决定执行 5 年零 6 个月。经张某提请再审，高级人民法院对该案进行提审，并于 2019 年 5 月撤销原一审、二审判决，对赵某宣告无罪。于是赵某提出刑事赔偿。

【问题】

1. 张某能否要求赔偿？为什么？
2. 本案中的赔偿义务机关是哪一个？为什么？
3. 张某应当如何提出赔偿请求？

（三）刑事赔偿的方式和计算标准

1. 赔偿方式

能够返还财产或者恢复原状的，予以返还财产或者恢复原状。

支付赔偿金+返还财产+恢复原状

2. 计算标准

（1）侵犯公民人身自由赔偿的计算标准

侵犯公民人身自由的，每日的赔偿金按照国家上年度职工日平均工资计算。

赔偿金额=受害人被限制人身自由的天数×上年度职工日平均工资

其中，“上年度”指赔偿义务机关、复议机关或人民法院赔偿委员会维持原赔偿决定的，按作出赔偿决定时候的上年度执行。

（2）侵犯公民生命健康权赔偿的计算标准

①造成身体伤害的，应当支付医疗费、护理费，以及赔偿因误工减少的收入。减少的收入每日的赔偿金按照国家上年度职工日平均工资计算，最高额为国家上年度职工年平均工资的5倍。②造成部分或者全部丧失劳动能力的，应当支付医疗费、护理费、残疾生活辅助具费、康复费等因残疾而增加的必要支出和继续治疗所必需的费用，以及残疾赔偿金。残疾赔偿金根据丧失劳动能力的程度，按照国家规定的伤残等级确定，最高不超过国家上年度职工年平均工资的20倍。造成全部丧失劳动能力的，对其扶养的无劳动能力的人，还应当支付生活费。③造成死亡的，应当支付死亡赔偿金、丧葬费，总额为国家上年度职工年平均工资的20倍。对死者生前扶养的无劳动能力的人，还应当支付生活费。前款第二项、第三项规定的生活费的发放标准，参照当地最低生活保障标准执行。被扶养的人是未成年人的，生活费给付至十八周岁止；其他无劳动能力的人，生活费给付至死亡时止（见表26-3）。

表26-3　**侵犯公民生命健康权赔偿的计算标准**

损害内容	赔偿项目	赔偿标准
造成身体伤害	医疗费、误工减少的收入、护理费	按国家上年度职工日平均工资计算，最高额为上年度职工年平均工资的5倍
造成部分或全部丧失劳动能力	医疗费、残疾赔偿金、护理费、残疾生活辅助具费、康复费等因残疾而增加的必要支出和继续治疗所必需的费用	1. 部分丧失劳动能力的最高额为国家上年度职工年平均工资的10倍 2. 全部丧失劳动能力的最高额为国家上年度职工年平均工资的20倍，对其扶养的无劳动能力人还应当支付生活费
造成死亡	死亡赔偿金、丧葬费	总额为国家上年度职工年平均工资的20倍。对其扶养的无劳动能力人还应当支付生活费

致人精神损害的，应当在侵权行为影响的范围内，为受害人消除影响，恢复名誉，赔礼道歉；造成严重后果的，应当支付相应的精神损害抚慰金。

(3)侵犯财产赔偿的处理

①处罚款、罚金、追缴、没收财产或者违法征收、征用财产的，返还财产；

②查封、扣押、冻结财产的，解除对财产的查封、扣押、冻结，造成财产损坏或者灭失的，依照本条第三项、第四项的规定赔偿；

③应当返还的财产损坏的，能够恢复原状的恢复原状，不能恢复原状的，按照损害程度给付相应的赔偿金；

④应当返还的财产灭失的，给付相应的赔偿金；

⑤财产已经拍卖或者变卖的，给付拍卖或者变卖所得的价款；变卖的价款明显低于财产价值的，应当支付相应的赔偿金；

⑥吊销许可证和执照、责令停产停业的，赔偿停产停业期间必要的经常性费用开支；

⑦返还执行的罚款或者罚金、追缴或者没收的金钱，解除冻结的存款或者汇款的，应当支付银行同期存款利息；

⑧对财产权造成其他损害的，按照直接损失给予赔偿。

◎ **注意**　侵犯财产权的赔偿计算标准：只赔直接损失，不赔间接损失；只赔实际损失，不赔预期损失。

赔偿费用列入各级财政预算。

赔偿请求人凭生效的判决书、复议决定书、赔偿决定书或者调解书，向赔偿义务机关申请支付赔偿金。

赔偿义务机关应当自收到支付赔偿金申请之日起7日内，依照预算管理权限向有关的财政部门提出支付申请。财政部门应当自收到支付申请之日起15日内支付赔偿金。

(四)赔偿请求时效

自违法行为被确认之日起两年内向赔偿机关提出赔偿申请。

赔偿请求人要求国家赔偿的，赔偿义务机关、复议机关和人民法院不得向赔偿请求人收取任何费用。对赔偿请求人取得的赔偿金不予征税。

【法律名言】

带来安定的是两种力量：法律和礼貌。

——【德国】歌德

【阅读书目】

何君、唐明、赵振屏：《刑事赔偿原理与实务》，法律出版社2018年版。

【思考题】

刑事赔偿范围和构成要件分别是什么？如何完善刑事赔偿制度？